Sammlung Außerdeutscher Strafgesetzbücher in deutscher Übersetzung

Herausgegeben von
Professor Dr. Hans-Heinrich Jescheck,
Direktor des Instituts für ausländisches und internationales Strafrecht an der Universität Freiburg i. Br.
und Professor Dr. Gerhard Kielwein, Saarbrücken

LXXXVIII.

Gesetze über Strafverfahren und Gerichtsverfassung der Tschechoslowakischen Sozialistischen Republik

Berlin 1966

Walter de Gruyter & Co.

vormals G. J. Göschen'sche Verlagshandlung · J. Guttentag, Verlagsbuchhandlung · Georg Reimer · Karl J. Trübner · Veit & Comp.

Gesetze über Strafverfahren und Gerichtsverfassung der Tschechoslowakischen Sozialistischen Republik

Übersetzt und mit einer Einleitung versehen von

Dr. Erich Schmied

Senatspräsident in Mannheim

Berlin 1966

Walter de Gruyter & Co.

vormals G. J. Göschen'sche Verlagshandlung · J. Guttentag, Verlagsbuchhandlung · Georg Reimer · Karl J. Trübner · Veit & Comp.

Gedruckt mit Unterstützung der Gesellschaft für Rechtsvergleichung

Archiv-Nr. 24 63 662

Satz und Druck: Thormann & Goetsch, Berlin 44

INHALT

Seite

Abkürzungen VII

I. Einleitung 1
A. Strafprozeßrecht in den Jahren 1918—1938
1. Die Rezeption 1
2. Reformpläne 3
3. Csl. Rechtsvorschriften 4
4. Rechtsquellen und Schrifttum 6
B. Strafprozeßrecht in den Jahren 1938—1945 7
C. Strafprozeßrecht in den Jahren 1945—1948 9
D. Strafprozeßrecht seit 1948 13
1. Rechtsvorschriften 13
2. Die Rechtsentwicklung 17
3. Die Strafprozeßordnung vom 29. 11. 1961 24
4. Die Strafrechtsreform vom 17. 6. 1965 27
5. Rechtsquellen und Schrifttum 29
E. Zur Übersetzung 30

II. Die Strafprozeßordnung vom 29. November 1961 33

III. Verfassung vom 11. 7. 1960, Nr. 100 Sb. (Auszug) 178

IV. Ges. vom 26. 2. 1964, Nr. 36 Sb., über die Organisation der Gerichte und die Richterwahlen 181

V. Ges. vom 18. 4. 1961, Nr. 38 Sb., über die örtlichen Volksgerichte 205

VI. Ges. vom 18. 4. 1957, Nr. 24 Sb., über die dienststrafrechtliche (disziplinäre) Verfolgung von Entwendungen und Beschädigungen an Vermögen in sozialistischem Eigentum 221

VII. Reg.VO vom 24. 6. 1960, Nr. 91 Sb., über das Verwaltungsverfahren 225

VIII. Ges. vom 17. 6. 1965, Nr. 58 Sb., womit die Verfolgung der Verfehlungen und Übertretungen von Personen, die wiederholt Exzesse, Gewalttätigkeiten und Parasitentum begangen haben, geregelt wird 235

IX. Ges. vom 17. 6. 1965, Nr. 59 Sb., über die Vollstreckung der Strafe der Freiheitsentziehung 236

X. Ges. vom 17. 6. 1965, Nr. 60 Sb., über die Prokuratur 257

XI. VO. vom 28. 12. 1961, Nr. 151 Sb., über das Strafregister .. 275

Sachverzeichnis 277

ABKÜRZUNGEN

abg. d.	abgeändert durch
Bulletin	Bulletin de droit tchécoslovaque, Prag
csl.	tschechoslowakisch
CSR	Tschechoslowakische Republik
CSSR	Tschechoslowakische Sozialistische Republik (offizielle Bezeichnung seit der Verfassung vom 11. 7. 1960)
DVO	Durchführungsverordnung
erg. d.	ergänzt durch
Ges. Vfg.	Gesetzesvertretende Verfügung des Präsidiums der Nationalversammlung
K.	Kundmachung
Kcs	tschechoslowakische Krone
KPC	Kommunistische Partei der CSSR
KPdSU	Kommunistische Partei der Sowjetunion
Präs. d. Rep.	Präsident der Republik
Reg.VO.	Regierungsverordnung
RGBl.	Reichsgesetzblatt
RSFSR	Rusische Sozialistische Föderative Sowjetrepublik
Sb.	Sbírka zákonů a nařízení (Sammlung der Gesetze und Verordnungen, s. S. 6; seit dem 31. 8. 1948: Sbírka zákonů rep. Čsl. (Sammlung der Gesetze der CSSR)
Sb. Prot.	Sammlung der Gesetze und Verordnungen des Protektorats Böhmen u. Mähren (doppelsprachig)
Sl. z.	Slovenský zákonník (Slowakische Gesetzessammlung)
StG	Strafgesetz vom 29. 11. 1961, Nr. 140
UdSSR	Union der Sozialistischen Sowjetrepubliken
U. l.	Úřední list (Amtsblatt der CSSR)
Verf.	Verfassung der CSSR vom 11. 7. 1960, Nr. 100
Věstník	Věstník Čsl. společnosti pro právo trestní (Zeitschrift der Csl. Gesellschaft für Strafrecht)
ZStRW	Zeitschrift für die gesamte Strafrechtswissenschaft

I. EINLEITUNG

A. Strafprozeßordnung in den Jahren 1918—1938

1. Die Rezeption

Die am 28. Oktober 1918 gegründete Tschechoslowakische Republik übernahm zunächst das gesamte im Staatsgebiet bis dahin geltende Recht. Darnach galt in den Ländern Böhmen, Mähren und Schlesien und in den angegliederten Gebieten von Weitra und Feldsberg das österreichische Recht, in der Slowakei und in Karpathorußland das ungarische Recht. Im Hultschiner Kreis, der vorher zum Deutschen Reich gehört hatte, wurde zunächst das deutsche Recht übernommen, aber durch Ges. Nr. 76/1920 bereits ab 1. Mai 1920 das in Böhmen, Mähren und Schlesien geltende Recht eingeführt.

Das österreichische Strafprozeßrecht beruhte im wesentlichen auf der Strafprozeßordnung vom 23. 5. 1873, (öst.) RGBl. Nr. 119. Dazu kamen insbesondere folgende Rechtsvorschriften: das Ges. v. 31. 12. 1877, (öst.) RGBl. 1878 Nr. 3, womit die Bestimmungen der StPO über Nichtigkeitsbeschwerden ergänzt und abgeändert werden; das Ges. v. 21. 3. 1918, (öst.) RGBl. Nr. 108, über die Tilgung der Verurteilung; das Ges. v. 21. 3. 1918, (öst.) RGBl. Nr. 109, über die Entschädigung ungerechtfertigt verurteilter Personen; das Ges. v. 18. 8. 1918, (öst.) RGBl. Nr. 318, über die Entschädigung für Untersuchungshaft.

Das ungarische Strafprozeßrecht beruhte vor allem auf der Strafprozeßordnung vom 4. 12. 1896, Ges.-Art. XXXIII.

Dem österreichischen und ungarischen Strafprozeßrecht lagen im wesentlichen die Grundsätze des französischen Strafverfahrens zugrunde. Die gerichtliche Verfolgung strafbarer Handlungen trat nur auf Antrag eines Anklägers ein und das Strafverfahren bezog sich nur auf solche strafbare Handlungen, wegen derer es beantragt worden war. Die Funktion des Anklägers oblag dem öffentlichen Ankläger (Staatsanwalt). Nur ausnahmsweise, bei bestimmten Delikten, durch welche lediglich in die Privatsphäre eingegriffen wurde (z. B. bei Ehrenbeleidigungen) konnte die Anklage von einer Privatperson erhoben werden. Wer durch ein von Amts wegen zu verfolgendes Delikt in seinen Rechten verletzt wurde, konnte sich seiner privatrechtlichen Ansprüche wegen dem Strafverfahren anschließen (Privatbeteiligter) und durfte die öffentliche Anklage erheben, wenn der Staatsanwalt die Verfolgung unterließ (Subsidiarankläger). Das Strafverfahren gliederte sich in Vorerhebungen (durch den Staatsanwalt), die gerichtliche Voruntersuchung (durch den von der Anklagebehörde unabhängigen Untersuchungsrichter), das Anklageverfahren, die Hauptverhandlung und das Rechtsmittelverfahren. Für den Prozeß galten die Grundsätze der Öffentlichkeit, Mündlichkeit und Unmittelbarkeit. Die Richter waren in der Ausübung ihres richterlichen Amtes selbständig und unabhängig. Sie hatten unparteilich, nach dem Grundsatz der materiellen Wahrheit, in freier Beweiswürdigung zu entscheiden. Der hierarchische Aufbau der Gerichte umfaßte Bezirksgerichte, Kreisgerichte, Oberlandesgerichte und den Obersten Gerichtshof. Bei bestimmten schweren Verbrechen entschieden die bei den Kreisgerichten gebildeten Geschworenengerichte. Sie waren zusammengesetzt aus der Geschworenenbank (12 Laien) und drei Berufsrichtern. Die Geschworenen entschieden über die Schuld-, die Berufsrichter über die Straffrage. Rechtsmittel gegen Urteile der Kreisgerichte und Geschworenengerichte waren die Berufung, die nur den Strafausspruch angriff, und die Nichtigkeitsbeschwerde, die sich in der Regel gegen das ganze Urteil richtete. Ein außerordentliches Rechtsmittel war die „Nichtigkeitsbeschwerde zur Wahrung des Gesetzes", die an keine Frist gebunden war und nur vom Generalprokurator erhoben werden konnte. Sie war nicht auf Kassation der angegriffenen Entscheidung gerichtet, sondern sollte vorwiegend nur dazu führen, daß das höchste Gericht eine Verletzung der Gesetzlichkeit feststellt, damit ähnliche Gesetzesverletzungen künftig vermieden werden.

Das Militärstrafprozeßrecht beruhte in Österreich-Ungarn auf vier Militärstrafprozeßordnungen. Es galten: für die gemeinsame Wehrmacht: das öster. Ges. Nr. 130/1912 und der ung. Ges.-Art. XXXII/1912; für die öst. Landwehr: das Ges. Nr. 131/1912; für die ung. Landwehr: Ges.-Art. XXXIII/1912. Die Militärgerichtsbarkeit erstreckte sich nicht nur auf spezifisch militärische, sondern auf alle Straftaten. Der militärische Befehlshaber war zugleich Gerichtsherr, dem es oblag, die gerichtliche Untersuchung durch den Auditor anzuordnen, das Urteil des Militärgerichts zu bestätigen oder es der höheren gerichtlichen Instanz vorzulegen. In der CSR wurden durch VO des Ministeriums für nationale Verteidigung vom 8. 12. 1919 nur die für die beiden Landwehren geltenden Militärstrafprozeßordnungen übernommen. Die VO wurde nicht in der amtlichen Sammlung der Gesetze und Verordnungen, sondern nur im Ministerialblatt (Věstník min. nár. obr. II, 1919, Nr. 7, Art. 179) verkündet. Es blieben daher immer Bedenken gegen ihre Rechtsgültigkeit. Jedenfalls haben aber seit 1919 alle Militärgerichte in Böhmen, Mähren und Schlesien die öst. MilStPO v. 5. 7. 1912 Nr. 131/1912 und in der Slowakei und in Karpathorußland die ung. MilStPO Ges.-Art. XXXIII/1912 angewendet. Auch die spätere csl Gesetzgebung hat nurmehr auf diese beiden Gesetze Bezug genommen (vgl. Ges. Nr. 226/47, K. 151/48). Die beiden anderen Militärstrafprozeßordnungen haben ihre Rechtsgültigkeit per desuetudinem verloren.

2. Reformpläne

Der Rechtsdualismus bereitete der praktischen Handhabung der Strafprozeßvorschriften erhebliche Schwierigkeiten. Dazu kam, daß das übernommene österreichische und ungarische Prozeßrecht zum Teil sehr veraltet war und den veränderten staatsrechtlichen Verhältnissen angepaßt werden mußte. Man ging daher gleich nach der Gründung der Republik daran, eine Vereinheitlichung und Reform des gesamten Strafprozeßrechts durchzuführen. Die Aufgaben der Rechtsvereinheitlichung wurden einem eigenen Ministerium, dem sog. Unifizierungsministerium, übertragen.

Der erste Entwurf einer neuen StPO, die im ganzen Staatsgebiet Geltung erlangen sollte, wurde im Jahre 1928 fertiggestellt. Der Entwurf wurde nicht veröffentlicht, sondern lag nur den Fachkreisen vor. Nach dem Entwurf sollten die umstrittenen Geschworenengerichte weiter bestehenbleiben, doch sollten künftig bei der geheimen Beratung und Abstimmung der Geschworenen über die Schuldfrage der Gerichtsvorsitzende und der Schriftführer anwesend sein. Die Kompetenz des Untersuchungsrichters sollte zugunsten des Staatsanwalts eingeschränkt werden. Das Adhäsionsverfahren sollte beibehalten werden, obwohl es in der Praxis nur eine geringe Rolle spielte. Auch das Recht der Subsidiaranklage sollte erhalten bleiben.

Als bis 1937 ein neuer Entwurf des Strafgesetzbuchs fertiggestellt wurde, erwies es sich als notwendig, auch den bisherigen Entwurf der StPO umzuarbeiten und auf das neue materielle Strafrecht abzustimmen. Deshalb entstand im Jahre 1937 der neue Entwurf einer StPO. Er beruhte zwar im wesentlichen auf dem Entwurf 1928, brachte aber doch einige wesentliche Änderungen, z. B. hinsichtlich der sachlichen Zuständigkeit der Gerichte oder des Rechtsmittelverfahrens. Der Entwurf sollte zum 20. Jahrestag der Republikgründung zur Beschlußfassung der Nationalversammlung vorgelegt werden. Dazu kam es jedoch wegen der politischen Ereignisse nicht mehr.

Auch das Militärstrafprozeßrecht sollte reformiert und vereinheitlicht werden. Es lagen gründliche Vorarbeiten vor. Aber auch sie führten zu keiner neuen, einheitlichen Militärstrafprozeßordnung.

Die Frage, ob ein besonderes Strafvollzugsgesetz zu schaffen sei, wurde zwar wiederholt erwogen (vgl. Solnař, Věstník VII, 1931, S. 73), aber ein solches Gesetz wurde nie ernstlich geplant.

Im Jahre 1928 wurde der Nationalversammlung der Entwurf eines Gesetzes über das Verwaltungsstrafrecht und Verwaltungsstrafverfahren vorgelegt. Das Gesetz sollte die vielen zersplitterten Vorschriften über das materielle und formelle Verwaltungsstrafrecht zusammenfassen und auf Grund der in Böhmen, Mähren und Schlesien geltenden Regelung unter Anlehnung an die neuen österreichischen Gesetze aus den Jahren 1925 und 1932 neu gestalten. Der zweite Teil des Entwurfs handelte vom Verwaltungsstrafverfahren, der dritte Teil von der Gemeindegerichtsbarkeit und der vierte Teil enthielt Strafvollstreckungsvorschriften. Auch dieser Entwurf wurde nicht Gesetz. Nach Umarbeitung wurde er im Juni 1937 erneut dem Abgeordnetenhaus vorgelegt, blieb dann aber auch wegen der Entwicklung der politischen Verhältnisse liegen.

Über die Entwürfe s. Schmied, Prager Jurist. Zeitschr. 1937, 105; ZStW 58, 425; in tschechischer Sprache: Herrnritt, Věstník V (1929), 97.

3. Csl. Rechtsvorschriften

In den Jahren 1918 bis 1938 wurden zahlreiche Gesetze beschlossen, die das rezipierte Strafprozeßrecht abänderten oder ergänzten, aber im großen und ganzen doch nur kleinere Teilreformen enthielten. Ihre besondere Bedeutung lag darin, daß sie in vielen wichtigen Fragen — wenn hierüber nichts Besonderes bestimmt wurde — ein für das ganze Staatsgebiet einheitliches Recht schufen.

An die Stelle des Obersten Gerichtshofs trat das Oberste Gericht in Brünn. Durch das Ges. Nr. 201/28 erhielten die Oberlandesgerichte die Bezeichnung Obergerichte und die Vorsteher einer Staatsanwaltschaft die Bezeichnung Prokurator. Neu eingeführt wurden durch das Ges. Nr. 562/19 die bedingte Verurteilung und die bedingte Entlassung. Völlig neu geregelt wurden die Tilgung der Verurteilung und die Entschädigung ungerechtfertigt verurteilter Personen. Politisch viel umstritten war die Einführung des Staatsgerichts, das zunächst am Sitz des Obersten Gerichts errichtet wurde. Später wurden bei allen Obergerichten Staatsgerichte errichtet. Sie entschieden über Staatsverbrechen, soweit sie als besonders gefährlich galten. Durch das Ges. Nr. 124/24 wurden in Verfahren bei Verleumdung und Ehrenbeleidigungen durch Druckschriften die Geschworenengerichte durch Schöffengerichte ersetzt; sie wurden aus drei Berufsrichtern und zwei Laienbeisitzern (Schöffen) gebildet, die gemeinsam über die Schuld- und Straffrage entschieden. Durch das Ges. Nr. 31/29 wurde die Möglichkeit geschaffen, bei geringfügigen Straftaten Strafverfügungen zu erlassen; auf Einspruch des Beschuldigten wurde die Strafverfügung aufgehoben und das ordentliche Verfahren eingeleitet. Für das Strafverfahren gegen Jugendliche wurden durch das Ges. Nr. 48/31 erhebliche Abweichungen von den allgemeinen Bestimmungen der Strafprozeßordnung geschaffen. Da für das Jugendstrafverfahren das Opportunitätsprinzip galt, war die Subsidiaranklage ausgeschlossen. Eine Voruntersuchung gegen Jugendliche war unzulässig. Ein Anklageverfahren fand nicht statt; an die Stelle der Anklageschrift trat ein schlichter Antrag des Anklägers. In Jugendstrafsachen entschieden bei den Bezirksgerichten besondere Jugendrichter, bei den Kreisgerichten dreigliedrige Jugendsenate (dabei ein Laienbeisitzer).

Auf dem Gebiete des Militärstrafprozeßrechts wurden zahlreiche Änderungen und Ergänzungen durchgeführt, insbes. durch die Gesetze Nr. 9/18, 89/18, 193/20, 154/23, 31/29, 131/36 und 115/37. Das überalterte Recht wurde dadurch noch unübersichtlicher. Bei manchen alten Bestimmungen bestanden Zweifel darüber, ob sie noch weitergelten. Dennoch erging erst im Jahre 1948 eine Neufassung des Wortlauts, und erst im Jahre 1950 verlor das alte Militärstrafprozeßrecht seine Gültigkeit.

Das Strafvollzugsrecht war teils im materiellen Strafrecht, teils im Strafprozeßrecht geregelt. Die Strafprozeßordnungen enthielten Bestimmungen über die Vollstreckung der Strafen.

Übertretungen gegen die Vorschriften über die direkten Steuern, über Gebühren und Zölle wurden nach einem besonderen Gefällsstrafgesetz (Kaiserl. Patent vom 11. 7. 1835) geahndet. Zuständig waren die zur Leitung der Gefällsangelegenheiten bestellten Bezirksbehörden und besondere Gefällsgerichte (Gefällsbezirksgerichte bei den Finanzbezirksdirektionen, Gefällsobergerichte am Sitz jeder Finanzlandesdirektion und das Oberste Gefällsgericht). An die Stelle des Gefällsstrafverfahrens konnte von Amts wegen oder auf Ansuchen des Beschuldigten die „Ablassung" gegen Erlegung eines der vermutlichen Strafe entsprechenden Betrags treten. Die Möglichkeiten ihrer Anwendung wurden erweitert. Die von den Gefällsgerichten verhängten Freiheitsstrafen wurden wie entsprechende von den allgemeinen Strafgerichten verhängte Strafen vollstreckt. Die Gefällsstrafgerichtsbarkeit war subsidiär gegenüber der allgemeinen Strafgerichtsbarkeit.

Im Bereich der Verwaltungsgerichtsbarkeit ergingen das Ges. Nr. 125/27 und die RegVO Nr. 8/28. Darnach handhabten die politischen Behörden (Bezirksämter, Landesämter) die Strafgewalt, soweit sie nicht den Gerichten oder anderen Behörden zustand. Sie ahndeten polizeiwidriges Verhalten mit Geld- und Freiheitsstrafen. Der Rechtszug war auf zwei Verwaltungsinstanzen beschränkt. Gegen Strafverfügungen in Bagatellsachen war die Berufung ausgeschlossen. In Sachen der Ortspolizei oblag die Verhängung von Strafen den Gemeindevorstehern.

Zu den für das Strafprozeßrecht bedeutsamen *Rechtsvorschriften*, die in den Jahren 1918 bis 1938 erlassen wurden, zählen insbesondere:

5/18 Gesetz über das Oberste Gericht.

89/18 Gesetz über die vorläufige Änderung einiger Bestimmungen der StPO.

216/19 Gesetz über das Oberste Gericht.

278/19 Gesetz betr. die Bildung der Geschworenenlisten.

562/19 Gesetz über die bedingte Verurteilung und bedingte Entlassung. DVO 598/19.

1/20 Gesetz, womit einige Bestimmungen der Strafprozeßordnungen abgeändert werden.

121/20 Gesetz über die Einführung der Verfassungsurkunde.

193/20 Wehrgesetz.
Neuer Wortlaut in der K. 30/34. DVO 141/27, 158/32.

268/20 Gesetz betr. die zeitweise Einstellung der Geschworenengerichte.
300/20 Gesetz über außerordentliche Verfügungen.
471/21 Gesetz betr. die Abänderung einiger Bestimmungen des Strafrechts.
168/22 Gesetz, womit Ges.-Art. LXIII/1912 über Ausnahmemaßnahmen teilweise aufgehoben wird und einige Bestimmungen über das Standrecht abgeändert werden.
51/23 Gesetz über das Staatsgericht. DVO 91/23.
154/23 Gesetz betr. das militärische Zucht- und Disziplinarrecht.
8/24 Gesetz über das Strafverfahren, das nach der StPO Ges.-Art. XXXIII/1896 gegen Abwesende durchgeführt wird.
124/24 Gesetz betr. die Änderung der Zuständigkeit der Strafgerichte und die Verantwortlichkeit für den Inhalt von Druckschriften in Angelegenheiten der falschen Anschuldigung, der Verleumdung und von Ehrenbeleidigungen. DVO 125/24, K. 145/33.
76/27 Gesetze betr. die direkten Steuern.
107/27 Gesetz, womit einige Bestimmungen der Strafprozeßordnungen abgeändert und gerichtsärztliche Beiräte errichtet werden.
201/28 Gesetz betr. die Regelung einiger organisatorischer Fragen im Bereiche des Gerichtswesens.
31/29 Gesetz, womit die Strafgesetze und die Strafprozeßordnungen abgeändert und ergänzt werden.
48/31 Gesetz über die Jugendstrafgerichtsbarkeit. DVO 195/31.
108/33 Gesetz über den Schutz der Ehre.
126/33 Gesetz betr. die Abänderung und Ergänzung der Preßgesetze.
36/34 Gesetz über die strafrechtliche Verfolgung des Präs. d. Rep. und der Mitglieder der Regierung.
91/34 Gesetz betr. die Verhängung der Todesstrafe und die lebenslangen Strafen.
68/35 Gesetz über die Obergerichte als Staatsgerichte. DVO 182/47.
130/36 Gesetz betr. die Abänderung und Ergänzung des Gesetzes zum Schutze der Republik.
131/36 Gesetz über die Verteidigung des Staates.
115/37 Gesetz über das militärische Strafverfahren im Felde.
199/38 Reg.VO., womit besondere Bestimmungen über das Gerichtsverfahren erlassen werden.

4. Rechtsquellen und Schrifttum

Die in den Jahren 1918—1938 erschienenen Gesetze und Verordnungen wurden authentisch in der tschechischen (Sbírka zákonů a nařízení) und in der slowakischen (Sbierka zákonov a nariadení) Gesetzsammlung verkündet (Ges. Nr. 139/19). Hierzu erschien eine amtliche deutsche Übersetzung: „Sammlung der Gesetze und Verordnungen."

Textausgaben

in deutscher Sprache:

Foltin-Kneißl: Die StPO v. 23. 5. 1873 mit Nebengesetzen, Verordnungen und Erlässen sowie den oberstgerichtlichen Entscheidungen. Reichenberg 1935. Foltin: Die StPO mit ergänzenden Gesetzen. 2. Aufl. Reichenberg 1933. Ungar. StPO. Deutsche Übersetzung in der Sammlung Außerdeutscher Strafgesetzbücher, Berlin, Bd. 13.

in tschechischer Sprache:

Poláček: Čsl. trestní řád (Csl. StPO), Prag 1948. (Mit Nebengesetzen und oberstgerichtlichen Entscheidungen bis Ende 1947). Worel — Milota — Stůna: Trestní řád platný na Slovensku a Podkarp. Rusi (Die in der Slowakei und in Karpathorußland geltende StPO), Kremsier. Beneš Josef: Vojenský trestní řád (MilStPO), Prag 1934.

Lehrbücher:

Foltin: Leitfaden zur Vorlesung über tschechoslowakisches Strafprozeßrecht. Prag 1932. Miřička: Trestní právo procesní (Strafprozeßrecht), Prag 1932. Nachtrag 1935.

Kallab: Učebnice trestního řízení (Lehrbuch des Strafverfahrens). 1930. Prušák: Čsl. řízení trestní (Das csl. Strafverfahren). 1921.

Berichte über die Rechtsentwicklung: ZStW 52, 291; 53, 92; 54, 492; 56, 69; 58, 421.

B. Strafprozeßrecht in den Jahren 1938—1945

1. In den sudetendeutschen Gebieten der Tschechoslowakei, die Anfang Oktober 1938 von deutschen Truppen besetzt und in deutsche Verwaltung übernommen worden waren, wurden durch die deutsche VO vom 16. 1. 1939 (RGBl. I, 38) ab 1. 3. 1939 die deutschen Vorschriften über den Strafprozeß und die Gerichtsverfassung eingeführt. Die bis dahin geltenden entsprechenden Vorschriften blieben nur so weit in Kraft, als das deutsche Recht keine gleichen oder entsprechenden Vorschriften enthielt. Alle Vorschriften, die den neu eingeführten deutschen strafprozessualen Vorschriften entgegenstanden, wurden außer Kraft gesetzt.

Der tschechisch-sprachige Teil der Tschechoslowakei wurde am 15. 3. 1939 von deutschen Truppen besetzt und als autonomes „Protektorat Böhmen und Mähren" in das Deutsche Reich eingegliedert. Die volksdeutschen Bewohner des Protektorats wurden deutsche Reichsbürger. Sie unterstanden unbeschränkt der deutschen Gerichtsbarkeit (VO v. 14. 4. 1939, RGBl. I, 752, 754). Für sie und alle Deutschen im Protektorat galt grundsätzlich das deutsche materielle und formelle Strafrecht. Das frühere csl. Strafrecht und das neue tschechische Protektoratsrecht galt für Deutsche nur insoweit, als das deutsche Recht keine gleichen oder entsprechenden Vorschriften enthielt. Die Aburteilung erfolgte aber auch in solchen Fällen durch die neben den tschechischen Protektoratsgerichten errichteten deutschen Gerichte und für die Art und den Inhalt der zu verhängenden Strafen waren auch dann die Vorschriften des deutschen Rechts maßgebend. Für die tschechischen Protektoratsangehörigen und andere nichtdeutsche Personen galt das bisherige csl. Strafrecht und das neue tschechische und deutsche Protektoratsrecht; die nach diesem Recht strafbaren Handlungen wurden durch die tschechischen Protektoratsgerichte abgeurteilt. Gewisse Straftaten gegen deutsche politische oder militärische Interessen waren nach deutschem Recht strafbar; hierüber urteilten die deutschen Gerichte im Protektorat. Dem Schutz deutscher politischer Interessen diente die Bestimmung, daß diese Gerichte die bei den tschechischen Protektoratsgerichten anhängigen Strafsachen an sich ziehen und entscheiden durften.

Für die Deutschen in der Slowakischen Republik galten ähnliche Sonderbestimmungen wie für die Deutschen im Protektorat. Für die slowakischen Staatsangehörigen wurde das bis dahin dort geltende (ungarische und tschechoslowakische) Strafprozeßrecht beibehalten und durch neue slowakische Rechtsvorschriften abgeändert und ergänzt. In den an Ungarn angegliederten Gebieten der Slowakei und Karpathorußlands wurden die in Ungarn geltenden Strafverfahrensvorschriften eingeführt.

2. Tschechische und slowakische strafprozessuale *Rechtsvorschriften*, die in den Jahren 1938—1945 erlassen wurden, sind z. B.:

255/39 Sb. Prot. Reg.VO. über die Auflösung des Militärgerichtswesens. Abg. d. VO. 194/40, 438/40, 262/41, 449/41.

33/40 Sl. z., Gesetz, durch das die Geschworenen- und Schöffengerichte aufgehoben und einige Angelegenheiten auf dem Gebiete der Strafgerichtsbarkeit geregelt werden.

396/40 Sb. Prot., Reg. VO., womit die StPO und die Vorschriften über die Zusammensetzung der Strafgerichte abgeändert und ergänzt werden.

169/41 Sl. z., Gesetz über ein beschleunigtes Strafverfahren bei einigen Straftaten. Abg. d. Ges. 57/43, RegVO 167/44.

232/41 Sl. z., Militärstrafprozeßordnung.

262/41 Sl. z., Gesetz zur Einführung der MilStPO.

284/41 Sb. Prot., RegVO über die Geschworenen- und Schöffengerichte. Erg. d. RegVO 306/42.

112/42 Sl. z., Gesetz über die Organisation der Gerichte, der Behörden der öffentlichen Anklage und der Gerichtsverwaltung.

113/42 Sl. z., Gesetz, womit das Ges. 112/42 in Wirksamkeit gesetzt wird.

143/42 Sb. Prot., RegVO zur Anpassung des Protektoratsstrafrechts an das Reichsrecht.

227/42 Sb. Prot., RegVO über das Nationalgericht.

379/42 Sb. Prot., RegVO über beschränkte Auskunft aus dem Strafregister und die Tilgung von Strafvermerken.
380/42 Sb. Prot., RegVO betr. die Abänderung der Vorschriften über die Verwaltung der Gerichtsgefängnisse und der Strafanstalten.
389/42 Sb. Prot., RegVO über die Ausübung des Gnadenrechts.
9/43 Sb. Prot., Entschließung des Staatspräsidenten des Prot. Böhmen u. Mähren über die Ausübung des Begnadigungsrechts.
184/44 Sb. Prot., VO des Justizministers zur Vereinfachung der Protektoratsstrafrechtspflege.

3. Gesetzestexte und Schrifttum:

Hoffmann: Nové zákony a nařízení prot. Čechy a Morava (Die neuen Gesetze und Verordnungen des Prot. Böhmen und Mähren), Prag. (Fortlaufende Sammlung).
Krieser: Das neue Recht in Böhmen und Mähren. Prag 1942. (Loseblatt-Ausgabe).
Lorenz-Schinnerer: Das deutsche Strafrecht im Reichsgau Sudetenland und im Protektorat Böhmen und Mähren. Prag—Berlin 1940.
Lorenz: Die Neuregelung der Strafgerichtsbarkeit im Protektorat Böhmen und Mähren. „Dt. Justiz" 1939, 1821.
Schinnerer: Die deutsche Strafrechtspflege im Protektorat Böhmen und Mähren. ZStW 60 (1940), 137.
Miřička-Solnař: Nová úprava trestního soudnictví v Prot. Čechy a Morava (Die Neuregelung der Strafgerichtsbarkeit im Prot. Böhmen und Mähren), Prag 1939.

C. Strafprozeßrecht in den Jahren 1945—1948

1. Nach dem Siege der Alliierten ist die CSR fast in ihren alten Grenzen wiedererstanden. Nur das ehem. Karpathorußland mußte an die UdSSR abgetreten werden. Schon während des Krieges hatte der ehem. Präsident der CSR, Dr. Beneš, als Emigrant in England eine csl. Exilregierung gebildet und seit 1940 in London „Verfassungsdekrete" und „Dekrete" erlassen, z. B. das Dekret vom 26. 10. 1940, Nr. 5, über die csl. Feldgerichte. Das „Verfassungsdekret Nr. 11 v. 3. 8. 1944 über die Erneuerung der Rechtsordnung" bestimmte, daß alle strafrechtlichen Vorschriften, die bis 29. 9. 1938 in der CSR gegolten hatten, weiterhin Geltung hätten und alle seither „während der Zeit der Unfreiheit" erschienenen Rechtsvorschriften ungültig seien. Nach Wiedererrichtung der CSR erklärte die neue Regierung mit K. v. 27. 7. 1945, Nr. 30 Sb., daß das genannte Verfassungsdekret Dr. Benešs eine verbindliche csl. Rechtsnorm sei (Ges. Nr. 12/46 Sb.). Als „Zeit der Unfreiheit" wurde die Zeit vom 30. 9. 1938 bis 4. 5. 1945 festgesetzt (§ 8 Abs. 3 Ges. Nr. 195/46). In der Slowakei wurden einzelne Rechtsvorschriften „aus der Zeit der Unfreiheit" durch Art. IV

VO Nr. 53/1945 (Sammlung der Gesetze des Slowakischen Nationalrats) aufgehoben.

Die Liquidation der bisherigen deutschen Strafgerichtsbarkeit erfolgte durch das Dekret des Präs. d. Rep. Nr. 79/1945. In der Slowakei wurden die von der Regierung des Slowakischen Staates erlassenen Rechtsvorschriften schrittweise aufgehoben.

Mit der Übernahme der vor 1938 bestehenden Gerichtsorganisation gab es wieder Bezirksgerichte, Kreisgerichte, Obergerichte und ein Oberstes Gericht. Auf Grund des Dekrets Nr. 90/45 erhielten die Obergerichte in Prag und Brünn die Bezeichnung Landesgerichte; die Obergerichte in Preßburg und Kaschau führten die Bezeichnung „Hauptgerichte". Bei Straftaten gegen den Staat entschieden sie als „Staatsgerichte" in erster Instanz.

Am Sitz aller Kreisgerichte wurden außerordentliche Volksgerichte gebildet, die aus einem Berufsrichter und vier Volksrichtern bestanden. Sie hatten die Aufgabe, „das nazistische und faschistische Übel von der Wurzel aus auszurotten". Ihre Zuständigkeit beschränkte sich auf Straftaten nach dem Dekret 16/45. Ihnen entsprachen in der Slowakei die auf Grund der slowak. VO 33/45 errichteten Volksgerichte. Ein Freispruch schloß nicht die Einleitung eines Strafverfahrens in derselben Sache wegen anderer Straftaten aus. Für die Aburteilung tschechischer „Kollaborateure" wurde ein „Volksgerichtshof" in Prag errichtet, der aus einem Berufsrichter und sechs Volksrichtern bestand, die „bewährte Patrioten" — Widerstandskämpfer oder politisch Verfolgte — sein mußten. Ein besonderer Volksprokurator bestimmte, wer vor dieses Sondergericht, das sowohl als Strafgericht als auch als Ehrengericht fungierte, gestellt werden soll. Im Verfahren vor den außerordentlichen Volksgerichten und vor dem Volksgerichtshof waren Rechtsmittel nicht gegeben. Eine verhängte Todesstrafe war binnen zwei Stunden nach Urteilsverkündung zu vollstrecken. Das Gericht konnte öffentliche Vollstreckung anordnen. Das ist auch in zahlreichen Fällen geschehen. Die Tätigkeit dieser Gerichte wurde am 4. 5. 1947 eingestellt.

Die Aufgaben der Staatsanwaltschaft wurden bei den Bezirksgerichten in Übertretungssachen von staatsanwaltschaftlichen Funktionären, die weder Juristen noch Staatsbeamte sein mußten, wahrgenommen. Bei den Kreisgerichten fungierte der Prokurator, bei den Obergerichten der Landesprokurator und beim Obersten Gericht der Generalprokurator. Ihre Machtstellung nahm im Laufe der Jahre unter politischen Aspekten erheblich zu.

Das Gesetz Nr. 232/46 traf hinsichtlich der Geschworenengerichte eine neue einheitliche Regelung für das ganze Staatsgebiet. Die Zuständigkeit dieser Gerichte wurde erweitert, das Gewicht der Laienmitwirkung verstärkt. Die Geschworenengerichte bestanden weiterhin aus drei Berufsrichtern und 12 Geschworenen. Aber der Vorsitzende des Gerichts leitete die Beratung der Geschworenen über die

Schuldfrage und an der Beratung und Entscheidung über die Straffrage wirkten außer den drei Berufsrichtern drei Laien mit, die aus der Mitte der Geschworenen gewählt wurden.

Auf dem Gebiete des Militärstrafprozeßrechts wurden zunächst „für die Zeit des unerläßlich notwendigen Bedarfs" (Dekret Nr. 119/45) die bis 1938 in der CSR angewendeten Militärstrafprozeßordnungen übernommen. In der Gerichtsorganisation traten zunächst keine wesentlichen Änderungen ein: es gab Brigadegerichte, Divisionsgerichte und ein Oberstes Militärgericht. Das Dekret Nr. 120/45 bestimmte, daß das militärische Strafverfahren im Felde in der Übergangszeit bis zum Erlaß neuer Bestimmungen nach dem Gesetz Nr. 115/37 durchzuführen sei. Die erste Neuregelung und zugleich Vereinheitlichung des Militärstrafprozeßrechts erfolgte durch das Gesetz Nr. 226/47, das viele wichtige Neuerungen brachte. Militärgerichte waren nunmehr: das Militärkreisgericht, das Militärobergericht und der Oberste Militärgerichtshof. Eine Neufassung des gesamten Militärstrafprozeßrechts erfolgte durch die Kundmachung des Ministers für die nationale Verteidigung Nr. 151/48; sie enthielt als Anlagen den durch die inzwischen ergangenen Änderungen und Ergänzungen entstandenen Wortlaut der Militärstrafprozeßordnungen Nr. 131/1912 und Ges.-Art. XXXIII/1912. Auf dem Gebiete des Militärdisziplinarstrafrechts wurde das Gesetz Nr. 154/23 mit Änderungen und Ergänzungen übernommen und in einer Neufassung kundgemacht (K. 57/47; dazu DVO Nr. 190/47).

2. Die wichtigsten *Rechtsvorschriften* mit strafprozessualem Inhalt aus der Zeitspanne zwischen Mai 1945 und der kommunistischen Machtübernahme im Februar 1948 waren:

Dekret. d. Präs. d. Rep. v. 19. 6. 1945, Nr. 16 Sb., über die Bestrafung der nazistischen Verbrecher, der Verräter und ihrer Helfer, und über die außerordentlichen Volksgerichte (Großes Retributionsdekret), abg. u. erg. d. die Gesetze 22/46, 149/46 und 245/46, in neuem Wortlaut veröff. durch K. d. Justizministers 9/47, abg. d. Ges. 33/48. DVO 18/45. — Dem Gr. Retributionsdekret entsprach in der Slowakei die VO des Slowakischen Nationalrats v. 15. 5. 1945, Nr. 33/45 (Sammlung der Verordnungen des Slowak. Nationalrats); dazu die DVO 89/46.

Dekret d. Präs. d. Rep. v. 19. 6. 1945, Nr. 17 Sb., über den Volksgerichtshof. DVO 40/45. Dekret abg. d. Ges. 149/46 und 245/46. Neuer Wortlaut veröff. d. K. 9/47.

VO des Slowak. Nationalrats v. 23. 8. 1945, Nr. 105, über die Schaffung von Arbeitslagern.

Dekret d. Präs. d. Rep. v. 8. 9. 1945, Nr. 62 Sb., über Erleichterungen im Strafverfahren. Abg. d. Ges. 232/46 und 319/48.

Dekret d. Präs. d. Rep. v. 19. 9. 1945, Nr. 79 Sb., über die vorläufige Regelung der Gerichtsbarkeit in den Ländern Böhmen und Mähren-Schlesien.

Dekret d. Präs. d. Rep. v. 2. 10. 1945, Nr. 90 Sb., über die Regelung einiger Organisations- und Dienstfragen auf dem Gebiete der Gerichtsbarkeit.

Dekret d. Präs. d. Rep. v. 26. 10. 1945, Nr. 112 Sb., über die Verwaltung der Gerichtsgefängnisse und Strafanstalten.

Dekret d. Präs. d. Rep. v. 27. 10. 1945, Nr. 119 Sb., über eine Übergangsregelung für die Militärstrafprozeßordnungen. Dazu RegVO 3/47.

Dekret d. Präs. d. Rep. v. 27. 10. 1945, Nr. 120 Sb., über eine Übergangsregelung für das Militärstrafverfahren im Felde.

Dekret d. Präs. d. Rep. v. 27. 10. 1945, Nr. 126 Sb., über besondere Zwangsarbeitsabteilungen.

Dekret d. Präs. d. Rep. v. 27. 10. 1945, Nr. 138 Sb., über die Bestrafung einiger Verfehlungen gegen die nationale Ehre (Kleines Retributionsdekret), abg. u. erg. d. die Ges. 123/46, 246/46 und 34/48.

Dekret d. Präs. d. Rep. v. 27. 10. 1945, Nr. 143 Sb., über Beschränkungen des Klagerechts im Strafverfahren.

K. d. Innenministers v. 17. 12. 1945, Nr. 150 Sb., über die Gültigkeit des Dekrets des Präs. d. Rep. v. 28. 2. 1942, Nr. 6, Úř. věst.čsl., betr. die Erneuerung des Strafverfahrens und die Nichtigkeitsbeschwerde zur Wahrung des Gesetzes im Verfahren vor den Feldgerichten der csl. Armee im Auslande.

Ges. v. 18. 5. 1946, Nr. 115 Sb., über die Rechtmäßigkeit von Handlungen, die mit dem Kampf um die Wiedererwerbung der Freiheit der Tschechen und Slowaken zusammenhängen.

Ges. v. 18. 7. 1946, Nr. 166 Sb., womit die Strafprozeßordnungen abgeändert und ergänzt werden.

Ges. v. 10. 12. 1946, Nr. 232 Sb., über die Geschworenengerichte. Abg. d. Ges. 319/48.

Ges. v. 18. 12. 1946, Nr. 245 Sb., wodurch die Dekrete d. Präs. d. Rep. über die außerordentliche Volksgerichtsbarkeit ergänzt und in ihrer Wirksamkeit verlängert werden.

K. d. Ministers für nationale Verteidigung v. 19. 3. 1947, Nr. 57 Sb., über den neuen Wortlaut des Ges. 154/23 betr. das Militärdisziplinarrecht. Dazu DVO 190/47.

Ges. v. 24. 10. 1947, Nr. 182 Sb., über die Verfolgung strafbarer Handlungen gegen den Staat.

Ges. v. 18. 12. 1947, Nr. 226 Sb., womit einige Bestimmungen der Militärstrafprozeßordnungen abgeändert, ergänzt und vereinheitlicht werden.

Ges. v. 3. 2. 1948, Nr. 23 Sb., über den Vollzug gerichtlich verhängter Vermögensstrafen.

3. Alle Gesetze wurden in der in einer tschechischen und einer slowakischen Ausgabe erscheinenden „Sammlung der Gesetze und Verordnungen“ (Sb.) verkündet.

Textausgaben und Schrifttum:

Das Dekret Nr. 16/45 (Großes Retributionsdekret) ist in deutscher Übersetzung abgedruckt in den „Dokumenten zur Austreibung der Sudetendeutschen“, München 1952, 4. Aufl., S. 538. — Zu dem Dekret s. Solnař, La législation dite de retribution, Bulletin 1947, S. 73. — Deutsche Übersetzung des Ges. Nr. 115/46 in den „Dokumenten“ a. a. O. S. 526.

Tschechische Gesetzestexte und Kommentare:

Olšar, Trestní zákony (Die Strafgesetze), Prag 1946; Solnař, Trestní řád (StPO), Prag 1948; Poláček, Čsl. trestní řád (Die csl. StPO), Prag 1948.

Lehrbuch: Solnař, Učebnice trestního řízení (Lehrbuch des Strafverfahrens), Prag 1946, mit Nachtrag aus 1948.

D. Strafprozeßrecht seit 1948

1. Rechtsvorschriften

Von den Rechtsvorschriften, die seit dem Februar 1948 erlassen wurden und auf dem Gebiete des Strafprozeßrechts Bedeutung haben, sind zu erwähnen:

Ges. v. 15. 4. 1948, Nr. 88 Sb., wodurch die Strafgesetze und Strafprozeßordnungen abgeändert werden.

Ges. v. 5. 5. 1948, Nr. 129 Sb., über die Nichtigkeit einiger Urteile der Militärgerichte des sog. Slowakischen Staates.

Verfassungsgesetz v. 9. 5. 1948, Nr. 150 Sb., über die Verfassung der CSR.

K. d. Ministers für nationale Verteidigung v. 10. 6. 1948, Nr. 151 Sb., über den neuen Wortlaut der Mil. StPO.

Ges. v. 6. 10. 1948, Nr. 232 Sb., über das Staatsgericht. DVO 238/48, 5/49.

Ges. v. 25. 10. 1948, Nr. 247 Sb., über Zwangsarbeitslager.

Ges. v. 22. 12. 1948, Nr. 319 Sb., über die Gestaltung einer volksnahen Gerichtsbarkeit.

Ges. v. 22. 12. 1948, Nr. 320 Sb., über die regionale Organisation der Kreis- und Bezirksgerichte.

Ges. v. 22. 2. 1949, Nr. 59 Sb., über die Aberkennung militärischer Würden.

Ges. v. 23. 3. 1949, Nr. 92 Sb., Wehrgesetz.
Abg. d. Ges. 19/58, Neufassung 20/58. DVO 209/49, 21/58.

Ges. v. 17. 5. 1950, Nr. 67 Sb., über Arbeits- und Gehaltsverhältnisse der Berufsrichter, Prokuratoren und Richteranwärter (Richtergesetz). DVO 71/50.

Ges. v. 12. 7. 1950, Nr. 85 Sb., über Maßnahmen, die mit der Regelung des Disziplinarrechts der Angehörigen der bewaffneten Korps zusammenhängen.

Ges. v. 12. 7. 1950, Nr. 86 Sb., Strafgesetz.

Ges. v. 12. 7. 1950, Nr. 87 Sb., über das gerichtliche Strafverfahren *(Strafprozeßordnung)*

Ges. v. 12. 7. 1950, Nr. 88 Sb., Verwaltungsstrafgesetz.

Ges. v. 12. 7. 1950, Nr. 89 Sb., über das Verwaltungsstrafverfahren (Verwaltungsstrafverfahrensordnung).

VO d. Justizministers v. 18. 12. 1950, Nr. 192 Sb., womit nähere Bestimmungen über das Verfahren in Strafsachen und in bürgerlichen Rechtsangelegenheiten erlassen werden (Geschäftsordnung).

RegVO v. 10. 4. 1951, Nr. 31 Sb., betr. den Verkehr der staatlichen Behörden und anderen Organe mit Behörden und Organen ausländischer Staaten.

Ges. v. 11. 7. 1951, Nr. 69 Sb., über den Schutz der Staatsgrenzen.

RegVO v. 9. 10. 1951, Nr. 78 Sb., über die Zuständigkeit der örtlichen Nationalausschüsse in Strafsachen.

Ges. v. 20. 12. 1951, Nr. 114 Sb., über die Advokatur.

Ges. v. 20. 12. 1951, Nr. 116 Sb., über das staatliche Notariat. DVO 117/51, 42/60.

Verfassungsgesetz v. 30. 10. 1952, Nr. 64 Sb., über die Gerichte und die Prokuratur.

Ges. v. 30. 10. 1952, Nr. 65 Sb., über die Prokuratur.

Ges. v. 30. 10. 1952, Nr. 66 Sb., über die Organisation der Gerichte. DVO 41/60.

Ges. v. 30. 12. 1952, Nr. 67 Sb., womit die StPO abgeändert und ergänzt wird.

VO d. Justizministers v. 19. 12. 1952, Nr. 95 Sb., womit eine Geschäftsordnung für die Gerichte erlassen wird.

K. d. Justizministers v. 31. 12. 1952, Nr. 1/1953 Sb., betr. den vollen Wortlaut der *Strafprozeßordnung.*

Erl. d. Generalprokurators v. 1. 1. 1953 betr. eine Geschäftsordnung für die Prokuratur.

Ges. v. 24. 4. 1953, Nr. 33 Sb., über die juristische Praxis und die Fachprüfung auf dem Gebiete der Justiz und der Prokuratur. DVO 90/53.

Ges. v. 22. 12. 1953, Nr. 102 Sb., womit einige Bestimmungen des Verwaltungsstrafrechts abgeändert und ergänzt werden.

VO v. 5. 1. 1954, Nr. 4/8 U. l., über die Zuständigkeit der Strafkommissionen der Nationalausschüsse.

RegVO v. 22. 3. 1955, Nr. 20 Sb., betr. d. Verfahren in Verwaltungsangelegenheiten (Verwaltungsordnung).

Ges. Vfg. v. 31. 3. 1955, Nr. 21 Sb., betr. die Errichtung des Präsidiums des Obersten Gerichts. (Bestätigt durch Beschluß der Nationalversammlung Nr. 27/55 Sb.)

K. d. Innenministeriums v. 28. 4. 1955, Nr. 73 U. l., betr. Einzelvorschriften über das Verfahren in Verwaltungsangelegenheiten.

Entschließung des Präs. d. Rep. und der Regierung der CSR (U. l. v. 10. 5. 1955) über die Amnestie v. 9. 5. 1955.

Ges. Vfg. v. 22. 11. 1955, Nr. 58 Sb., über Kinderzulagen und Schutzerziehung.

Ges. v. 19. 12. 1956, Nr. 63 Sb., zur Abänderung und Ergänzung des Strafgesetzes Nr. 86/50 Sb.

Ges. v. 19. 12. 1956, Nr. 64 Sb., über das gerichtliche Strafverfahren *(Strafprozeßordnung)*.

Ges. v. 19. 12. 1956, Nr. 65 Sb., über die Prokuratur.

Ges. v. 19. 12. 1956, Nr. 66 Sb., womit das Ges. über die Organisation der Gerichte abgeändert und ergänzt wird.

K. v. 22. 12. 1956, Nr. 1/57 Sb., mit der eine Neufassung des Strafgesetzes vom 12. 7. 1950 bekanntgemacht wird.

Ges. v. 18. 4. 1957, Nr. 24 Sb., über die dienststrafrechtliche (disziplinäre) Verfolgung von Entwendungen und Beschädigungen an Vermögen in sozialistischem Eigentum.
(Durchführungs-Richtlinien d. Justizministers v. 20. 8. 1958, Nr. 136 U. l.)

Ges. v. 4. 7. 1957, Nr. 36 Sb., über die Wahlen der Richter und Volksrichter von Volks- und Kreisgerichten.

Ges. v. 4. 7. 1957, Nr. 37 Sb., über die dienststrafrechtliche Verantwortlichkeit der Richter von Volks- und Kreisgerichten (aufgehoben durch Ges. 142/61).

K. d. Ministers f. auswärt. Angelegenheiten v. 28. 6. 1957, Nr. 38 Sb., betr. den Vertrag der CSR und der DDR über die Rechtsbeziehungen in Zivil-, Familien- und Strafrechtssachen, mit Schlußprotokoll[1].

RegVO v. 11. 10. 1957, Nr. 65 Sb., über die strafrechtliche Zuständigdigkeit der örtlichen Nationalausschüsse.

Ges. v. 8. 7. 1959, Nr. 47 Sb., betr. die Regelung der Rechtsverhältnisse der Sachverständigen und Dolmetscher. DVO 193/59 U. l.

Ges. v. 18. 12. 1959, Nr. 76 Sb., betr. einige Dienstverhältnisse der Soldaten. (Betrifft Militärdisziplinarstrafrecht)

Ges. v. 9. 4. 1960, Nr. 40 Sb., über die Durchführung der neuen regionalen Organisation der Gerichte.

VO v. 11. 4. 1960, Nr. 41 Sb., über Sitze und Sprengel der Volks- und Kreisgerichte.

Entschließung des Präs. d. Rep. u. der Regierung v. 9. 5. 1960, Nr. 54 Sb., betr. Amnestie.

RegVO v. 24. 6. 1960, Nr. 91 Sb., über das Verwaltungsverfahren.

Verfassung v. 11. 7. 1960, Nr. 100 Sb.

---

[1] Vgl. Gesetz der DDR v. 2. 11. 1956, GesBl. d. DDR 1956 I, S. 1187, veröff. auch in der Zeitschrift „Das Standesamt", Frankfurt/M., 1957, S. 93.

Ges. v. 18. 4. 1961, Nr. 38 Sb., über die örtlichen Volksgerichte.

Ges. v. 26. 6. 1961, Nr. 60 Sb., über die Aufgaben der Nationalausschüsse bei der Sicherung der sozialistischen Ordnung.

K. v. 28. 6. 1961, Nr. 61 Sb., über das Blockverfahren.

Ges. v. 26. 6. 1961, Nr. 62 Sb., über die Organisation der Gerichte.

RegVO v. 6. 7. 1961, Nr. 63 Sb., womit eine Wahlordnung für die Wahlen der Richter der Bezirksgerichte erlassen wird.

Ges. v. 29. 11. 1961, Nr. 140 Sb., Strafgesetz.

Ges. v. 29. 11. 1961, Nr. 141 Sb., über das gerichtliche Strafverfahren *(Strafprozeßordnung)*.

Ges. v. 29. 11. 1961, Nr. 142 Sb., über die dienststrafrechtliche Verantwortlichkeit der Berufsrichter.

K. d. Justizministers u. Generalprokurators v. 28. 12. 1961, Nr. 151 Sb., über das Strafregister.

Entschließung d. Präs. d. Rep. v. 9. 5. 1962, Nr. 46 Sb., über eine Amnestie.

Ges. v. 9. 7. 1963, Nr. 57 Sb., über die Advokatur.

Ges. v. 4. 12. 1963, Nr. 95 Sb., über das staatliche Notariat und über das Verfahren vor dem staatlichen Notariat (Notariatsordnung). DVO 96/63.

Instruktion des Justizministeriums v. 25. 2. 1964, Az. 215/1964-L, Geschäftsordnung für die Bezirks- und Kreisgerichte (veröff. in der Sammlung der Instruktionen und Mitteilungen des Justizministeriums, 1964, Teilstück 2).

Ges. v. 26. 2. 1964, Nr. 36 Sb., über die Organisation der Gerichte und die Richterwahlen.

Ges. v. 24. 9. 1964, Nr. 184 Sb., womit die Verjährung der Strafverfolgung für die schwersten Straftaten gegen den Frieden, gegen Kriegsstraftaten u. Straftaten gegen die Menschlichkeit, sofern sie zugunsten oder in Diensten der Okkupanten begangen wurden, ausgeschlossen werden.

Entschließung d. Präs. d. Rep. v. 9. 5. 1965, Nr. 43 Sb., über eine Amnestie.

Ges. v. 17. 6. 1965, Nr. 56 Sb., womit das Strafgesetz Nr. 140/1961 Sb. abgeändert und ergänzt wird.

Ges. v. 17. 6. 1965, Nr. 57 Sb., womit das Gesetz Nr. 141/1961 Sb. über das gerichtliche Strafverfahren (Strafprozeßordnung) abgeändert und ergänzt wird.

Ges. v. 17. 6. 1965, Nr. 58 Sb., womit die Verfolgung der Verfehlungen und Übertretungen von Personen, die wiederholt Exzesse, Gewalttätigkeiten und Parasitentum begangen haben, geregelt wird.

Ges. v. 17. 6. 1965, Nr. 59 Sb., über die Vollstreckung der Strafe der Freiheitsentziehung.

Ges. v. 17. 6. 1965, Nr. 60 Sb., über die Prokuratur.

K. des Präsidiums der Nationalversammlung, Nr. 109/1965 Sb., über den vollen Wortlaut des Ges. v. 29. 11. 1961, Nr. 141 Sb., über das gerichtliche Strafverfahren (StPO), wie er sich aus den Änderungen und Ergänzungen ergibt, die durch das Ges. v. 17. 6. 1965, Nr. 57 Sb., durchgeführt wurden.

2. Die Rechtsentwicklung

Nach dem Staatsstreich in Prag im Februar 1948, durch den die Kommunisten alle Macht im Staate übernahmen, setzte schrittweise eine planmäßige Sowjetisierung des gesamten Rechts ein.

Die Verfassung vom 9. 5. 1948 forderte eine weitere „Demokratisierung" der Gerichtsbarkeit. Art. XI dieser Verfassung bestimmte, daß die Gerichte mit Berufsrichtern und Volksrichtern zu besetzen sind. In Ausführung dieser Bestimmung wurden durch das Ges. Nr. 319/48, das die Tschechen als einen Markstein in der Geschichte des csl. Strafprozeßrechts bezeichnen, nach sowjetischem Vorbild für alle Instanzen Volksrichter eingeführt. Sie wurden von den Nationalausschüssen und für das Oberste Gericht von der Regierung auf die Dauer von zwei Jahren berufen. Für ihre Ernennung war nicht juristische Qualifikation, sondern politische Zuverlässigkeit maßgebend. Unter gewissen gesetzlichen Voraussetzungen konnten sie vorzeitig entlassen werden. Alle Gerichte entschieden als Kollegialgerichte und in nur zwei Instanzen. Im ersten Rechtszug entschieden Senate, die aus einem Berufsrichter als Vorsitzendem und zwei Volksrichtern bestanden. Die Senate des zweiten Rechtszugs bestanden aus zwei Berufsrichtern und drei Volksrichtern. Das Oberste Gericht entschied in einem Fünfersenat. Einzelrichter wurden nurmehr ausnahmsweise in einigen wenigen vom Gesetz bestimmten Fällen tätig. Die Volksrichter besaßen in allen Kollegialgerichten die absolute Mehrheit, hatten gleiches Stimmrecht wie die Berufsrichter und stimmten vor diesen ab. Die Geschworenengerichte wurden als „typische Werkzeuge der Bourgeoisie" beseitigt. Auch die Jugendgerichte verschwanden. Die Gerichtsorganisation wurde der Verwaltungsorganisation angepaßt, die Sprengel der Bezirks- und Kreisgerichte fielen mit den Verwaltungsbezirken und Kreisen zusammen (Ges.Nr. 320/48). Die Landesgerichte (Hauptgerichte) und die Landesprokuraturen wurden im Hinblick auf die inzwischen erfolgte Neugliederung des Staates nicht nach Ländern, sondern nach Kreisen (Ges. v. 21. 12. 1948, Nr. 280) aufgehoben.

In knapp zweijähriger Tätigkeit erarbeiteten mehrere juristische „Arbeitskollektive" ein neues kommunistisches Strafrecht, das aus einem Strafgesetz, einer Strafprozeßordnung, einem Verwaltungsstrafgesetz und einer Verwaltungsstrafverfahrensordnung bestand. Diese vier Gesetze, sämtlich vom 12. 7. 1950, brachten zum erstenmal eine Vereinheitlichung des gesamten materiellen und formellen Strafrechts und Verwaltungsstrafrechts für das ganze Staatsgebiet. Sie beseitigten im Bereiche des Strafrechts den Rechtsdualismus und die bisherige Rechtszersplitterung. Das gesamte Militär-, Steuer-, Devisen- und Jugendstrafrecht sowie alle bisher in Nebengesetzen enthaltenen strafrechtlichen Bestimmungen wurden durch das neue Recht ersetzt.

Die StPO 87/50 lehnte sich an das sowjetrussische Strafverfahrensrecht an. Als Innenminister Nosek den Entwurf dieses Gesetzes der Nationalversammlung zur Beschlußfassung vorlegte, sprach er von dem „unschätzbaren Vorbild des ersten sozialistischen Staates der Welt, der großen UdSSR". Über den Sinn und Zweck der neuen StPO sagte er, daß nicht nur das materielle Strafrecht, sondern „auch das Strafverfahren zur Erfüllung der Pflichten des Bürgers beim Aufbau des Sozialismus, zur Arbeitsamkeit, zur Wachsamkeit gegenüber den Klassenfeinden und zur neuen sozialistischen Moral erziehen soll". An die Spitze der StPO wurde der Satz gestellt, daß jeder Bürger das Recht und die Pflicht habe dazu beizutragen, daß die strafbaren Handlungen hinreichend festgestellt und die Täter nach dem Gesetz bestraft werden (§ 1). Das Gesetz enthielt zahlreiche Neuerungen: Die Anklage wird in allen Fällen vom Prokurator erhoben; das Privatanklageverfahren fällt weg. Der Prokurator erhält eine starke, politisch betonte Stellung. Das Strafverfahren gliedert sich in ein Vorverfahren, ein Hauptverfahren und ein Vollstreckungsverfahren. Nur das Hauptverfahren ist Sache des Gerichts; das übrige Verfahren liegt — von wenigen Ausnahmen abgesehen — in der Hand des Prokurators. Das Gesetz unterscheidet zwischen Vorerhebungen und Voruntersuchung. Nur wenn die Vorerhebungen dem Prokurator nicht ausreichend erscheinen, führt er die Voruntersuchung durch, bei der er in einer Person die Stelle des früheren Untersuchungsrichters und des früheren Staatsanwalts innehat. Die Einrichtung des Untersuchungsrichters ist beseitigt. Der Prokurator vernimmt den Beschuldigten, entscheidet über die Inhaftnahme, vernimmt Zeugen und Sachverständige, nimmt Haus- und Personendurchsuchungen vor und beschlagnahmt Gegenstände, die für das Strafverfahren bedeutsam sind. Die Zuständigkeit des Gerichts wird erst dadurch begründet, daß der Prokurator einen Antrag bei diesem Gericht stellt. Das Adhäsionsverfahren ist zugelassen und wird insbesondere dort, wo eine Schädigung von Volkseigentum festgestellt wurde, regelmäßig durchgeführt. Das Strafgericht kann auch über den Schadensersatzanspruch nur dem Grunde nach entscheiden und die Sache zur Entscheidung über die Höhe des Anspruchs an das Zivilgericht verweisen. Das einzige ordentliche Rechtsmittel gegen Urteile ist die Berufung, die ohne Rücksicht auf die vorgetragene Begründung zur umfassenden Nachprüfung in tatsächlicher und rechtlicher Hinsicht führt. Auch solche Berufungsgründe, die nicht geltend gemacht wurden, sind von der Berufungsinstanz zu prüfen. Aus dem altösterreichischen Recht wurde die „Nichtigkeitsbeschwerde zur Wahrung des Gesetzes" übernommen, vielleicht deshalb, weil dieses außerordentliche Rechtsmittel der sowjetischen „Beschwerde wegen Verletzung des Gesetzes" sehr ähnlich ist. Der Strafvollzug liegt in den Händen des Prokurators. Er entscheidet auch über Strafaufschub und Strafunterbrechung. Letztere kann auch wegen guter Arbeitsleistungen verfügt werden. Eine besondere Kommission beim Kreisgericht entscheidet darüber, ob ein Verurteilter nach Verbüßung seiner Strafe in ein Zwangsarbeitslager eingewiesen wird, weil er durch seine Straftat eine feindselige Einstellung gegenüber der volksdemokratischen Ordnung zum Ausdruck gebracht und während der Strafvollstreckung durch seine Arbeit und sein Verhalten keine Besserung gezeigt hat, die zu der Hoffnung berechtigt, daß er ein ordentliches Leben als Werktätiger führen wird.

Die StPO galt nicht nur für Zivil-, sondern auch für Militärpersonen. Über Militärstrafsachen hatten die Niederen Militärgerichte (oder Feldgerichte), die Höheren Militärgerichte (oder Feldgerichte) und das Oberste Militärgericht zu entscheiden. Die Militärgerichtsbarkeit war nicht mehr Ausfluß der Befehlsgewalt; daher war auch nicht mehr der Kommandeur Träger der Gerichtsgewalt, Gerichtsherr.

Da alle Steuerdelikte nicht mehr wie bisher nach einem besonderen Gefällsstrafgesetz, sondern nach dem allgemeinen Strafgesetz oder nach dem Verwaltungstrafgesetz zu ahnden waren, kamen die Gefällstrafgerichte in Wegfall. Die allgemeinen Strafgerichte entschieden seither nach den Bestimmungen der StPO auch über Steuerstrafsachen.

Für das Verwaltungsstrafverfahren galt die Verwaltungsstrafverfahrensordnung Ges. Nr. 89/50. Die Verlagerung eines großen Teils der bisher den Strafgerichten obliegenden Aufgaben auf die Verwaltungsorgane ist das auffälligste Zeugnis für die veränderten Auffassungen über die Aufgaben der Strafjustiz. Man vertrat nun den Standpunkt, daß das gerichtliche Strafrecht und das Verwaltungsstrafrecht denselben Sinn und Zweck hätten: „Ihr Unterschied ist nur quantitativ. Die für die Gesellschaft gefährlicheren Straftaten werden von den Gerichten, die weniger wichtigen Delikte von den Nationalausschüssen bestraft“ (Nosek a. a. O.). Erstere sind „Straftaten“, letztere „Übertretungen“. Für beide gilt das Legalitätsprinzip. Bei geringfügigen Übertretungen kann aber von der Verfolgung abgesehen werden, wenn dem nicht Interessen des arbeitenden Volkes entgegenstehen. Das Verwaltungsstrafverfahren wird von den Nationalausschüssen von Amts wegen eingeleitet, sobald sie Kenntnis von einer Übertretung erlangen. Die höheren Nationalausschüsse können Haft und Haussuchungen anordnen und ohne Antrag Untersuchungen und Vernehmungen durchführen. Alle Nationalausschüsse erkennen über Schuld und Strafe in dreigliedrigen Strafkommissionen. Eine öffentliche Verhandlung findet nur statt, „wenn erwartet werden kann, daß sie zur Erziehung der Bevölkerung beiträgt“. Es kann auch eine beschränkte Teilnahme der Öffentlichkeit angeordnet werden; in einem solchen Falle werden nur „Personen geladen, deren Gegenwart für wünschenswert erachtet wird“. Hauptstrafen sind: Freiheitsentziehung bis zu zwei Jahren, öffentliche Rüge und Geldstrafe bis zu einer Million Kcs. Nebenstrafen sind: Vermögensbeschlagnahme, Tätigkeitsverbot, Aufenthaltsverbot, Verfall einer Sache und Veröffentlichung des Erkenntnisses. Im Verwaltungsstrafverfahren kann Berufung eingelegt werden, über die der nächsthöhere Nationalausschuß endgültig entscheidet. Die von den Nationalausschüssen verhängten Freiheitsstrafen sind in besonderen Verwaltungsgefängnissen oder in Gerichtsgefängnissen, in der Regel aber in Zwangsarbeitslagern zu vollstrecken. Die Aufsicht über diese Vollstreckung obliegt den Nationalausschüssen und dem Innenministerium. Seit dem Gesetz Nr. 102/53 entschieden über Verwaltungsübertretungen Einzelorgane der Nationalausschüsse und nurmehr in schweren Fällen die Strafkommissionen.

Die Gerichtsorganisation wurde im Jahre 1952 durch die Gesetze Nr. 64—67 neu gestaltet. Hierbei folgte man der vom Ges. Nr. 319/48 eingeschlagenen Richtung und übernahm im wesentlichen das System der Volksjustiz nach dem Vorbilde der UdSSR. Allgemeine Gerichte sind nurmehr die Volksgerichte, die Kreisgerichte und das Oberste Gericht; besondere Gerichte sind die Militärgerichte und die Schiedsgerichte. Die bisherige Bezeichnung „Bezirksgericht“ für die unseren deutschen Amtsgerichten entsprechenden Gerichte erster Instanz wird beseitigt. Das Oberste Gericht gliedert sich in ein strafrechtliches, ein zivilrechtliches und ein militärrechtliches Kollegium. Der Aufbau des gesamten Gerichtswesens wird dem regionalen System der Nationalausschüsse angepaßt. Alle Gerichte entscheiden grundsätzlich in Senaten. Nicht mehr nur die Volksrichter, sondern auch die Berufsrichter werden gewählt. Sie sind den Wählern gegenüber verantwortlich. Die Wähler haben das Recht, einen Richter abzuberufen, wenn er ihr Vertrauen verloren hat. Durch das Gesetz Nr. 66/52 wurde das Oberste Militärgericht beseitigt. Das auf Grund des Ges. Nr. 232/48 errichtete Staatsgericht wird aufgehoben; seine Aufgaben werden von den Kreisgerichten übernommen. Verwaltungsgerichte sind in den Gesetzen nicht mehr vorgesehen.

Die Prokuratur wurde in dem Verfassungsgesetz Nr. 64/52 nach sowjetischem Vorbild neu aufgebaut. Am Sitz eines jeden Volksgerichts und Kreisgerichts ist ein Prokurator tätig, der vom Generalprokurator ernannt wird. Dieser wird vom Präs. d. Rep. ernannt und ist nur der Regierung verantwortlich. Der Prokurator ist der verlängerte Arm der zentralen Staatsgewalt, der mit besonderen Machtbefugnissen ausgestattet ist. Er ist nicht nur öffentlicher Ankläger in Strafprozessen und „Vertreter der Interessen des Staates und der Werktätigen“ in Zivilprozessen, sondern übt darüber hinaus eine allgemeine Aufsicht über alle Gerichte, Behörden, Nationalausschüsse, Organe, Institutionen, Amtspersonen und Einzelpersonen aus. Seine Hauptaufgabe besteht darin, darüber zu wachen, daß der Grundsatz der sozialistischen Gesetzlichkeit beachtet wird. Wo immer er Verstöße dagegen feststellt, hat er für Abhilfe zu sorgen. Gegen ungesetzliche Entscheidungen und Maßnahmen hat er erforderlichenfalls „Protest“ zu erheben und eine Frist zur Beseitigung der Mängel zu stellen. Wird dem Protest nicht abgeholfen und der Mangel nicht fristgerecht beseitigt, geht die Sache dem übergeordneten Gericht oder der übergeordneten Behörde zur Entscheidung zu. Über Proteste gegen Entscheidungen der Ministerien und Zentralämter entscheidet die Regierung.

Die Änderungen der Gerichtsorganisation und das Ges. Nr. 67/52 gaben Anlaß zu einer Neufassung der StPO, die am 31. 12. 1952 erfolgte (Nr. 1/53 Sb.).

Durch Ges.Vfg. vom 31. 3. 1955 wurde nach dem Vorbild des sowjetischen Dekrets vom 14. 8. 1954 ein Präsidium des Obersten Gerichts errichtet. Ihm obliegt die Aufsicht über die Tätigkeit der Gerichte, die Entscheidung über Beschwerden wegen Verletzung der Gesetze durch das Oberste Gericht und die Vorbereitung von Verhandlungen des Plenums des Obersten Gerichts.

Als im Februar 1956, auf dem XX. Parteikongreß der KPdSU in Moskau, Chruschtschow einen neuen politischen Kurs einleitete, fand er harte Worte über die Strafjustiz unter Stalin. Er rügte „die Anwendung grausamster Unterdrückung und die Verletzung des Grundsatzes der sozialistischen Gesetzlichkeit zum Nachteil derer, die in irgendeinem Punkte nicht mit Stalin übereingestimmt hatten und nicht gut angeschrieben waren ... In der Regel genügte als einziger Schuldbeweis das ‚Geständnis‘ des Angeklagten; wie sich später herausstellte, wurden die ‚Geständnisse‘ durch physischen Druck von den Angeklagten erpreßt“. Als Folge dieser Kritik wurden alsbald in der UdSSR und in den einzelnen Staaten des Ostblocks Reformen des Strafrechts gefordert, durch die zum Ausdruck kommen sollte, daß eine neue Ära einsetze, der einzelne nicht mehr wie bisher schutzlos der Macht der Polizei ausgeliefert sei, sondern sich in einem ordentlichen Gerichtsverfahren wirksam gegen ungerechtfertigte Beschuldigungen verteidigen könne. Vor allem wurde eine durchgreifende Strafprozeßreform gefordert. In der CSR wurde eine solche Forderung vom Zentralkomitee der KPC im März 1956 und auf der Gesamtstaatlichen Konferenz der KPC am 15. 6. 1956 in Prag erhoben. Die Konferenz beschloß Leitsätze für die „Arbeit der Organe der Sicherheit, der Prokuratur und der Gerichte“ und machte die „Auflage“ (Amtl. Begründung), noch im gleichen Jahr die StPO umzuarbeiten. Als Hauptziel der Reform wurden bezeichnet: die Festigung der Aufsicht des Prokurators, Garantien für die Präsumtion der Nichtschuld im Strafverfahren, eine Verbesserung der Erziehungsaufgaben aller im Strafverfahren tätigen Personen und eine bessere Festigung der sozialistischen Gesetzlichkeit. Eine der Auflagen ging dahin, „ausdrücklich zu bestimmen, daß selbst das Geständnis des Beschuldigten die Untersuchungsorgane und das Gericht nicht von der Verpflichtung entbindet, weitere Mittel zur Feststellung der objektiven Wahrheit anzuwenden, und bei der Untersuchung jedes Vorgehen zu verbieten, das nicht eine richtige Durchführung der Untersuchung, die Feststellung der objektiven Wahrheit und die Erhebung wahrhafter Beweise gewährleistet".

Den gegebenen Weisungen gemäß erging am 19. 12. 1956 die StPO 64/56, ferner eine Strafgesetznovelle, ein neues Gesetz über die Prokuratur und eine Novelle zum Gerichtsorganisationsgesetz.

Die StPO 64/56 entsprach genau den Auflagen der KPC. So wurde z. B. in § 102 bestimmt: „Der Beschuldigte darf in keiner Weise zu einer Aussage oder einem Geständnis gezwungen werden und bei der Vernehmung ist seine Persönlichkeit zu achten. Ein Geständnis des Beschuldigten befreit den Vernehmenden nicht von der Pflicht, alle Umstände des Falles zu prüfen und mit allen erreichbaren Beweisen zu belegen". Das Strafverfahren gliedert sich in folgende Abschnitte: das vorbereitende Verfahren, die Vorausverhandlung über die Anklage, die Hauptverhandlung, das Berufungsverfahren und das Vollstreckungsverfahren. Weil von der KPC große Mißstände im vorbereitenden Verfahren gerügt worden waren, werden nach sowjetischem Vorbild mit der Untersuchung „Ermittler" betraut, die im Auftrage des Prokurators oder des Innenministeriums handeln (§ 172).

Der Prokurator kann die Ermittlungen aber auch selbst führen. Wenn sie hinreichenden Verdacht einer strafbaren Handlung ergeben, wird dem Verdächtigen von dem Untersuchungsorgan eröffnet, daß er als Beschuldigter verfolgt werden wird. Das ist Voraussetzung für die Erhebung der Anklage. Im zweiten Verfahrensabschnitt stellt das Gericht in nichtöffentlicher Sitzung fest, ob die gesetzlichen Bestimmungen über die Durchführung der Voruntersuchung eingehalten wurden und ob die Untersuchungsergebnisse ausreichen, um den Beschuldigten vor Gericht zu stellen. Die Vorausverhandlung über die Anklage ist beschränkt auf schwere Fälle und auf die Fälle, für die der Senatsvorsitzende eine solche Verhandlung anordnet. Im Berufungsverfahren entscheiden die Kreisgerichte nun wieder in Senaten, die aus drei Berufsrichtern und zwei Volksrichtern bestehen. Die Altersgrenze der Volksrichter wird von 30 auf 23 Jahre herabgesetzt. Die Niederen Militärgerichte erhalten die Bezeichnung Militärdistriktsgerichte. Die Wahl der Berufs- und Volksrichter an Volks- und Kreisgerichten wurde durch das Ges. Nr. 36/57 geregelt; die Wahlvorschriften beziehen sich nicht auf die Richter des Obersten Gerichts.

Das Ges. Nr. 24/57 bestimmt, daß Entwendungen und Beschädigungen an Vermögen, das in sozialistischem Eigentum steht, durch Angestellte öffentlicher Unternehmen als „dienststrafrechtliche (disziplinäre) Verfehlungen" von dem Leiter oder einem hierzu ermächtigen Angestellten des geschädigten Unternehmens geahndet werden. Unter gewissen Voraussetzungen werden die Sachen an die Nationalausschüsse abgetreten, die sie als Verwaltungsübertretungen verfolgen.

Im Jahre 1959 wurden in den Betrieben sog. Kameradengerichte gebildet. Die Einrichtung ging auf eine Anregung Chruschtschows auf dem XXI. Parteitag der KPdSU (27. 1. 1959) zurück, der damit eine alte Idee aus der Revolutionszeit aufgriff. Jetzt bestehen in der UdSSR Kameradengerichte z. B. auf Grund des Ges. der RSFSR vom 3. 7. 1961 (ergänzt am 23. 10. 1963). Die Kameradengerichte in der CSR bestanden aus 5 Betriebsangehörigen, die als „gewählte gesellschaftliche Organe der Arbeiter" über kleinere Verletzungen von Recht und Disziplin entschieden. Am 8. 4. 1960 beauftragte das Zentralkomitee der KPC das Politbüro mit der Ausarbeitung eines Gesetzes über Kameradengerichte. Durch Art. 101 der neuen Verfassung vom 11. 7. 1960 wurden solche Gerichte unter der Bezeichnung „örtliche Volksgerichte" in die Gerichtsorganisation eingegliedert. Durch das Ges. Nr. 38/61 erhielten die örtlichen Volksgerichte, die an den Arbeitsstätten und in den Gemeinden zu errichten sind, eine Rechtsgrundlage. Sie entscheiden in Dreiersenaten, die nur aus nebenberuflichen Laienrichtern bestehen, über „Verfehlungen", einfache Vermögensstreitigkeiten und über Straftaten, zu deren Ahndung „die erzieherischen Kräfte des Kollektivs an der Arbeitsstätte oder in der Gemeinde und die Maßnahmen, die ein örtliches Volksgericht auferlegen kann, genügen". Wo örtliche Volksgerichte bestehen, werden auch Entwendungen und Beschädigungen an Vermögen, das in sozialistischem Eigentum steht, nicht mehr nach dem Ges. Nr. 24/57, sondern durch die örtlichen Volksgerichte geahndet. Gegen Entscheidungen der örtlichen Volksgerichte ist der Rechtszug an die Bezirksgerichte gegeben.

Die Verwaltungsstrafverfahrensordnung 89/50 und das Verwaltungsstrafgesetz 88/50 wurden durch das Ges. Nr. 60/61 über die Aufgaben der Nationalausschüsse bei der Sicherstellung der sozialistischen Ordnung (in der tschechischen Rechtspraxis „Übertretungsgesetz" genannt) aufgehoben und ersetzt. Die Nationalausschüsse entscheiden nach diesem Gesetz über Übertretungen (§§ 7—19 Ges. 60/61) und wo keine örtlichen Volksgerichte bestehen, auch über Verfehlungen (§§ 35—40 Ges. 60/61, §§ 16—21 Ges. 38/61). Das Gesetz regelt in seinem § 29 auch das sogenannte Blockverfahren. Eine Übersetzung des ganzen Übertretungsgesetzes befindet sich in meiner Ausgabe des csl. StGB v. 29. 11. 1961 (Sammlung außerdeutscher Strafgesetzbücher Bd. 85, Berlin 1964, S. 123 f.). Für das Verfahren in Übertretungssachen gilt im übrigen die RegVO 91/60 (s. S. 225).

Die neue Verfassung (Ges.Nr. 100/60) bringt die Grundlagen für eine Reorganisation der Gerichtsbarkeit. Diese trat mit dem Ges. Nr. 62/61 in Kraft, das das bislang geltende Gerichtsorganisationsrecht aufhob und ersetzte, insbes. das Ges. Nr. 66/52 i. d. F. des Ges. Nr. 66/56 und das Ges. Nr. 36/57. An die Stelle des Gerichtsorganisationsgesetzes Nr. 62/61 trat im Jahre 1964 das Ges. Nr. 36/64. Staatliche zivile Gerichte sind: die örtlichen Volksgerichte, die Bezirksgerichte, die Kreisgerichte und das Oberste Gericht. Bemerkenswert ist, daß die alte Bezeichnung „Bezirksgericht“ wieder eingeführt wurde; seit dem Verf.-Ges. Nr. 64/52 hatte man nach sowjetischem Beispiel die früheren Bezirksgerichte als Volksgerichte bezeichnet. Nun bleibt der Ausdruck „Volksgericht“ in der Bezeichnung „örtliches Volksgericht“ gemäß Ges. Nr. 38/61 den an Arbeitsstätten und in Gemeinden errichteten Gerichten vorbehalten. Alle Gerichte sind Kollegialgerichte. Die Senate bestehen bei den örtlichen Volksgerichten ausschließlich aus nebenberuflich tätigen Laien; bei Bezirksgerichten und Kreisgerichten, soweit sie in erster Instanz tätig werden, aus einem Berufsrichter und zwei nebenberuflichen Laienrichtern; bei Kreisgerichten und beim Obersten Gericht, soweit sie in zweiter Instanz tätig werden, aus drei Berufsrichtern und zwei nebenberuflichen Laienrichtern, im übrigen aus drei Berufsrichtern. Das Mindestalter der Berufsrichter wird auf 23 und der anderen Richter auf 21 Jahre herabgesetzt. Alle Richter werden gewählt. Die Wahl der Richter für die örtlichen Volksgerichte erfolgt in öffentlicher Abstimmung in Bürgerversammlungen auf die Dauer von zwei Jahren. Alle anderen Richter werden auf die Dauer von vier Jahren gewählt. Die Richter der Bezirksgerichte werden nicht mehr durch den Bezirksnationalausschuß, sondern in unmittelbarer Wahl durch die Bürger gewählt.

Die Wahl der Richter für die Kreisgerichte erfolgt durch die Kreisnationalausschüsse, die Wahl der Richter für das Oberste Gericht durch die Nationalversammlung. Bei den Militärgerichten werden die Berufsrichter von der Nationalversammlung und die übrigen Richter von Soldatenkollektiven gewählt. Die ersten Wahlen aller Richter erfolgten im Dezember 1961 auf Grund der Wahlordnung RegVO Nr. 63/61, die inzwischen durch das Gesetz Nr. 36/64 ersetzt wurde.

3. Die Strafprozeßordnung vom 29. 11. 1961

Am 25. Dezember 1958 wurden in der UdSSR die „Allgemeinen Grundsätze der Strafgesetzgebung, der Gerichtsverfassung und des Strafverfahrens“ beschlossen, die als Rahmengesetz alsbald in den Unionsrepubliken und in den Ostblockstaaten eine durchgreifende Reform des materiellen und formellen Strafrechts auslösten. Anregungen hierzu kamen von dem XXI. und XXII. Parteitag der KPdSU. Am 27. 10. 1960 wurden in der RSFSR ein neues StGB und eine neue StPO eingeführt, die den anderen Ländern als Vorbild dienten. In der CSSR fanden die Vorarbeiten für ein neues „sozialistisches Strafrecht“ ihren ersten Niederschlag in der Verfassung vom 11. Juli 1960. Am 8. Dezember 1960 stellte das Zentralkomitee der KPC Leitsätze für die weitere Entwicklung der Strafgerichtsbarkeit auf.

Am 29. November 1961 beschloß die csl. Nationalversammlung ein neues Strafgesetz und eine neue Strafprozeßordnung, in denen diesen Leitsätzen Rechnung getragen wird. Das StGB 140/61 und die StPO 141/61 treten seit 1. 1. 1962 an die Stelle der entsprechenden Gesetze Nr. 86/50 (Fassung Nr. 1/57) und 64/56.

In der amtlichen Begründung zur neuen StPO wird ausgeführt: „Die erreichte Stufe der Entwicklung unserer Gesellschaft ermöglicht eine Vertiefung der sozialistischen Demokratie auch auf dem Gebiete der Strafgerichtsbarkeit. Sie ermöglicht es, die in der bisherigen StPO verankerten fortschrittlichen Grundsätze, von denen hier namentlich die Präsumtion der Nichtschuld, die Garantie der Rechte der Verteidigung und die gegenseitige Überprüfung der Arbeit zwischen Untersuchungsorganen, Prokuratur und Gerichten hervorzuheben sind, weiter herauszuarbeiten und zu vertiefen, insbesondere damit auch auf dem Gebiete des Strafverfahrens die wachsende Aktivität der Werktätigen zu einer breiteren Einschaltung ihrer gesellschaftlichen Organisationen in die Tätigkeit der staatlichen Organe mit dem Ziele einer Verminderung und schrittweisen Liquidierung der Kriminalität genutzt werde. Auf diesen Grundsätzen ist der Entwurf der neuen StPO aufgebaut".

Eine der wichtigsten Neuerungen der StPO ist „die Vertiefung des sozialistischen Demokratismus" durch Einschaltung der „gesellschaftlichen Organisationen" in das Strafverfahren. Zu diesen Organisationen gehören namentlich die „Revolutionäre Gewerkschaftsbewegung", die Landwirtschaftlichen Einheitsgenossenschaften und der Csl. Jugendverband. Alle Organe des Strafverfahrens sind verpflichtet, „in weitestem Maße" mit den gesellschaftlichen Organen zusammenzuarbeiten und sich deren „erzieherische Einwirkung" zunutze zu machen (§ 2 Abs. 7). Diese Organisationen können alle Organe des Strafverfahrens auf einzelne Verletzungen der sozialistischen Gesetzlichkeit aufmerksam machen, die Einleitung der Strafverfolgung veranlassen, die Verhandlung der Sache an der Arbeitsstätte oder am Wohnort des Beschuldigten beantragen und zur Verhandlung einen sog. gesellschaftlichen Ankläger oder Verteidiger entsenden, der als selbständige Prozeßpartei am Strafverfahren teilnimmt; sie können zwar keine Rechtsmittel einlegen, aber bei der Strafvollstreckung von Besserungsmaßnehmen und bei der „Erziehung" bedingt Verurteilter oder bedingt Entlassener mitwirken u. a. m. Sie können unter gewissen Voraussetzungen dem Gericht anbieten, eine Bürgschaft für die Besserung des Beschuldigten zu übernehmen. Das Gericht ist verpflichtet, über dieses Angebot zu entscheiden. Nimmt es das Angebot an, so wird von der Haft oder Bestrafung abgesehen oder auf eine Strafe erkannt, die in Freiheit vollzogen werden kann und bei der „die erzieherische Wirkung des Kollektivs" zur Geltung kommen kann.

Die StPO regelt die Zuständigkeit und Tätigkeit der Bezirksgerichte,

Kreisgerichte, Militärgerichte und des Obersten Gerichts; das Ges. Nr. 38/61 regelt die Zuständigkeit und Tätigkeit der örtlichen Volksgerichte. Die Kreisgerichte entscheiden im ersten Rechtszug nur über besonders wichtige „kontrarevolutionäre Straftaten" (vgl. § 17 Abs. 1, § 388). Erweitert sind die Rechte des Beschuldigten und seiner Verteidigung (§§ 33, 41 Abs. 2, 168). Dem Adhäsionsverfahren wird große Bedeutung beigemessen (§§ 43, 228, 229)[7].

Das ordentliche Strafverfahren gliedert sich in fünf Stadien wie nach der StPO 64/56. Das vorbereitende Verfahren besteht aus vier Phasen: 1. Einleitung der Untersuchung, 2. Untersuchung (mit Erhebung der Beschuldigung), 3. Beendigung der Untersuchung und Unterrichtung des Beschuldigten über deren Ergebnisse, 4. Abgabe der Sache an den Prokurator und dessen Entscheidung. Nach Abschluß des vorbereitenden Verfahrens kann der Prokurator Anklage erheben. Er kann entscheiden, daß die Sache dem örtlichen Volksgericht abgegeben wird; das wird er insbesondere dann tun, wenn eine gesellschaftliche Organisation die Bürgschaft für eine Besserung des Täters übernimmt, und er eine Verhandlung vor dem örtlichen Volksgericht für ausreichend hält. Die Vorausverhandlung über die Anklage endet mit der Annahme der Anklage durch das Gericht, mit der Rückgabe der Sache an den Prokurator zur Ergänzung der Ermittlungen, mit der Abgabe der Sache an ein anderes Organ (z. B. an das örtliche Volksgericht) oder mit der Einstellung der Strafverfolgung. In der Hauptverhandlung prüft das Gericht die in der Anklage erhobenen Beschuldigungen und erhebt Beweise. Die Anklage wird vom Prokurator vertreten. Läßt er während der Hauptverhandlung die Anklage fallen, so kann das Gericht das Verfahren einstellen, einen Freispruch fällen oder aber auch — z. B. wenn es die Beweise anders würdigt als der Prokurator — den Angeklagten für schuldig erkennen (§ 182 Abs. 3). Eingehend geregelt sind die Stellung und die Rechte der gesellschaftlichen Ankläger und Verteidiger (§§ 183, 65, 130, 196, 215, 216). Besonderen Wert wird auf die Ermittlung der Tatmotive gelegt; dazu sollen besonders die gesellschaftlichen Organe beitragen. Zeigen sich dabei Mängel z. B. in der Verwaltung, bei einem Unternehmen oder in einer Organisation, so ist das Gericht verpflichtet, diese Stellen hiervon in Kenntnis zu setzen. Diese Stellen wiederum sind verpflichtet, alsbald dem Gericht mitzuteilen, was sie zur Beseitigung der Mängel unternommen haben. Bei der Hauptverhandlung gelten die Grundsätze der Unmittelbarkeit, Mündlichkeit und Öffentlichkeit. Eine Beeidigung von Zeugen oder Sachverständigen ist nicht zulässig, ausgenommen wenn es sich um Rechtshilfe für ausländische Gerichte

---

[2] Vgl. die Entscheidung des Plenums des Obersten Gerichts vom 4. 6. 1962 über das Adhäsionsverfahren: „Richtlinien zur Auslegung der Bestimmungen der StPO über die Rechte und die Stellung des Geschädigten im Strafverfahren und über den durch eine Straftat verursachten Schaden" (abgedruckt bei Tolar, Trestní řád, Komm., Prag 1963, S. 651—668).

oder Behörden handelt, vgl. § 384 StPO i. V. mit § 57 des Ges. v. 4. 12. 1963, Nr. 97 Sb., über das internationale Privat- und Prozeßrecht (s. S. 175). Die Hauptverhandlung endet mit Schuldurteil, Freispruch oder mit Einstellung der Strafverfolgung, Unterbrechung der Hauptverhandlung oder Abgabe der Sache an ein anderes Organ, z. B. an ein örtliches Volksgericht. Im Berufungsverfahren entscheidet das nächsthöhere Gericht in öffentlicher Sitzung. Das Strafverfahren ist nur zweistufig. Als Berufungsgericht fungiert das Kreisgericht oder das Oberste Gericht. Anlaß zur Aufhebung eines Urteils können auch Mängel sein, die in der Berufung nicht geltend gemacht wurden, aber von Amts wegen festgestellt wurden. Wenn das Berufungsgericht der Berufung stattgibt, geschieht das in der Regel in der Weise, daß das Urteil der Vorinstanz aufgehoben und die Sache zu erneuter Verhandlung an das Gericht des ersten Rechtszugs oder gar in das Stadium des vorbereitenden Verfahrens zurückverwiesen wird. Ein außerordentliches Rechtsmittel gegen rechtskräftige Entscheidungen eines Gerichts oder Prokurators ist die „Beschwerde wegen Verletzung des Gesetzes" (§ 266 ff.). Im Jahre 1961 wurden 437 solche Beschwerden eingereicht. Das Oberste Gericht hat ihnen in allen Fällen stattgegeben. Besondere Bestimmungen gelten für das Strafverfahren gegen Jugendliche, Flüchtige und für das standgerichtliche Verfahren.

Auf Grund des § 391 StPO wurden durch Instruktion des Justizministers Nr. 9380/61 mit Wirkung ab 1. 1. 1962 die Gerichtssekretäre (im Militärstrafverfahren die sog. Verwaltungsoffiziere) ermächtigt, selbständig und unter eigener Verantwortung gewisse Handlungen vorzunehmen, die sonst dem Senatsvorsitzenden übertragen sind, z. B. einfache Handlungen eines ersuchten Richters, Entscheidungen über die pauschal festgesetzten Kosten des Strafverfahrens, Verfügungen über die Vollstreckung der Freiheitsentziehung, der Besserungsmaßnahmen, der Schutzheilung und der Schutzerziehung, Aufforderungen zur Zahlung einer Geldstrafe, Beitreibungsmaßnahmen. Gegen die Entscheidungen der Gerichtssekretäre ist die Beschwerde gegeben, wenn sie auch gegen entsprechende Entscheidungen des Senatsvorsitzenden gegeben wäre. Die Beschwerde ist zunächst dem Richter vorzulegen, der ihr abhelfen kann. Hilft er nicht ab, so entscheidet — wie über Beschwerden gegen Entscheidungen des Senatsvorsitzenden — das Gericht des zweiten Rechtszugs.

4. Die Strafrechtsreform vom 17. 6. 1965

Die neue Strafprozeßordnung war kaum erschienen, als sich schon der Ruf nach einer Reform erhob. Die Gründe dafür lagen darin, daß die auf dem 22. Kongreß der KPdSU im Oktober 1961 lautstark vorgetragene Rüge der Verletzung der sozialistischen Gesetzlichkeit in den vergangenen Jahren in der tschechoslowakischen Strafprozeßordnung vom 29. November 1961 noch keinen ausreichenden Widerhall hatte finden können, ferner daß inzwischen das als Vorbild angesehene sowjetrussische Strafprozeßrecht Änderungen erfahren hatte, und schließlich daß die StPO 1961 wie ihre letzten Vorgänger unter Zeitdruck zustande gekommen war und daher bald Anlaß zu wohlbegründeten kritischen Betrachtungen (vgl. Zeitschrift „Právník" 1964, S. 919 f.) geboten hatte.

Im Dezember 1962 wurde auf dem XII. Kongreß der KPC beschlossen, die Reste des Personenkults zu beseitigen und eine Revision der politischen Prozesse aus den Jahren 1949—1954 durchführen zu lassen. Am 4. 4. 1963 erörterte und billigte das Zentralkomitee einen Bericht, der Verletzungen der sozialistischen Gesetzlichkeit „während der Zeit des Persönlichkeitskults" behandelt. Slanský, ehedem erster Sekretär der KPC, der mit zehn anderen Personen auf Grund erpreßter Geständnisse wegen Spionage und Hochverrats verurteilt und am 3. 12. 1952 hingerichtet worden war, wurde im August 1963 rehabilitiert. Die Konferenz der csl. Juristen befaßte sich am 19. 11. 1963 eingehend mit den Rechten der Verteidigung, die als noch zu eng angesehen wurden, wie der Prozeß Slanský gezeigt habe. Im Zentralkomitee der KPC wurde eine besondere Kommission für Rechtsfragen gebildet, die die Aufgabe hatte, „das Zentralkomitee bei der Lösung von Grundfragen der Entwicklung der sozialistischen Gesetzlichkeit zu unterstützen".

Es kam zu dem umfangreichen Reformwerk vom 17. Juni 1965, das das materielle und formelle Strafrecht und das Strafvollzugsrecht umfaßt und ein neues Gesetz über die Prokuratur bringt. Der neue Wortlaut der Strafprozeßordnung, wie er sich auf Grund dieser Reform ergibt, wurde durch Kundmachung des Präsidiums der Nationalversammlung Nr. 109/1965 Sb. bekanntgemacht.

In dieser neuen Fassung der Strafprozeßordnung wird im vorbereitenden Strafverfahren wieder zwischen Vorerhebungen und Untersuchung unterschieden. Allerdings erfolgt diese Unterscheidung unter anderen Gesichtspunkten als ehedem die Aufspaltung des Vorverfahrens in Vorerhebungen und Voruntersuchung (§§ 84, 91 StPO 1873; §§ 76, 77 StPO 1950), die durch die StPO 1956 beseitigt worden war. Das Vorgehen der Organe, die die Untersuchung führen, und der Organe, die die Vorerhebungen vornehmen („Ermittlungsorgane"), wird eingehend geregelt. Die Rechte der Verteidiger werden erweitert und die Aufgaben der Prokuratoren klar festgelegt. Eine völlige Neuerung im tschechoslowakischen Strafrecht stellt das Strafvollzugsgesetz Nr. 59/65 dar. Es bezieht sich nur auf den Vollzug der Freiheitsstrafe, enthält aber keineswegs nur eine Zusammenfassung der bisher nur in Einzelbestimmungen des Strafgesetzes, der Strafprozeßordnung, verschiedener Regierungsverordnungen, Ministerialerlasse und „Instruktionen" enthaltenen Strafvollzugsvorschriften, sondern auch zahlreiche echte Neuerungen, die unsere Beachtung verdienen. Die

„Strafe der Freiheitsentziehung“ wird in „Erziehungsanstalten“, die der Besserung dienen sollen, vollstreckt. Diese Anstalten sind — wie die bisherigen „Besserungseinrichtungen“ — nicht dem Justizministerium, sondern dem Innenministerium unterstellt. Die Strafe wird differenziert in drei Gruppen vollstreckt. Nach § 39 a StG, der durch das Ges. Nr. 56/65 in das Strafgesetz eingefügt wurde, erfolgt die Eingruppierung eines Täters durch das Gericht in der Regel

a) in die 1. Gruppe, wenn er in den letzten zehn Jahren vor Begehung der Tat keine Freiheitsstrafe wegen einer vorsätzlichen Straftat zu verbüßen hatte,

b) in die 2. Gruppe, wenn er in den letzten zehn Jahren vor Begehung der Tat eine Freiheitsstrafe wegen einer vorsätzlichen Straftat zu verbüßen hatte, und

c) in die 3. Gruppe, wenn er ein besonders gefährlicher Rückfalltäter ist (§ 41 StG) oder eine der im § 62 StG genannten Straftaten begangen hat.

Allerdings kann das Gericht einen Täter auch anders eingruppieren, wenn es im Hinblick auf die Schwere der Straftat und auf die Verderbtheit des Täters meint, in der anderen Gruppe sei eine Besserung und Umerziehung des Täters eher zu erwarten. Wenn die Todesstrafe im Gnadenwege in Freiheitsentziehung umgewandelt („gemildert“) wurde, kommt der Täter immer in die dritte Gruppe. Verurteilte, die in die dritte Gruppe eingereiht wurden, können von sechs Monaten bis zu zwei Jahren in „verschärfte Isolierung“ (§ 7 Ges. Nr. 59/65) gebracht werden. Hierüber entscheidet das Gericht.

5. Rechtsquellen und Schrifttum

Gesetze, internationale Verträge, Regierungsverordnungen und wichtige Kundmachungen allgemeinen Charakters werden in der amtlichen „Sammlung der Gesetze“ (Sbírka zákonů), die in einer tschechischen und einer slowakischen Ausgabe erscheint, verkündet (Ges.Vfg. v. 10. 1. 1962, Nr. 4 Sb.). Weniger wichtige Rechtsvorschriften erschienen bis 1961 im „Amtsblatt der CSSR“ (Úřední list).

Wichtige strafrechtliche Gerichtsentscheidungen werden in der „Sammlung von Entscheidungen (und Mitteilungen) der csl. Gerichte“ (Sbírka rozhodnutí [a sdělení] čsl. soudů) veröffentlicht. Diese seit 1949 erscheinende Sammlung wurde zunächst vom Justizministerium, später von der Generalprokuratur und vom Obersten Gericht in Prag herausgegeben.

Mehrere Aufsätze über Fragen des Strafprozeßrechts sind aus der Feder namhafter csl. Juristen in dem für das Ausland bestimmten „Bulletin de Droit Tchécoslovaque“ (Prag) erschienen. Über csl. juristische Zeitschriften s. Schmied in der Zeitschrift „Osteuropa-Recht“ 1961, S. 219 f.

Textausgaben, Kommentare und Lehrbücher zum früher geltenden Strafprozeßrecht:

Solnař, Učebnice trestního řízení (Lehrbuch des Strafverfahrens), Prag 1946.

Glos-Eliáš-Šimák-Novák-Čech, Zákon o zlidovění soudnictví (Gesetz über die Gestaltung einer volksnahen Gerichtsbarkeit, Prag 1949. (Zum Ges. Nr. 319/48).

Trestní zákon a trestní řád (Strafgesetz und StPO), hrg. v. csl. Justizministerium, Prag 1951. (Zur StPO 87/50).

Trestní zákon správný a zákon o trestním řízení správním (Das Verwaltungsstrafgesetz und die Verwaltungsstrafverfahrensordnung), Prag 1951. (Zu den Ges.Nr. 88/50 und 89/50).

Šimák-Tolar-Růžek-Dolenský, Trestní řád (StPO), Prag 1953. (Komm. z. StPO 1/53).

Trestní řízení (Das Strafverfahren), Prag 1956. (Lehrbuch).

Černý-Kunc, Trestní zákon, trestní řád (Strafgesetz, StPO), Prag 1957. (Testausgabe z. StPO 1/57).

Štajgr-Plundr, Organisace justice a prokuratury (Die Organisation der Gerichte und der Staatsanwaltschaft), Prag 1957. (Lehrbuch).

Solnař, Čsl. trestní řízení (Das csl. Strafverfahren), Prag 1958. (Lehrbuch).

zum geltenden Strafprozeßrecht:

Tolar, Trestní zákon, trestní řád a předpisy souvisící (Strafgesetz, StPO u. die damit zusammenhängenden Vorschriften), Prag 1962.

Bydžovský — Lukeš, Přestupky a provinění (Übertretungen und Verfehlungen), Prag 1962. (Komm. z. Ges. Nr. 60/61).

Trestní řád (StPO), Prag 1963. (Komm. z. StPO 140/61).

Solnař, Čsl. trestní řízení (Das csl. Strafverfahren), Prag 1963. (Lehrbuch).

Tolar, Trestní řád (StPO), Prag 1963 (Komm. z. StPO 140/61).

E. Zur Übersetzung

Die Übersetzung hält sich möglichst genau an den Originaltext, denn es erscheint mir bei der Übersetzung eines Gesetzestextes wichtiger, den genauen Wortlaut wiederzugeben, als eine sprachlich vollbefriedigende, aber freie und inhaltlich ungenaue Übersetzung zu bieten. Wenn die Übersetzung an vielen Stellen schwerfällig wirkt, ist das auf den Originaltext zurückzuführen, der zahlreiche Wiederholungen und schwerfällige Formulierungen enthält.

Bei der Übersetzung wurde die Terminologie berücksichtigt, deren sich der csl. Gesetzgeber in den Jahren 1918—1945 bediente, als die csl. Gesetze und Verordnungen noch in amtlicher deutscher Übersetzung erschienen.

Die csl. StPO führt eine Bezeichnung, die in wörtlicher Übersetzung eigentlich lauten müßte: „Gesetz über das gerichtliche Strafverfahren (Strafordnung)". Die Übersetzung mit „Strafprozeßordnung" entspricht nicht nur unseren Rechtsbegriffen, sondern auch der amtlichen Übersetzung in den Jahren 1918—1938.

Das Wort *„Zuständigkeit"* wird für zwei Ausdrücke verwendet, die in der tschechischen Rechtssprache verschiedene Bedeutung haben: „pravomoc" und „príslušnost". Der erste Ausdruck umfaßt die Summe aller Befugnisse, die nach dem Gesetz den Gerichten — zum Unterschied von anderen staatlichen Organen — zustehen. Der andere Ausdruck wird dort verwendet, wo wir z. B. von örtlicher oder sachlicher Zuständigkeit der Gerichte sprechen. Nicht ganz folgerichtig verwendet der csl. Gesetzgeber das Wort „pravomoc" in den §§ 14, 15 StPO bei der Abgrenzung der Zuständigkeiten der Militärgerichte von denen der allgemeinen Gerichte. Um so eher kann in der Übersetzung schlechthin das Wort Zuständigkeit gewählt werden.

Der zweite Teil der StPO handelt vom *„vorbereitenden Verfahren"*. An Stelle dieser wörtlichen Übersetzung hätte auch die freiere Übersetzung „Vorverfahren" gewählt werden können.

Der Ausdruck „vyšetřovatel" (§ 157 StPO) wird mit *„Untersuchungsführer"* übersetzt. Man könnte ebensogut „Ermittler" sagen. Der Untersuchungsführer führt die *„Untersuchung"* (vyšetřování) durch; das Wort könnte auch mit „Voruntersuchung" übersetzt werden, doch hat dieser Ausdruck aus dem früheren tschechoslowakischen und altösterreichischen Recht einen anderen Begriffsinhalt. Von der Untersuchung sind die *„Vorerhebungen"* (vyhledávání, § 168 StPO) zu unterscheiden. An Stelle dieses Wortes könnte auch das Wort „Vorermittlungen" gebraucht werden, doch hat sich der Übersetzer hier an die offizielle Terminologie in der Gesetzgebung der Vorkriegszeit gehalten. Die tschechische Bezeichnung des Organs, das die Vorerhebungen durchführt, müßte wörtlich eigentlich mit „Vorerhebungsorgan" übersetzt werden; da das schwer angeht, wurde das Wort *„Ermittlungsorgan"* gewählt (z. B. §§ 157, 170 StPO).

Im Titel des Ges. Nr. 24/57 und in verschiedenen Bestimmungen ist von der *„karné"* (disciplinární) stíhání" die Rede. Kárati heißt strafen, aber nicht im Sinne des Strafrechts, wofür das Wort trestati verwendet wird, sondern im Sinne von rügen, tadeln. Das Substantiv kára (Strafe) entspricht dem deutschen Wort Zucht. Da eine wörtliche Übersetzung des im Gesetze verwendeten Adjektivs karné nicht möglich erscheint, habe ich die Worte „dienststrafrechtliche (disziplinäre) Verfolgung" gewählt. Auch das Wort *„kázeň"* heißt „Zucht". Es wird vor allem in bezug auf Soldaten und auf Verurteilte, die ihre Freiheitsstrafe verbüßen, angewendet. Um den ungewohnten Ausdruck „Zuchtstrafe" zu vermeiden und nicht von „Zuchtbelohnungen" sprechen zu müssen, wurden in der Übersetzung die Worte *„Diszipli-*

narstrafen" und „disziplinäre Belohnungen" gewählt (vgl. §§ 19, 20 Ges. Nr. 59/65).

Bei der Übersetzung des Ges. Nr. 24/57 wurden die Ausdrücke „*Entwendungen* und Beschädigungen" verwendet. Einer wörtlichen Übersetzung würde es entsprechen, vom „Bestehlen und Schädigen" zu sprechen. Der Gesetzgeber hat hier bewußt nicht die Wörter Diebstahl und Beschädigung, wie sie sich in den §§ 247, 255 StG finden, verwendet. Darum mußten auch für die Übersetzung andere Wörter mit schwächerem Begriffsinhalt gewählt werden.

Der Ausdruck „*von Amts wegen*" wird für Worte verwendet, die in wörtlicher Übersetzung lauten müßten: „aus eigenem Antrieb". Aus Gründen besserer Verständlichkeit habe ich an dem geläufigen Ausdruck „von Amts wegen" festgehalten, obwohl er der kommunistischen Ideologie nicht entspricht. Aber er wird auch in der deutschen Sprache nicht wörtlich verstanden, sondern in übertragenem Sinne gebraucht.

Das tschechische Wort „obvod" kann mit Sprengel, Distrikt, Gebiet, Bereich u. ä. übersetzt werden. Die von diesem Wort gebildeten zwei Adjektive obvodní und obvodový werden verschieden verwendet und mußten daher auch verschieden übersetzt werden. Deshalb: *Sprengel*gericht (obvodní soud) und Militär*distrikts*gericht (vojenský obvodový soud), sowie „Sprengelprokurator" und „Militärdistriktsprokurator" (vgl. § 32 Ges.Nr. 60/65). Volební obvod (§§ 14, 43 Ges.Nr. 36/64) wurde mit „Wahlbezirk" übersetzt.

Schwierigkeiten bereitet es, in der Übersetzung die enge Verbindung der Begriffe Besserung und Erziehung in Ausdrücken wie z. B. „nápravně výchovné ústavy" (§ 3 Ges.Nr. 59/65) zum Ausdruck zu bringen. Am nächsten kommt noch die dem Sinn einigermaßen entsprechende Übersetzung: „auf Besserung ausgerichtete Erziehungsanstalten". Da sich eine so schwerfällige Übersetzung aber nicht durchwegs verwenden läßt, wurde der Ausdruck „*Besserungs-Erziehungs-Anstalt*" als Notlösung gewählt. Das gleiche gilt sinngemäß für die Ausdrücke „Besserungs-Erziehungs-Gruppen" (§ 5 Ges.Nr. 59/65) und „Korps für Besserung und Erziehung" (§ 61 Ges.Nr. 59/65).

Für die Begriffe „Strafvollzug" und „Strafvollstreckung" werden in der tschechischen Sprache keine verschiedenen Ausdrücke verwendet. Es wurde daher der tschechische Ausdruck „výkon trestu" fast ausnahmslos mit „*Strafvollstreckung*" übersetzt, obwohl weit öfter als geschehen das Wort „Strafvollzug" am Platze wäre.

II. STRAFPROZESSORDNUNG VOM 29. NOVEMBER 1961

Übersicht

1. Teil
GEMEINSAME BESTIMMUNGEN

Hauptstück		§§
1.	Allgemeine Bestimmungen	1— 12
2.	Das Gericht und die am Verfahren beteiligten Personen	13— 51
3.	Allgemeine Bestimmungen über Handlungen des Strafverfahrens	52— 66
4.	Sicherstellung von Personen und Sachen	67— 88
5.	Beweisaufnahme	89—118
6.	Entscheidungen	119—140
7.	Beschwerde und Beschwerdeverfahren	141—150
8.	Kosten des Strafverfahrens	151—156

2. Teil
DAS VORBEREITENDE VERFAHREN

9.	Verfahren vor Einleitung der Strafverfolgung	158—159
10.	Einleitung der Strafverfolgung und weiteres Verfahren	160—179

3. Teil
DAS GERICHTSVERFAHREN

11.	Grundbestimmungen	180—184
12.	Vorausverhandlung über die Anklage	185—195
13.	Hauptverhandlung	196—231
14.	Öffentliche Sitzung	232—239
15.	Nichtöffentliche Sitzung	240—244
16.	Berufung und Berufungsverfahren	245—265
17.	Beschwerde wegen Verletzung des Gesetzes und das Verfahren hierüber	266—276
18.	Wiederaufnahme des Verfahrens	277—289
19.	Besondere Verfahrensarten	290—314
20.	Vollstreckungsverfahren	315—362
21.	Tilgung der Verurteilung	363—365

4. Teil
EINIGE HANDLUNGEN, DIE MIT DEM STRAFVERFAHREN ZUSAMMENHÄNGEN

22.	Gnadenerweis und Amnestie	366—370
23.	Entschädigung für Haft und Strafe	361—374
24.	Rechtsverkehr mit dem Ausland	375—384

5. Teil
ÜBERGANGS- UND SCHLUSSBESTIMMUNGEN

385—392

GESETZ VOM 29. NOVEMBER 1961, NR. 141 Sb., ÜBER DAS GERICHTLICHE STRAFVERFAHREN (STRAFPROZESSORDNUNG)

in der Fassung der Kundmachung der Nationalversammlung Nr. 109/1965[3]

Die Nationalversammlung der CSSR hat folgendes Gesetz beschlossen:

1. Teil
GEMEINSAME BESTIMMUNGEN

1. Hauptstück

Allgemeine Bestimmungen

§ 1

Zweck des Gesetzes

1. Zweck der Strafprozeßordnung ist, das Vorgehen der im Strafverfahren tätigen Organe so zu regeln, daß die Straftaten gebührend festgestellt und die Täter nach dem Gesetze gerecht bestraft werden. Dabei muß das Verfahren dahin wirken, die sozialistische Gesetzlichkeit zu festigen, der strafbaren Tätigkeit vorzubeugen und sie zu verhindern, die Bürger im Geiste einer konsequenten Einhaltung der Gesetze und der Regeln des sozialistischen Zusammenlebens sowie einer ehrlichen Erfüllung ihrer Pflichten gegenüber Staat und Gesellschaft zu erziehen.

2. Zur Erreichung des Zwecks des Strafverfahrens beizutragen ist ein Recht und nach den Bestimmungen dieses Gesetzes auch eine Pflicht der Bürger und der gesellschaftlichen Organisationen.

§ 2

Grundsätze des Strafverfahrens

1. Niemand kann als Beschuldigter anders als aus den gesetzlichen Gründen und auf die in diesem Gesetz bestimmte Weise verfolgt werden.

2. Solange nicht durch rechtskräftiges Urteil eines Gerichts über die Schuld erkannt wurde, kann derjenige, gegen den das Strafverfahren durchgeführt wird, nicht angesehen werden als ob er schuldig wäre.

3. Der Prokurator ist verpflichtet, alle Straftaten, von denen er Kenntnis erhält, zu verfolgen; Ausnahmen sind nur nach dem Gesetze zulässig.

4. Wenn dieses Gesetz nichts anderes bestimmt, handeln die im Strafverfahren tätigen Organe von Amts wegen; sie müssen die Strafsachen so schnell als möglich und unter voller Wahrung der durch die Verfassung gewährleisteten bürgerlichen Rechte abhandeln.

---

[3] Gesetzsammlung 1965 Teil 47, ausgegeben am 6. 11. 1965.

5. Die im Strafverfahren tätigen Organe handeln so, daß der tatsächliche Stand der Sache festgestellt wird; von diesem gehen sie bei ihren Entscheidungen aus. Mit der gleichen Sorgfalt klären sie sowohl die dem Beschuldigten nachteiligen als auch die ihm günstigen Umstände auf und erheben in beiden Richtungen Beweise, ohne einen Antrag der Parteien abzuwarten. Ein Geständnis des Beschuldigten enthebt die im Strafverfahren tätigen Organe nicht der Pflicht, alle Umstände des Falles zu prüfen und mit allen erreichbaren Mitteln zu überprüfen.

6. Die im Strafverfahren tätigen Organe würdigen die Beweise nach ihrer inneren Überzeugung, die auf einer sorgfältigen Abwägung aller Umstände des Falles im einzelnen und in ihrer Gesamtheit beruht.

7. Alle im Strafverfahren tätigen Organe arbeiten in weitestem Maße mit den gesellschaftlichen Organisationen zusammen und machen sich deren erzieherische Einwirkung zunutze.

8. Die Strafverfolgung vor den Gerichten ist nur auf Grund einer vom Prokurator erhobenen Anklage möglich.

9. Die Gerichte entscheiden im Strafverfahren in Senaten; der Senatsvorsitzende trifft selbst eine Entscheidung nur, wo dieses Gesetz es ausdrücklich bestimmt.

10. Strafsachen werden vor dem Gericht öffentlich verhandelt, so daß die Werktätigen in breitem Maße an der Verhandlung teilnehmen und das Prozeßgeschehen verfolgen können. Bei einer Hauptverhandlung und einer öffentlichen Sitzung darf die Öffentlichkeit nur in den in diesem Gesetz ausdrücklich bestimmten Fällen ausgeschlossen werden.

11. Die Verhandlung vor den Gerichten ist mündlich; ein Beweis durch Aussagen von Zeugen, Sachverständigen und Beschuldigten wird in der Regel so erhoben, daß das Gericht die genannten Personen selbst vernimmt.

12. Bei der Entscheidung in der Hauptverhandlung sowie in einer öffentlichen und nichtöffentlichen Sitzung darf das Gericht nur solche Beweise berücksichtigen, die bei dieser Verhandlung erhoben worden sind.

13. Derjenige, gegen den das Strafverfahren durchgeführt wird, muß in jedem Stadium des Verfahrens über die Rechte, die ihm eine volle Geltendmachung seiner Verteidigung ermöglichen, und darüber, daß er sich einen Verteidiger auch wählen kann, belehrt werden; alle im Strafverfahren tätigen Organe sind verpflichtet, ihm die Geltendmachung seiner Rechte zu ermöglichen.

14. Jedermann ist berechtigt, vor den im Strafverfahren tätigen Organen sich seiner Muttersprache zu bedienen[4].

---

[4] Vgl. § 8 Abs. 2 Ges. 36/64.

Zusammenarbeit mit den gesellschaftlichen Organisationen

§ 3

1. Die im Strafverfahren tätigen Organe arbeiten mit den gesellschaftlichen Organisationen zusammen, um die erzieherische Wirkung des Strafverfahrens zu verstärken und auch auf diese Weise die strafbare Tätigkeit zu verhindern und ihr vorzubeugen.

2. Die gesellschaftlichen Organisationen können die im Strafverfahren tätigen Organe auf Fälle einer Verletzung der sozialistischen Gesetzlichkeit aufmerksam machen und so Anlaß zur Einleitung einer Strafverfolgung geben. Sie können vorschlagen, daß das Gericht zur Vertiefung der erzieherischen Wirkung des Strafverfahrens die Sache an der Arbeitsstätte des Beschuldigten oder am Orte seines Wohnsitzes verhandele. Das Gericht arbeitet mit den gesellschaftlichen Organisationen bei der Sicherstellung der Teilnahme der Werktätigen an der Gerichtsverhandlung zusammen; diese Organisationen wirken nach den Bestimmungen dieses Gesetzes bei der Vollstreckung der Strafe der Besserungsmaßnahme und bei der Erziehung der bedingt Verurteilten und bedingt entlassenen Personen mit; sie tragen auch dazu bei, die Voraussetzungen dafür zu schaffen, daß der Verurteilte nach Verbüßung der Strafe ein ordentliches Leben als werktätiger Mensch führt.

§ 4

1. Die Grundorganisationen der Revolutionären Gewerkschaftsbewegung und des Csl. Jugendverbands können nach Erörterung im Kollektiv der Werktätigen die Übernahme einer Bürgschaft für die Besserung des Beschuldigten anbieten, wenn sie Grund zu der Annahme haben, daß die Voraussetzungen dafür vorliegen, daß sich der Beschuldigte unter Einwirkung des Kollektivs bessert. Die gleiche Befugnis hat eine Landwirtschaftliche Einheitsgenossenschaft und eine Produktionsgenossenschaft, denen der Beschuldigte als Arbeitskraft angehört. Das Gericht, dem ein solcher Antrag zugegangen ist, verhandelt die Sache in der Hauptverhandlung in der Regel vor dem Arbeitskollektiv, und wenn es sich entscheidet, die Bürgschaft anzunehmen, nimmt es auf sie bei der Entscheidung über die Strafe Rücksicht. Es kann insbesondere, soweit dies das Strafgesetz zuläßt, einen bedingten Aufschub der Strafvollstreckung bewilligen, die Strafe der Besserungsmaßnahme oder eine andere nicht mit Freiheitsentziehung verbundene Strafe verhängen oder von der Bestrafung absehen.

2. In besonders berücksichtigungswürdigen Fällen kann der Prokurator, der Untersuchungsführer oder das Ermittlungsorgan nach Aufklärung der Sache oder das Gericht bei der Vorausverhandlung über die Anklage dann, wenn sie die Bürgschaft annehmen, auch entscheiden, daß sie die Strafverfolgung nicht fortsetzen werden; sie treten dann die Sache dem örtlichen Volksgericht zur Verhandlung ab, sofern sie im Hinblick auf den Charakter der begangenen Straftat,

auf die Person des Täters und auf die erzieherischen Kräfte des Kollektivs der Ansicht sind, daß die Erledigung der Sache durch das örtliche Volksgericht zur Besserung des Täters ausreicht.

3. Die Organisation, die die Bürgschaft übernommen hat, sorgt für die Umerziehung und Besserung des Beschuldigten, der ihr zur Bürgschaft anvertraut wurde, und sorgt dafür, daß er den Schaden, den er durch seine Straftat verursacht hat, ersetzt.

§ 5

Die im § 4 Abs. 1 angeführten Organisationen haben das Recht, zur Verhandlung der Sache vor dem Bezirksgericht als ihren Vertreter einen gesellschaftlichen Ankläger oder einen gesellschaftlichen Verteidiger zu entsenden, die dann auf Grund gerichtlichen Beschlusses an der Verhandlung nach den Bestimmungen dieses Gesetzes teilnehmen und dem Gericht den Standpunkt der Werktätigen zur verhandelten Strafsache, zur Person des Täters und zu den Möglichkeiten seiner Besserung (§ 183) darlegen.

§ 6

1. Die im § 4 Abs. 1 angeführten Organisationen können die Übernahme einer Bürgschaft dafür anbieten, daß eine Besserung des Verurteilten erreicht werde, und auf dieser Grundlage um seine bedingte Entlassung aus der Strafe der Freiheitsentziehung oder um seine bedingte Entlassung aus dem Vollzug eines Restes der Strafe des Tätigkeitsverbots nachsuchen. Um Unterlagen für ein solches Gesuch zu erlangen, können sie sich über den Stand der Umerziehung des Verurteilten unterrichten.

2. Die angeführten Organisationen können auch den Antrag stellen, die Haft des Beschuldigten durch ihre Bürgschaft zu ersetzen (§ 73 Abs. 1), und können für den Verurteilten ein Gesuch um Gnadenerweis und um Tilgung der Verurteilung einreichen.

Zusammenwirken von staatlichen und anderen Organen

§ 7

Die im Strafverfahren tätigen Organe sind verpflichtet, einander bei der Erfüllung der aus diesem Gesetz sich ergebenden Aufgaben Hilfe zu leisten.

§ 8

1. Die staatlichen Organe, die gesellschaftlichen Organisationen, soweit sie an der Erfüllung der Aufgaben der staatlichen Organe teilnehmen, sowie auch die staatlichen und anderen sozialistischen Wirtschaftsorganisationen sind verpflichtet, den im Strafverfahren tätigen Organen bei der Erfüllung ihrer Aufgaben Hilfe zu leisten, namentlich mit größter Beschleunigung ihren Ersuchen zu entsprechen und Straftaten unverzüglich dem Prokurator oder den Organen des Korps für nationale Sicherheit anzuzeigen.

2. Durch die Bestimmung des Absatzes 1 wird weder die Pflicht, ein Staats- oder Wirtschaftsgeheimnis zu wahren, noch die vom Staat auferlegte Pflicht zur Verschwiegenheit berührt.

§ 9
Beurteilung von Vorfragen

1. Die im Strafverfahren tätigen Organe beurteilen selbständig die im Verfahren auftretenden Vorfragen; wenn aber über eine solche Frage eine rechtskräftige Entscheidung eines Gerichts oder eines anderen staatlichen Organs oder eine Entscheidung einer gesellschaftlichen Organisation, die diese bei der Erfüllung der Aufgaben eines staatlichen Organs getroffen hat, vorliegt, sind die im Strafverfahren tätigen Organe durch eine solche Entscheidung gebunden, sofern es sich nicht um die Beurteilung der Schuld des Beschuldigten handelt.

2. Die im Strafverfahren tätigen Organe sind nicht berechtigt, selbständig Vorfragen, die den Personenstand betreffen und über die im Verfahren in bürgerlich-rechtlichen Sachen entschieden wird, zu lösen. Wenn die Entscheidung über eine solche Frage noch nicht ergangen ist, haben sie abzuwarten, bis sie ergeht; wenn das entsprechende Verfahren noch nicht läuft, beantragt der Prokurator dessen Einleitung.

§ 10
Ausnahmen von der Zuständigkeit der im Strafverfahren tätigen Organe

1. Von der Zuständigkeit der im Strafverfahren tätigen Organe sind die Personen, die diplomatische Immunität und Vorrechte genießen, ausgenommen[5].

2. Wenn ein Zweifel darüber entsteht, ob oder inwieweit jemand von der Zuständigkeit der im Strafverfahren nach diesem Gesetz tätigen Organe ausgenommen ist, muß darüber eine Erklärung des Justizministers eingeholt werden; diese Erklärung ist für alle im Strafverfahren tätigen Organe bindend.

§ 11
Unzulässigkeit der Strafverfolgung

1. Die Strafverfolgung kann nicht eingeleitet, und wenn sie schon eingeleitet wurde, nicht fortgesetzt werden, sondern muß eingestellt werden,

a) wenn der Präsident der Republik es in Ausübung seines Rechts, Gnade zu erweisen oder Amnestie zu erteilen, anordnet,
b) wenn die Strafverfolgung verjährt ist,

---

[5] Vgl. hierzu das Wiener Abkommen über die diplomatischen Beziehungen, Vorrechte und Immunitäten vom 18. 4. 1961 (von der CSSR bisher aber noch nicht ratifiziert).

c) wenn es sich um eine Person, die von der Zuständigkeit der im Strafverfahren tätigen Organe ausgenommen ist (§ 10) oder um eine Person handelt, zu deren Verfolgung nach dem Gesetz eine Zustimmung erforderlich ist, solange diese Zustimmung nicht durch das hierzu berechtigte Organ erteilt worden ist,

d) wenn es sich um eine Person handelt, die wegen ihres geringen Alters strafrechtlich nicht verantwortlich ist,

e) gegen einen Verstorbenen,

f) gegen denjenigen, gegen den eine frühere Verfolgung wegen desselben Sachverhalts durch ein rechtskräftiges Gerichtsurteil abgeschlossen oder rechtskräftig eingestellt wurde, sofern die Entscheidung nicht im vorgeschriebenen Verfahren aufgehoben worden ist,

g) gegen denjenigen, gegen den eine frühere Verfolgung wegen desselben Tatbestands durch eine rechtskräftige Entscheidung eines örtlichen Volksgerichts abgeschlossen wurde, sofern die Entscheidung nicht im vorgeschriebenen Verfahren aufgehoben worden ist, oder

h) gegen denjenigen, gegen den eine frühere Verfolgung wegen desselben Sachverhalts durch eine rechtskräftige Entscheidung eines anderen zur Verfolgung von Straftaten berechtigten Organs abgeschlossen wurde, sofern die Entscheidung nicht im vorgeschriebenen Verfahren aufgehoben worden ist.

2. Ein Strafverfahren, das aus einem im Abs. 1 Buchst. a) oder b) angeführten Grunde eingestellt wurde, wird aber fortgesetzt, wenn der Beschuldigte binnen dreier Tage von dem Zeitpunkt ab, zu dem ihm der Beschluß über die Einstellung der Strafverfolgung mitgeteilt wurde, erklärt, daß er auf der Verhandlung der Sache besteht. Hierüber ist der Beschuldigte zu belehren.

§ 12

Auslegung einiger Begriffe

1. Unter den im Strafverfahren tätigen Personen sind das Gericht, der Prokurator, der Untersuchungsführer und das Ermittlungsorgan zu verstehen.

2. Wo dieses Gesetz vom Gerichte spricht, ist darunter das Bezirksgericht, das Kreisgericht, das Militärdistriktsgericht, das Höhere Militärgericht und das Oberste Gericht zu verstehen.

3. Wo dieses Gesetz vom Bezirksgericht spricht, ist darunter auch das Sprengelgericht, und soweit sich aus den einzelnen Bestimmungen nichts anderes ergibt, auch das Militärdistriktsgericht zu verstehen; wo dieses Gesetz vom Kreisgericht spricht, ist darunter auch das Stadtgericht, und soweit sich aus den einzelnen Bestimmungen nichts anderes ergibt, auch das Höhere Militärgericht zu verstehen.

4. Wo dieses Gesetz vom Bezirksprokurator spricht, ist darunter auch der Sprengelprokurator, und soweit sich aus den einzelnen Bestimmungen nichts anderes ergibt, auch der Militärdistriktsprokurator zu verstehen; wo dieses Gesetz vom Kreisprokurator spricht, ist darunter auch der Stadtprokurator, und soweit sich aus einer einzelnen Bestimmung nichts anderes ergibt, auch der Höhere Militärprokurator zu verstehen.

5. Unter Partei versteht man denjenigen, gegen den das Strafverfahren geführt wird, die beteiligte Person und den Geschädigten und im Gerichtsverfahren auch den Prokurator und den gesellschaftlichen Ankläger, gegebenenfalls den gesellschaftlichen Verteidiger; die gleiche Stellung wie eine Partei hat auch eine andere Person, auf deren Antrag oder Ersuchen das Verfahren geführt wird oder die ein Rechtsmittel eingelegt hat.

6. Soweit sich aus dem Charakter der Sache nichts anderes ergibt, versteht man unter dem Beschuldigten auch den Angeklagten und den Verurteilten.

7. Nach dem Empfang der Anklage wird der Beschuldigte als Angeklagter bezeichnet.

8. Verurteilter ist derjenige, gegen den ein Schuldurteil, das schon Rechtskraft erlangt hat, erlassen wurde.

9. Unter Strafverfahren versteht man das Verfahren nach diesem Gesetz, ferner unter Strafverfolgung den Abschnitt des Verfahrens von der Einleitung der Strafverfolgung bis zur Rechtskraft des Urteils oder des Beschlusses über die Einstellung der Strafverfolgung.

2. Hauptstück

Das Gericht und die am Verfahren beteiligten Personen

1. Abschnitt
Umfang der Gerichtsbarkeit und Zuständigkeit der Gerichte

§ 13
Ausübung der Strafgerichtsbarkeit

1. Die Gerichtsbarkeit in Strafsachen wird von den Bezirksgerichten, Kreisgerichten, Militärgerichten und vom Obersten Gericht ausgeübt.

2. Ein besonderes Gesetz[6] bestimmt, wann und auf welche Weise die örtlichen Volksgerichte über Straftaten verhandeln und entscheiden.

---

[6] Ges. v. 18. 4. 1961, Nr. 38 Sb., über die örtlichen Volksgerichte, s. unten S. 205.

Zuständigkeit der Militärgerichte

§ 14

1. Der Zuständigkeit der Militärgerichte unterstehen
a) die Soldaten im aktiven Dienst[7],
b) die Angehörigen militärisch organisierter und anderer Korps, soweit ein besonderes Gesetz das bestimmt[8], wenn sie im aktiven Dienst sind,
c) die Personen, die durch Einberufung zu einem besonderen Dienst Angehörige der bewaffneten Kräfte geworden sind[9],
d) Personen, die zu persönlichen Leistungen für den Bedarf der bewaffneten Kräfte einberufen wurden[10],
e) die Kriegsgefangenen.

2. Soldaten und Angehörige der im Absatz 1 Buchst. b) angeführten Formationen unterstehen auch außerhalb des aktiven Dienstes der Zuständigkeit der Militärgerichte wegen Militärstraftaten[11], die sie in Dienstuniform begangen haben.

3. Der Militärgerichtsbarkeit unterstehen ferner auch Zivilpersonen wegen folgender Straftaten: Kriegsverrat (§ 114 StG), Dienst in einer ausländischen Armee (§ 115 StG) und Nichtantritt des Dienstes bei den bewaffneten Kräften (§§ 269—271 StG).

§ 15

1. Die Zuständigkeit der Militärgerichte nach § 14 Abs. 1 erstreckt sich nur auf Straftaten, die während der Dauer des Verhältnisses, das diese Gerichtsbarkeit begründet, begangen wurden.

2. Wenn die Straftat, für welche die Zuständigkeit der Militärgerichte gegeben ist, bei einer Person, die der Zuständigkeit der Militärgerichte aus den in § 14 Abs. 1 angeführten Gründen untersteht, erst nach Beendigung des Verhältnisses, das die Zuständigkeit der Militärgerichte begründet, herausgekommen ist, kann — wenn es sich weder um eine Militärstraftat noch um eine der in § 14 Abs. 3 genannten Straftaten handelt — das Militärgericht die Sache dem zuständigen Bezirks- oder Kreisgericht abgeben oder der Prokurator Anklage unmittelbar bei dem zuständigen Bezirks- oder Kreisgericht erheben; dieses kann dann die Sache nicht mehr einem Militärgericht abgeben.

Sachliche Zuständigkeit

§ 16

Das Verfahren des ersten Rechtszugs wird, wenn dieses Gesetz nichts anderes bestimmt, vom Bezirksgericht durchgeführt.

---

7 § 20 Abs. 2 Wehrgesetz (Ges.Nr. 92/49 i. d. F. 20/58 Sb.).

8 z. B. die Angehörigen der Grenzwache, der Inneren Wache, des Korps für nationale Sicherheit.

9 §§ 41, 46 Abs. 2 Wehrgesetz.

10 § 45 Wehrgesetz.

11 §§ 273—293 StG.

§ 17

1. Das Kreisgericht führt das Verfahren des ersten Rechtszugs wegen Straftaten nach dem 1. Hauptstück des Besonderen Teils des Strafgesetzes und nach dem Gesetz zum Schutz des Friedens durch, sofern das Gesetz für sie eine Strafe der Freiheitsentziehung bestimmt, deren untere Grenze wenigstens fünf Jahre beträgt. Wegen folgender Straftaten führt das Kreisgericht das Verfahren des ersten Rechtszugs auch dann durch, wenn die untere Strafgrenze niedriger ist: Terror, Schädigung, Sabotage, Subversion und Schädigung der Staaten des sozialistischen Weltsystems.

2. Das Höhere Militärgericht führt das Verfahren des ersten Rechtszugs auch wegen Straftaten von Funktionären, für die es zuständig erklärt wurde, durch.

Örtliche Zuständigkeit

§ 18

1. Das Verfahren wird von dem Gericht, in dessen Sprengel die Straftat begangen wurde, durchgeführt.

2. Wenn der Tatort nicht festgestellt werden kann oder wenn die Tat im Ausland begangen wurde, wird das Verfahren von dem Gerichte durchgeführt, in dessen Sprengel der Beschuldigte wohnt, arbeitet oder sich aufhält; wenn sich diese Orte nicht feststellen lassen oder außerhalb des Gebiets der CSSR liegen, wird das Verfahren von dem Gerichte durchgeführt, in dessen Sprengel die Tat ans Licht gekommen ist.

§ 19

1. Das Verfahren wegen Straftaten von Angehörigen der bewaffneten Kräfte und bewaffneten Korps, die bei einer Abteilung, für die ein Militärgericht errichtet wurde, Dienst tun, wird von diesem Gericht durchgeführt.

2. Das Verfahren wegen Straftaten von Funktionären der bewaffneten Kräfte und bewaffneten Korps wird von dem Militärgericht durchgeführt, das zur Verhandlung von Straftaten dieser Funktionäre für zuständig erklärt wurde.

Gemeinschaftliches Verfahren

§ 20

1. Wegen aller Straftaten desselben Beschuldigten und gegen alle Beschuldigte, deren Straftaten miteinander zusammenhängen, wird ein gemeinschaftliches Verfahren durchgeführt.

2. Wenn eine der Zuständigkeit der Militärgerichte unterstehende Person gleichzeitig wegen einer anderen Straftat, die mit der Straftat, auf die sich die Zuständigkeit der Militärgerichte bezieht, sachlich zusammenhängt, verfolgt wird, verhandelt und entscheidet das Militärgericht die Sache, auch soweit es sich um die zusammenhän-

gende Sache handelt. Sonst wird die Bestimmung des Absatzes 1 im Verhältnis zwischen Bezirks- und Kreisgericht einerseits und Militärgerichten andrerseits nicht angewendet.

§ 21

1. Das Kreisgericht führt ein gemeinschaftliches Verfahren durch, wenn es wenigstens wegen einer der Straftaten zur Durchführung des Verfahrens zuständig ist.

2. Das gemeinschaftliche Verfahren wird von dem Gericht, das zur Durchführung des Verfahrens gegen den Täter der Straftat oder wegen der schwersten Straftat zuständig ist, durchgeführt.

§ 22

Zuständigkeit mehrerer Gerichte

Wenn nach den vorausgehenden Bestimmungen die Zuständigkeit mehrerer Gerichte gegeben ist, wird das Verfahren von dem Gerichte durchgeführt, bei dem der Prokurator die Anklage erhoben hat oder an das die Sache durch ein unzuständiges Gericht abgetreten worden ist.

§ 23

Abtrennung und Verbindung einer Sache

1. Zur Beschleunigung des Verfahrens oder aus anderen wichtigen Gründen kann das Verfahren wegen einer von mehreren Straftaten oder gegen einen von mehreren Beschuldigten von dem gemeinschaftlichen Verfahren abgetrennt werden.

2. Die Zuständigkeit des Gerichts, das die Sache abgetrennt hat, ändert sich dadurch nicht; wenn aber das Kreisgericht eine Sache abtrennt, für die sonst das Bezirksgericht zur Durchführung des Verfahrens zuständig wäre, kann es die Sache diesem Gerichte abgeben.

3. Wenn die Voraussetzungen für ein gemeinschaftliches Verfahren vorliegen, kann das Gericht Sachen, in denen selbständige Anklagen erhoben wurden, zur gemeinsamen Verhandlung und Entscheidung verbinden.

Zuständigkeitskonflikte

§ 24

Zuständigkeitskonflikte zwischen Gerichten werden von dem Gericht entschieden, das ihnen gemeinsam nächstübergeordnet ist.

Abnahme und Zuweisung einer Sache

§ 25

Aus wichtigen Gründen kann eine Sache dem zuständigen Gericht abgenommen und einem anderen Gericht gleicher Art und Stufe zugewiesen werden; über die Abnahme und Zuweisung entscheidet das Gericht, das beiden Gerichten gemeinsam nächstübergeordnet ist.

§ 26

Auf Antrag des Vorsitzenden des Obersten Gerichts oder des Generalprokurators kann das Oberste Gericht

a) eine Sache im Hinblick auf den Charakter der Straftat oder die Person des Täters dem zuständigen Bezirksgericht abnehmen und dem Kreisgericht zur Fortsetzung des Verfahrens und zur Entscheidung zuweisen,
b) eine Sache, in der Berufung gegen das Urteil eines Bezirksgerichts eingelegt wurde, aus wichtigen Gründen dem zuständigen Kreisgericht abnehmen und über die Berufung selbst entscheiden,
c) eine Sache, in der es um eine Straftat geht, die wichtige Interessen der Verteidigung des Vaterlandes gefährdet, dem zuständigen Bezirks- oder Kreisgericht abnehmen und einem Militärgericht der gleichen Stufe zur Fortsetzung des Verfahrens und zur Entscheidung zuweisen; es kann eine dem zuständigen Bezirksgericht abgenommene Sache auch einem Höheren Militärgericht zur Fortsetzung des Verfahrens und zur Entscheidung zuweisen.

2. Abschnitt
Hilfspersonen

§ 27

Schriftführer

Zur Niederschrift eines Protokolls über Handlungen der im Strafverfahren tätigen Organe wird in der Regel ein Schriftführer zugezogen, der ein Gelöbnis abgelegt hat. Wenn ein Schriftführer nicht zugezogen wurde, verfaßt die Person, welche die Handlung vornimmt, das Protokoll.

Dolmetscher

§ 28

Wenn es erforderlich ist, den Inhalt einer Aussage oder eines Schriftstücks zu verdolmetschen oder wenn der Beschuldigte nicht die Sprache, in der die Verhandlung geführt wird, beherrscht, wird ein Dolmetscher zugezogen; dieser kann gleichzeitig Schriftführer sein.

§ 29

1. Für die Bestellung eines Dolmetschers, seine Eignung zu dieser Funktion und seinen Ausschluß hiervon, für das Recht, die Vornahme einer Dolmetschertätigkeit abzulehnen, für das Gelöbnis und die Erinnerung an seine Pflichten vor der Vornahme einer Dolmetschertätigkeit sowie für den Ersatz von Barauslagen und die Entlohnung für die Dolmetschertätigkeit gelten besondere Vorschriften[12].

2. Die Höhe des Auslagenersatzes und der Entlohnung des Dolmetschers wird von dem Organ bestimmt, das den Dolmetscher zugezogen

---

[12] Ges. v. 8. 7. 1959, Nr. 47 Sb.; DVO v. 6. 10. 1959, Nr. 193 U. l.

hat, und im gerichtlichen Verfahren vom Senatsvorsitzenden. Gegen diese Entscheidung ist die Beschwerde zulässig, die aufschiebende Wirkung hat.

3. Abschnitt

Ausschließung von Personen, die im Strafverfahren tätig sind

§ 30

1. Von der Vornahme von Handlungen im Strafverfahren ausgeschlossen ist ein Richter, Prokurator, Untersuchungsführer, Ermittlungsorgan und Schriftführer, bei dem Zweifel über seine Unbefangenheit wegen seines Verhältnisses zur verhandelten Sache oder zu den durch die Handlung unmittelbar betroffenen Personen, zu deren Verteidigern, gesetzlichen Vertretern und Bevollmächtigten oder wegen seines Verhältnisses zu einem anderen in diesem Verfahren tätigen Organ bestehen können.

2. Ein Richter ist ferner von der Vornahme von Handlungen im Strafverfahren ausgeschlossen, wenn er in der verhandelten Sache als Prokurator, Untersuchungsführer, Ermittlungsorgan, gesellschaftlicher Ankläger, Verteidiger, gesellschaftlicher Verteidiger oder als Bevollmächtigter einer beteiligten Person oder des Geschädigten tätig war.

3. Von der Entscheidung bei einem Gericht einer höheren Stufe ist außerdem ein Richter ausgeschlossen, der an der Entscheidung bei einem Gericht niederer Stufe beteiligt war, und umgekehrt. Von der Entscheidung über eine Beschwerde beim übergeordneten Organ ist der Prokurator ausgeschlossen, der die angegriffene Entscheidung getroffen oder zu ihr seine Zustimmung gegeben oder für sie eine Weisung erteilt hat.

§ 31

1. Über die Ausschließung entscheidet der Senatsvorsitzende, wenn es sich um einen Richter handelt, der Vorsitzende des übergeordneten Gerichts, wenn es sich um einen Gerichtsvorsitzenden handelt, und das unmittelbar übergeordnete Organ, wenn es sich um eine andere Person handelt; diese Entscheidung wird auf Grund einer Anzeige der Person, um deren Ausschließung es geht, oder auf Grund der Einwendung einer der Parteien getroffen. Bis zur Entscheidung dieser Organe über die Ausschließung nehmen die Personen, um deren Ausschließung es geht, nur die Handlungen vor, die keinen Aufschub gestatten.

2. Wenn ein Richter, um dessen Ausschließung es geht, damit einverstanden ist, kann ihn der Senatsvorsitzende, ohne über die Ausschließung zu entscheiden, durch einen anderen Richter ersetzen.

4. Abschnitt
Der Beschuldigte

§ 32
Der Beschuldigte

Wer im Verdacht steht, eine Straftat begangen zu haben, kann erst dann als Beschuldigter angesehen werden, und die durch dieses Gesetz gegen den Beschuldigten gegebenen Maßnahmen[13] können erst dann gegen ihn angewendet werden, wenn die Beschuldigung gegen ihn erhoben (§ 163) oder ihm mitgeteilt (§ 169) worden ist.

§ 33
Rechte des Beschuldigten

1. Der Beschuldigte hat das Recht, über alle Tatsachen, die ihm zur Last gelegt werden, und über die Beweise dafür sich zu äußern, Umstände und Beweise, die seiner Verteidigung dienen, vorzubringen, Anträge zu stellen und Rechtsmittel einzulegen. Er hat das Recht, sich einen Verteidiger zu wählen und sich mit ihm zu beraten. Wenn er sich in Haft befindet, kann er mit dem Verteidiger ohne Anwesenheit einer dritten Person sprechen; der Untersuchungsführer ermöglicht ihm eine solche Unterredung. Wenn aber der Haftgrund in der Befürchtung besteht, daß der Beschuldigte die Untersuchung vereiteln wird (§ 67 Buchst. b) und wenn es bis dahin noch nicht dazu gekommen ist, daß die Ergebnisse der Untersuchung bekanntgegeben wurden, ist zu einer Unterredung ohne Anwesenheit einer dritten Person die Zustimmung des Untersuchungsführers erforderlich. Der Beschuldigte, der keine ausreichenden Mittel besitzt, um die Aufwendungen für die Verteidigung zu ersetzen, hat Anspruch auf unentgeltliche Verteidigung. Diese Rechte stehen dem Beschuldigten auch dann zu, wenn er eine Person ist, der die Fähigkeit zur Vornahme von Rechtshandlungen[14] fehlt oder deren Fähigkeit zur Vornahme von Rechtshandlungen beschränkt ist.

2. Alle im Strafverfahren tätigen Organe sind verpflichtet, den Beschuldigten stets über seine Rechte zu belehren und ihm die volle Möglichkeit zu bieten, sie geltend zu machen.

---

[13] z. B. Haft (§ 68), Anhalten von Sendungen (§ 86), Ladung und Vorführung (§ 90), Untersuchung des Geisteszustands (§§ 116, 117).

[14] „Diese Fähigkeit entsteht in vollem Umfang mit Erreichung der Volljährigkeit. Die Volljährigkeit wird mit Erreichung des 18. Lebensjahres erworben. Vor Erreichung dieses Alters wird die Volljährigkeit nur durch Schließung einer Ehe erworben. Eine so erworbene Volljährigkeit geht weder durch Auflösung der Ehe noch dadurch, daß die Ehe für ungültig erklärt wird, verloren" (§ 8 Bürgerl. Gesetzbuch, Ges. v. 26. 2. 1964, Nr. 40 Sb.).

§ 34

Der gesetzliche Vertreter eines Beschuldigten

Der gesetzliche Vertreter[15] eines Beschuldigten, dem die Fähigkeit zur Vornahme von Rechtshandlungen fehlt oder dessen Fähigkeit zur Vornahme von Rechtshandlungen beschränkt ist, ist berechtigt, den Beschuldigten zu vertreten, insbesondere ihm einen Verteidiger zu wählen, für den Beschuldigten Anträge zu stellen, für ihn Gesuche einzureichen und Rechtsmittel einzulegen; er ist auch berechtigt, sich an allen Handlungen zu beteiligen, an denen nach dem Gesetz der Beschuldigte sich beteiligen kann. Zugunsten des Beschuldigten kann der gesetzliche Vertreter diese Rechte auch gegen den Willen des Beschuldigten ausüben.

5. Abschnitt

Der Verteidiger

§ 35

Der Verteidiger

1. Verteidiger im Strafverfahren kann nur ein Rechtsanwalt[16] sein. Handelt es sich auf dem Gebiete der Militärgerichtsbarkeit um eine Sache von besonders wichtigem Interesse für die Verteidigung des Vaterlandes, kann der Prokurator oder der Senatsvorsitzende entscheiden, daß in der Sache nur ein aktiver Justizoffizier, der in die Militärgerichtsbarkeit eingereiht ist, Verteidiger sein kann; dieser hat dann bei der Ausübung der Verteidigung alle Rechte und Pflichten eines Verteidigers und ist von der dienstlichen Unterordnung befreit.

2. In der Hauptverhandlung und in einer öffentlichen Sitzung kann nicht Verteidiger sein, wer dorthin als Zeuge, Sachverständiger oder Dolmetscher geladen ist.

---

[15] Das bürgerl. Gesetzbuch (Ges. v. 26. 2. 1964, Nr. 40 Sb.) bestimmt in in § 27:

1. „Wer gesetzlicher Vertreter eines volljährigen Kindes ist, bestimmt das Gesetz über die Familie.
2. Gesetzlicher Vertreter eines Bürgers, dem durch Gerichtsentscheidung die Fähigkeit zur Vornahme von Rechtshandlungen abgesprochen wurde oder dessen Fähigkeit zur Vornahme von Rechtshandlungen durch eine gerichtliche Entscheidung eingeschränkt wurde, ist der vom Gericht bestimmte Vormund."

Das Gesetz v. 4. 12. 1963, Nr. 94 Sb. über die Familie bestimmt in § 36: „Die Eltern sind berechtigt und verpflichtet, ihre minderjährigen Kinder zu vertreten und deren Angelegenheiten zu verwalten". Betr. Vormund s. §§ 78 ff. des Familiengesetzes.

[16] Die Bezeichnung lautet „Advokat". Vgl. das Ges. v. 9. 7. 1963, Nr. 57 Sb., über die Advokatur.

§ 36

Notwendige Verteidigung

1. Der Beschuldigte muß bereits im vorbereitenden Verfahren einen Verteidiger haben,

a) wenn er sich in Haft, im Vollzug einer Strafe der Freiheitsentziehung oder zur Beobachtung in einer Krankenanstalt (§ 116 Abs. 2) befindet,

b) wenn ihm die Fähigkeit zur Vornahme von Rechtshandlungen fehlt oder seine Fähigkeit zur Vornahme von Rechtshandlungen beschränkt ist,

c) wenn es sich um das Verfahren gegen einen Jugendlichen handelt oder

d) wenn es sich um das Verfahren gegen einen Flüchtigen handelt.

2. Der Beschuldigte muß auch dann einen Verteidiger haben, wenn das Gericht und im vorbereitenden Verfahren der Untersuchungsführer oder der Prokurator es für notwendig halten, insbesondere weil sie im Hinblick auf körperliche oder geistige Mängel des Beschuldigten Zweifel an seiner Fähigkeit, sich ausreichend zu verteidigen, haben.

3. Wenn das Verfahren wegen einer Straftat durchgeführt wird, für die das Gesetz eine Strafe der Freiheitsentziehung, deren Obergrenze fünf Jahre übersteigt, vorsieht, muß der Beschuldigte schon im vorbereitenden Verfahren einen Verteidiger haben.

4. Der Beschuldigte muß auch im Verfahren über die Auslieferung ins Ausland, in dem Verfahren, in dem über die Verhängung von Schutzheilung entschieden wird, sofern es sich nicht um Schutzheilung gegen Alkohol handelt, und im Standgerichtsverfahren einen Verteidiger haben.

§ 37

Wahlverteidiger

1. Wenn der Beschuldigte von dem Rechte, sich einen Verteidiger zu wählen, keinen Gebrauch macht und wenn ihm auch sein gesetzlicher Vertreter keinen wählt, können ihm seine Verwandten in gerader Linie, seine Geschwister, seine Adoptiveltern, seine Adoptivkinder, sein Ehegatte, sein Lebensgefährte und auch eine beteiligte Person einen Verteidiger wählen. Diese Personen können das auch gegen den Willen des Beschuldigten tun, wenn diesem die Fähigkeit zur Vornahme von Rechtshandlungen fehlt oder wenn seine Fähigkeit zur Vornahme von Rechtshandlungen beschränkt ist.

2. Der Beschuldigte kann sich an Stelle des Verteidigers, der ihm bestellt oder durch eine andere hierzu berechtigte Person gewählt worden ist, einen anderen Verteidiger wählen.

Bestellter Verteidiger

§ 38

1. Wenn der Beschuldigte in einem Fall, in dem er einen Verteidiger haben muß (§ 36), keinen hat, wird ihm eine Frist zur Wahl eines Verteidigers gesetzt. Wenn diese Frist ungenutzt verstreicht, wird ihm ein Verteidiger bestellt.

2. Bei mehreren Beschuldigten wird denjenigen, deren Interessen in dem Strafverfahren einander nicht zuwiderlaufen, in der Regel ein gemeinschaftlicher Verteidiger bestellt.

§ 39

Wenn es erforderlich ist, einen Verteidiger zu bestellen, zeigt das der Untersuchungsführer, der Prokurator oder der Senatsvorsitzende der Rechtsberatungsstelle[17] an; deren Geschäftsführer bestellt den Verteidiger. In den im § 35 Abs. 1 Satz 2 angeführten Fällen bestimmt der Prokurator oder der Senatsvorsitzende den Verteidiger.

§ 40

Der bestellte Verteidiger ist verpflichtet, die Verteidigung zu übernehmen. Aus wichtigen Gründen kann er aber auf sein Ersuchen oder auf das Ersuchen des Beschuldigten hin von der Verpflichtung, die Verteidigung zu übernehmen, befreit werden; an seiner Stelle wird dann ein anderer Verteidiger bestellt.

§ 41

Pflichten und Rechte des Verteidigers

1. Der Verteidiger ist verpflichtet, dem Beschuldigten die erforderliche Rechtshilfe zu gewähren, die im Gesetz angeführten Mittel und Arten der Verteidigung zweckmäßig zur Wahrung der Interessen des Beschuldigten zu nutzen, namentlich dafür zu sorgen, daß im Verfahren die Tatsachen, die die Schuld des Beschuldigten ausschließen oder mildern, gehörig und rechtzeitig aufgeklärt werden, und damit zur richtigen Aufklärung und Entscheidung der Sache beizutragen.

2. Der Verteidiger ist berechtigt, schon während des vorbereitenden Verfahrens für den Beschuldigten Anträge zu stellen, Gesuche einzureichen, Rechtsmittel einzulegen, in die Akten Einsicht zu nehmen (§ 65) und nach den Bestimmungen dieses Gesetzes (§ 168) an den Untersuchungs- und Ermittlungshandlungen teilzunehmen. Er ist berechtigt, mit einem Beschuldigten, der sich in Haft befindet, in dem in § 33 Abs. 1 bestimmten Umfang zu sprechen.

3. Der Verteidiger ist im Gerichtsverfahren berechtigt, sich an allen Handlungen zu beteiligen, an denen sich der Beschuldigte beteiligen kann.

---

[17] Wörtlich: rechtsanwaltschaftliche Beratungsstelle.

4. Wenn dem Beschuldigten die Fähigkeit zur Vornahme von Rechtshandlungen fehlt oder seine Fähigkeit zur Vornahme von Rechtshandlungen beschränkt ist, kann der Verteidiger die in den Absätzen 2 und 3 angeführten Rechte auch gegen den Willen des Beschuldigten ausüben.

5. Wenn die Vollmacht des Verteidigers bei seiner Wahl oder Bestellung nicht anderweitig beschränkt wurde, erlischt sie bei Beendigung der Strafverfolgung. Auch wenn die Vollmacht so erloschen ist, ist der Verteidiger berechtigt, für den Angeklagten noch ein Gesuch um Gnadenerweis und um Aufschub der Strafvollstreckung einzureichen.

6. Abschnitt

Die beteiligte Person

§ 42

1. Demjenigen, dem eine Sache beschlagnahmt wurde oder auf einen Antrag hin beschlagnahmt werden soll (beteiligte Person), muß die Möglichkeit gegeben werden, sich zur Sache zu äußern, er kann in der Hauptverhandlung und öffentlichen Sitzung anwesend sein, dabei Anträge stellen, in die Akten Einsicht nehmen (§ 65) und in den durch dieses Gesetz bestimmten Fällen Rechtsmittel einlegen.

2. Die im Strafverfahren tätigen Organe sind verpflichtet, die beteiligte Person über ihre Rechte zu belehren und ihr die Möglichkeit zu bieten, sie geltend zu machen.

3. Wenn der beteiligten Person die Fähigkeit zur Vornahme von Rechtshandlungen fehlt oder ihre Fähigkeit zur Vornahme von Rechtshandlungen beschränkt ist, übt ihre Rechte nach diesem Gesetz ihr gesetzlicher Vertreter aus.

7. Abschnitt

Der Geschädigte

Befugnisse des Geschädigten und Geltendmachung des Anspruchs auf Schadensersatz

§ 43

1. Wer durch eine Straftat an seiner Gesundheit verletzt wurde, einen Vermögensschaden, einen moralischen oder anderen Schaden erlitten hat (Geschädigter), hat das Recht, Anträge auf Ergänzung des Beweisverfahrens zu stellen, in die Akten Einsicht zu nehmen (§ 65), an der Hauptverhandlung und öffentlichen Berufungsverhandlung teilzunehmen und vor Beendigung des Verfahrens sich zur Sache zu äußern.

2. Der Geschädigte, der nach dem Gesetz gegen den Beschuldigten einen Anspruch auf Ersatz des ihm durch die Straftat verursachten

Schadens hat, ist befugt, auch den Antrag zu stellen, das Gericht möge in einem Schuldurteil dem Angeklagten die Verpflichtung auferlegen, diesen Schaden zu ersetzen. Der Antrag muß spätestens in der Hauptverhandlung vor Einleitung des Beweisverfahrens (§ 206 Abs. 2) gestellt werden. Aus dem Antrag muß hervorgehen, aus welchen Gründen und in welcher Höhe der Anspruch auf Schadensersatz geltend gemacht wird.

3. Den Antrag nach dem Absatz 2 kann auch der Prokurator stellen, wenn das der Schutz der Interessen der Gesellschaft, der sozialistischen Organisationen oder der Werktätigen verlangt, namentlich wenn durch die Straftat ein Schaden an Vermögen in sozialistischem Eigentum verursacht worden ist.

§ 44

1. Die Befugnisse des Geschädigten kann nicht ausüben, wer im Strafverfahren als Mitbeschuldigter verfolgt wird.

2. Im Standgerichtsverfahren ist eine Beteiligung des Geschädigten ausgeschlossen. Im Verfahren wegen Straftaten, die in die Zuständigkeit des Kreisgerichts (§ 17 Abs. 1) fallen, entscheidet das Gericht nach dem Charakter der verhandelten Sache über die Beteiligung des Geschädigten.

3. Ein Antrag nach § 43 Abs. 2 kann nicht gestellt werden, wenn über den Anspruch schon im bürgerlichrechtlichen Verfahren oder in einem anderen zuständigen Verfahren entschieden wurde.

§ 45

1. Wenn der geschädigten Person die Fähigkeit zur Vornahme von Rechtshandlungen fehlt oder seine Fähigkeit zur Vornahme von Rechtshandlungen beschränkt ist, werden ihre Rechte nach diesem Gesetz von ihrem gesetzlichen Vertreter ausgeübt.

2. Wenn es um die Geltendmachung eines Anspruchs auf Schadensersatz (§ 43 Abs. 2) geht, gehen die Rechte, die dieses Gesetz dem Geschädigten zuerkennt, auch auf dessen Rechtsnachfolger über.

§ 46

Die im Strafverfahren tätigen Organe sind verpflichtet, den Geschädigten über seine Rechte zu belehren und ihm die volle Möglichkeit zu bieten, sie geltend zu machen.

Sicherstellung eines Anspruchs des Geschädigten

§ 47

1. Wenn die begründete Befürchtung besteht, daß die Befriedigung eines Anspruchs des Geschädigten auf Ersatz des ihm durch eine Straftat zugefügten Schadens vereitelt oder erschwert werde, kann der Anspruch bis zur wahrscheinlichen Schadenshöhe am Vermögen des Beschuldigten sichergestellt werden.

2. Die zur Sicherstellung des Anspruchs bestimmten Vermögensteile werden in dem Sicherstellungsbeschluß beschrieben, und dem Beschuldigten wird verboten, über sie zu verfügen. Bewegliche Sachen werden in der Regel bei einem staatlichen Notariat in Verwahrung gegeben. Handelt es sich um unbewegliches Vermögen, wird der Sicherstellungsbeschluß dem staatlichen Notariat, in dessen Sprengel sich das unbewegliche Vermögen befindet, zugestellt. Bei Forderungen wird der Schuldner angewiesen, an Stelle einer Erfüllung gegenüber dem Beschuldigten den Gegenstand der Erfüllung bei einem staatlichen Notariat in Verwahrung zu geben.

3. Ein Anspruch, der im Strafverfahren nicht geltend gemacht werden kann, kann auch nicht nach Absatz 2 sichergestellt werden. Zur Sicherstellung eines Anspruchs kann nicht verwendet werden: eine Sache, die nach bürgerlichrechtlichen Vorschriften nicht durch Vollstreckung einer gerichtlichen Entscheidung erfaßt werden kann, Forderungen des Beschuldigten auf Auszahlung einer Entlohnung aus einem rechtlichen Arbeitsverhältnis oder ähnlichen Verhältnis, Forderungen auf Auszahlung von Alimenten und von Leistungen aus der Krankenversicherung und sozialen Sicherstellung.

4. Über die Sicherstellung entscheidet das Gericht auf Antrag des Prokurators oder des Geschädigten, im vorbereitenden Verfahren der Prokurator auf Antrag des Geschädigten. Im vorbereitenden Verfahren stellt der Prokurator den Anspruch auch ohne Antrag des Geschädigten sicher, wenn der Schutz der Interessen der Gesellschaft, sozialistischer Organisationen oder der Werktätigen es verlangt, insbesondere wenn durch die Straftat ein Schaden an Vermögen in sozialistischem Eigentum verursacht wurde.

5. Der Geschädigte muß stets über die Sicherstellung seines Anspruchs benachrichtigt werden unter Hinweis auf die Gründe, aus welchen die Sicherstellung gemäß § 48 Abs. 1 aufgehoben wird.

§ 48

1. Die Sicherstellung wird aufgehoben,
a) wenn der Grund, wegen dem sie angeordnet wurde, wegfällt,
b) wenn die Strafverfolgung rechtskräftig eingestellt wurde oder mit einem rechtskräftigen Freispruch beendigt wurde, oder
c) wenn zwei Monate seit dem Tage verstrichen sind, an dem das Urteil, durch das der Angeklagte für schuldig erklärt wurde, rechtskräftig geworden ist, oder seit dem Tage, an dem der Beschluß, durch den die Sache dem örtlichen Volksgericht oder einem anderen Gericht abgetreten wurde, rechtskräftig geworden ist.

2. Die Sicherstellung ist einzuschränken, wenn sich zeigt, daß sie in dem Umfange, in dem sie angeordnet wurde, nicht notwendig ist. Wenn durch die Sicherstellung Sachen erfaßt wurden, die einer anderen Person als dem Beschuldigten gehören, werden sie von der Sicherstellung ausgenommen.

§ 49

Gegen eine Entscheidung nach den §§ 47 und 48 ist die Beschwerde zulässig. Sie hat, soweit es sich um die Aufhebung der Sicherstellung, ihre Einschränkung oder um eine Ausnahme von der Sicherstellung handelt, aufschiebende Wirkung.

8. Abschnitt

Der Bevollmächtigte der beteiligten Person und des Geschädigten

§ 50

1. Die beteiligte Person und der Geschädigte können sich durch einen Bevollmächtigten vertreten lassen.

2. Bevollmächtigter einer beteiligten Person und eines Geschädigten kann nur eine bürgerlich untadelige Person, deren Fähigkeit zur Vornahme von Rechtshandlungen nicht beschränkt ist, sein; in der Hauptverhandlung und öffentlichen Sitzung kann derjenige nicht Bevollmächtigter sein, der dorthin als Zeuge, Sachverständiger oder Dolmetscher geladen ist.

3. Handelt es sich auf dem Gebiete der Militärgerichtsbarkeit um eine Sache von besonders wichtigem Interesse für die Verteidigung des Vaterlandes, kann der Prokurator oder der Senatsvorsitzende entscheiden, daß in der Sache nur ein aktiver Justizoffizier, der in die Militärgerichtsbarkeit eingereiht ist, bevollmächtigt werden kann.

§ 51

Der Bevollmächtigte einer beteiligten Person und eines Geschädigten ist berechtigt, für die beteiligte Person oder den Geschädigten Anträge zu stellen, Gesuche einzureichen und Rechtsmittel einzulegen; er ist auch berechtigt, sich an allen Handlungen zu beteiligen, an denen die beteiligte Person oder der Geschädigte sich beteiligen kann.

3. Hauptstück

Allgemeine Bestimmungen über Handlungen des Strafverfahrens

§ 52

Art der Durchführung von Handlungen des Strafverfahrens

Bei der Durchführung von Handlungen des Strafverfahrens muß mit den an der Handlung beteiligten Personen so verfahren werden, wie das die Bedeutung und der Erziehungszweck des Strafverfahrens verlangt; immer sind ihre Persönlichkeit und ihre verfassungsmäßig gewährleisteten Rechte zu wahren.

1. Abschnitt

Ersuchen

§ 53

1. Das Gericht, der Prokurator, der Untersuchungsführer und das Ermittlungsorgan nehmen die einzelnen strafprozessualen Handlungen in ihrem Sprengel in der Regel selbst vor. Außerhalb ihres Sprengels nehmen sie die einzelnen strafprozessualen Handlungen im Wege eines an das Bezirksgericht, an den Prokurator, an den Untersuchungsführer oder das Ermittlungsorgan, in deren Sprengel die Handlung vorgenommen werden soll, gerichteten Ersuchens vor, gegebenenfalls auch im Wege eines Ersuchens an das Militärgericht oder an den Militärprokurator; wenn die Sache keinen Aufschub gestattet oder wenn es für die ordentliche Beurteilung der Sache unerläßlich notwendig ist, nehmen sie aber die Handlung auch außerhalb ihres Sprengels selbst vor.

2. Das Oberste Gericht und ein Kreisgericht können die einzelnen Handlungen in ihrem Sprengel auch im Wege eines Ersuchens an das Bezirksgericht, in dessen Sprengel die Handlung vorgenommen werden soll, vornehmen; das Oberste Gericht kann das auch im Wege eines Ersuchens an das Kreisgericht tun.

3. Das Militärgericht und der Militärprokurator können die einzelnen strafprozessualen Handlungen auch im Wege eines Ersuchens an das Bezirksgericht oder an den Bezirksprokurator, in deren Sprengel die Handlung vorgenommen werden soll, vornehmen.

§ 54

1. In dem Ersuchen sind die Aktenangaben, deren Kenntnis für eine ordentliche Durchführung der Handlung notwendig ist, anzuführen. Wenn es erforderlich ist, legt das ersuchende Organ die Akten bei und weist auf die Teile hin, in denen die erforderlichen Angaben enthalten sind. Das ersuchte Organ ist nach der Art der Sache und nach dem, was sich bei der Vornahme der Handlung ergeben hat, berechtigt und verpflichtet, auch weitere unerläßliche Handlungen vorzunehmen, insbesondere weitere Personen zu vernehmen und sie über Umstände, die im Ersuchen nicht angeführt waren, zu befragen, wenn das zu einer schnellen und richtigen Entscheidung der Sache beitragen kann.

2. Die Handlungen des ersuchten Richters werden von einem Berufsrichter vorgenommen; er hat dabei die Rechte und Pflichten eines Senatsvorsitzenden.

2. Abschnitt

Das Protokoll

§ 55

Aufnahme des Protokolls

1. Über jede strafprozessuale Handlung ist ein Protokoll aufzunehmen, und zwar in der Regel bei der Handlung oder unmittelbar danach. Es muß enthalten:

a) die Benennung des Gerichts, des Prokurators oder anderen Organs, die die Handlung vornehmen,

b) Ort, Zeit und Gegenstand der Handlung,

c) Name und Vorname der Amtspersonen und ihre Funktionen, Name und Vorname der anwesenden Parteien, Namen und Vornamen der gesetzlichen Vertreter, Verteidiger und Bevollmächtigten, die an der Handlung teilgenommen haben,

d) eine knappe, aber umfassende Darstellung des Verlaufs der Handlung, aus der auch die Einhaltung der gesetzlichen Bestimmungen, die die Vornahme der Handlung regeln, zu ersehen ist, ferner den wesentlichen Inhalt der bei der Handlung verkündeten Entscheidungen, und wenn gleich bei der Handlung eine Abschrift der Entscheidung ausgehändigt wurde, eine Bescheinigung über die Aushändigung,

e) die Anträge der Parteien, die Erteilung von Belehrungen, gegebenenfalls auch Äußerungen der belehrten Personen,

f) die Einwendungen der Parteien oder vernommenen Personen gegen den Inhalt des Protokolls.

2. Die Aussagen schon vernommener Personen werden in das Protokoll über eine Hauptverhandlung oder öffentliche Sitzung nur aufgenommen, soweit sie Abweichungen oder Zusätze zu ihren früheren Aussagen enthalten.

3. Das Protokoll über die Aussage einer Person, die weder die tschechische noch die slowakische Sprache beherrscht, wird in einer dieser Sprachen aufgenommen; kommt es auf den Wortlaut der Aussage an, nimmt der Schriftführer oder Dolmetscher den entsprechenden Teil der Aussage auch in der Sprache, in der diese Person aussagt, in das Protokoll auf.

4. In wichtigen Fällen kann außer dem Protokoll über die Handlung auch eine stenographische Niederschrift aufgenommen werden, die dann gemeinsam mit einer Umschrift in gewöhnliche Schrift dem Protokoll beigefügt wird. Zur Aufnahme des Verlaufs der Handlung kann im Bedarfsfalle auch ein anderes geeignetes Mittel verwendet werden. Das hierzu verwendete Hilfsmittel ist zu bezeichnen, sorgfältig aufzubewahren, und im Protokoll ist zu vermerken, wo es verwahrt wird.

§ 56

Unterzeichnung des Protokolls

1. Das Protokoll über eine Hauptverhandlung und über eine öffentliche und nichtöffentliche Sitzung wird von dem Senatsvorsitzenden und dem Schriftführer unterzeichnet; andere Protokolle unterzeichnet derjenige, der die Handlung vorgenommen hat, und die Person, auf die sich die Handlung bezieht, gegebenenfalls der Schriftführer, Dolmetscher, Sachverständige oder eine andere zur Handlung zugezogene Person. Wenn ein Vernehmungsprotokoll mehrere Seiten umfaßt, muß die vernommene Person jede Seite des Protokolls unterzeichnen. Wenn die vernommene oder eine andere zur Handlung zugezogene Person die Unterzeichnung des Protokolls ablehnt, wird das im Protokoll unter Angabe des Grundes der Ablehnung vermerkt.

2. Wenn der Senatsvorsitzende wegen eines Hindernisses von längerer Dauer das Protokoll über eine Hauptverhandlung oder über eine öffentliche oder nichtöffentliche Sitzung nicht unterzeichnen kann, unterzeichnet es ein anderes Mitglied des Senates. Wenn dieses Hindernis bei einer anderen Person besteht, wird im Protokoll der Grund, aus dem die Unterzeichnung unterblieben ist, vermerkt.

§ 57

Berichtigung des Protokolls

1. Über die Berichtigung und Ergänzung des Protokolls, das eine Hauptverhandlung und eine öffentliche und nichtöffentliche Sitzung betrifft, sowie über Einwendungen gegen ein solches Protokoll entscheidet das Gericht, um dessen Protokoll es sich handelt. Gegen diese Entscheidung ist die Beschwerde zulässig.

2. Wer eine Verhandlung oder die Durchführung einer Handlung geleitet hat, kann auch nach Unterzeichnung des Protokolls die Berichtigung von Schreibfehlern oder anderen offensichtlichen Unrichtigkeiten anordnen oder durchführen. Die Berichtigung wird in der Weise durchgeführt, daß die ursprüngliche Niederschrift leserlich bleibt; die Berichtigung wird von demjenigen unterzeichnet, der sie angeordnet hat.

§ 58

Protokoll über die Abstimmung

1. Im Protokoll über die Abstimmung werden außer den allgemeinen Angaben (§ 55 Abs. 1) angeführt:

a) der Vorgang bei den einzelnen Abstimmungen, ihr Ergebnis und der Ausspruch der Entscheidung,

b) eine von der Auffassung der Mehrheit abweichende Meinung, und zwar in ihrem ganzen Wortlaut und mit einer kurzen Begründung.

2. Die Niederschrift über alle im Verlaufe einer Handlung vorgenommenen Abstimmungen wird in ein einziges Abstimmungsprotokoll aufgenommen.

3. Das Abstimmungsprotokoll wird von allen Mitgliedern des Senats und vom Schriftführer unterzeichnet.

4. Das Abstimmungsprotokoll wird zugeklebt und dem Protokoll über die Prozeßhandlung beigefügt. Öffnen darf es nur der Senatsvorsitzende des übergeordneten Gerichts bei der Entscheidung über ein Rechtsmittel und der Senatsvorsitzende oder der Vorsitzende des Obersten Gerichts bei der Entscheidung über eine Beschwerde wegen Verletzung des Gesetzes sowie der mit der Ausfertigung des Urteils betraute Richter; nach Einsichtnahme klebt er es wieder zu und bescheinigt die Öffnung mit seiner Unterschrift.

5. Ein Abstimmungsprotokoll wird nicht aufgenommen, wenn es sich um einfache Entscheidungen handelt, die vom Senat einhellig beschlossen worden sind und denen eine Beratung nur im Verhandlungssaal ohne Unterbrechung der Verhandlung vorausgegangen ist; in dem Protokoll über die Handlung wird in einem solche Falle vermerkt, daß der Beschluß ohne Unterbrechung der Verhandlung gefaßt wurde.

3. Abschnitt

Eingaben

§ 59

1. Eine Eingabe wird immer nach ihrem Inhalt beurteilt, auch wenn sie unrichtig bezeichnet ist. Sie kann schriftlich, mündlich zur Niederschrift, telegraphisch oder durch Fernschreiber eingereicht werden.

2. Wenn eine Strafanzeige mündlich erstattet wird, ist der Anzeigeerstatter über die Umstände, unter denen die Tat begangen wurde, über die persönlichen Verhältnisse dessen, gegen den die Anzeige erstattet wird, über die Beweise und über die Höhe des durch die angezeigte Tat verursachten Schadens zu vernehmen; wenn der Anzeigeerstatter gleichzeitig der Geschädigte oder dessen Bevollmächtigter ist, muß er auch darüber vernommen werden, ob er verlangt, daß das Gericht im Strafverfahren über seinen Anspruch auf Schadensersatz entscheide. Die Vernehmung hat so zu erfolgen, daß eine Unterlage für das weitere Verfahren gewonnen wird.

3. Wenn das Protokoll über eine mündlich erstattete Strafanzeige bei einem Gericht abgefaßt wurde, sendet das Gericht es unverzüglich an den Prokurator.

4. Abschnitt

Fristen

§ 60

Berechnung der Fristen

1. In eine nach Tagen bestimmte Frist wird der Tag nicht eingerechnet, an dem das Ereignis geschehen ist, das den Beginn der Frist bestimmt.

2. Eine nach Wochen, Monaten oder Jahren bestimmte Frist endigt mit Ablauf des Tages, der durch seinen Namen oder seine zahlenmäßige Bezeichnung dem Tage entspricht, an dem das Ereignis geschehen ist, das den Beginn der Frist bestimmt. Fehlt dieser Tag in dem letzten Monat der Frist, so endigt die Frist mit dem Ablauf des letzten Tages dieses Monats.

3. Fällt das Ende einer Frist auf einen Tag der Arbeitsruhe, wird der nächstfolgende Arbeitstag als letzter Tag der Frist angesehen.

4. Eine Frist ist auch dann eingehalten, wenn die Eingabe innerhalb der Frist

a) zur Post gegeben wurde und an das Gericht, an den Prokurator, an den Untersuchungsführer oder an das Ermittlungsorgan, bei denen die Eingabe einzureichen ist und denen es obliegt, über die Sache zu entscheiden, adressiert war,

b) bei dem Gericht oder Prokurator, der in der Sache zu entscheiden hat, eingereicht wurde,

c) durch einen aktiven Angehörigen der bewaffneten Kräfte oder eines bewaffneten Korps bei seinem Vorgesetzten eingereicht wurde,

d) bei dem Leiter einer Besserungseinrichtung, wo sich derjenige, der die Eingabe einreicht, in Haft oder Strafe befindet, eingereicht wurde, oder

e) mündlich zu Protokoll bei irgendeinem Bezirksgericht oder Bezirksprokurator eingereicht wurde.

§ 61

Wiedereinsetzung in den vorigen Stand

1. Wenn der Beschuldigte oder sein Verteidiger aus wichtigen Gründen die Frist zur Einreichung eines Rechtsmittels versäumt, bewilligt ihm das Organ, das über das Rechtsmittel zu entscheiden hat, die Wiedereinsetzung in den vorigen Stand. Um diese ist binnen drei Tagen nach Wegfall des Hindernisses nachzusuchen. Wenn das Rechtsmittel noch nicht eingelegt wurde, ist es mit dem Gesuch zu verbinden. Wenn es sich um eine Berufung gegen ein Urteil handelt, kann die Berufung noch innerhalb einer Frist von acht Tagen seit Zustellung des Beschlusses über die Bewilligung der Wiedereinsetzung in den vorigen Stand begründet werden.

2. Wenn das Rechtsmittel schon als verspätet zurückgewiesen wurde, hebt das Organ bei der Bewilligung der Wiedereinsetzung in den vorigen Stand gleichzeitig auch seine Entscheidung über die Zurückweisung des Rechtsmittels auf.

3. Die Bestimmungen der Absätze 1 und 2 werden sinngemäß auch dann angewandt, wenn sich zeigt, daß die Frist zur Einlegung des Rechtsmittels, das als verspätet zurückgewiesen wurde, nicht versäumt wurde.

5. Abschnitt

Zustellung

§ 62

Allgemeine Bestimmungen

1. Wenn ein Schriftstück nicht während einer Handlung des Strafverfahrens zugestellt wurde, wird es in der Regel mit der Post zugestellt.

2. Im Bedarfsfalle kann ein Organ des örtlichen Nationalausschusses um Zustellung ersucht werden und in besonders dringenden Fällen auch ein Organ des Korps für nationale Sicherheit, insbesondere bei der Anordnung einer Vorführung, bei erfolglosem Versuch, auf eine andere Art dem Adressaten zu eigenen Händen eine Sendung, bei der eine Hinterlegung ausgeschlossen ist, zuzustellen, oder wenn die Gefahr besteht, daß eine Verzögerung in der Zustellung zur Vereitelung einer Handlung führt.

3. Wenn der Adressat nicht angetroffen wurde, obwohl er sich im Zustellungsorte aufhält, wird einer anderen erwachsenen Person, die in derselben Wohnung oder in demselben Hause wohnt oder an derselben Arbeitsstätte beschäftigt ist, zugestellt, sofern sie bereit ist, das Schriftstück zu übernehmen und seine Abgabe zu besorgen.

4. Wenn es keine solche Person gibt, wird das Schriftstück auf der Post oder bei dem örtlichen Nationalausschuß hinterlegt und der Adressat in geeigneter Weise aufgefordert, das Schriftstück zu beheben. Das Schriftstück gilt als zugestellt an dem Tage, an dem es hinterlegt wurde, auch wenn der Adressat von der Hinterlegung keine Kenntnis erlangt hat.

5. Schriftstücke, die für Personen, welche diplomatische Immunität oder Vorrechte genießen, oder für Personen in deren Wohnungen bestimmt sind, werden dem Justizministerium vorgelegt, das ihre Zustellung veranlaßt.

§ 63

Zustellung zu eigenen Händen

1. Zu eigenen Händen wird zugestellt:

a) dem Beschuldigten die Anklage oder Ladung,

b) den Personen, die berechtigt sind, gegen eine Entscheidung ein Rechtsmittel einzulegen, die Abschrift dieser Entscheidung,

c) ein anderes Schriftstück, wenn der Senatsvorsitzende, der Prokurator, der Untersuchungsführer oder das Ermittlungsorgan aus wichtigen Gründen es anordnet.

2. Wenn der Adressat einer Sendung, die zu eigenen Händen zuzustellen ist, nicht angetroffen wurde, obwohl er sich im Zustellungsorte aufhält, verständigt ihn der Zusteller auf geeignete Weise, daß er an dem in der Mitteilung angegebenen Tage und zur angegebenen Stunde wiederkommen wird, um die Sendung zuzustellen. Wenn auch

der erneute Versuch einer Zustellung erfolglos bleibt, wird die Entscheidung auf der Post oder beim örtlichen Nationalausschuß hinterlegt und der Adressat in geeigneter Weise von dieser Hinterlegung benachrichtigt. Wenn der Adressat die Sendung binnen dreier Tage seit der Hinterlegung nicht behebt, gilt der letzte Tag dieser Frist als Tag der Zustellung, auch wenn der Adressat von der Hinterlegung keine Kenntnis erlangt hat.

3. Eine nach Absatz 2 zugestellte Sendung kann nicht hinterlegt werden, wenn zugestellt wird:

a) dem Beschuldigten die Anklage oder Ladung zur Hauptverhandlung oder zu einer öffentlichen Sitzung,
b) dem Angeklagten eine Abschrift des Urteils, gegen das er Berufung einlegen kann,
c) ein anderes Schriftstück, sofern der Senatsvorsitzende, der Prokurator, der Untersuchungsführer oder das Ermittlungsorgan das aus wichtigen Gründen anordnet.

4. Wenn die Hinterlegung einer zuzustellenden Urkunde ausgeschlossen ist, muß der Absender das auf der Sendung in auffälliger Weise kenntlich machen.

Annahmeverweigerung

§ 64

1. Wenn der Adressat die Annahme eines Schriftstücks verweigert, wird das auf dem Zustellschein mit Angabe des Datums und Grundes der Annahmeverweigerung vermerkt und das Schriftstück zurückgesandt.

2. Befindet der Senatsvorsitzende, der Prokurator, der Untersuchungsführer oder das Ermittlungsorgan, die das Schriftstück abgesandt haben, daß die Annahme grundlos verweigert wurde, gilt das Schriftstück als zugestellt an dem Tage, an dem seine Annahme verweigert wurde; auf diese Folge muß der Adressat durch den Zusteller aufmerksam gemacht werden.

6. Abschnitt

Akteneinsicht

§ 65

1. Der Beschuldigte, der Geschädigte und die beteiligte Person, ihre Verteidiger und Bevollmächtigten sowie auch der gesellschaftliche Ankläger und der gesellschaftliche Verteidiger haben das Recht, in die Akten Einsicht zu nehmen, ausgenommen das Abstimmungsprotokoll, und sich Auszüge und Notizen zu machen. Das gleiche Recht haben die gesetzlichen Vertreter eines Beschuldigten, Geschädigten oder Beteiligten, denen die Fähigkeit zur Vornahme von Rechtshandlungen fehlt oder deren Fähigkeit zur Vornahme von Rechts-

handlungen beschränkt ist. Andere Personen können dies mit Zustimmung des Senatsvorsitzenden und im vorbereitenden Verfahren mit Zustimmung des Prokurators, des Untersuchungsführers oder des Ermittlungsorgans nur tun, soweit es zur Geltendmachung ihrer Rechte erforderlich ist.

2. Im vorbereitenden Verfahren kann der Prokurator, der Untersuchungsführer oder das Ermittlungsorgan aus wichtigen Gründen die Akteneinsicht ablehnen. Die Wichtigkeit der Gründe, aus denen der Untersuchungsführer oder das Ermittlungsorgan die Akteneinsicht abgelehnt hat, ist auf Ersuchen der Person, der die Akteneinsicht abgelehnt wurde, durch den Prokurator beschleunigt zu überprüfen. Die Akteneinsicht kann dem Beschuldigten und dem Verteidiger nicht abgelehnt werden, wenn schon damit begonnen wurde, sie mit den Ergebnissen der Untersuchung oder der Vorerhebungen bekannt zu machen.

3. Demjenigen, der das Recht hatte, bei einer Prozeßhandlung anwesend zu sein, kann die Einsichtnahme in das Protokoll über diese Handlung nicht abgelehnt werden. Dem Beschuldigten und seinem Verteidiger kann die Einsichtnahme in den Beschluß über die Erhebung der Beschuldigung (§ 163) oder in den Vermerk über die Mitteilung der Beschuldigung (§ 169) nicht abgelehnt werden.

4. Die nach anderen gesetzlichen Vorschriften bestehenden Rechte von staatlichen Organen, in die Akten Einsicht zu nehmen, werden durch die Bestimmungen der vorausgehenden Absätze nicht berührt.

5. Bei der Genehmigung der Akteneinsicht müssen Vorkehrungen dafür getroffen werden, daß ein Staats-, Wirtschafts- und Dienstgeheimnis gewahrt bleibt.

7. Abschnitt

Ordnungsstrafe

§ 66

1. Wer trotz vorausgegangener Verwarnung das Verfahren stört oder sich beleidigend gegenüber dem Gericht, Prokurator, Untersuchungsführer oder Ermittlungsorgan benimmt oder ohne ausreichende Entschuldigung einer ihm nach diesem Gesetz erteilten Anweisung nicht Folge leistet, kann vom Senatsvorsitzenden und im vorbereitenden Verfahren vom Prokurator, Untersuchungsführer oder Ermittlungsorgan mit einer Ordnungsstrafe bis zu 500 Kcs bestraft werden. Gegen diese Entscheidung ist die Beschwerde zulässig, die aufschiebende Wirkung hat.

2. Wenn ein aktiver Angehöriger der bewaffneten Kräfte oder eines bewaffneten Korps eine solche Handlung begeht, kann es dessen Vorgesetzten überlassen werden, ihn nach der Dienststrafordnung zu bestrafen.

3. Wenn eine Person, die sich in Haft befindet oder eine Strafe der Freiheitsentziehung verbüßt, eine solche Handlung begeht, kann es dem Leiter der Besserungseinrichtung überlassen werden, sie disziplinär zu bestrafen.

4. Hauptstück

Sicherstellung von Personen und Sachen

1. Abschnitt

Haft

§ 67

Haftgründe

Der Beschuldigte darf nur in Haft genommen werden, wenn Tatsachen vorliegen, die die Befürchtung begründen,

a) daß er fliehen oder sich verstecken wird, um sich der Strafverfolgung oder Strafe zu entziehen, insbesondere wenn sich seine Identität nicht sofort feststellen läßt, er keinen ständigen Wohnort oder keine ständige Beschäftigung hat oder wenn ihm eine hohe Strafe droht,

b) daß er auf Zeugen und Mitbeschuldigte einwirken oder auf andere Weise die Aufklärung von Tatsachen, die wichtig für die Strafverfolgung sind, verhindern wird, oder

c) daß er in der strafbaren Tätigkeit fortfahren, eine versuchte Straftat vollenden oder eine Straftat, die er vorbereitet hat oder mit der er gedroht hat, ausführen wird.

§ 68

Entscheidung über die Haft

In Haft genommen werden kann nur eine Person, gegen die eine Beschuldigung erhoben (§ 163) oder der eine Beschuldigung mitgeteilt (§ 169) wurde. Über die Haft entscheidet das Gericht, im vorbereitenden Verfahren der Prokurator.

§ 69

Anweisung zur Inhaftnahme

1. Das Organ, das über die Haft entscheidet, erteilt, wenn es erforderlich ist, die Anweisung, den Beschuldigten in Haft zu nehmen. Im Gerichtsverfahren erteilt der Senatsvorsitzende diese Anweisung.

2. Die Inhaftnahme wird auf Grund der Anweisung von den Organen des Korps für nationale Sicherheit durchgeführt, die auch verpflichtet sind, den Aufenthalt des Beschuldigten auszuforschen, wenn das zur Durchführung der Anweisung erforderlich ist.

3. Binnen 48 Stunden muß die in Haft genommene Person vernommen und ihr die Entscheidung über die Haft mitgeteilt werden.

§ 70

Verständigung über die Inhaftnahme

Von der Inhaftnahme muß unverzüglich irgendein Familienangehöriger des Beschuldigten sowie der Geschäftsführer seiner Arbeitsstätte verständigt werden. Von der Inhaftnahme eines Angehörigen der bewaffneten Kräfte oder eines bewaffneten Korps muß auch deren Kommandant oder Vorgesetzter verständigt werden.

§ 71

Dauer der Haft

1. Im vorbereitenden Verfahren, einschließlich dem Verfahren nach dem 10. Hauptstück, kann die Haft höchstens zwei Monate dauern. Der übergeordnete Prokurator kann diese Zeit um einen weiteren Monat verlängern. Auf eine längere Zeit kann nur der Generalprokurator die Haft verlängern.

2. Die im Absatz 1 angeführte Zeit wird von dem Tage ab, an dem es zur Beschränkung der persönlichen Freiheit des Beschuldigten kam, gerechnet.

§ 72

1. Alle im Strafverfahren tätigen Organe sind verpflichtet, in jedem Stadium der Strafverfolgung zu prüfen, ob die Haftgründe noch fortdauern; wenn der Haftgrund wegfällt, muß der Beschuldigte sofort in Freiheit gesetzt werden.

2. Der Beschuldigte hat das Recht, jederzeit um seine Freilassung nachzusuchen; sein Gesuch muß unverzüglich erledigt werden.

3. Wenn der Prokurator mit der Freilassung des Beschuldigten einverstanden ist, kann im Gerichtsverfahren der Senatsvorsitzende über die Freilassung aus der Haft entscheiden.

§ 73

Ersetzen der Haft durch die Bürgschaft einer gesellschaftlichen Organisation oder durch ein Versprechen des Beschuldigten

1. Wenn nur ein in § 67 Buchst. a) oder c) angeführter Haftgrund vorliegt und eine in § 4 Abs. 1 angeführte Organisation sich erbietet, die Bürgschaft für das weitere Verhalten des Beschuldigten und dafür, daß er auf Aufforderung sich bei Gericht beim Prokurator oder beim Untersuchungsführer einfindet, zu übernehmen, kann das Organ, das über die Haft entscheidet, dann, wenn es die Bürgschaft im Hinblick auf die Person des Beschuldigten und auf den Charakter des untersuchten Falles für ausreichend hält, sie annehmen und den Beschuldigten in Freiheit belassen oder ihn in Freiheit setzen.

2. In gleicher Weise kann das Organ, das über die Haft entscheidet, verfahren, wenn nur ein in § 67 Buchst. a) angeführter Haftgrund vorliegt und der Beschuldigte ein schriftliches Versprechen abgibt, daß er sich auf Aufforderung bei Gericht, bei dem Prokurator oder dem Untersuchungsführer einfindet und jede Änderung seines Auf-

enthalts vorher meldet, wenn das Organ im Hinblick auf die Person des Beschuldigten und auf den Charakter des untersuchten Falles das Versprechen für ausreichend hält.

§ 74
Beschwerde gegen die Entscheidung über die Haft

1. Gegen die Entscheidung über die Haft ist die Beschwerde zulässig.

2. Aufschiebende Wirkung hat nur die Beschwerde des Prokurators gegen die Entscheidung des Gerichts über die Entlassung des Beschuldigten aus der Haft. Wenn aber der Prokurator bei der Verkündung einer solchen Entscheidung anwesend war, hat seine Beschwerde nur dann aufschiebende Wirkung, wenn sie sofort nach Verkündung der Entscheidung erhoben wurde; handelt es sich um die Entlassung aus der Haft nach einem Freispruch, hat die Beschwerde des Prokurators nur dann aufschiebende Wirkung, wenn der Prokurator auch Berufung gegen das Urteil eingelegt hat.

2. Abschnitt
Vorläufige Festnahme

§ 75
Vorläufige Festnahme eines Beschuldigten durch den Untersuchungsführer und das Ermittlungsorgan

Wenn einer der Haftgründe (§ 67) vorliegt und wegen Unaufschiebbarkeit der Sache eine Entscheidung des Prokurators über die Haft vorher nicht eingeholt werden kann, kann der Untersuchungsführer oder das Ermittlungsorgan den Beschuldigten selbst vorläufig festnehmen. Das Organ ist aber verpflichtet, die durchgeführte vorläufige Festnahme dem Prokurator unverzüglich anzuzeigen und spätestens binnen 48 Stunden seit der vorläufigen Festnahme den Beschuldigten dem Prokurator zu übergeben oder ihn in Freiheit zu setzen. Er übergibt dem Prokurator zugleich mit dem Beschuldigten auch eine Abschrift des Protokolls, das er bei der vorläufigen Festnahme aufgesetzt hat, und gegebenenfalls auch weiteres Material, das der Prokurator braucht, um über die Haft entscheiden zu können.

§ 76
Vorläufige Festnahme einer verdächtigen Person

1. Der Untersuchungsführer oder das Ermittlungsorgan kann in dringenden Fällen eine Person, die verdächtig ist, eine strafbare Handlung begangen zu haben, dann, wenn einer der Haftgründe (§ 67) vorliegt, vorläufig festnehmen, auch wenn gegen diese Person bis dahin weder eine Beschuldigung gemäß § 163 erhoben noch ihr eine Beschuldigung gemäß § 169 mitgeteilt worden ist. Zur vorläufi-

gen Festnahme bedarf es einer vorausgegangenen Zustimmung des Prokurators. Ohne eine solche Zustimmung kann eine vorläufige Festnahme nur vorgenommen werden, wenn die Sache keinen Aufschub duldet und die Zustimmung vorher nicht zu erreichen ist, insbesondere wenn jene Person bei einer strafbaren Handlung betroffen oder auf der Flucht ergriffen wurde.

2. Eine Person, die bei einer Straftat betroffen wurde, kann von jedermann vorläufig festgenommen werden, wenn das zur Sicherstellung ihrer Identität, zur Verhinderung ihrer Flucht oder zur Sicherung eines Beweises unerläßlich notwendig ist. Der Festnehmende ist aber verpflichtet, den Festgenommenen sofort dem Prokurator oder einem Untersuchungsführer oder einem Organ des Korps für nationale Sicherheit zu übergeben; einen vorläufig festgenommenen Angehörigen der bewaffneten Kräfte kann er auch der nächsten Einheit bewaffneter Kräfte oder dem Garnisonsverwalter übergeben. Wenn es nicht möglich ist, den vorläufig Festgenommenen so zu übergeben, ist die vorläufige Festnahme einem der angeführten Organe wenigstens sofort anzuzeigen.

3. Das Organ, das die vorläufige Festnahme durchgeführt hat, nimmt darüber unverzüglich ein Protokoll auf, in dem es Ort, Zeit und die näheren Umstände der vorläufigen Festnahme sowie auch die wesentlichen Gründe hierfür angibt und die persönlichen Angaben der vorläufig festgenommenen Person anführt. Eine Abschrift des Protokolls ist unverzüglich dem Prokurator zuzustellen. In gleicher Weise verfährt das Organ, das eine nach Absatz 2 vorläufig festgenommene Person übernommen hat.

4. Das Organ, das die vorläufige Festnahme durchgeführt hat oder dem eine vorläufig festgenommene Person übergeben wurde, vernimmt unverzüglich diese Person und setzt sie in Freiheit, wenn der Verdacht zerstreut wurde oder die Gründe für die vorläufige Festnahme aus anderer Ursache wegfallen. Wenn das Organ die vorläufig festgenommene Person nicht in Freiheit setzt, ist dieses Organ verpflichtet, sie spätestens binnen 48 Stunden nach der vorläufigen Festnahme oder Übernahme zusammen mit dem Beweismaterial dem Prokurator zu übergeben.

5. Die Bestimmungen der §§ 91, 92, 93 und 95 sind sinngemäß auch dann zu beachten, wenn die vorläufig festgenommene Person zu einer Zeit vernommen wird, zu der eine Beschuldigung gegen sie noch weder gemäß § 163 erhoben noch ihr gemäß § 169 mitgeteilt worden ist.

§ 77

Entscheidung des Prokurators über eine vorläufig festgenommene Person

Wenn der Prokurator nicht schon auf Grund der Anzeige über die vorläufige Festnahme des Beschuldigten (§ 75) oder auf Grund des

Protokolls über die vorläufige Festnahme des Verdächtigen (§ 76 Abs. 3) angeordnet hat, die nach den vorstehenden Bestimmungen vorläufig festgenommene Person in Freiheit zu setzen, ist er verpflichtet, spätestens binnen 48 Stunden, nachdem ihm die vorläufig festgenommene Person übergeben wurde, gemäß § 68 über ihre Inhaftnahme zu entscheiden oder sie in Freiheit zu setzen.

3. Abschnitt

Herausgabe und Abnahme einer Sache

§ 78

Pflicht zur Herausgabe einer Sache

1. Wer eine für das Strafverfahren wichtige Sache bei sich hat, ist verpflichtet, sie über Aufforderung dem Gericht, Prokurator, Untersuchungsführer oder Ermittlungsorgan vorzulegen; wenn es notwendig ist, sie für die Zwecke des Strafverfahrens sicherzustellen, ist er verpflichtet, die Sache über Aufforderung diesen Organen herauszugeben. Bei der Aufforderung ist er darauf, daß ihm bei Nichtbefolgung der Aufforderung die Sache abgenommen werden kann, sowie auf die anderen Folgen der Nichtbefolgung (§ 66) aufmerksam zu machen.

2. Die Verpflichtung nach Absatz 1 bezieht sich nicht auf eine Urkunde, deren Inhalt Umstände betrifft, für die ein Vernehmungsverbot gilt, es sei denn, daß es zu einer Befreiung von der Pflicht, die Sache geheimzuhalten, oder zu einer Befreiung von der Verschwiegenheitspflicht gekommen ist (§ 99).

3. Berechtigt, zur Herausgabe einer Sache aufzufordern, ist der Senatsvorsitzende, im vorbereitenden Verfahren der Prokurator, der Untersuchungsführer oder das Ermittlungsorgan.

Abnahme einer Sache

§ 79

1. Wird eine für ein Strafverfahren wichtige Sache von demjenigen, der sie bei sich hat, trotz Aufforderung nicht herausgegeben, kann sie ihm auf Anweisung des Senatsvorsitzenden und im vorbereitenden Verfahren auf Anweisung des Prokurators, des Untersuchungsführers oder des Ermittlungsorgans abgenommen werden. Der Untersuchungsführer oder das Ermittlungsorgan braucht zur Herausgabe einer solchen Anweisung die vorausgehende Zustimmung des Prokurators.

2. Wenn das Organ, das die Anweisung zur Abnahme der Sache erteilt hat, die Abnahme der Sache nicht selbst vornimmt, wird sie auf Grund der Anweisung durch ein Organ des Korps für nationale Sicherheit vorgenommen.

3. Ohne die im Absatz 1 angeführte vorausgehende Zustimmung kann eine Anweisung durch den Untersuchungsführer oder das Ermittlungsorgan nur dann gegeben werden, wenn die vorausgehende Zustimmung nicht beschafft werden kann und die Sache keinen Aufschub duldet.

4. Zur Abnahme einer Sache ist nach Möglichkeit eine Person zuzuziehen, die an der Sache nicht beteiligt ist.

5. Das Protokoll über die Herausgabe und Abnahme einer Sache muß auch eine hinreichend genaue Beschreibung der herausgegebenen oder abgenommenen Sache, die eine Bestimmung ihrer Identität ermöglichen würde, enthalten.

6. Das Organ, das die Handlung vorgenommen hat, stellt der Person, die die Sache herausgegeben hat oder der die Sache abgenommen worden ist, sofort eine schriftliche Bescheinigung über die Übernahme der Sache oder eine Abschrift des Protokolls aus.

Rückgabe der Sache

§ 80

1. Wenn eine Sache, die nach § 78 herausgegeben oder nach § 79 abgenommen wurde, für das weitere Verfahren nicht mehr benötigt wird und ihr Verfall oder ihre Beschlagnahme nicht in Betracht kommt, wird sie demjenigen, der sie herausgegeben hat oder dem sie abgenommen worden ist, zurückgegeben. Wenn eine andere Person einen Anspruch auf die Sache geltend macht, wird sie demjenigen herausgegeben, über dessen Anspruch auf die Sache keine Zweifel bestehen. Bei Zweifeln wird die Sache bei einem staatlichen Notariat in Verwahrung gegeben, und die Person, die einen Anspruch auf die Sache geltend macht, wird darauf verwiesen, ihren Anspruch im Verfahren in bürgerlichrechtlichen Sachen geltend zu machen.

2. Wenn Gefahr besteht, daß die Sache, die nicht nach Abs. 1 zurückgegeben oder herausgegeben werden konnte, verdirbt, wird sie verkauft und der dafür erzielte Erlös bei einem staatlichen Notariat in Verwahrung gegeben. Auf den Verkauf finden die Vorschriften über den gerichtlichen Verkauf beschlagnahmter beweglicher Sachen entsprechend Anwendung.

3. Die Entscheidungen nach den Absätzen 1 und 2 trifft der Senatsvorsitzende, im vorbereitenden Verfahren der Prokurator, der Untersuchungsführer oder das Ermittlungsorgan. Der Untersuchungsführer oder das Ermittlungsorgan braucht dazu die vorausgehende Zustimmung des Prokurators. Gegen die Entscheidung über die Rückgabe und Herausgabe der Sache sowie über die Verwahrung ist die Beschwerde zulässig, die aufschiebende Wirkung hat.

§ 81

1. Wenn eine Sache vom Beschuldigten herausgegeben oder ihm abgenommen wurde, die er durch eine strafbare Handlung erworben

oder wahrscheinlich auf diese Weise erworben hat, und nicht bekannt ist, wem die Sache gehört oder der Aufenthalt des Beschuldigten nicht bekannt ist, wird eine Beschreibung der Sache öffentlich bekanntgemacht. Diese Bekanntmachung erfolgt auf die Weise, die zur Ermittlung des Geschädigten am zweckmäßigsten ist, und zwar gemeinsam mit der Aufforderung an den Geschädigten, sich binnen sechs Monaten von der Bekanntmachung ab zu melden.

2. Wenn ein anderer als der Beschuldigte innerhalb der im Abs. 1 angeführten Frist einen Anspruch auf die Sache geltend gemacht hat, wird nach § 80 Abs. 1 verfahren. Wenn niemand anderes einen Anspruch auf die Sache geltend gemacht hat, wird die Sache, oder wenn sie inzwischen wegen der Gefahr des Verderbs verkauft wurde, der dafür erzielte Erlös dem Beschuldigten auf sein Ersuchen hin herausgegeben, sofern es sich nicht um eine Sache handelt, die er durch eine strafbare Handlung erworben hat. Wenn es sich um eine solche Sache handelt oder wenn der Beschuldigte nicht die Zurückgabe der Sache verlangt, wird die Sache dem Nationalausschuß übergeben, der ihre Realisierung durchführt. Damit wird das Recht des Eigentümers, die Herausgabe des dafür erzielten Erlöses zu verlangen, nicht berührt.

3. Handelt es sich um eine wertlose Sache, kann sie vernichtet werden, und handelt es sich um eine Sache von unwesentlichem Wert, kann sie dem Nationalausschuß zur Realisierung übergeben werden, und zwar in beiden Fällen auch ohne vorausgehende Bekanntmachung ihrer Beschreibung.

4. Die in den Absätzen 1 bis 3 angeführten Maßnahmen und Entscheidungen trifft der Senatsvorsitzende und im vorbereitenden Verfahren der Prokurator, der Untersuchungsführer oder das Ermittlungsorgan. Der Untersuchungsführer oder das Ermittlungsorgan benötigt dazu die vorherige Zustimmung des Prokurators. Gegen den Beschluß über die Herausgabe der Sache, über die Abgabe der Sache an den Nationalausschuß zur Realisierung oder über die Vernichtung der Sache ist die Beschwerde zulässig, die aufschiebende Wirkung hat.

4. Abschnitt

Haus- und Personendurchsuchung

§ 82

Gründe für eine Haus- und Personendurchsuchung

1. Eine Hausdurchsuchung darf vorgenommen werden, wenn der begründete Verdacht besteht, daß in der Wohnung oder einer anderen Örtlichkeit oder in einem dazu gehörenden Raum eine für das Strafverfahren wichtige Sache sich befindet oder daß sich dort eine Person, die verdächtig ist, eine strafbare Handlung begangen zu haben, verbirgt.

2. Eine Personendurchsuchung kann vorgenommen werden, wenn der begründete Verdacht besteht, daß jemand eine für das Strafverfahren wichtige Sache bei sich hat.

3. Bei einer vorläufig festgenommenen Person und bei einer Person, die in Haft genommen werden soll oder genommen wird, darf eine Personendurchsuchung auch dann vorgenommen werden, wenn der Verdacht besteht, daß sie eine Waffe oder andere Sache, mit der sie das Leben oder die Gesundheit ihrer eigenen oder einer anderen Person gefährden könnte, bei sich hat.

§ 83
Anweisung zur Durchsuchung

1. Berechtigt zur Anordnung einer Haus- oder Personendurchsuchung ist der Senatsvorsitzende, im vorbereitenden Verfahren der Prokurator, der Untersuchungsführer oder das Ermittlungsorgan. Der Untersuchungsführer oder das Ermittlungsorgan benötigt dazu eine vorhergehende Zustimmung des Prokurators. Die Anweisung zur Hausdurchsuchung muß schriftlich erteilt werden und muß begründet sein. Sie wird der Person, bei der die Durchsuchung vorgenommen wird, bei der Durchsuchung, und wenn das nicht möglich ist, spätestens binnen 48 Stunden darnach ausgehändigt.

2. Wenn nicht das Organ die Haus- und Personendurchsuchung durchführt, das sie angeordnet hat, führt sie auf seine Anweisung ein Organ des Korps für nationale Sicherheit durch.

3. Ohne die im Abs. 1 angeführte Anweisung oder Zustimmung kann der Untersuchungsführer oder das Ermittlungsorgan oder das Organ des Korps für nationale Sicherheit eine Haus- oder Personendurchsuchung nur dann durchführen, wenn die Anweisung oder Zustimmung im voraus nicht zu erlangen ist und die Sache keinen Aufschub gestattet, oder wenn es sich um eine Person, die bei einer strafbaren Handlung betroffen wurde oder um eine Person, deren Einlieferung in die Haft angeordnet wurde, handelt. Ohne Anweisung oder Zustimmung kann eine Personendurchsuchung auch in den im § 82 Abs. 3 angeführten Fällen durchgeführt werden.

§ 84
Vorausgehende Vernehmung

Eine Haus- oder Personendurchsuchung darf nur nach vorausgegangener Vernehmung dessen, bei dem oder an dem sie vorgenommen werden soll, durchgeführt werden, und zwar nur dann, wenn durch die Vernehmung weder eine freiwillige Herausgabe der gesuchten Sache noch eine Beseitigung anderer Gründe, die zur Durchsuchung geführt haben, erreicht wurde. Einer vorausgehenden Vernehmung bedarf es nicht, wenn die Sache keinen Aufschub gestattet und die Vernehmung nicht sofort durchgeführt werden kann.

§ 85

Vornahme der Durchsuchung

1. Das die Hausdurchsuchung durchführende Organ ist verpflichtet zu ermöglichen, daß die Person, bei der die Durchsuchung vorgenommen wird, oder irgendein erwachsenes Mitglied aus deren Haushalt an der Durchsuchung teilnimmt. Das Organ ist verpflichtet, diese Personen über ihr Recht zur Teilnahme an der Durchsuchung zu belehren.

2. Zur Durchführung einer Haus- und Personendurchsuchung ist eine an der Sache unbeteiligte Person zuzuziehen. Das Organ, das die Durchsuchung vornimmt, weist sich mit seiner Berechtigung aus.

3. In dem Protokoll über die Durchsuchung ist auch anzuführen, ob die Bestimmungen über die vorausgegangene Vernehmung eingehalten wurden, gegebenenfalls sind die Gründe anzugeben, aus denen diese Bestimmungen nicht eingehalten wurden. Kam es bei der Durchsuchung zu einer Herausgabe oder Abnahme einer Sache, sind auch die im § 79 Abs. 5 angeführten Angaben in das Protokoll aufzunehmen.

4. Der Person, bei der die Durchsuchung vorgenommen wurde, wird von dem die Durchsuchung durchführenden Organ sogleich, und wenn das nicht möglich ist, spätestens binnen 48 Stunden darnach eine schriftliche Bescheinigung über ihr Ergebnis sowie auch über die Übernahme von Sachen, die bei der Durchsuchung herausgegeben oder abgenommen wurden, oder eine Protokollabschrift übergeben.

5. Abschnitt

Anhalten und Öffnen von Sendungen

§ 86

Anhalten von Sendungen

1. Wenn es zur Aufklärung von Tatsachen, die für die Strafverfolgung wichtig sind, notwendig ist, den Inhalt nicht zugestellter Telegramme, Briefe oder anderer Sendungen, die vom Beschuldigten stammen oder für ihn bestimmt sind, festzustellen, ordnet der Senatsvorsitzende und im vorbereitenden Verfahren der Prokurator, der Untersuchungsführer oder das Ermittlungsorgan an, daß die Post oder das Beförderungsunternehmen sie ihnen herausgibt; der Untersuchungsführer oder das Ermittlungsorgan bedarf hierzu der vorausgehenden Zustimmung des Prokurators.

2. Ohne die im Absatz 1 angeführte Anordnung kann die Beförderung einer Sendung auf Anweisung des Untersuchungsführers, des Ermittlungsorgans oder auch eines Organs des Korps für nationale Sicherheit angehalten werden, jedoch nur dann, wenn diese Anordnung nicht im voraus beschafft werden kann und die Sache keinen Aufschub gestattet. Geht aber in einem solchen Falle nicht binnen dreier Tage bei der Post oder dem Beförderungsunternehmen eine

Anordnung des Senatsvorsitzenden, Prokurators, Untersuchungsführers oder Ermittlungsorgans, die Sendungen herauszugeben, ein, darf die Post oder das Unternehmen die Beförderung der Sendungen nicht weiter anhalten.

§ 87

Öffnen der Sendungen

1. Eine nach § 86 Abs. 1 herausgegebene Sendung darf nur der Senatsvorsitzende und im vorbereitenden Verfahren der Prokurator, der Untersuchungsführer oder das Ermittlungsorgan öffnen; der Untersuchungsführer oder das Ermittlungsorgan braucht zum Öffnen die vorausgehende Zustimmung des Prokurators.

2. Die geöffnete Sendung wird dem Adressaten und wenn dessen Aufenthalt unbekannt ist, einem seiner Familienangehörigen übergeben; sonst wird die Sendung an den Absender zurückgesandt. Ist aber zu befürchten, daß die Übergabe der Sendung sich schädlich auf die Strafverfolgung auswirken würde, wird die Sendung zu den Akten genommen; wenn es zweckmäßig ist, wird dem Adressaten der Inhalt des Briefes oder Telegramms mitgeteilt. Wenn sein Aufenthalt unbekannt ist, wird die Mitteilung einem seiner Familienangehörigen gemacht.

3. Eine Sendung, deren Öffnung nicht für notwendig erachtet wurde, wird sofort dem Adressaten übergeben, oder der Post oder dem Unternehmen, das sie herausgegeben hat, zurückgegeben.

§ 88

(aufgehoben durch Art. I Nr. 23 des Ges. 57/65)

5. Hauptstück

Beweisaufnahme

§ 89

Allgemeine Bestimmung

1. In der Strafverfolgung sind insbesondere zu beweisen,

a) ob sich ein Sachverhalt ergeben hat, in dem eine strafbare Handlung gesehen wird,

b) ob der Beschuldigte diesen Sachverhalt gesetzt hat und aus welchen Beweggründen,

c) Umstände, die Einfluß auf den Grad der Gefährlichkeit der Tat für die Gesellschaft haben,

d) Umstände, die für die Beurteilung der persönlichen Verhältnisse des Täters wichtig sind,

e) Umstände, die eine Bestimmung des Charakters und der Höhe des durch die Straftat verursachten Schadens ermöglichen,

f) Umstände, die zur strafbaren Tätigkeit geführt oder die Begehung der Tat ermöglicht haben.

2. Als Beweis kann alles dienen, was zur Klärung der Sache beitragen kann, namentlich Aussagen des Beschuldigten und der Zeugen, Gutachten von Sachverständigen, für das Strafverfahren wichtige Gegenstände und Urkunden, und Augenscheineinnahmen.

1. Abschnitt

Die Aussage des Beschuldigten

§ 90

Ladung und Vorführung

1. Erscheint ein ordnungsgemäß geladener Beschuldigter ohne ausreichende Entschuldigung nicht zur Vernehmung, kann er vorgeführt werden; auf diese und die anderen Folgen seines Nichterscheinens (§ 66) muß er in der Ladung hingewiesen werden.

2. Der Beschuldigte kann auch ohne vorausgegangene Ladung vorgeführt werden, wenn das zur erfolgreichen Durchführung des Strafverfahrens notwendig ist, insbesondere wenn er sich verborgen hält oder keinen ständigen Wohnsitz hat.

3. Um Vorführung ist das zuständige Organ des Korps für nationale Sicherheit zu ersuchen; handelt es sich aber um einen Jugendlichen, darf das nur geschehen, wenn er nicht durch einen Mitarbeiter des Gerichts, der Prokuratur oder eines mit der Jugendfürsorge betrauten Organs vorgeführt werden kann. Um die Vorführung eines aktiven Angehörigen der bewaffneten Kräfte oder eines bewaffneten Korps ist sein Kommandeur oder Vorgesetzter zu ersuchen.

Vernehmung des Beschuldigten

§ 91

1. Die Vernehmung des Beschuldigten erfolgt so, daß sie ein möglichst vollständiges und klares Bild der für das Strafverfahren wichtigen Tatsachen ergibt. Der Beschuldigte darf zu einer Aussage oder zu einem Geständnis auf keine Weise gezwungen werden, und bei der Vernehmung ist seine Persönlichkeit zu achten. Ein Geständnis des Beschuldigten befreit die im Strafverfahren tätigen Organe nicht von der Pflicht, alle Umstände des Falles zu prüfen und mit allen erreichbaren Beweisen zu überprüfen.

2. Mehrere Beschuldigte sind getrennt voneinander zu vernehmen.

§ 92

1. Vor der ersten Vernehmung sind immer die Identität des Beschuldigten, seine Familien-, Vermögens- und Einkommensverhältnisse und seine Vorstrafen festzustellen; ferner ist er über den Gegenstand der gegen ihn erhobenen Beschuldigung zu unterrichten und über seine Rechte zu belehren. Der Inhalt der Belehrung wird im Protokoll vermerkt.

2. Dem Beschuldigten muß die Möglichkeit gegeben werden, sich

zu der Beschuldigung eingehend zu äußern, insbesondere zusammenhängend die Tatsachen, die Gegenstand der Beschuldigung sind, zu schildern, die Umstände, die die Beschuldigung abschwächen oder entkräften, anzuführen und dafür Beweise anzubieten.

3. Dem Beschuldigten können Fragen zur Ergänzung seiner Aussage oder zur Beseitigung unvollständiger, unklarer und widersprüchlicher Angaben gestellt werden. Die Fragen müssen klar und verständlich ohne Vorgabe täuschender und unwahrer Umstände gestellt werden; in den Fragen darf nicht ein Wink für ihre Beantwortung enthalten sein.

§ 93

1. Dem Beschuldigten kann gestattet werden, vor Abgabe seiner Antwort in schriftliche Aufzeichnungen einzusehen, die er dem Vernehmenden, wenn dieser darum ersucht, zur Einsicht vorlegen muß; dieser Umstand muß im Protokoll vermerkt werden.

2. Soll durch die Vernehmung die Identität einer Person oder einer Sache festgestellt werden, wird der Beschuldigte aufgefordert, sie zu beschreiben; erst dann soll ihm die Person oder Sache gezeigt werden, und zwar in der Regel zwischen mehreren Personen oder mehreren Sachen gleicher Art.

3. Der Beschuldigte kann, wenn dies zur Feststellung der Richtigkeit seiner Handschrift notwendig ist, aufgefordert werden, die erforderliche Anzahl von Wörtern aufzuschreiben; hierzu darf er aber auf keine Weise gezwungen werden. Der Beschuldigte ist aber verpflichtet, jederzeit Handlungen, die zur Feststellung seiner Identität erforderlich sind, zu dulden.

§ 94

1. Wenn die Aussage eines Beschuldigten über wichtige Umstände mit der Aussage eines Zeugen oder Mitbeschuldigten nicht übereinstimmt und der Widerspruch sich anders nicht aufklären läßt, kann der Beschuldigte diesen Personen von Angesicht zu Angesicht gegenübergestellt werden.

2. Personen, die einander von Angesicht zu Angesicht gegenübergestellt werden, können nur mit Zustimmung des Vernehmenden einander Fragen stellen.

§ 95

1. Die Aussage eines Beschuldigten wird in der Regel nach dem Diktat des Vernehmenden, in direkter Rede und möglichst wörtlich im Protokoll niedergeschrieben.

2. Sofern es sich nicht um das Protokoll einer Hauptverhandlung oder öffentlichen Sitzung handelt, muß das Protokoll nach Beendigung der Vernehmung des Beschuldigten zum Durchlesen vorgelegt oder, wenn es gefordert wird, vorgelesen werden; der Beschuldigte hat das Recht, zu verlangen, daß das Protokoll ergänzt wird und daß darin in Übereinstimmung mit seiner Aussage Berichtigungen vorgenommen werden. Über dieses Recht ist der Beschuldigte zu belehren.

3. Das Protokoll über eine Vernehmung, die ohne Zuziehung eines Schriftführers vorgenommen wurde, muß dem Vernommenen vor Abgabe der Unterschrift in Gegenwart einer unbeteiligten Person vorgelesen oder zum Durchlesen vorgelegt werden. Hat der Vernommene Einwendungen gegen den Inhalt des Protokolls, ist über diese in Gegenwart einer zugezogenen Person zu verhandeln und das Ergebnis der Verhandlung in das Protokoll aufzunehmen.

§ 96

(aufgehoben durch Art. I Nr. 24 des Ges.Nr. 57/65)

2. Abschnitt

Zeugen

§ 97

Zeugnispflicht

Jedermann ist verpflichtet, auf Ladung hin zu erscheinen und als Zeuge darüber auszusagen, was ihm über eine strafbare Handlung und über den Täter oder über Umstände, die für das Strafverfahren wichtig sind, bekannt ist.

§ 98

Ladung und Vorführung

Wenn der Zeuge trotz ordnungsmäßiger Ladung ohne ausreichende Entschuldigung ausbleibt, kann er vorgeführt werden. Hierauf und auf die anderen Folgen seines Ausbleibens (§ 66) muß der Zeuge in der Ladung hingewiesen werden. Wenn ein aktiver Angehöriger der bewaffneten Kräfte oder eines bewaffneten Korps ausbleibt, ist der Kommandeur oder Vorgesetzte zu ersuchen, den Grund mitzuteilen, warum der Geladene ausgeblieben ist, gegebenenfalls ihn vorführen zu lassen.

§ 99

Verbot der Vernehmung

1. Ein Zeuge darf nicht über Umstände vernommen werden, die ein Staatsgeheimnis, das er geheimzuhalten verpflichtet ist, bilden, es sei denn, daß er durch das zuständige Organ von dieser Verpflichtung befreit wurde; diese Befreiung darf nur dann abgelehnt werden, wenn die Aussage dem Staat einen ernsten Schaden verursachen würde.

2. Der Zeuge darf auch nicht vernommen werden, wenn er durch seine Aussage eine vom Staate ihm auferlegte Verpflichtung zur Verschwiegenheit verletzen würde, es sei denn, daß er hiervon durch das zuständige Organ oder durch denjenigen, in dessen Interesse er die Verpflichtung hat, befreit wurde.

3. Das Verbot der Vernehmung nach Absatz 2 bezieht sich nicht auf die Zeugenaussage über eine Straftat, hinsichtlich der der Zeuge eine Anzeigepflicht nach dem Strafgesetz hat.

§ 100

Recht zur Aussageverweigerung

1. Ein Recht zur Verweigerung der Zeugenaussage haben der mit dem Beschuldigten in gerader Linie Verwandte, seine Geschwister, Adoptiveltern, Adoptivkinder, der Ehegatte und der Lebensgefährte; wenn mehrere Beschuldigte vorhanden sind und der Zeuge nur zu einem von ihnen in dem angeführten Verhältnis steht, hat er hinsichtlich der übrigen Beschuldigten nur dann das Recht zur Aussageverweigerung, wenn die sie betreffende Aussage sich von der Aussage, die den Beschuldigten betrifft, zu dem der Zeuge in diesem Verhältnis steht, nicht trennen läßt.

2. Der Zeuge ist berechtigt, die Aussage zu verweigern, wenn er durch die Aussage die Gefahr strafgerichtlicher Verfolgung für sich, für einen in gerader Linie mit ihm Verwandten, für seine Geschwister, Adoptiveltern, Adoptivkinder, seinen Ehegatten oder Lebensgefährten oder für andere mit ihm in einem Familien- oder ähnlichen Verhältnis stehende Personen, deren Nachteil er mit Recht wie einen eigenen Nachteil empfinden würde, herbeiführen würde.

3. Die Zeugenaussage kann aber nicht verweigern, wer in bezug auf die Straftat, auf die sich die Zeugenaussage bezieht, eine Anzeigepflicht nach dem Strafgesetz hat.

Vernehmung des Zeugen

§ 101

1. Vor der Vernehmung eines Zeugen ist immer seine Identität und sein Verhältnis zum Beschuldigten festzustellen, ferner ist er über sein Recht zur Aussageverweigerung zu belehren, und soweit erforderlich auch über ein Vernehmungsverbot sowie darüber, daß er verpflichtet ist, die volle Wahrheit auszusagen und nichts zu verschweigen. Ferner muß er über die Bedeutung der Zeugenaussage unter dem Gesichtspunkt des öffentlichen Interesses und über die strafrechtlichen Folgen einer falschen Aussage belehrt werden[18]. Wenn eine Person unter 15 Jahren als Zeuge vernommen wird, ist sie ihrem Alter entsprechend zu belehren.

2. Bei Beginn einer Vernehmung muß der Zeuge über sein Verhältnis zur verhandelten Sache und zu den Parteien und erforderlichenfalls auch über andere Umstände, die für die Feststellung seiner Glaubwürdigkeit von Bedeutung sind, befragt werden. Dem Zeugen muß Gelegenheit gegeben werden, zusammenhängend alles auszusagen, was er selbst über die Sache weiß und woher er die von ihm angeführten Umstände erfahren hat.

3. Dem Zeugen können Fragen zur Ergänzung seiner Aussage oder zur Beseitigung von Unvollständigkeiten, Unklarheiten und Widersprüchen gestellt werden. Dem Zeugen dürfen keine Fragen gestellt

---

[18] § 175 StG.

werden, in denen Umstände enthalten sind, die erst aus seiner Aussage festgestellt werden sollen.

4. Wenn es zur Feststellung der Richtigkeit der Handschrift erforderlich ist, kann der Zeuge angewiesen werden, die notwendige Anzahl von Wörtern aufzuschreiben.

§ 102

1. Wenn eine Person unter 15 Jahren als Zeuge über Umstände, deren Belebung in der Erinnerung im Hinblick auf ihr Alter ihre geistige und sittliche Entwicklung ungünstig beeinflussen könnte, vernommen wird, muß die Vernehmung besonders rücksichtsvoll und was den Inhalt betrifft, so, daß die Vernehmung im weiteren Verfahren regelmäßig schon nicht mehr wiederholt zu werden braucht, durchgeführt werden; zur Vernehmung wird ein Pädagoge oder eine andere Person mit Erfahrungen auf dem Gebiete der Jugenderziehung, die im Hinblick auf den Gegenstand der Vernehmung und den Grad der geistigen Entwicklung der zu vernehmenden Person zu einer richtigen Führung der Vernehmung beitragen kann, zugezogen. Wenn das zu einer richtigen Durchführung der Vernehmung beitragen kann, können auch die Eltern zugezogen werden.

2. In einem weiteren Verfahren soll eine solche Person nur in notwendigen Fällen erneut vernommen werden. Im Gerichtsverfahren kann auf Grund einer Entscheidung des Gerichts der Beweis durch Verlesung des Protokolls auch ohne die in § 211 angeführten Voraussetzungen erhoben werden. Die Person, die zur Vernehmung zugezogen wurde, wird nach Bedarf zur Richtigkeit und Vollständigkeit der Niederschrift, zu der Art, wie die Vernehmung durchgeführt wurde, sowie auch zu der Art, wie die vernommene Person geantwortet hat, vernommen.

§ 103

Die Bestimmungen der § 93 Abs. 1 und 2, §§ 94 und 95 über die Vernehmung des Beschuldigten sind sinngemäß auch auf die Vernehmung eines Zeugen anzuwenden.

§ 104

Zeugengebühren

1. Der Zeuge hat Anspruch auf Erstattung der notwendigen Auslagen und des entgangenen Arbeitslohns (Zeugengebühren). Der Anspruch erlischt, wenn der Zeuge ihn nicht binnen drei Tagen nach seiner Vernehmung oder von dem Zeitpunkt an, an dem ihm mitgeteilt wurde, daß es nicht zur Vernehmung kommt, geltend macht; darauf muß der Zeuge hingewiesen werden.

2. Die Höhe der Zeugengebühren wird von demjenigen, der den Zeugen geladen hat, und im Gerichtsverfahren vom Senatsvorsitzenden bestimmt.

3. Abschnitt

Sachverständige

Zuziehung eines Sachverständigen[19]

§ 105

1. Wenn zur Aufklärung von Tatsachen, die für das Strafverfahren wichtig sind, Fachkenntnisse erforderlich sind, wird ein Sachverständiger zugezogen. Anstatt einen Sachverständigen aus dem Gebiete der Medizin zuzuziehen, kann man sich in einfachen Fällen mit einer ärztlichen Bescheinigung, über deren Richtigkeit keine Zweifel bestehen, begnügen.

2. Wenn es sich um die Aufklärung einer besonders wichtigen Tatsache handelt, müssen zwei Sachverständige zugezogen werden. Zwei Sachverständige sind immer zuzuziehen, wenn es sich um eine Leichenschau und eine Leichenöffnung (§ 155) oder um eine Untersuchung des Geisteszustands (§ 116) handelt. Zur Leichenschau und Leichenöffnung darf der Arzt, der den Verstorbenen während dessen Krankheit, die dem Tode unmittelbar vorausging, betreut hat, nicht als Sachverständiger zugezogen werden.

§ 106

Der Sachverständige muß in seiner Ladung auf die Folgen seines Ausbleibens (§ 66) und auf seine Pflicht, unverzüglich die Tatsachen, wegen derer er in der Sache ausgeschlossen wäre oder die ihn sonst hindern, in der Sache als Sachverständiger tätig zu werden, hingewiesen werden.

§ 107

Vorbereitung des Gutachtens

1. Dem mit einer Amtshandlung betrauten Sachverständigen werden die erforderlichen Aufklärungen aus den Akten gegeben und seine Aufgaben umgrenzt. Dabei ist darauf zu achten, daß es dem Sachverständigen nicht zusteht, eine Beweiswürdigung vorzunehmen und Rechtsfragen zu lösen. Wenn es zur Abgabe des Gutachtens notwendig ist, wird dem Sachverständigen Akteneinsicht gestattet oder es werden ihm die Akten geliehen. Es kann ihm auch gestattet werden, bei der Vernehmung des Beschuldigten und der Zeugen anwesend zu sein und an sie Fragen zu stellen, die sich auf den Gegenstand der Untersuchung durch den Sachverständigen beziehen. Der Sachverständige kann auch beantragen, daß durch andere Beweise zunächst Umstände geklärt werden, die zur Abgabe des Gutachtens erforderlich sind.

2. Dem Sachverständigen wird in der Regel auferlegt, sein Gutachten schriftlich zu erstatten.

---

[19] Vgl. Ges.Nr. 47/59 Sb.

§ 108

Vernehmung des Sachverständigen

1. Wenn der Sachverständige sein Gutachten schriftlich ausgearbeitet hat, genügt es, daß er bei seiner Vernehmung sich darauf beruft und es bestätigt. Wenn das Gutachten nicht schriftlich ausgearbeitet wurde, diktiert es der Sachverständige bei seiner Vernehmung ins Protokoll.

2. Wenn mehrere Sachverständige zugezogen wurden, die nach gegenseitiger Beratung zu übereinstimmenden Ergebnissen gelangt sind, gibt derjenige von ihnen, den sie selbst dazu bestimmt haben, das Gutachten für alle ab; gehen die Meinungen der Sachverständigen auseinander, ist jeder von ihnen getrennt zu vernehmen.

3. Im vorbereitenden Verfahren kann von der Vernehmung des Sachverständigen abgesehen werden, wenn weder das Ermittlungsorgan oder der Untersuchungsführer noch der Prokurator Zweifel an der Zuverlässigkeit und Vollständigkeit des schriftlich erstatteten Sachverständigengutachtens haben.

§ 109

Mängel eines Gutachtens

Wenn Zweifel an der Richtigkeit eines Gutachtens bestehen oder ein Gutachten unklar oder unvollständig ist, ist der Sachverständige um Aufklärung zu ersuchen. Wenn das zu keinem Erfolg führt, wird ein anderer Sachverständiger zugezogen.

§ 110

Anstaltsgutachten

1. In Ausnahmefällen, die besonders schwierig sind und die eine besondere wissenschaftliche Beurteilung erfordern, kann ein staatliches Organ oder eine staatliche Anstalt ersucht werden, selbst ein Gutachten zu erstatten oder das durch einen Sachverständigen erstattete Gutachten zu überprüfen.

2. Das staatliche Organ oder die staatliche Anstalt erstatten ihre Gutachten schriftlich. Darin ist die Person, die das Gutachten ausgearbeitet hat und die im Bedarfsfall als Sachverständiger vernommen werden könnte, zu bezeichnen. Handelt es sich um einen Fall, in dem zwei Sachverständige zugezogen werden müßten (§ 105 Abs. 2), führt das staatliche Organ oder die staatliche Anstalt im Gutachten zwei solche Personen an.

Anwendung besonderer Vorschriften über Sachverständige

§ 111

1. Für die Bestimmung eines Sachverständigen, die Eignung für diese Funktion und die Ausschließung davon, für das Recht, die Vornahme einer Handlung des Sachverständigen abzulehnen, für das Gelöbnis und für die Erinnerung an die Pflichten des Sachverständi-

gen vor Durchführung seiner Sachverständigentätigkeit sowie auch für die Erstattung seiner Barauslagen und die Entschädigung für die Sachverständigentätigkeit (Sachverständigengebühren) gelten besondere Vorschriften[20].

2. Die Höhe der Sachverständigengebühren wird von demjenigen, der den Sachverständigen zugezogen hat, und im Gerichtsverfahren vom Senatsvorsitzenden bestimmt. Gegen die Entscheidung ist Beschwerde zulässig, die aufschiebende Wirkung hat.

4. Abschnitt

Sach- und Urkundenbeweise

§ 112

1. Sachbeweise sind Gegenstände, mit denen oder an denen eine Straftat begangen wurde, ferner andere Gegenstände, die eine zu erweisende Tatsache beweisen oder widerlegen und Mittel zur Aufklärung und Feststellung der Straftat und ihres Täters sein können sowie Spuren der Straftat.

2. Urkundenbeweise sind Urkunden, die durch ihren Inhalt eine zu erweisende Tatsache, die sich auf die Straftat oder den Beschuldigten bezieht, beweisen oder widerlegen.

5. Abschnitt

Augenschein

§ 113

Zweck des Augenscheins und Protokoll darüber

1. Ein Augenschein wird vorgenommen, wenn Tatsachen, die für das Strafverfahren wichtig sind, durch unmittelbare Beobachtung aufgeklärt werden sollen. Zum Augenschein wird in der Regel ein Sachverständiger zugezogen.

2. Das Protokoll über den Augenschein muß ein vollständiges und getreues Bild des Gegenstands der Augenscheineinnahme bieten; es sollen ihm deshalb Photographien, Skizzen und andere Hilfsmittel beigelegt werden.

§ 114

Körperliche Untersuchung und andere ähnliche Handlungen

1. Jedermann ist verpflichtet, sich einer körperlichen Untersuchung zu unterziehen, wenn es unerläßlich notwendig ist festzustellen, ob sich auf seinem Körper Spuren oder Folgen der Straftat befinden. Wenn die körperliche Untersuchung nicht durch einen Arzt durchgeführt wird, kann sie nur eine Person des gleichen Geschlechts durchführen.

---

[20] Ges.Nr. 47/59 Sb., K. 193/59 U. l.

2. Wenn für den Beweis eine Blutprobe oder eine andere ähnliche Handlung notwendig ist, muß die betreffende Person dulden, daß ein Arzt oder fachlicher Mitarbeiter auf dem Gebiete des Gesundheitswesens ihr Blut abnimmt oder bei ihr eine andere notwendige Handlung vornimmt, wenn diese nicht mit Gefahr für ihre Gesundheit verbunden ist.

3. Über die Pflicht nach den Absätzen 1 und 2 ist diese Person unter Hinweis auf die Folgen der Verweigerung (§ 66) zu belehren.

§ 115

Leichenschau, Leichenöffnung und Exhumierung

1. Besteht der Verdacht, daß der Tod eines Menschen durch eine strafbare Handlung verursacht wurde, muß die Leiche besichtigt und geöffnet werden. In solchen Fällen kann die Leiche nur mit Zustimmung des Prokurators oder des Untersuchungsführers beerdigt werden. Hierüber entscheidet der Prokurator oder der Untersuchungsführer mit größter Beschleunigung.

2. Die Exhumierung einer Leiche[21] kann vom Senatsvorsitzenden und im vorbereitenden Verfahren vom Prokurator angeordnet werden.

Untersuchung des Geisteszustands

§ 116

1. Wenn es erforderlich ist, den Geisteszustand des Beschuldigten zu untersuchen, werden hierzu immer zwei Sachverständige aus dem Gebiete der Psychiatrie zugezogen.

2. Wenn es nicht möglich ist, den Geisteszustand anders zu untersuchen, kann das Gericht und im vorbereitenden Verfahren der Prokurator oder der Untersuchungsführer mit Zustimmung des Prokurators anordnen, daß die einer Straftat beschuldigte Person in einer Heilanstalt, oder wenn der Beschuldigte in Haft ist, auch in einer besonderen Abteilung der Besserungseinrichtung beobachtet wird. Gegen diese Entscheidung ist die Beschwerde zulässig, die aufschiebende Wirkung hat.

3. Wenn die Sachverständigen beim Beschuldigten Anzeichen von Unzurechnungsfähigkeit oder verminderter Zurechnungsfähigkeit feststellen, haben sie sich gleichzeitig darüber auszusprechen, ob seine Belassung in Freiheit gefährlich ist.

§ 117

Die Beobachtung des Geisteszustands soll nicht länger als zwei Monate dauern; innerhalb dieser Zeit muß ein Gutachten erstattet werden. Auf begründetes Ersuchen der Sachverständigen kann das Gericht und im vorbereitenden Verfahren der Prokurator oder mit

---

[21] Nähere Bestimmungen hierzu enthält die RegVO Nr. 8/55 Sb. über das Begräbniswesen.

Zustimmung des Prokurators der Untersuchungsführer diese Frist verlängern, aber keinesfalls um mehr als einen Monat. Gegen die Verlängerung der Frist ist die Beschwerde zulässig.

§ 118

Bestehen ernste Zweifel darüber, ob bei einem Zeugen, dessen Aussage besonders wichtig für die Entscheidung ist, eine wesentlich verminderte Fähigkeit, richtig wahrzunehmen oder auszusagen, besteht, kann auch der Geisteszustand des Zeugen durch einen Sachverständigen untersucht werden. Eine Beobachtung des Geisteszustands eines Zeugen nach § 116 Abs. 2 ist aber nicht zulässig.

6. Hauptstück

Entscheidungen

§ 119

Art des Entscheidens

1. Das Gericht entscheidet durch Urteil, soweit das Gesetz dies ausdrücklich bestimmt[22]; in den übrigen Fällen entscheidet es durch Beschluß.

2. Die übrigen im Strafverfahren tätigen Organe entscheiden, sofern das Gesetz nichts anderes bestimmt, durch Beschluß.

1. Abschnitt

Urteil

Inhalt des Urteils

§ 120

1. Das Urteil muß nach den einleitenden Worten „Im Namen der Republik" enthalten:

a) die Bezeichnung des Gerichts, um dessen Urteil es geht, und wenn es sich nicht um ein Urteil des Plenums des Obersten Gerichts handelt, auch die Namen und Vornamen der Richter, die an der Entscheidung beteiligt waren,
b) Tag und Ort der Verkündung des Urteils,
c) den Urteilsausspruch mit Anführung der angewandten gesetzlichen Bestimmungen,
d) die Begründung und
e) die Rechtsmittelbelehrung.

2. Der Angeklagte muß im Urteil mit Angabe von Namen und Vornamen, Tag und Ort seiner Geburt, Beschäftigung und Wohnort, gegebenenfalls mit weiteren Angaben, die notwendig sind, um eine

[22] §§ 225 f., 259 Abs. 3, 268 Abs. 2 StPO.

Verwechslung mit einer anderen Person auszuschließen, bezeichnet sein. Wenn es sich um eine der Militärgerichtsbarkeit unterliegende Person handelt, wird auch der Dienstgrad des Angeklagten und die Einheit, der er angehört, angeführt.

3. Der Ausspruch, mit dem der Angeklagte für schuldig erkannt oder von der Anklage freigesprochen wird, muß genau die Straftat, auf die sich der Ausspruch bezieht, bezeichnen, und zwar nicht nur mit ihrer gesetzlichen Bezeichnung und mit Anführung der entsprechenden gesetzlichen Bestimmung, sondern auch mit Anführung des Ortes, der Zeit und der Art der Tatbegehung, gegebenenfalls auch mit Anführung anderer Tatsachen, die notwendig sind, um eine Verwechslung des Sachverhalts mit einem anderen auszuschließen, sowie auch mit Anführung aller gesetzlichen Merkmale einschließlich derer, die einen bestimmten Strafsatz begründen.

§ 121

Das Gericht nimmt in ein Urteil, durch das die Schuldfrage entschieden wird, auch den Ausspruch auf

a) über den Schadensersatz, wenn der Anspruch darauf rechtzeitig geltend gemacht wurde (§ 43 Abs. 2),
b) über eine Schutzmaßnahme, wenn darüber in der Hauptverhandlung oder in einer öffentlichen Berufungsverhandlung entschieden wurde.

§ 122

1. Ein auf Verurteilung lautendes Urteil muß auch den Ausspruch über die Strafe mit Anführung aller gesetzlichen Bestimmungen, nach denen die Strafe bemessen wurde, oder nach denen von der Strafe abgesehen wurde, und zwar gegebenenfalls auch mit dem Hinweis auf die angenommene Bürgschaft einer gesellschaftlichen Organisation, enthalten. Wurde eine Strafe verhängt, deren Vollstreckung bedingt aufgeschoben werden kann, muß das Urteil auch einen Ausspruch darüber enthalten, ob der bedingte Aufschub bewilligt wurde und gegebenenfalls, an welche Bedingungen er geknüpft wurde. Wenn eine unbedingte Strafe der Freiheitsentziehung verhängt wurde, muß das Urteil einen Ausspruch über die Art der Vollstreckung dieser Strafe enthalten (§§ 39a, 81 StrG). Wenn der Verurteilte ein besonders gefährlicher Rückfälliger ist, muß der Ausspruch darüber ebenfalls in das Urteil aufgenommen werden.

2. In einem auf Freispruch lautenden Urteil muß angeführt werden, auf welchen der im § 226 angeführten Gründe sich der Freispruch stützt.

§ 123

Das Gericht, das in einer Sache, in der ein früheres Urteil auf Grund einer Berufung, einer Beschwerde wegen Verletzung des Gesetzes oder eines Wiederaufnahmeantrags nur teilweise aufgehoben wurde, erneut entscheidet, nimmt in das neue Urteil nur die Aussprüche auf, hinsichtlich derer die Sache neu entschieden wird. Dabei wird auf den Zusammenhang zwischen diesen Aussprüchen und den Aussprüchen, in denen das frühere Urteil unberührt geblieben ist, hingewiesen.

§ 124

In dem Urteil, mit dem eine nachträglich gebildete Gesamtstrafe verhängt wird, muß das Gericht die früheren Urteile, deren Strafaussprüche aufgehoben werden, bezeichnen und muß diese durch einen Ausspruch über eine Gesamtstrafe ersetzen.

§ 125

In der Urteilsbegründung hat das Gericht knapp und klar darzulegen, welche Umstände es für erwiesen angesehen und auf welche Beweise es seine Tatsachenfeststellungen gestützt hat, das Vorliegen welcher Tatsachen es im Hinblick auf die Ergebnisse des Beweisverfahrens für ausgeschlossen oder fehlerhaft ansieht, von welchen Erwägungen es sich bei der Würdigung der durchgeführten Beweisaufnahmen hat leiten lassen, insbesondere wenn sie einander widersprechen, und warum es den Anträgen auf Erhebung weiterer Beweise nicht entsprochen hat. Aus der Begründung muß hervorgehen, wie das Gericht sich mit der Verteidigung auseinandergesetzt hat und von welchen rechtlichen Erwägungen es sich bei der Beurteilung der erwiesenen Tatsachen nach den entsprechenden Bestimmungen des Gesetzes in der Schuld- und Straffrage hat leiten lassen. Den Strafausspruch hat das Gericht unter dem Gesichtspunkt des Grades der Gefährlichkeit der Straftat für die Gesellschaft und der persönlichen Verhältnisse des Täters zu begründen. Wenn in das Urteil der Ausspruch, daß der Beschuldigte ein besonders gefährlicher Rückfalltäter ist, aufgenommen wurde, muß auch dieser Ausspruch begründet werden. Wenn eine gesellschaftliche Organisation die Übernahme der Bürgschaft für eine Besserung des Klägers angeboten hat, muß das Gericht im Urteil darlegen, welchen Standpunkt es zu dem Angebot eingenommen hat, und muß seinen Standpunkt begründen. Wenn in das Urteil noch weitere Aussprüche aufgenommen wurden, müssen auch diese begründet werden.

Beratung und Abstimmung über das Urteil

§ 126

Bei der Beratung über ein Urteil, durch das über die Schuld und Strafe entschieden wird, beurteilt das Gericht insbesondere,

a) ob die Tat, wegen der der Angeklagte verfolgt wird, sich ereignet hat,
b) ob diese Tat alle Merkmale einer strafbaren Handlung aufweist,
c) ob der Angeklagte diese Tat begangen hat,
d) ob der Angeklagte für diese Tat strafrechtlich verantwortlich ist,

e) ob die Strafbarkeit der Tat nicht erloschen ist,
f) ob es die von einer gesellschaftlichen Organisation angebotene Bürgschaft für eine Besserung des Angeklagten annimmt,
g) ob eine Strafe und welche dem Angeklagten auferlegt werden soll,
h) ob und in welchem Umfang dem Angeklagten die Pflicht auferlegt werden soll, dem Geschädigten den Schaden zu ersetzen,
ch) ob eine Schutzmaßnahme und welche auferlegt werden soll.

§ 127

1. Bei der Beratung und Abstimmung darf außer den Richtern, die an der dem Urteil unmittelbar vorausgegangenen Verhandlung teilgenommen haben, und außer dem Schriftführer niemand anderes zugegen sein. Über den Inhalt der Beratung ist Stillschweigen zu bewahren.

2. Bei der Abstimmung entscheidet die Stimmenmehrheit. Wenn sich eine Mehrheit nicht erreichen läßt, werden die dem Angeklagten am wenigsten günstigen Stimmen den danach günstigeren Stimmen so lange hinzugerechnet, bis sich eine Mehrheit ergibt. Ist es streitig, welche Meinung dem Angeklagten günstiger ist, wird hierüber durch Abstimmung entschieden.

3. Jedes Mitglied des Senats muß abstimmen, auch wenn es in einer Vorfrage überstimmt worden ist. Bei der Abstimmung über die Strafe können sich aber diejenigen, die für einen Freispruch gestimmt haben, der Abstimmung enthalten; ihre Stimmen werden der dem Angeklagten günstigsten Stimme zugerechnet.

4. Richter, die ihre Funktion neben ihrer Beschäftigung ausüben, stimmen vor den übrigen Richtern. Die jüngeren Richter stimmen vor den älteren, und bei den Militärgerichten und beim Militärkollegium des Obersten Gerichts stimmen die Richter mit niederen Dienstrangen vor den Richtern mit höheren Dienstrangen. Der Senatsvorsitzende stimmt zuletzt.

5. Über die Abstimmung wird ein besonderes Protokoll aufgenommen (§ 58).

§ 128

Urteilsverkündung

1. Das Urteil muß stets verkündet werden; es wird vom Vorsitzenden des Senats verkündet.

2. Verkündet werden die einleitenden Worte „Im Namen der Republik“, der volle Wortlaut des Ausspruchs, wenigstens der wesentliche Teil der Begründung und die Rechtsmittelbelehrung. Die Verkündung muß mit dem Inhalt des Urteils, so wie darüber abgestimmt wurde, voll übereinstimmen.

3. Das Urteil wird in der Regel sogleich nach Beendigung der ihm vorausgegangenen Verhandlung verkündet; wenn das nicht möglich ist, darf die Verhandlung zwecks Verkündung des Urteils auf die Dauer von höchstens drei Tagen vertagt werden.

§ 129

Fertigung des Urteils

1. Jedes Urteil ist schriftlich zu fertigen. Die Fertigung des Urteils muß mit dem Inhalt des Urteils, so wie es verkündet wurde, übereinstimmen.

2. Wenn das Urteil nicht schon in der Beratung schriftlich gefertigt wurde, besorgt der Senatsvorsitzende die Fertigung in der Regel binnen fünf Tagen nach der Verkündung. Er kann aber mit der Fertigung auch einen Richter, der Mitglied des Senats war, betrauen.

3. Wenn wegen eines Hindernisses von längerer Dauer weder der Senatsvorsitzende noch ein anderes Mitglied des Senats das verkündete Urteil schriftlich fertigen kann, fertigt es auf Anweisung des Gerichtsvorsitzenden ein anderer Richter.

4. Die Urteilsfertigung wird vom Senatsvorsitzenden und demjenigen, der das Urteil ausgearbeitet hat, unterschrieben. Wenn der Senatsvorsitzende die Urteilsfertigung wegen eines Hindernisses von längerer Dauer nicht unterschreiben kann, unterschreibt es für ihn ein anderes Mitglied des Senats; der Grund hierfür wird auf dem gefertigten Urteil vermerkt.

§ 130

Zustellung des Urteils

1. Je eine Abschrift des Urteils wird dem Angeklagten, dem Prokurator, der beteiligten Person und dem Geschädigten, der einen Schadensersatzanspruch geltend gemacht hat, zugestellt, und zwar auch dann, wenn sie bei der Versendung des Urteils anwesend waren.

2. Hat der Angeklagte einen Verteidiger oder gesetzlichen Vertreter, wird eine Abschrift des Urteils auch diesen zugestellt.

3. Haben die beteiligten Personen oder der Geschädigte einen gesetzlichen Vertreter, wird eine Abschrift des Urteils nur dem gesetzlichen Vertreter zugestellt; haben sie einen Bevollmächtigten, so wird sie nur diesem zugestellt.

4. Wenn in der Hauptverhandlung ein gesellschaftlicher Ankläger oder gesellschaftlicher Verteidiger aufgetreten ist, wird eine Abschrift des Urteils auch der gesellschaftlichen Organisation, die ihn entsandt hatte, zugestellt.

§ 131

Berichtigung einer Urteilsfertigung

1. Der Senatsvorsitzende kann durch besonderen Beschluß jederzeit Schreibfehler und andere offensichtliche Unrichtigkeiten, zu denen es bei der Fertigung des Urteils gekommen ist, so berichtigen, daß die Fertigung in voller Übereinstimmung mit dem verkündeten Inhalt des Urteils steht. Die Berichtigung kann auch von einem Gericht höherer Instanz angeordnet werden.

2. Eine Abschrift des Berichtigungsbeschlusses wird allen Personen, denen eine Urteilsabschrift zugestellt worden ist, zugestellt.

3. Gegen die Entscheidung über die Berichtigung nach Absatz 1 ist die Beschwerde zulässig, die aufschiebende Wirkung hat.

4. Nachdem die Entscheidung über die Berichtigung rechtskräftig geworden ist, wird die Berichtigung sowohl in der Urteilsfertigung als auch in den Urteilsabschriften, die von den Personen, denen sie zugestellt worden sind, zu diesem Zwecke zurückgefordert wurden, durchgeführt.

§ 132

Berichtigung einer Urteilsabschrift

1. Unrichtigkeiten in Urteilsabschriften werden vom Senatsvorsitzenden durch besonderen Beschluß so berichtigt, daß die Abschriften in voller Übereinstimmung mit der Urteilsfertigung stehen.

2. Eine Abschrift des Berichtigungsbeschlusses wird allen Personen, denen eine fehlerhafte Urteilsabschrift zugestellt worden war, zugestellt.

3. Die Berichtigung wird in allen fehlerhaften Urteilsabschriften, die von den Personen, denen sie zugestellt worden waren, zu diesem Zwecke zurückgefordert wurden, durchgeführt.

§ 133

Wirkungen der Berichtigung

Wenn die Berichtigung einer Urteilsfertigung oder einer Urteilsabschrift wesentlich den Inhalt eines Urteilsausspruchs betraf, läuft für den Prokurator und die durch den berichtigten Ausspruch unmittelbar betroffene Person die Berufungsfrist von der Zustellung der Abschrift des Berichtigungsbeschlusses ab, und wenn gegen den Berichtigungsbeschluß eine Beschwerde eingelegt wurde, von der Zustellung der Beschwerdeentscheidung ab. Hierüber ist die durch den Ausspruch unmittelbar betroffene Person zu belehren.

2. Abschnitt

Beschluß

§ 134

Inhalt des Beschlusses

1. Ein Beschluß muß enthalten:

a) die Bezeichnung des Organs, um dessen Entscheidung es sich handelt,

b) Tag und Ort der Entscheidung,

c) den Beschlußausspruch mit Anführung der angewandten gesetzlichen Bestimmungen,

d) eine Begründung und

c) eine Rechtsmittelbelehrung.

2. In der Begründung sind, sofern das nach dem Charakter der Sache in Betracht kommt, insbesondere die Tatsachen, die für erwiesen erachtet wurden, die Beweise, auf die sich die Tatsachenfeststellungen stützen, die Erwägungen, von denen sich das entscheidende Organ bei der Würdigung der durchgeführten Beweisaufnahmen hat leiten lassen, sowie die rechtlichen Erwägungen, auf Grund deren dieses Organ die erwiesenen Tatsachen nach den entsprechenden Bestimmungen des Gesetzes beurteilt hat, anzuführen.

§ 135

Verkündung des Beschlusses

Zu verkünden sind nur die Beschlüsse, die bei einer Handlung gefaßt wurden, welche unter Beteiligung der durch den Beschluß betroffenen Person vorgenommen wurde, sowie auch die Beschlüsse, die in einer Hauptverhandlung, in einer öffentlichen oder nichtöffentlichen Sitzung gefaßt wurden.

§ 136

Fertigung des Beschlusses

1. Es bedarf keiner Fertigung der Beschlüsse, durch die nur der Verlauf des Verfahrens oder die Art der Beweisaufnahme geregelt oder eine Handlung des Gerichts angeordnet oder vorbereitet wird.

2. Ebensowenig bedarf es einer Fertigung der Beschlüsse, die in ihrem vollen Wortlaut in dem Protokoll über eine Handlung niedergeschrieben sind, es sei denn, daß es erforderlich wäre, die Abschrift eines solchen Beschlusses irgendeiner Person zuzustellen. Soll in einem solchen Fall nur dem Prokurator zugestellt werden, kann ihm auch eine Abschrift des Protokolls zugestellt werden.

§ 137

Mitzuteilende Beschlüsse

1. Ein Beschluß ist der von ihm unmittelbar betroffenen Person sowie der Person, die durch ihren Antrag zu ihm Anlaß gegeben hat, mitzuteilen; ein Gerichtsbeschluß ist auch dem Prokurator mitzuteilen. Die Mitteilung erfolgt durch Verkündung des Beschlusses in Gegenwart dessen, dem der Beschluß mitzuteilen ist, oder durch Zustellung einer Abschrift des Beschlusses.

2. Hat die Person, der der Beschluß mitzuteilen ist, einen Verteidiger bzw. Bevollmächtigten, genügt es, daß der Beschluß entweder jener Person oder ihrem Verteidiger bzw. Bevollmächtigten verkündet wurde; wird der Beschluß durch Zustellung einer Abschrift mitgeteilt, erfolgt die Zustellung nur an den Verteidiger bzw. Bevollmächtigten. Handelt es sich um eine Person, der die Fähigkeit zur Vornahme von Rechtshandlungen fehlt oder deren Fähigkeit zur Vornahme von Rechtshandlungen beschränkt ist, die keinen Verteidiger bzw. Bevollmächtigten hat, wird der Beschluß ihrem gesetzlichen Vertreter mitgeteilt.

3. Wird aber einem Beschuldigten, dem die Fähigkeit zur Vornahme von Rechtshandlungen fehlt oder dessen Fähigkeit zur Vornahme von Rechtshandlungen beschränkt ist, ein Beschluß mitgeteilt, gegen den ihm die Beschwerde zusteht, ist er sowohl ihm als auch seinem Verteidiger und seinem gesetzlichen Vertreter mitzuteilen. Wenn sich der Beschuldigte in Haft, in Vollstreckung der Strafe der Freiheitsentziehung oder zur Beobachtung in einer Heilanstalt befindet, muß ein solcher Beschluß sowohl dem Beschuldigten als auch seinem Verteidiger auch dann mitgeteilt werden, wenn der Beschuldigte eine Person ist, deren Fähigkeit zur Vornahme von Rechtshandlungen nicht beschränkt ist.

4. Ein Beschluß, durch den über ein Rechtsmittel entschieden wurde, wird dem Prokurator, der von der Entscheidung unmittelbar betroffenen Person und der Person, die durch ihren Antrag Anlaß zu dem Beschluß gegeben hat, stets in Abschrift zugestellt.

§ 138

Anwendung der Bestimmungen über das Urteil

Soweit dieser Abschnitt keine besonderen Bestimmungen enthält, sind auf Beschlüsse sinngemäß die Bestimmungen des 1. Abschnitts dieses Hauptstücks über das Urteil anzuwenden.

3. Abschnitt

Rechtskraft und Vollstreckbarkeit der Entscheidungen

§ 139

Rechtskraft und Vollstreckbarkeit eines Urteils

1. Ein Urteil ist rechtskräftig und, wenn dieses Gesetz nichts anderes bestimmt, auch vollstreckbar,

a) wenn das Gesetz gegen das Urteil die Berufung nicht zuläßt,

b) wenn das Gesetz die Berufung zwar zuläßt, aber

  aa) die Berufung innerhalb der Frist nicht eingelegt wurde,

  bb) die berechtigten Personen ausdrücklich auf die Berufung verzichtet oder sie ausdrücklich zurückgenommen haben, oder

  cc) die eingelegte Berufung zurückgewiesen wurde.

2. Eine nur von dem Geschädigten und eine nur von einer beteiligten Person eingelegte Berufung hindert nicht, daß die übrigen Teile des Urteils Rechtskraft erlangen und vollstreckt werden. Ebenso hindert auch eine Berufung, die nur einen von mehreren Angeklagten betrifft, nicht, daß das Urteil bei den übrigen Angeklagten Rechtskraft erlangt und vollstreckt wird.

3. Wenn die Berufungsfrist versäumt wurde, aber die berechtigte Person ein Gesuch um Wiedereinsetzung in den vorigen Stand eingebracht hat, darf das Urteil nicht vollstreckt werden, bis über dieses Gesuch rechtskräftig entschieden worden ist.

§ 140

Rechtskraft und Vollstreckbarkeit eines Beschlusses

1. Ein Beschluß ist rechtskräftig und vollstreckbar,

a) wenn das Gesetz gegen den Beschluß eine Beschwerde nicht zuläßt,

b) wenn das Gesetz eine Beschwerde zwar zuläßt, aber

aa) die Beschwerde innerhalb der Frist nicht eingelegt wurde,

bb) die berechtigten Personen ausdrücklich auf die Beschwerde verzichtet oder sie ausdrücklich zurückgenommen haben,

cc) die eingelegte Beschwerde zurückgewiesen wurde.

2. Ein Beschluß ist, auch wenn er bisher nicht rechtskräftig geworden ist, vollstreckbar, wenn das Gesetz dagegen die Beschwerde zwar zuläßt, ihr aber keine aufschiebende Wirkung zuerkennt.

3. Eine Beschwerde, die nur einige von mehreren Personen oder nur eine von mehreren Sachen, über die in ein und demselben Beschluß entschieden wurde, betrifft, hindert nicht einmal bei aufschiebender Wirkung, daß der Beschluß in den übrigen Fällen, sofern sie abgetrennt werden können, Rechtskraft erlangt und vollstreckt wird.

4. Wenn die Frist zur Einlegung einer Beschwerde, die aufschiebende Wirkung hat, versäumt wurde, aber durch die berechtigte Person ein Gesuch um Wiedereinsetzung in den vorigen Stand eingereicht wurde, kann der Beschluß nicht vollstreckt werden, bis über dieses Gesuch rechtskräftig entschieden wurde.

7. Hauptstück

Beschwerde und Beschwerdeverfahren

§ 141

Zulässigkeit und Wirkung

1. Das Rechtsmittel gegen Beschlüsse ist die Beschwerde.

2. Mit Beschwerde kann jeder Beschluß eines Untersuchungsführers oder Ermittlungsorgans angegriffen werden. Der Beschluß eines Gerichts und eines Prokurators kann mit Beschwerde nur in den Fällen, in denen das Gesetz dies ausdrücklich zuläßt, und wenn sie in der Sache in erster Instanz entscheiden, angegriffen werden. Gegen einen Beschluß des Generalprokurators und des Obersten Gerichts ist eine Beschwerde nicht zulässig.

3. Die Beschwerde hat nur, wenn das Gesetz es ausdrücklich bestimmt, aufschiebende Wirkung.

§ 142

Berechtigte Personen

1. Wenn das Gesetz nichts anderes bestimmt, kann eine Beschwerde einlegen, wer durch den Beschluß unmittelbar betroffen wird oder

wer durch seinen Antrag, zu dem ihn das Gesetz berechtigt, Anlaß zu dem Beschluß gegeben hat; gegen den Beschluß eines Gerichts kann auch der Prokurator Beschwerde einlegen, und zwar auch zugunsten des Beschuldigten.

2. Gegen Beschlüsse über Haft und Schutzheilung können zugunsten des Beschuldigten auch Personen, die zu seinen Gunsten Berufung einlegen könnten, Beschwerde einlegen.

§ 143

Frist und Ort zur Einlegung der Beschwerde

1. Die Beschwerde wird bei dem Organ, gegen dessen Beschluß sie sich richtet, binnen drei Tagen nach Mitteilung des Beschlusses (§ 137) eingelegt; wenn der Beschluß sowohl dem Beschuldigten als auch dessen gesetzlichem Vertreter oder Verteidiger mitgeteilt wird, läuft die Frist von der Mitteilung ab, die zuletzt vorgenommen wurde.

2. Für die Personen, die nach der Bestimmung des § 142 Abs. 2 zugunsten des Beschuldigten Beschwerde einlegen können, endigt die Beschwerdefrist mit demselben Tage wie für den Beschuldigten; für den Prokurator läuft die Frist aber immer selbständig.

§ 144

Verzicht und Rücknahme

1. Eine berechtigte Person kann auf die Beschwerde ausdrücklich verzichten.

2. Eine berechtigte Person kann die eingelegte Beschwerde ausdrücklich zurücknehmen, solange über sie nicht entschieden wurde. Eine Beschwerde des Prokurators kann auch vom übergeordneten Prokurator zurückgenommen werden.

3. Eine Beschwerde, die zugunsten des Beschuldigten von einer anderen berechtigten Person oder für den Beschuldigten vom Verteidiger oder gesetzlichen Vertreter eingelegt wurde, kann nur mit ausdrücklicher Zustimmung des Beschuldigten zurückgenommen werden. Der Prokurator kann aber eine solche Beschwerde auch ohne Zustimmung des Beschuldigten zurücknehmen. In einem solchen Falle läuft für den Beschuldigten eine neue Frist zur Einlegung der Beschwerde von dem Zeitpunkt der Verständigung darüber, daß die Beschwerde zurückgenommen wurde.

4. Das Organ, das zur Entscheidung über die Beschwerde berufen ist, und wenn die Sache diesem Organ bisher noch nicht vorgelegt wurde, das Organ, gegen dessen Entscheidung sich die Beschwerde richtet, nimmt die Rücknahme der Beschwerde, wenn kein Hindernis vorliegt, mit Beschluß zur Kenntnis; im Gerichtsverfahren trifft diese Entscheidung der Senatsvorsitzende.

§ 145

Beschwerdegründe

1. Ein Beschluß kann angegriffen werden

a) wegen Unrichtigkeit irgendeines Ausspruchs oder

b) wegen Verletzung der Bestimmungen über das dem Beschluß vorausgegangene Verfahren, wenn diese Verletzung die Unrichtigkeit eines im Beschluß enthaltenen Ausspruchs bewirken konnte.

2. Eine Beschwerde kann auf neue Tatsachen und Beweise gestützt werden.

§ 146

Das Verfahren vor dem Organ, gegen dessen Beschluß sich die Beschwerde richtet

1. Das Organ, gegen dessen Beschluß sich die Beschwerde richtet, kann ihr selbst abhelfen, wenn durch die Änderung des ursprünglichen Beschlusses die Rechte einer anderen Person nicht berührt werden. Wenn es sich um den Beschluß eines Untersuchungsführers oder Ermittlungsorgans handelt, der mit vorheriger Zustimmung des Prokurators oder auf dessen Anweisung hin ergangen ist, kann der Untersuchungsführer oder das Ermittlungsorgan selbst der Beschwerde nur mit vorheriger Zustimmung des Prokurators abhelfen.

2. Wenn die Beschwerdefrist schon für alle berechtigten Personen abgelaufen ist und der Beschwerde nicht nach Absatz 1 entsprochen wurde, wird die Sache zur Entscheidung vorgelegt:

a) von einem Untersuchungsführer oder Ermittlungsorgan dem Prokurator, der die Aufsicht über die Untersuchung führt, und wenn es sich um die Beschwerde gegen einen Beschluß handelt, zu dem dieser Prokurator die vorherige Zustimmung gegeben oder eine Anweisung erteilt hat, auf dem Wege über ihn dem übergeordneten Prokurator,

b) von einem Prokurator dem übergeordneten Prokurator,

c) von einem Senatsvorsitzenden eines Bezirksgerichts dem übergeordneten Kreisgericht, von dem Senatsvorsitzenden eines Kreisgerichts dem Obersten Gericht; dabei wird erforderlichenfalls eine Abschrift der Beschwerde dem Prokurator und der Person, die durch die Entscheidung über die Beschwerde unmittelbar betroffen sein könnte, zugestellt.

Entscheidung des übergeordneten Organs

§ 147

1. Bei der Entscheidung über eine Beschwerde überprüft das übergeordnete Organ

a) die Richtigkeit aller Aussprüche des angegriffenen Beschlusses, gegen die der Beschwerdeführer Beschwerde einlegen kann, und

b) das Verfahren, das dem angegriffenen Beschluß vorausging.

2. Betrifft die Beschwerde nur eine von mehreren Personen oder

nur eine von mehreren Sachen, über die in dem gleichen Beschluß entschieden worden ist, so überprüft das übergeordnete Organ die Richtigkeit nur der Aussprüche, die sich auf diese Person oder auf diese Sache beziehen, und das Verfahren, das dem überprüften Teil des Beschlusses vorausgegangen ist.

§ 148

1. Das übergeordnete Organ weist die Beschwerde zurück,
a) wenn sie nicht zulässig ist,
b) wenn sie verspätet, durch eine nicht berechtigte Person oder durch eine Person eingelegt wurde, die auf die Beschwerde ausdrücklich verzichtet hat, oder die die vorher schon ausdrücklich zurückgenommene Beschwerde erneut eingelegt hat, oder
c) wenn sie unbegründet ist.

2. Eine Beschwerde kann nicht als verspätet zurückgewiesen werden, wenn die berechtigte Person sie nur deshalb verspätet eingelegt hat, weil sie sich an eine unrichtige Belehrung, die ihr bei Mitteilung des Beschlusses erteilt wurde, gehalten hat.

§ 149

1. Wenn das übergeordnete Organ die Beschwerde nicht zurückweist, hebt es den angegriffenen Beschluß auf, und wenn nach dem Charakter der Sache eine neue Entscheidung erforderlich ist,
a) entscheidet es selbst in der Sache oder
b) macht dem Organ, gegen dessen Entscheidung sich die Beschwerde richtet, die Auflage, über die Sache erneut zu verhandeln und zu entscheiden.

2. Das Gericht, das über die Beschwerde gegen einen Beschluß über die Einstellung der Strafverfolgung entscheidet, kann auch, wenn das für eine gehörige Aufklärung der Sache erforderlich ist, bei der Aufhebung des angegriffenen Beschlusses die Sache dem Prokurator zur weiteren Untersuchung zurückgeben, und zwar auch in dem Falle, wenn die Strafverfolgung erst nach Annahme der Anklage eingestellt wurde (§§ 223 und 231). Die Bestimmung des § 191 gilt auch hier.

3. Wenn nur ein Teil des angegriffenen Beschlusses fehlerhaft ist und dieser Teil von den übrigen abgetrennt werden kann oder wenn die Beschwerde nur einen Teil des Beschlusses betrifft (§ 147 Abs. 2), beschränkt das übergeordnete Organ seine Entscheidung nach Absatz 1 nur auf diesen Teil.

4. Wenn der Fehler darin liegt, daß in dem angegriffenen Beschluß irgendein Ausspruch fehlt oder unvollständig ist, kann das übergeordnete Organ, ohne die Aufhebung des angegriffenen Beschlusses auszusprechen, ihn entweder selbst ergänzen oder dem Organ, gegen dessen Entscheidung sich die Beschwerde richtet, die Auflage machen, über den fehlenden Ausspruch zu entscheiden oder den unvollständigen Ausspruch zu ergänzen.

5. Das Gericht, das über die Beschwerde entscheidet, kann, wenn es das für notwendig hält, verfügen, daß die Sache erneut im ersten Rechtszug verhandelt und über sie in einer anderen Zusammensetzung des Senats oder durch ein anderes Gericht derselben Art und Stufe in seinem Sprengel entschieden wird.

6. Das Organ, dem die Sache zur erneuten Verhandlung und Entscheidung zurückgegeben wurde, ist bei der neuen Entscheidung an die Rechtsansicht, die in der Sache das übergeordnete Organ ausgesprochen hat, gebunden und ist verpflichtet, die Handlungen vorzunehmen, deren Vornahme dieses Organ angeordnet hat.

§ 150

1. Das Organ, das über die Beschwerde entscheidet, kann nicht von Amts wegen den Beschluß zuungunsten der Person, die die Beschwerde eingelegt hat oder zu deren Gunsten sie eingereicht worden ist, abändern.

2. Wenn das übergeordnete Organ einen Beschluß zugunsten des Beschuldigten aus einem Grunde abändert, der auch einem Mitbeschuldigten günstig ist, ändert es den Beschluß auch zugunsten dieses Mitbeschuldigten ab.

3. Die Bestimmung des Absatzes 1 gilt sinngemäß auch für das Organ, dem die Sache zur erneuten Verhandlung und Entscheidung zugewiesen worden ist.

8. Hauptstück

Kosten des Strafverfahrens

§ 151

Kosten des Strafverfahrens, die der Staat trägt

Die Kosten, die zur Durchführung des Strafverfahrens einschließlich des Strafvollstreckungsverfahrens notwendig sind, trägt der Staat; er trägt aber nicht die eigenen Kosten des Beschuldigten, der beteiligten Person und des Geschädigten und auch nicht die Auslagen, die durch die Zuziehung eines Verteidigers und Bevollmächtigten entstanden sind.

Pflicht zur Erstattung der Kosten des Strafverfahrens

§ 152

1. Wenn der Angeklagte rechtskräftig für schuldig erkannt wurde, ist er verpflichtet, dem Staate

a) die mit dem Haftvollzug verbundenen Kosten,

b) die mit der Vollstreckung der Strafe der Freiheitsentziehung verbundenen Kosten und

c) einen Pauschalbetrag der übrigen Kosten, die der Staat trägt.

zu erstatten.

2. Der Tagessatz, der auf die mit dem Haftvollzug verbundenen Kosten entfällt und die Art der Erstattung dieser Kosten wird vom Minister des Innern bestimmt[23].

3. Der im Abs. 1 Buchst. c) angeführte Pauschalbetrag wird vom Justizminister durch Kundmachung[24] festgesetzt.

4. Die Erstattung der mit der Vollstreckung der Strafe der Freiheitsentziehung verbundenen Kosten wird durch das Gesetz über die Vollstreckung der Strafe der Freiheitsentziehung geregelt.

§ 153

1. Wer völlig erfolglos einen Antrag auf Wiederaufnahme des Verfahrens gestellt hat, ist verpflichtet, dem Staate die Kosten des Verfahrens über diesen Antrag zu erstatten, und zwar durch einen Pauschalbetrag, den der Justizminister durch Kundmachung[24] festsetzt.

2. Die Pflicht zur Erstattung nach Absatz 1 trifft nicht den Prokurator und nicht das mit der Jugendfürsorge betraute Organ.

§ 154

Pflicht zur Erstattung der Kosten des Geschädigten

Wenn dem Geschädigten wenigstens teilweise ein Anspruch auf Schadensersatz zuerkannt wurde, ist der Verurteilte, dem die Pflicht zum Schadensersatz auferlegt wurde, verpflichtet, ihm die Kosten zu erstatten, die zur zweckmäßigen Geltendmachung seines Anspruchs auf Schadensersatz im Strafverfahren einschließlich der durch Zuziehung eines Bevollmächtigten entstandenen Kosten notwendig waren.

Entscheidung über die Pflicht zur Erstattung der Kosten des Strafverfahrens und über ihre Höhe

§ 155

1. Über die Pflicht zur Erstattung der Kosten des Geschädigten und über ihre Höhe (§ 154) sowie auch über die Pflicht zur Erstattung der mit dem Haftvollzug verbundenen Kosten (§ 152 Abs. 1 Buchst. a) entscheidet nach Eintritt der Rechtskraft des Urteils der Senatsvorsitzende des Gerichts des ersten Rechtszugs.

2. Gegen die Entscheidung nach Absatz 1 ist die Beschwerde zulässig, die aufschiebende Wirkung hat.

§ 156

Wenn die Kosten, die durch einen Pauschalbetrag festgesetzt sind (§ 152 Abs. 1 Buchst. c und § 153 Abs. 1), nicht in Stempelmarken gezahlt wurden, entscheidet über die Pflicht zu ihrer Erstattung nach Rechtskraft des Urteils der Senatsvorsitzende des Gerichts des ersten Rechtszugs.

[23] K. 92/63 Sb.

[24] K. v. 16. 6. 1965.

2. Teil

DAS VORBEREITENDE VERFAHREN

§ 157

Allgemeine Bestimmung

Prokurator, Untersuchungsführer und Ermittlungsorgan sind verpflichtet, ihre Tätigkeit so zu organisieren, daß sie wirksam zu einer rechtzeitigen und begründeten Strafverfolgung beiträgt.

9. Hauptstück

Verfahren vor Einleitung der Strafverfolgung

§ 158

1. Prokurator, Untersuchungsführer und Ermittlungsorgan sind verpflichtet, Anzeigen über Straftaten entgegenzunehmen und auf das schnellste zu erledigen; dabei sind sie verpflichtet, den Anzeigeerstatter über seine Verantwortlichkeit für wissentlich unwahre Angaben zu belehren und ihm spätestens binnen eines Monats nach der Erstattung der Anzeige Kenntnis von den getroffenen Maßnahmen zu geben.

2. Die Ermittlungsorgane sind verpflichtet, alle erforderlichen Maßnahmen zur Aufdeckung von Straftaten und zur Feststellung der Täter zu treffen; sie sind verpflichtet, auch die unerläßlich notwendigen Maßnahmen zu treffen, um einer strafbaren Tätigkeit vorzubeugen.

3. Zur Aufklärung von Strafanzeigen und anderen Anregungen zu einer Strafverfolgung beschaffen sich der Prokurator, der Untersuchungsführer und das Ermittlungsorgan die erforderlichen Unterlagen und unerläßlich notwendigen Aufklärungen und sorgen für die Feststellung und Sicherung der Spuren der Straftat; dabei sind sie aber nicht berechtigt, vor Einleitung der Strafverfolgung Amtshandlungen nach dem 4. und 5. Hauptstück der Strafprozeßordnung, mit Ausnahme der Amtshandlungen nach den §§ 113 und 114, vorzunehmen.

4. Aufklärungen nach Absatz 3 dürfen nicht von demjenigen gefordert werden, der durch sie eine durch das Gesetz ihm ausdrücklich auferlegte oder anerkannte Verschwiegenheitspflicht verletzen würde, es sei denn, daß er durch das zuständige Organ oder durch denjenigen, in dessen Interesse er diese Pflicht hat, von dieser Pflicht entbunden wurde. Aufklärungen zu geben kann ablehnen, wer hierdurch sich oder die im § 100 Abs. 2 angeführten Personen der Gefahr strafrechtlicher Verfolgung aussetzen würde.

§ 159

1. Wenn es sich in einer Sache nicht um den Verdacht einer Straftat handelt, legt der Prokurator, der Untersuchungsführer oder das

Ermittlungsorgan die Sache durch Beschluß ab, wenn die Sache nicht auf der Stelle anders zu erledigen ist. Eine solche Erledigung kann insbesondere sein:

a) die Abgabe der Sache an ein örtliches Volksgericht oder an einen Nationalausschuß zur Verhandlung über eine Verfehlung,

b) die Abgabe der Sache an einen Nationalausschuß oder an ein anderes Organ zur Verhandlung über eine Übertretung, oder

c) die Abgabe der Sache an ein anderes Organ zur disziplinären oder dienststrafrechtlichen Verhandlung.

2. Der Prokurator, der Untersuchungsführer oder das Ermittlungsorgan legt vor Einleitung der Strafverfolgung die Sache durch Beschluß ab, wenn die Strafverfolgung nach § 11 Abs. 1 unzulässig ist.

3. Der Prokurator, der Untersuchungsführer oder das Ermittlungsorgan kann vor Einleitung der Strafverfolgung

a) durch Beschluß die Sache ablegen, wenn die Strafverfolgung im Hinblick auf Umstände der in § 172 Abs. 2 angeführten Art unzweckmäßig ist,

b) die Sache einem örtlichen Volksgericht zur Verhandlung abgeben, wenn es sich um eine Straftat von geringerer Gesellschaftsgefährlichkeit handelt, der Täter ihre Begehung bereut und tatkräftige Bemühungen um seine Besserung zeigt, vorausgesetzt, daß er im Hinblick auf die Person des Täters und auf die erzieherische Kraft des Kollektivs diese Art der Erledigung für ausreichend ansieht,

c) die Sache einem örtlichen Volksgericht zur Verhandlung abgeben, wenn er unter den im § 4 Abs. 1 und 2 angeführten Voraussetzungen die Bürgschaft einer gesellschaftlichen Organisation angenommen hat. In diesem Falle teilt er seine Entscheidung der Organisation, die die Bürgschaft übernommen hat, mit und fordert sie auf, im Sinne der Bürgschaft die Sorge für die Besserung des Täters auf sich zu nehmen und darauf zu achten, daß er den durch seine Straftat verursachten Schaden ersetzt, sofern das nicht schon geschehen ist,

d) die Sache dem zuständigen Organ zur disziplinären Verhandlung abgeben, sofern es sich um eine Straftat handelt, die disziplinär erledigt werden kann, wenn er diese Art der Erledigung im Hinblick auf die Person des Täters und den Charakter der Tat für ausreichend ansieht.

4. Der Beschluß über die Ablegung der Sache muß stets dem Anzeigeerstatter zugestellt werden, der dagegen Beschwerde einlegen kann. Der Beschluß über die Ablegung der Sache nach den Absätzen 2 und 3 Buchst. a) muß binnen 48 Stunden dem Prokurator zugestellt werden.

5. Dem örtlichen Volksgericht darf eine Sache nur abgegeben werden, wenn sie gehörig aufgeklärt ist.

10. Hauptstück

Einleitung der Strafverfolgung und weiteres Verfahren

1. Abschnitt

Einleitung der Strafverfolgung

§ 160

1. Wenn festgestellte Tatsachen bezeugen, daß eine Straftat begangen wurde und kein Grund für ein Vorgehen nach § 159 Abs. 2 und 3 besteht, leitet der Untersuchungsführer oder das Ermittlungsorgan unverzüglich die Strafverfolgung ein. Die Einleitung der Strafverfolgung erfolgt durch Beschluß. Wenn Gefahr am Verzuge droht, leitet der Untersuchungsführer oder das Ermittlungsorgan die Strafverfolgung ein, indem er Sicherungshandlungen nach den Bestimmungen des 2. bis 5. Abschnitts des 4. Hauptstücks durchführt. Nach ihrer Durchführung fertigt er unverzüglich den Beschluß aus. Dem Prokurator wird eine Abschrift des Beschlusses spätestens binnen 48 Stunden zugestellt.

2. Der Untersuchungsführer oder das Ermittlungsorgan leitet die Strafverfolgung ein und führt die unaufschiebbaren Handlungen auch dann durch, wenn nicht zu erreichen ist, daß das zuständige Organ diese Amtshandlungen vornimmt; nach Durchführung der unaufschiebbaren Amtshandlungen ist er aber auch verpflichtet, die Sache unverzüglich, spätestens binnen dreier Tage seit Einleitung der Strafverfolgung, dem zuständigen Organ zu übergeben.

2. Abschnitt

Untersuchung

§ 161

Umfang der Untersuchung und Untersuchungsorgane

1. Die Untersuchung erfolgt bei Straftaten, bei denen Vorerhebungen (§ 168) nicht erfolgen.

2. Die Untersuchung erfolgt auch bei Strafsachen, bei denen sonst Vorerhebungen erfolgen,

a) wenn der Beschuldigte in Haft, im Vollzug einer Strafe der Freiheitsentziehung oder zur Beobachtung in einer Gesundheitsanstalt ist,

b) wenn es sich um ein Verfahren gegen einen Jugendlichen, einen Flüchtigen oder gegen eine Person, die unfähig zur Vornahme von Rechtshandlungen ist, oder deren Fähigkeit zur Vornahme von Rechtshandlungen beschränkt ist, oder wenn im Hinblick auf körperliche oder geistige Mängel des Beschuldigten Zweifel über seine

Fähigkeit, sich in der erforderlichen Weise zu verteidigen, bestehen oder

c) wenn der Prokurator es anordnet.

3. Wenn es erforderlich ist, wenigstens hinsichtlich einer von mehreren Straftaten eine Untersuchung zu führen, wird sie hinsichtlich aller Straftaten desselben Beschuldigten und gegen alle Beschuldigte, deren Straftaten miteinander zusammenhängen, geführt.

4. Die Untersuchungen werden von Untersuchungsführern der Prokuratur und Untersuchungsführern des Korps für nationale Sicherheit geführt; die Zuständigkeit der Untersuchungsführer wird vom Generalprokurator gemeinsam mit dem Innenminister bestimmt.

§ 162

Annahme einer Sache zur Untersuchung

Über die Annahme einer Sache zur Untersuchung entscheidet der Untersuchungsführer. Wenn er es ablehnt, die Sache anzunehmen, legt er die Akten mit einer Äußerung über seinen Standpunkt unverzüglich dem Prokurator vor.

§ 163

Erhebung der Beschuldigung

1. Wenn auf Grund festgestellter Tatsachen hinreichend der Schluß begründet ist, daß eine Straftat von einer bestimmten Person begangen wurde, erläßt der Untersuchungsführer unverzüglich den Beschluß, diese Person als Beschuldigten zu verfolgen.

2. Der Beschluß über die Erhebung der Beschuldigung muß eine Beschreibung des untersuchten Sachverhalts mit Angabe von Ort, Zeit, gegebenenfalls anderer Umstände, unter denen es zur Tat gekommen ist, enthalten, so daß der Sachverhalt nicht mit einem anderen verwechselt werden kann. In dem Beschluß muß ferner angeführt werden, welche Straftat in diesem Sachverhalt erblickt wird, und zwar durch ihre gesetzliche Bezeichnung und durch Anführung der entsprechenden Bestimmung des Strafgesetzes. Der Beschluß muß außerdem auch die Gründe der Verfolgung enthalten.

3. Dem Beschuldigten wird der Beschluß über die Erhebung der Beschuldigung binnen dreier Tage, wenn er aber früher vernommen wird, zu Beginn seiner ersten Vernehmung mitgeteilt. Dem Prokurator wird spätestens binnen 48 Stunden eine Abschrift dieses Beschlusses zugestellt.

4. Wenn sich im Laufe der Untersuchung ergibt, daß der Beschuldigte eine weitere Straftat, auf die sich der Beschluß über die Erhebung der Beschuldigung nicht bezog, begangen hat, verfährt der Untersuchungsführer hinsichtlich dieser weiteren Straftat nach den Bestimmungen der Absätze 1 bis 3.

5. Wenn sich im Laufe der Untersuchung ergibt, daß der Sach-

verhalt, wegen dem die Beschuldigung erhoben wurde, eine andere Straftat darstellt als die, die in dem Beschluß über die Erhebung der Beschuldigung rechtlich beurteilt wurde, weist der Untersuchungsführer den Beschuldigten auf diesen Umstand hin und vermerkt diesen Hinweis im Protokoll.

§ 164

Verfahren bei der Untersuchung

1. Die Untersuchung wird von dem Untersuchungsführer in der Regel persönlich geführt. Er muß Handlungen, die nach Einleitung der Strafverfolgung durch andere Organe vorgenommen wurden, sowie Augenscheinseinnahmen und körperliche Untersuchungen, die vor Einleitung der Strafverfolgung vorgenommen wurden (§ 158 Abs. 3), nicht wiederholen, wenn sie in einer den Bestimmungen dieses Gesetzes entsprechenden Weise vorgenommen wurden; der Untersuchungsführer wird aber immer den Beschuldigten vernehmen.

2. Der Untersuchungsführer verfährt bei der Untersuchung aus eigener Initiative so, daß so schnell und vollständig als möglich alle zur Beurteilung des Falls, der Person des Täters sowie des Schadensersatzanspruchs des Geschädigten erforderlichen Tatsachen aufgeklärt werden und auch die Ursachen, die zur strafbaren Tätigkeit geführt oder die Begehung der Tat ermöglicht haben (§ 89 Abs. 1), aufgeklärt werden. Auf die festgestellten Unzulänglichkeiten oder Mängel macht der Untersuchungsführer das staatliche oder andere Organ, das Unternehmen oder die Organisation, die die festgestellte Unzulänglichkeit oder der festgestellte Mangel betrifft, aufmerksam. Das Organ, das Unternehmen oder die Organisation, die das betrifft, sind verpflichtet, dem Untersuchungsführer binnen eines Monats mitzuteilen, welche Maßnahmen zur Beseitigung der Unzulänglichkeiten und Mängel getroffen wurden.

3. Die Untersuchungsführer erheben die Beweise ohne Unterschied, ob diese dem Beschuldigten günstig oder ungünstig sind. Das Geständnis des Beschuldigten entbindet den Untersuchungsführer nicht von der Pflicht, die Richtigkeit des Geständnisses und alle Umstände des Falles zu prüfen und mit allen erreichbaren Beweisen zu überprüfen. Ebenso muß die Verteidigung des Beschuldigten, wenn sie nicht offensichtlich unerheblich ist, sorgfältig geprüft und überprüft werden. Der Beschuldigte darf auf keine Weise zu einer Aussage oder zu einem Geständnis gezwungen werden.

4. In allen Fällen, ausgenommen die, in denen es nach diesem Gesetz einer Zustimmung des Prokurators bedarf, trifft der Untersuchungsführer selbständig alle Entscheidungen über das Untersuchungsverfahren und über die Durchführung der Untersuchungshandlungen, und er ist voll verantwortlich für ihre gesetzmäßige und rechtzeitige Durchführung. Wenn der Untersuchungsführer mit den Anweisungen des Prokurators zur Erhebung der Beschuldigung, zur

Qualifizierung der Straftat und zum Umfang der Beschuldigung oder mit den Anweisungen zur Art der Erledigung der Sache im vorbereitenden Verfahren nicht einverstanden ist, ist er berechtigt, ihm schriftlich seine Einwendungen mitzuteilen; wenn der Prokurator diesen Einwendungen nicht stattgibt, legt er die Sache dem übergeordneten Prokurator vor, der die Anweisungen des ihm untergeordneten Prokurators aufhebt oder die Sache einem anderen Untersuchungsführer zuweist. In allen übrigen Fällen sind die Anweisungen des Prokurators für den Untersuchungsführer verbindlich.

5. Der Untersuchungsführer ist in den Sachen, die er untersucht, berechtigt, den Ermittlungsorganen Anweisungen zur Durchführung der für die Untersuchung notwendigen Handlungen zu geben; die Durchführung von Untersuchungshandlungen kann er aber nur ganz ausnahmsweise in begründeten Fällen verlangen, namentlich wenn Gefahr im Verzuge droht. Die Ermittlungsorgane sind verpflichtet, diesen Anweisungen nachzukommen.

§ 165

Beteiligung der Verteidiger an der Untersuchung

1. Der Verteidiger ist berechtigt, schon von der Erhebung der Beschuldigung an bei den Untersuchungshandlungen anwesend zu sein; er kann an den Beschuldigten und die anderen Vernommenen Fragen stellen, jedoch erst, sobald das Organ die Vernehmung beendet und ihm hierzu das Wort erteilt; dieses Recht kann dem Verteidiger nur aus wichtigen Gründen versagt werden; der Prokurator ist verpflichtet, auf Ersuchen des Verteidigers diese Gründe beschleunigt zu überprüfen.

2. An Untersuchungshandlungen, mit denen das Verfahren ergänzt wird, nachdem die Untersuchung für beendet erklärt und der Beschuldigte mit ihren Ergebnissen bekannt gemacht wurde, kann dem Verteidiger die Beteiligung nicht verwehrt werden; dabei ist nicht entscheidend, ob das Verfahren auf Antrag des Beschuldigten oder seines Verteidigers, auf Anweisung des Prokurators oder auf Grund einer Entscheidung des Gerichts ergänzt wird.

3. Dem Verteidiger einer jugendlichen Person und einer Person, die wegen eines körperlichen oder geistigen Mangels unfähig ist, sich selbst ausreichend zu verteidigen, kann die Beteiligung an jedweder Vernehmung dieser Person schon von der Erhebung der Beschuldigung an und bei Vornahme der Untersuchungshandlungen nicht verwehrt werden.

4. Wenn der Verteidiger dem Untersuchungsführer anzeigt, daß er sich an einer Untersuchungshandlung beteiligen will, ist der Untersuchungsführer verpflichtet, ihm rechtzeitig Zeit und Ort der Vornahme der Handlung mitzuteilen, es sei denn, daß es um eine unaufschiebbare Handlung geht. Das gilt auch dann, wenn der Untersuchungsführer gewillt ist, aus wichtigen Gründen dem Verteidiger die Beteiligung an der Handlung zu verwehren.

§ 166

Beendigung der Untersuchung

1. Wenn der Untersuchungsführer die Untersuchung für beendet und ihre Ergebnisse für ausreichend zur Erhebung der Anklage ansieht, macht er den Beschuldigten mit den Ergebnissen der Untersuchung bekannt, legt ihm die Untersuchungsakten vor, damit er sie durchstudieren kann, und belehrt ihn über sein Recht, eine Ergänzung der Untersuchung zu beantragen.

2. Wenn der Beschuldigte einen Verteidiger hat, ist dieser aufzufordern, sich mit den Ergebnissen der Untersuchung bekannt zu machen; es ist ihm zu ermöglichen, die Akten durchzustudieren und mit dem in Haft befindlichen Beschuldigten ohne Anwesenheit einer dritten Person zu sprechen.

3. Der Beschuldigte und der Verteidiger ist mindestens drei Tage vorher davon zu verständigen, daß sie sich mit den Ergebnissen der Untersuchung bekannt machen können. Diese Frist kann nur mit ihrer Zustimmung verkürzt werden. Dem Beschuldigten und seinem Verteidiger ist dazu, daß sie sich mit den Ergebnissen der Untersuchung bekannt machen, eine angemessene Zeit zu gewähren.

4. Der Verteidiger ist verpflichtet, eine Ergänzung der Untersuchung, die er für notwendig hält, schon in dem Zeitpunkt, in dem er sich mit den Ergebnissen der Untersuchung bekannt macht, zu beantragen.

5. Der Antrag des Beschuldigten oder seines Verteidigers auf Ergänzung der Untersuchung kann vom Untersuchungsführer mit einem mit Gründen versehenen Beschluß nur in dem Falle abgelehnt werden, wenn die beantragte Ergänzung für die Entscheidung des Prokurators oder Gerichts offensichtlich nicht erforderlich ist; im anderen Falle ergänzt er die Untersuchung nach den vorgetragenen Anträgen und macht den Beschuldigten und dessen Verteidiger mit den Ergebnissen der Ergänzung bekannt.

6. Wenn der Beschuldigte oder der Verteidiger trotz ordnungsgemäßer Benachrichtung ohne rechtfertigende Entschuldigung nicht erscheinen, um sich mit den Ergebnissen der Untersuchung bekannt zu machen, oder wenn der Beschuldigte es ablehnt, sich mit den Ergebnissen der Untersuchung bekannt zu machen, wird das zusammen mit den Gründen, wenn sie der Beschuldigte angeführt hat, in den Untersuchungsakten vermerkt, und es wird dann so verfahren, wie wenn der Beschuldigte mit den Ergebnissen der Untersuchung bekannt gemacht worden wäre.

7. Bei Straftaten nach dem ersten Hauptstück des Besonderen Teils des Strafgesetzes, wegen derer das Verfahren im ersten Rechtszug vor den Kreisgerichten durchgeführt wird, machen die Untersuchungsführer der Prokuratur den Beschuldigten mit den Ergebnissen der Untersuchung bekannt.

8. Die Untersuchung muß spätestens binnen zweier Monate nach Einleitung der Strafverfolgung beendet sein. Innerhalb dieser Frist müssen dem Prokurator die Akten mit einem Schlußbericht, der einen Antrag auf eine abschließende Maßnahme enthält, vorgelegt oder es muß eine Entscheidung nach den §§ 171 bis 173 getroffen werden. Der Prokurator, der die Aufsicht über die Untersuchung führt, ist berechtigt, diese Frist um einen Monat zu verlängern; der übergeordnete Prokurator ist berechtigt, eine weitere Verlängerung der Frist zu bewilligen.

§ 167

Ersuchen, das Vorgehen des Untersuchungsführers zu überprüfen

Der Beschuldigte und der Geschädigte haben das Recht, jederzeit im Verlaufe der Untersuchung den Prokurator zu ersuchen, Verzögerungen in der Untersuchung oder Mängel im Vorgehen des Untersuchungsführers abzustellen. Das Ersuchen ist an keine Frist gebunden. Dieses Ersuchen, das dem Prokurator sofort vorzulegen ist, muß der Prokurator unverzüglich erledigen. Über das Ergebnis der Überprüfung muß der Ersuchende unterrichtet werden.

3. Abschnitt

Vorerhebungen

§ 168

Umfang der Vorerhebungen und Ermittlungsorgane

1. Vorerhebungen erfolgen bei folgenden Straftaten: Entwendung von Vermögen in sozialistischem Eigentum gemäß § 132 Abs. 1, unberechtigter Gebrauch einer Sache aus Vermögen in sozialistischem Eigentum gemäß § 133, Teilnehmung zum Schaden an Vermögen in sozialistischem Eigentum gemäß § 134 Abs. 1 und 3, Verheimlichung einer Sache aus Vermögen in sozialistischem Eigentum gemäß § 135, Beschädigung von Vermögen in sozialistischem Eigentum gemäß § 137, Gemeingefährdung gemäß § 180 Abs. 1, Beschädigung und Gefährdung des Betriebs einer gemeinnützigen Einrichtung gemäß § 184, unerlaubte Erzeugung von Alkohol gemäß § 194a, Gewalt gegen eine Gruppe von Einwohnern und gegen einen einzelnen gemäß § 197 a, Trunkenheit gemäß § 201, Begehung von Exzessen gemäß § 202, Parasitentum gemäß § 203, Kuppelei gemäß § 204, Gefährdung der Sittlichkeit gemäß § 205, üble Nachrede gemäß § 206, Unterlassung von Hilfeleistung gemäß §§ 207 und 208, Beschädigung an der Gesundheit gemäß § 221 Abs. 1 und § 223, Raufhandel gemäß § 225 Abs. 1, Verletzung der Freiheit des Hauses gemäß § 238, Diebstahl gemäß § 247 Abs. 1, Veruntreuung gemäß § 248 Abs. 1, unberechtigter Gebrauch einer fremden Sache gemäß § 249, Betrug gemäß § 250 Abs. 1, Teilnehmung gemäß § 251 Abs. 1 und § 252, Verheimlichung einer Sache

gemäß § 254, Beschädigung einer fremden Sache gemäß § 257 Abs. 1, Nichterfüllung der Stellungspflicht gemäß § 267 Abs. 1 des Strafgesetzes; bei den im § 294 Abs. 1 des Strafgesetzes angeführten Straftaten und bei den Straftaten gemäß § 3 des Gesetzes vom 17. Oktober 1958, Nr. 74 Sb. über die Daueransiedlung umherziehender Personen.

2. Die Vorerhebungen werden durchgeführt

a) durch Organe des Korps für nationale Sicherheit,

b) im Korps für Besserung und Erziehung auch durch beauftragte Organe dieses Korps bei Straftaten seiner Angehörigen,

c) in den bewaffneten Kräften auch durch Kommandeure oder durch die von ihnen beauftragten Organe bei Straftaten von Personen, die ihrer Kommandogewalt unterstehen, sofern für diese Straftaten das Gesetz nicht eine strengere Strafe vorsieht als Freiheitsentziehung mit einer ein Jahr nicht übersteigenden Obergrenze, und bei den in § 294 Abs. 1 des Strafgesetzes angeführten Straftaten.

3. Als Ermittlungsorgane im Sinne des § 158 Abs. 3, § 160 und § 170 wirken auch

a) die Leiter von Besserungs-Erziehungs-Anstalten oder die von ihnen beauftragten Organe, wenn es sich um Straftaten von Personen handelt, die sich im Vollzug der Strafe der Freiheitsentziehung oder in Haft befinden,

b) die Organe der Grenzwache in Angelegenheiten des Schutzes der Staatsgrenzen,

c) die Schiffskapitäne auf Fernschiffahrten bei Straftaten, die auf dem Schiff begangen wurden.

§ 169

Verfahren bei Vorerhebungen

Bei Vorerhebungen wird nach den Bestimmungen dieses Gesetzes über die Untersuchung verfahren mit folgenden Abweichungen:

a) das Ermittlungsorgan teilt die Beschuldigung dem Beschuldigten spätestens zu Beginn seiner ersten Vernehmung mit und macht hierüber einen Vermerk im Protokoll; eine Abschrift dieses Protokolls sendet es spätestens binnen 48 Stunden dem Prokurator;

b) wenn das Ermittlungsorgan die vom Beschuldigten oder dessen Verteidiger beantragte Ergänzung der Vorerhebungen nicht für notwendig hält, führt es sie nicht durch; es vermerkt im Protokoll, wenn sie mit den Ergebnissen der Vorerhebungen bekannt gemacht wurden und wenn ihre Anträge auf Ergänzung der Vorerhebungen abgelehnt wurden;

c) die Bestimmungen des § 164 Abs. 4 und § 165 Abs. 1 finden bei den Vorerhebungen keine Anwendung;

d) die Vorerhebungen müssen spätestens binnen eines Monats nach Einleitung der Strafverfolgung und wenn der Täter nicht festgestellt wurde, binnen zweier Monate beendet sein. Wenn die Vorerhebungen innerhalb dieser Fristen nicht beendet wurden, ist der Prokurator berechtigt, die Frist höchstens um einen weiteren Monat zu verlängern. Andernfalls ordnet er die Untersuchung an.

§ 170

Vorgehen des Ermittlungsorgans in einer Sache, in der eine Untersuchung durchzuführen ist

1. Das Ermittlungsorgan leitet in einer Sache, in der eine Untersuchung durchzuführen ist, die Strafverfolgung nur ein, wenn die Sache keinen Aufschub duldet und wenn nicht zu erreichen ist, daß der Untersuchungsführer es tut; über die Einleitung der Strafverfolgung setzt das Ermittlungsorgan unverzüglich den Untersuchungsführer in Kenntnis und übergibt ihm nach Durchführung der unaufschiebbaren Handlungen die Sache spätestens binnen dreier Tage nach Einleitung der Strafverfolgung.

2. Nach Übergabe der Sache an den Untersuchungsführer kann das Ermittlungsorgan in dieser Sache Untersuchungshandlungen nur nach Anweisung des Untersuchungsführers (§ 164 Abs. 5) vornehmen. Sonst nimmt es Handlungen zur Aufklärung der Sache nur mit Wissen des Untersuchungsführers vor. In einer Sache, in der der Täter nicht festgestellt wurde, fährt er aber in der Aufklärung der Sache fort und verständigt den Untersuchungsführer über ihre Ergebnisse.

4. Abschnitt

Entscheidungen des Untersuchungsführers und des Ermittlungsorgans

§ 171

Abtretung der Sache

1. Der Untersuchungsführer oder das Ermittlungsorgan tritt die Sache ab

a) an das örtliche Volksgericht, wenn die Ergebnisse der Untersuchung oder der Vorerhebungen zeigen, daß es sich nicht um eine Straftat, aber um eine Verfehlung handelt,

b) an ein anderes Organ als das örtliche Volksgericht, wenn die Ergebnisse der Untersuchung oder der Vorerhebungen zeigen, daß es sich nicht um eine Straftat, aber um eine Verfehlung oder eine Übertretung handelt, über die zu entscheiden dieses Organ zuständig ist.

2. Der Untersuchungsführer oder das Ermittlungsorgan kann die Sache abtreten

a) an das örtliche Volksgericht, wenn die Ergebnisse der Untersuchung oder der Vorerhebungen zeigen, daß es sich um eine Straftat von geringerer Gesellschaftsgefährlichkeit handelt, der Täter die Begehung der Tat bereut und tätige Bemühungen um seine Besserung zum Ausdruck bringt und wenn im Hinblick auf die Person des Täters und die erzieherische Kraft des Kollektivs eine Erledigung der Sache durch das örtliche Volksgericht zur Besserung des Täters ausreicht; das kann insbesondere dann geschehen, wenn das örtliche Volksgericht selbst um die Abtretung der Sache ersucht,

b) an das örtliche Volksgericht nach Annahme der Bürgschaft einer gesellschaftlichen Organisation unter den in § 4 Abs. 1 und 2 angeführten Voraussetzungen. In diesem Falle teilen sie ihre Entscheidungen der Organisation, die die Bürgschaft übernommen hat, mit und ersuchen sie, im Sinne der Bürgschaft die Sorge für eine Besserung des Beschuldigten zu übernehmen und darauf zu achten, daß er den Schaden, den er durch die Straftat verursacht hat, ersetzt, sofern das nicht schon geschehen ist,

c) an das zur disziplinären Erledigung zuständige Organ, wenn es sich um eine Straftat handelt, die disziplinär erledigt werden kann, und im Hinblick auf die Person des Beschuldigten und den Charakter seiner Tat diese Erledigung für ausreichend angesehen werden kann.

3. Eine Abschrift des Beschlusses über die Abtretung der Sache ist dem Beschuldigten und dem Geschädigten zuzustellen; dem Prokurator muß sie binnen 48 Stunden zugestellt werden.

§ 172

Einstellung der Strafverfolgung

1. Der Untersuchungsführer oder das Ermittlungsorgan stellt die Strafverfolgung ein,

a) wenn unzweifelhaft ist, daß die Tat, wegen der die Strafverfolgung geführt wird, nicht begangen wurde,

b) wenn diese Tat keine Straftat ist und kein Grund zur Abtretung der Sache besteht,

c) wenn nicht erwiesen ist, daß der Beschuldigte die Tat begangen hat,

d) wenn die Strafverfolgung unzulässig ist (§ 11 Abs. 1),

e) wenn der Beschuldigte zur Tatzeit wegen Unzurechnungsfähigkeit strafrechtlich nicht verantwortlich war, oder

f) wenn die Strafbarkeit der Tat erloschen ist.

2. Der Untersuchungsführer oder das Ermittlungsorgan kann die Strafverfolgung einstellen,

a) wenn die Strafe, zu der die Verfolgung führen kann, ganz ohne Bedeutung neben der Strafe ist, die wegen einer anderen Tat gegen den Beschuldigten schon verhängt wurde oder die ihn aller Erwartung nach treffen wird, oder

b) wenn über die Tat des Beschuldigten schon durch einen Nationalausschuß oder durch ein anderes Organ, disziplinär, dienststrafrechtlich oder durch ein ausländisches Gericht oder eine ausländische Behörde entschieden wurde und diese Entscheidung für ausreichend angesehen werden kann.

3. Eine Abschrift des Beschlusses über die Einstellung der Strafverfolgung ist dem Beschuldigten und dem Geschädigten zuzustellen; dem Prokurator muß sie binnen 48 Stunden zugestellt werden.

§ 173

Unterbrechung der Strafverfolgung

1. Der Untersuchungsführer oder das Ermittlungsorgan unterunterbricht die Strafverfolgung,
a) wenn die Sache wegen Abwesenheit des Beschuldigten nicht gehörig aufgeklärt werden kann,
b) wenn der Beschuldigte wegen schwerer Krankheit nicht vor Gericht gestellt werden kann,
c) wenn der Beschuldigte infolge einer erst nach der Begehung der Tat eingetretenen Geisteskrankheit unfähig ist, den Sinn der Strafverfolgung zu begreifen,
d) wenn der Beschuldigte ins Ausland ausgeliefert oder ausgewiesen wird, oder
e) wenn es nicht gelungen ist, Tatsachen festzustellen, die es rechtfertigen, die Strafverfolgung gegen eine bestimmte Person durchzuführen.

2. Vor Unterbrechung der Strafverfolgung ist alles zu unternehmen, was notwendig ist, um eine erfolgreiche Durchführung der Strafverfolgung zu gewährleisten. Wenn der Grund für die Unterbrechung wegfällt, wird die Strafverfolgung fortgesetzt.

3. Eine Abschrift des Beschlusses über die Unterbrechung der Strafverfolgung ist binnen 48 Stunden dem Prokurator zuzustellen. Der Geschädigte ist von der Unterbrechung der Strafverfolgung zu benachrichtigen.

5. Abschnitt

Aufsicht des Prokurators

§ 174

1. Der Prokurator überwacht die Einhaltung der Gesetzlichkeit im vorbereitenden Verfahren.

2. Bei der Ausübung dieser Aufsicht ist der Prokurator berechtigt:
a) verbindliche Anweisungen für die Untersuchung und für die Vorerhebungen bei Straftaten zu geben;
b) von den Untersuchungsführern und Ermittlungsorganen Akten, Dokumente, Materialien und Berichte über die begangenen Straftaten zum Zwecke der Überprüfung, ob diese Organe rechtzeitig die Strafverfolgung einleiten und dabei ordnungsgemäß verfahren, anzufordern;

c) an der Durchführung von Handlungen der Untersuchungsführer und Ermittlungsorgane sich zu beteiligen, persönlich eine einzelne solche Handlung oder auch die ganze Untersuchung durchzuführen und Entscheidungen in jeder Sache zu treffen; dabei verfährt er nach den Bestimmungen, die nach diesem Gesetz für die Untersuchungsführer gelten und gegen seine Entscheidung ist die Beschwerde im gleichen Umfang wie gegen die Entscheidungen eines Untersuchungsführers zulässig;

d) eine Sache den Untersuchungsführern oder Ermittlungsorganen mit seinen Anweisungen zur Ergänzung zurückzugeben;

e) gesetzwidrige und unbegründete Entscheidungen und Maßnahmen der Untersuchungsführer und Ermittlungsorgane, die er durch eigene ersetzen kann, aufzuheben; bei Entscheidungen über die Einstellung und Unterbrechung der Strafverfolgung oder über die Abtretung einer Strafsache kann er binnen 15 Tagen seit Zustellung so handeln; wenn er die Entscheidung des Untersuchungsführers oder Ermittlungsorgans anders als auf Grund der Beschwerde einer berechtigten Person gegen die Entscheidung des Untersuchungsführers oder Ermittlungsorgans durch eine eigene Entscheidung ersetzt hat, ist gegen seine Entscheidung die Beschwerde in dem gleichen Umfang wie gegen die Entscheidung des Untersuchungsführers oder Ermittlungsorgans zulässig;

f) in jeder Sache, in der Vorerhebungen getroffen werden können, anzuordnen, daß die Untersuchung durchgeführt werde;

g) jedwede Sache einem bestimmten Untersuchungsführer abzunehmen und Maßnahmen zu treffen, daß die Sache einem anderen Untersuchungsführer zugewiesen wird, oder einzelne Untersuchungshandlungen durch Untersuchungsführer der Prokuratur auch in einer Sache, die ein anderer Untersuchungsführer untersucht, durchführen zu lassen.

§ 175

1. Nur der Prokurator ist berechtigt:

a) die Anklage zu erheben,

b) in Haft zu nehmen, die Anweisung zur Einlieferung in die Haft zu erteilen und aus der Haft zu entlassen,

c) die Sicherstellung des Vermögens des Beschuldigten anzuordnen und zu bestimmen, auf welche Mittel und Sachen sich diese Sicherstellung nicht bezieht, oder eine solche Sicherstellung aufzuheben,

d) die Sicherstellung des Schadensersatzanspruchs des Geschädigten durchzuführen und zu beschränken oder eine solche Sicherstellung aufzuheben oder eine Sache davon auszuschließen,

e) die Exhumierung einer Leiche anzuordnen,

f) die Auslieferung des Beschuldigten aus dem Ausland zu beantragen,

g) vorläufige Untersuchungen in einem Verfahren über die Auslieferung ins Ausland durchzuführen.

2. Der Prokurator ist berechtigt, den Organen des Korps für nationale Sicherheit die Durchführung solcher Handlungen, die diese Organe durchzuführen berechtigt sind und die zur Aufklärung der Sache oder zur Feststellung des Täters erforderlich sind, aufzutragen.

6. Abschnitt

Anklage

§ 176

1. Wenn die Ergebnisse der Untersuchung oder der Vorerhebungen hinreichend Gründe dafür bieten, den Beschuldigten vor Gericht zu stellen, erhebt der Prokurator die Anklage und fügt ihr die Akten und deren Anlagen bei.

2. Die Anklage kann nur wegen einer Tat erhoben werden, wegen der eine Beschuldigung erhoben (§ 163) oder mitgeteilt (§ 169) wurde. Wenn der Prokurator meint, diese Tat sei als eine andere Straftat als das durch den Untersuchungsführer oder das Ermittlungsorgan geschehen ist, zu beurteilen, macht er darauf vor Erhebung der Anklage den Beschuldigten und dessen Verteidiger aufmerksam und stellt fest, ob sie im Hinblick auf die beabsichtigte Änderung beantragen, die Untersuchung oder die Vorerhebungen zu ergänzen.

§ 177

1. Die Anklage muß enthalten:

a) die Bezeichnung des Prokurators und den Tag der Abfassung der Anklage,

b) den Namen und Vornamen des Beschuldigten, den Tag und Ort seiner Geburt, seine Beschäftigung und seinen Wohnort, gegebenenfalls andere Angaben, die erforderlich sind um zu verhindern, daß er mit einer anderen Person verwechselt werden könnte; handelt es sich um eine Person, die der Militärgerichtsbarkeit untersteht, ist auch der Dienstgrad des Beschuldigten und die Einheit, der er angehört, aufzuführen,

c) den Klageantrag, in dem genau die Tat angegeben sein muß, wegen der der Beschuldigte verfolgt wird, unter Anführung von Ort, Zeit und Art ihrer Begehung, gegebenenfalls unter Anführung weiterer Tatsachen, soweit sie erforderlich sind um zu verhindern, daß die Tat mit einer anderen Tat verwechselt werden könnte, und um die Anwendung eines bestimmten Strafsatzes zu begründen; es muß darin ferner angeführt werden, welche Straftat die Anklage in diesem Sachverhalt für gegeben ansieht, und zwar unter Anführung ihrer gesetzlichen Bezeichnung, der entsprechenden gesetzlichen Bestimmungen und aller gesetzlichen

Merkmale, einschließlich derer, die einen bestimmten Strafsatz begründen,

d) eine Begründung des Klageantrags, die enthalten muß: eine Schilderung des Tatgeschehens unter Anführung der Beweise, auf die sich diese Schilderung stützt, die Verteidigung des Beschuldigten und den Standpunkt des Prokurators hierzu unter Anführung der Tatsachen, wegen derer der Prokurator die Verteidigung für widerlegt oder für nicht entscheidend ansieht, sowie die rechtlichen Erwägungen, von denen sich der Prokurator bei der Beurteilung der Tatsachen nach den entsprechenden gesetzlichen Bestimmungen leiten ließ, und

e) ein Verzeichnis der Beweise, deren Erhebung bei der Hauptverhandlung der Prokurator beantragt.

2. In der Anklage kann der Prokurator auch beantragen, das Gericht möge den Beschuldigten dazu verpflichten, dem Geschädigten den Schaden zu ersetzen. Hierüber benachrichtigt er den Geschädigten bei Erhebung der Anklage.

§ 178

1. Der Prokurator beantragt in der Anklage, das Gericht möge Schutzheilung oder Schutzerziehung oder Beschlagnahme einer Sache verfügen, wenn er der Ansicht ist, daß die gesetzlichen Voraussetzungen hierfür vorliegen.

2. Den im Absatz 1 angeführten Antrag kann der Prokurator auch selbständig stellen.

7. Abschnitt

Veröffentlichung der Ergebnisse des vorbereitenden Verfahrens

§ 179

Die Ergebnisse des vorbereitenden Verfahrens können nur mit Zustimmung des Untersuchungsführers und des Prokurators und im Gerichtsverfahren bis zur Hauptverhandlung nur mit Zustimmung des Senatsvorsitzenden veröffentlicht werden.

3. Teil

DAS GERICHTSVERFAHREN

11. Hauptstück

Grundbestimmungen

§ 180

1. Eine gerichtliche Strafverfolgung erfolgt nur auf Grund einer Anklage, die der Prokurator erhebt und vor Gericht vertritt.

2. Bei der Erhebung und Vertretung der Anklage richtet sich der Prokurator nach dem Gesetz und nach seiner auf der Erwägung aller Umstände des Falles beruhenden inneren Überzeugung.

§ 181

Die erhobene Anklage ist bei Gericht zunächst unter dem Gesichtspunkt zu prüfen, ob sie für das weitere Verfahren eine verläßliche Grundlage bietet; insbesondere ist zu überprüfen, ob das vorbereitende Verfahren, das der Erhebung der Anklage vorausging, in einer diesem Gesetz entsprechenden Weise durchgeführt wurde und ob seine Ergebnisse eine hinreichende Begründung dafür bilden, daß der Beschuldigte vor Gericht gestellt wird. Hierzu dient die Vorausverhandlung über die Anklage.

§ 182

1. Eine Anklage, die noch nicht vom Gericht angenommen wurde, kann der Prokurator zurücknehmen; damit wird die Sache in den Stand des vorbereitenden Verfahrens zurückversetzt.

2. Sobald das Gericht die Anklage angenommen hat, entscheidet es selbständig über die mit dem weiteren Verfahren zusammenhängenden Fragen; es ist verpflichtet, — ohne weitere Anträge abwarten zu müssen — alle Entscheidungen und Maßnahmen zu treffen, die zur Erledigung der Anklage, zur Beendigung der Sache und zur Vollstreckung der gerichtlichen Entscheidung erforderlich sind.

3. Kommt der Prokurator nach Annahme der Anklage durch das Gericht zu der Überzeugung, daß die Ergebnisse der Verhandlung über die Sache vor dem Gericht nicht die Anklage bestätigen, ist er verpflichtet, von der Beschuldigung abzustehen, und dem Gericht die Gründe, die ihn hierzu veranlaßt haben, mitzuteilen. Diese Erklärung befreit das Gericht nicht von der Pflicht, — geleitet vom Gesetz und von der inneren Überzeugung — über die Anklage nach allgemeinen Grundsätzen zu entscheiden.

§ 183

1. Die im § 4 Abs. 1 angeführten Organisationen können den Antrag stellen, daß an der Verhandlung der Sache bei der Hauptverhandlung vor dem Bezirksgericht ihr gewählter[25] Vertreter teilnimmt und je nach dem Standpunkt, den die gesellschaftliche Organisation zu der begangenen Straftat und zur Person des Täters eingenommen hat, im Namen der gesellschaftlichen Organisation eine gesellschaftliche Anklage erhebt oder eine gesellschaftliche Verteidigung führt. Der Senatsvorsitzende und im vorbereitenden Ver-

[25] Die Wahl erfolgt durch eine Mitgliederversammlung der Organisation, gesondert für jeden Einzelfall. Richtlinien für die Aufgaben der gesellschaftlichen Vertreter, erlassen von der Revolutionären Gewerkschaftsbewegung am 30. 1. 1962, s. Beilage zur Zeitschrift Odborář Nr. 3/1962.

fahren der Prokurator sind verpflichtet, der gesellschaftlichen Organisation auf Grund der Akten die für die Entscheidung über die Entsendung eines gesellschaftlichen Anklägers oder gesellschaftlichen Verteidigers erforderlichen Informationen zu gewähren.

2. Über den Antrag einer gesellschaftlichen Organisation nach Absatz 1 entscheidet das Gericht; dem Antrag entsprechen kann auch der Senatsvorsitzende allein. Der gesellschaftliche Ankläger, gegebenenfalls der gesellschaftliche Verteidiger, sind, sobald das Gericht über ihre Beteiligung am Verfahren positiv entschieden hat, berechtigt, in die Akten Einsicht zu nehmen, Beweisanträge und andere Anträge zu stellen, an der Hauptverhandlung teilzunehmen, dort den zu vernehmenden Personen Fragen zu stellen und an den Schlußvorträgen teilzunehmen. Das Gericht ist verpflichtet, dem gesellschaftlichen Ankläger, gegebenenfalls dem gesellschaftlichen Verteidiger, bei der Ausübung ihrer Funktionen in jeder Hinsicht zu helfen.

3. Der gesellschaftliche Ankläger, gegebenenfalls der gesellschaftliche Verteidiger, vertritt bei der Gerichtsverhandlung den Standpunkt des Kollektivs zur verhandelten Sache und zur Person des Beschuldigten, und zwar auf Grund der unmittelbaren Kenntnis seiner Person, seines Verhältnisses zur sozialistischen staatlichen Ordnung, seines Verhältnisses zur Arbeit, zur Familie und zu seinen Mitbürgern, und trägt helfend dazu bei, daß das Gericht in die Lage versetzt wird, insbesondere

a) in jeder Hinsicht, vollständig und objektiv alle Umstände des Falles festzustellen,
b) verantwortungsbewußt die Person des Beschuldigten zu beurteilen,
c) richtig über Schuld und Strafe zu entscheiden,
d) die Gründe, die zur strafbaren Tätigkeit geführt haben, aufzudekken und ihre Beseitigung zu veranlassen.

§ 184

1. Das Gericht ist verpflichtet, bei der Verhandlung der Sache auch eine Aufklärung der Ursachen, die zur strafbaren Tätigkeit geführt haben oder die die Begehung der Tat ermöglicht haben, anzustreben. Sofern das in diesem Verfahren nicht schon ein anderes Organ getan hat, macht das Gericht auf die festgestellten Unzulänglichkeiten und Fehler das staatliche Organ oder sonstige Organe, Unternehmen oder Organisationen, die die festgestellte Unzulänglichkeit oder der festgestellte Mangel betrifft, und erforderlichenfalls das ihnen übergeordnete Organ aufmerksam. Das Organ, das Unternehmen oder die Organisation, die das betrifft, sind verpflichtet, einen solchen Hinweis zu behandeln und dem Gericht binnen zweier Monate mitzuteilen, welche Maßnahmen zur Beseitigung der Unzulänglichkeiten und Fehler getroffen wurden.

2. Einen Hinweis gemäß Absatz 1 gibt das Gericht auch dann, wenn eine sozialistische Organisation, die durch die Straftat in erheblichem Umfang geschädigt wurde, von den Rechten, die dieses Gesetz dem Geschädigten gewährt, keinen Gebrauch gemacht hat.

12. Hauptstück

Vorausverhandlung über die Anklage

§ 185

Allgemeine Bestimmung

1. Der Senatsvorsitzende prüft die bei Gericht erhobene Anklage und beurteilt nach ihrem Inhalt und dem Inhalt der Akten, ob es erforderlich ist, über sie in einer Sitzung des Senats vorauszuverhandeln oder ob er sie selbst annehmen und die Hauptverhandlung anordnen kann.

2. Um diese Entscheidung zu erleichtern, kann er den Beschuldigten vernehmen und sich die notwendigen Aufklärungen beschaffen.

§ 186

Gründe für eine Vorausverhandlung über die Anklage

1. Der Senatsvorsitzende ordnet eine Vorausverhandlung über die Anklage an, wenn er der Ansicht ist,

a) daß die Sache zur Zuständigkeit eines anderen Gerichts gehört,

b) daß die Sache einem örtlichen Volksgericht, einem für das Disziplinarverfahren zuständigen Organ oder einem anderen Organ abgetreten werden soll (§ 171 Abs. 1 Buchst. a und b, Abs. 2 Buchst. a bis c),

c) daß hier Umstände vorliegen, die eine Einstellung der Strafverfolgung nach § 172 Abs. 1 oder 2 oder ihre Unterbrechung nach § 173 Abs. 1 Buchst. a) bis d) begründen,

d) daß der Sachverhalt, der Gegenstand der Anklage ist, nach einer anderen Bestimmung des Strafgesetzes, als nach der ihn die Anklage beurteilt, wird beurteilt werden müssen,

e) daß das vorbereitende Verfahren nicht gesetzmäßig durchgeführt wurde, insbesondere daß in diesem Verfahren Vorschriften, die das Recht der Verteidigung verbürgen, verletzt wurden, oder

f) daß die Sache nicht unter allen Gesichtspunkten, die das Gericht für seine Entscheidung, einschließlich der Entscheidung über den geltend gemachten Anspruch auf Schadensersatz, braucht, genügend aufgeklärt wurde.

2. Der Senatsvorsitzende ordnet eine Vorausverhandlung über die Anklage auch dann an, wenn eine gesellschaftliche Organisation angeboten hat, die Bürgschaft für eine Besserung des Beschuldigten zu übernehmen.

3. Über eine Anklage ist immer vorauszuverhandeln, wenn der Beschuldigte jugendlich ist oder sich in Haft befindet.

§ 187

Art der Vorausverhandlung über die Anklage

1. Die Vorausverhandlung über die Anklage erfolgt in nichtöffentlicher Sitzung.

2. Bei der Vorausverhandlung über die Anklage prüft das Gericht stets die ganze Anklage; der Senatsvorsitzende erstattet von diesem Gesichtspunkt aus einen Bericht, wobei er die zu lösenden Fragen anschneidet.

3. Das Gericht prüft die Vollständigkeit des Beweismaterials und auf Grund der Akten die Begründetheit der Anklage.

Entscheidung

§ 188

1. Nach der Vorausverhandlung über die Anklage

a) tritt das Gericht die Sache dem zuständigen Gericht ab, wenn es selbst zu ihrer Verhandlung nicht zuständig ist,
b) tritt das Gericht die Sache dem örtlichen Volksgericht oder dem für das Disziplinarverfahren zuständigen Organ ab, wenn die im § 171 Abs. 2 Buchst. a) und c) angeführten Umstände vorliegen,
c) tritt das Gericht die Sache dem örtlichen Volksgericht oder einem anderen Organ ab, wenn die im § 171 Abs. 1 Buchst. a) und b) angeführten Umstände vorliegen,
d) stellt das Gericht die Strafverfolgung ein, wenn die im § 172 Abs. 1 angeführten Umstände vorliegen,
e) unterbricht das Gericht die Strafverfolgung, wenn die im § 173 Abs. 1 Buchst. a) bis d) angeführten Umstände vorliegen,
f) gibt das Gericht die Sache dem Prokurator zu ergänzenden Untersuchungen zurück, wenn dies zur Beseitigung von Fehlern des vorbereitenden Verfahrens oder zu einer gehörigen Aufklärung der Sache notwendig ist; zur ergänzenden Untersuchung von Umständen, die nur für die Entscheidung über einen geltend gemachten Anspruch auf Schadensersatz Bedeutung haben, gibt es aber die Sache nur dann zurück, wenn sich dadurch die Strafverfolgung nicht unangemessen hinzieht, oder
g) nimmt das Gericht die Anklage an.

2. Nach der Vorausverhandlung über die Anklage kann das Gericht auch

a) entscheiden, daß es die Bürgschaft einer gesellschaftlichen Organisation für eine Besserung des Beschuldigten annimmt; in diesem Falle setzt es die Verfolgung nicht fort und tritt die Sache dem örtlichen Volksgericht zur Verhandlung ab (§ 171 Abs. 2 Buchst. b),
b) die Strafverfolgung einstellen, wenn die im § 172 Abs. 2 angeführten Umstände vorliegen.

3. Gegen eine Entscheidung nach Absatz 1 Buchst. a) bis f) und nach Abs. 2 kann der Prokurator Beschwerde einlegen, die, wenn es sich nicht um eine Unterbrechung der Strafverfolgung handelt, aufschiebende Wirkung hat.

§ 189

Eine Sache kann einem anderen Gericht nicht von einem Gericht abgetreten werden, dem die Sache nach § 188 Abs. 1 Buchst. a) durch das übergeordnete Gericht abgetreten worden war, es wäre denn, daß sich die sachverhaltsmäßige Grundlage für die Beurteilung der Zuständigkeit inzwischen wesentlich geändert hätte.

§ 190

1. Wenn das Gericht erachtet, daß bei richtiger Anwendung des Gesetzes der Sachverhalt, der Gegenstand der Anklage ist, nach einer anderen Bestimmung des Gesetzes als nach der ihn die Anklage beurteilt hat, beurteilt werden muß, gibt es die Sache an den Prokurator zu einer ergänzenden Untersuchung zurück (§ 188 Abs. 1 Buchst. f), wenn es im Hinblick auf die abweichende rechtliche Beurteilung notwendig ist, die Sache noch näher aufzuklären, insbesondere unter dem Gesichtspunkt einer möglichen neuen Verteidigung.

2. Wenn eine ergänzende Untersuchung nicht notwendig ist, macht das Gericht auf die Möglichkeit einer abweichenden rechtlichen Beurteilung des Sachverhalts im Beschluß über die Annahme der Anklage aufmerksam.

§ 191

1. Wenn das Gericht eine Sache dem Prokurator zu ergänzenden Untersuchungen zurückgibt, führt es in dem Beschluß auf, in welcher Richtung das vorbereitende Verfahren zu ergänzen ist und welche Tatsachen aufzuklären, gegebenenfalls welche Handlungen vorzunehmen sind.

2. Sobald der Beschluß über die Rückgabe der Sache an den Prokurator zur Ergänzung der Untersuchung Rechtskraft erlangt hat, ist die Sache in den Stand des vorbereitenden Verfahrens zurückversetzt.

3. Die ergänzende Untersuchung nach dem im Abs. 1 angeführten Beschluß muß in der Frist von einem Monat von dem Tage an, an dem die Akten mit dem rechtskräftigen Beschluß dem Prokurator zurückgegeben wurden, durchgeführt werden. Der übergeordnete Prokurator ist zur Verlängerung dieser Frist berechtigt.

§ 192

Wenn sich der Beschuldigte in Haft befindet, entscheidet das Gericht bei der Vorausverhandlung über die Anklage stets auch über die weitere Dauer der Haft.

§ 193

1. Wenn eine gesellschaftliche Organisation die Zuziehung ihres Vertreters als gesellschaftlichen Ankläger oder gesellschaftlichen Verteidiger zur Hauptverhandlung beantragt hat, entscheidet das Gericht bei der Annahme der Anklage auch über dessen Beteiligung.

2. Bei der Annahme der Anklage entscheidet das Gericht über den Umfang, in dem es bei der Hauptverhandlung Beweise erheben wird, gegebenenfalls auch über den Ausschluß einer Sache aus dem gemeinschaftlichen Verfahren oder über die Verbindung von Sachen zum gemeinschaftlichen Verfahren.

§ 194

Annahme der Anklage durch den Senatsvorsitzenden

Wenn kein Grund für eine Vorausverhandlung über die Anklage vorliegt, entscheidet über die Annahme der Anklage der Senatsvorsitzende.

§ 195

Erneute Vorausverhandlung über die Anklage

1. Entscheidet sich der Prokurator in einer Sache, die ihm vom Gericht zu ergänzenden Untersuchungen zurückgegeben wurde, erneut für die Erhebung der Anklage, berücksichtigt er darin auch die Ergebnisse der durchgeführten ergänzenden Untersuchung. Über die Anklage wird unter den im § 186 angeführten Voraussetzungen bei Gericht erneut vorausverhandelt.

2. Unter den im § 186 angeführten Voraussetzungen wird über die Anklage auch bei dem Gericht, dem die Sache nach § 188 Abs. 1 Buchst. a) abgetreten wurde, erneut voraus verhandelt.

13. Hauptstück

Hauptverhandlung

1. Abschnitt

Vorbereitung der Hauptverhandlung

§ 196

Zustellung der Anklage

1. Der Senatsvorsitzende läßt die Anklage, sobald sie angenommen wurde, abschriftlich dem Angeklagten und dessen Verteidiger, und wenn der Angeklagte eine Person ist, der die Fähigkeit zur Vornahme von Rechtshandlungen fehlt oder deren Fähigkeit zur Vornahme von Rechtshandlungen beschränkt ist, auch dessen gesetzlichem Vertreter zustellen; wenn durch die Straftat eine sozialistische Organisation geschädigt wurde, läßt er auch ihr eine Abschrift der Anklage zustellen. Wenn in der Anklage der Antrag gestellt wurde, eine

Sache, die einer anderen Person als dem Angeklagten gehört, zu beschlagnahmen, läßt der Senatsvorsitzende eine Abschrift der Anklage auch dieser Person zustellen. Wenn über die Beteiligung eines gesellschaftlichen Anklägers oder gesellschaftlichen Verteidigers bereits positiv entschieden wurde, läßt der Senatsvorsitzende eine Abschrift der Anklage auch der entsprechenden gesellschaftlichen Organisation zustellen. Mit der Abschrift der Anklage wird auch eine Abschrift des Beschlusses über deren Annahme zugestellt.

2. Die Personen, denen eine Abschrift der Anklage zugestellt wurde, sind gleichzeitig aufzufordern, ihre Anträge auf Erhebung weiterer Beweise bei der Hauptverhandlung rechtzeitig dem Gericht mitzuteilen und die Umstände anzugeben, die durch diese Beweise geklärt werden sollen.

3. Die Abschrift der Anklage muß spätestens mit der Ladung zur Hauptverhandlung oder mit der Benachrichtigung hierüber zugestellt werden.

§ 197

Ersatzrichter

1. Wenn die Hauptverhandlung aller Erwartung nach längere Zeit dauern wird, ordnet der Gerichtsvorsitzende an, daß an ihr ein oder zwei Ersatzrichter teilnehmen.

2. Ein Ersatzrichter hat bei der Hauptverhandlung die Stellung eines Senatsmitglieds. An der Beratung und Abstimmung nimmt er jedoch nur in dem Falle teil, wenn er an Stelle des Richters, der durch irgendein Hindernis an der weiteren Teilnahme an der Hauptverhandlung verhindert ist, zugezogen wird. Der Richter, für den der Ersatzrichter eingetreten ist, nimmt an der Hauptverhandlung nicht weiter teil.

§ 198

Anordnung der Hauptverhandlung

1. Den Tag der Hauptverhandlung bestimmt der Senatsvorsitzende so, daß der Angeklagte von der Zustellung der Ladung ab, der Prokurator und der Verteidiger von der Benachrichtung ab, eine wenigstens fünftägige Frist zur Vorbereitung haben. Diese Frist kann nur mit ihrer Zustimmung verkürzt werden, und soweit es sich um den Angeklagten handelt, nur dann, wenn er zur Hauptverhandlung erscheint und um deren Durchführung ausdrücklich ersucht. Bei den übrigen Personen, die zur Hauptverhandlung geladen oder davon benachrichtigt werden, ist in der Regel eine wenigstens dreitägige Frist einzuhalten.

2. Von der Hauptverhandlung werden der Prokurator, der gesetzliche Vertreter und der Verteidiger des Angeklagten sowie auch der Geschädigte und die beteiligte Person benachrichtigt. Wenn der Geschädigte oder die beteiligte Person Bevollmächtigte haben, werden nur ihre Bevollmächtigten von der Hauptverhandlung benachrichtigt. Der Geschädigte ist in der Benachrichtigung darauf hinzuweisen, daß

dann, wenn er zur Hauptverhandlung nicht erscheint, über seinen Schadensersatzanspruch auf Grund des Antrags des Prokurators, wenn ein solcher Antrag in der Anklage gestellt wurde, oder auf Grund seiner eigenen Anträge, wenn sie schon in den Akten enthalten sind oder bei Gericht noch vor Beginn des Beweisverfahrens eingehen, entschieden werden kann. Wenn ein gesellschaftlicher Ankläger oder ein gesellschaftlicher Verteidiger zur Teilnahme an der Hauptverhandlung zugelassen wurde, wird auch die gesellschaftliche Organisation, die ihn entsandt hat, von der Hauptverhandlung benachrichtigt.

3. Bei Anordnung der Hauptverhandlung trifft der Senatsvorsitzende auch alle Maßnahmen, die zur Sicherstellung ihres gedeihlichen Verlaufs notwendig sind.

2. Abschnitt

Öffentlichkeit der Hauptverhandlung

§ 199

1. Das Gericht hält die Hauptverhandlung grundsätzlich öffentlich ab.

2. Dabei sorgt das Gericht dafür, daß den Werktätigen in weitestem Maße Gelegenheit gegeben wird, die Verhandlung der Sache durch das Gericht zu verfolgen und daß aufs wirksamste die erzieherische Wirkung des Strafverfahrens auf die breite Öffentlichkeit im Sinne ihrer aktiven Einschaltung in die Bemühungen, die strafbare Tätigkeit einzuschränken und ihr vorzubeugen, zum Ausdruck kommt. In geeigneten Fällen führt das Gericht deshalb die Hauptverhandlung unmittelbar am Tatort oder an der Arbeitsstätte, eventuell am Wohnort des Angeklagten, durch. In diesen Fällen benachrichtigt es von der Durchführung der Hauptverhandlung die gesellschaftliche Organisation, die eine Teilnahme der Werktätigen sicherstellen und wirksam zur Erfüllung des mit der öffentlichen Durchführung der Hauptverhandlung verfolgten Zweckes beitragen kann.

§ 200

1. Die Öffentlichkeit kann bei der Hauptverhandlung nur ausgeschlossen werden, wenn die öffentliche Erörterung der Sache ein Staats-, Wirtschafts- oder Dienstgeheimnis, den ungestörten Verlauf der Verhandlung oder die Sittlichkeit gefährden würde. Die Öffentlichkeit kann auch nur für einen Teil der Hauptverhandlung ausgeschlossen werden.

2. Das Urteil muß stets öffentlich verkündet werden.

3. Über den Ausschluß der Öffentlichkeit entscheidet das Gericht nach Anhörung der Parteien durch Beschluß, der öffentlich verkündet wird.

§ 201

1. Auch wenn die Öffentlichkeit nicht nach § 200 ausgeschlossen wurde, kann das Gericht nicht volljährigen Personen und den Personen, bei denen zu befürchten ist, daß sie den würdigen Verlauf der Hauptverhandlung stören könnten, den Zutritt zur Hauptverhandlung verwehren. Das Gericht kann auch unerläßliche Maßnahmen gegen eine Überfüllung des Sitzungssaales treffen.

2. Auch wenn die Öffentlichkeit nach § 200 ausgeschlossen wurde, kann das Gericht aus wichtigen Gründen einzelnen Personen den Zutritt zur Hauptverhandlung gestatten. Auf Ersuchen des Angeklagten muß ihm gestattet werden, daß zwei Personen seines Vertrauens den Zutritt erlangen. Wenn mehrere Angeklagte vorhanden sind, hat jeder von ihnen das Recht auf die Wahl von Vertrauensleuten. Wenn dadurch die Gesamtzahl der Vertrauensleute auf mehr als sechs wachsen würde und sich die Angeklagten untereinander nicht über die Auswahl einigen, führt das Gericht diese Auswahl durch. Wenn die Öffentlichkeit wegen Gefährdung eines Staats-, Wirtschafts- oder Dienstgeheimnisses ausgeschlossen wurde, können als Vertrauensleute nur solche Personen gewählt werden, gegen die das Gericht keine Bedenken hat.

3. Wenn die Öffentlichkeit wegen Gefährdung eines Staats-, Wirtschafts- oder Dienstgeheimnisses ausgeschlossen wurde, macht der Senatsvorsitzende die Anwesenden auf die strafbaren Folgen aufmerksam, die eintreten, wenn sie Tatsachen, von denen sie bei der Hauptverhandlung Kenntnis erlangt haben, unberufenen Personen mitteilen; er kann auch verbieten, daß sich die Anwesenden schriftliche Aufzeichnungen machen.

3. Abschnitt

Einleitung der Hauptverhandlung

§ 202

Anwesenheit in der Hauptverhandlung

1. Die Hauptverhandlung findet in ständiger Anwesenheit aller Mitglieder des Senats, des Schriftführers und des Prokurators statt.

2. In Abwesenheit des Angeklagten kann die Hauptverhandlung nur durchgeführt werden, wenn das Gericht erachtet, daß die Sache zuverlässig entschieden und der Zweck des Strafverfahrens auch ohne Anwesenheit des Angeklagten erreicht werden kann, und außerdem

a) die Anklage dem Angeklagten ordnungsgemäß zugestellt und der Angeklagte zur Hauptverhandlung rechtzeitig und ordnungsgemäß geladen wurde und

b) der Angeklagte über den Sachverhalt, der Gegenstand der Anklage ist, schon durch irgendein im Strafverfahren tätiges Organ gehört wurde und die Bestimmungen über die Erhebung der Beschuldigung (§ 163) oder über die Mitteilung der Beschuldigung (§ 169) und über die Bekanntmachung des Beschuldigten mit den Ergebnissen der Untersuchung (§ 166) oder der Vorerhebungen (§ 169) eingehalten wurden.

3. Die Hauptverhandlung kann nicht in Abwesenheit des Angeklagten stattfinden, wenn dieser sich in Haft oder im Vollzug der Strafe der Freiheitsentziehung befindet oder wenn es sich um eine Straftat handelt, für die das Gesetz eine Strafe der Freiheitsentziehung, deren obere Grenze fünf Jahre übersteigt, vorsieht. In Fällen notwendiger Verteidigung (§ 36) kann die Hauptverhandlung in Abwesenheit des Verteidigers nicht stattfinden.

Verfahren der Hauptverhandlung

§ 203

1. Die Hauptverhandlung wird vom Senatsvorsitzenden geleitet.

2. Er ist verpflichtet, dabei darauf zu achten, daß die Würde und der Ernst der gerichtlichen Handlung gewahrt werden, die Hauptverhandlung nicht durch Ausführungen, die keine Beziehung zur verhandelten Sache haben, aufgehalten wird, und daß auf das wirksamste zur Klärung der Sache hingewirkt wird.

3. Wer sich durch eine Maßnahme des Senatsvorsitzenden im Verfahren der Hauptverhandlung beschwert fühlt, kann verlangen, daß der Senat entscheidet. Ein solches Verlangen sowie die Entscheidung darüber sind im Protokoll zu vermerken.

§ 204

1. Der Senatsvorsitzende kann Personen, die die Ordnung stören, aus dem Sitzungssaal verweisen.

2. Der Angeklagte kann nur durch Senatsbeschluß nach vorheriger Verwarnung und nur auf eine unerläßlich notwendige Zeit aus dem Sitzungssaal verwiesen werden. Sobald ihm wieder der Zutritt gestattet wurde, teilt ihm der Senatsvorsitzende den wesentlichen Inhalt der in Abwesenheit des Angeklagten stattgefundenen Verhandlung mit, damit dieser sich hierzu äußern kann.

Beginn der Hauptverhandlung

§ 205

1. Der Senatsvorsitzende eröffnet die Hauptverhandlung mit der Mitteilung der Sache, die zur Verhandlung ansteht; dann stellt der Vorsitzende fest, ob die zur Hauptverhandlung geladenen Personen erschienen sind oder über die Verhandlung benachrichtigt wurden, und stellt ihre Identität fest. Bei Personen, bei denen eine Frist zur Vorbereitung einzuhalten ist, stellt er fest, ob diese Frist eingehalten wurde.

2. Wenn eine der geladenen Personen nicht erschienen ist, entscheidet das Gericht nach Anhörung der anwesenden Parteien, ob die Verhandlung trotzdem durchgeführt werden kann oder ob sie vertagt werden muß.

§ 206

1. Nach Vornahme der im § 205 angeführten Handlungen fordert der Senatsvorsitzende den Prokurator auf, die Anklage vorzutragen.

2. Wenn der Prokurator in der Anklage den Antrag stellt, dem Angeklagten die Pflicht aufzuerlegen, den durch die Straftat verursachten Schaden dem Geschädigten zu ersetzen, fordert der Senatsvorsitzende nach dem Vortrag der Anklage den Geschädigten auf, sich zu diesem Antrag zu äußern. Wenn in der Anklage ein solcher Antrag nicht gestellt wurde, fragt er den Geschädigten, ob er beantrage, dem Angeklagten die Pflicht zum Ersatz des durch die Straftat verursachten Schadens aufzuerlegen und in welchem Umfang. Wenn der Geschädigte nicht zur Hauptverhandlung erschienen ist und sein Antrag schon in den Akten enthalten ist, verliest der Senatsvorsitzende diesen Antrag aus den Akten.

3. Wenn Rechte eines Geschädigten von einer Person geltend gemacht werden, der ein Recht hierzu offensichtlich nicht zusteht, beschließt das Gericht, diese Person nicht als Geschädigten zur Hauptverhandlung zuzulassen. Eine solche Entscheidung steht der Geltendmachung eines Schadensersatzanspruchs vor dem zuständigen Organ nicht im Wege.

4. Gemäß Absatz 3 verfährt das Gericht auch dann, wenn die im § 4 Abs. 2 und 3 angeführten Umstände einer Beteiligung des Geschädigten im Wege stehen.

4. Abschnitt

Beweisverfahren

Vernehmung des Angeklagten

§ 207

1. Nachdem die Anklage vorgetragen wurde und der Geschädigte sich dazu geäußert hat, vernimmt der Senatsvorsitzende den Angeklagten zum Inhalt der Anklage und, wenn ein Schadensersatzanspruch geltend gemacht wurde, auch zu diesem Anspruch.

2. Das Protokoll über die frühere Aussage des Angeklagten wird nur dann verlesen, wenn in Abwesenheit des Angeklagten verhandelt wird, wenn der Angeklagte die Aussage verweigert oder wenn sich wesentliche Widersprüche zwischen seiner früheren Aussage und seinen Angaben in der Hauptverhandlung ergeben. Der Angeklagte ist auf diese Widersprüche hinzuweisen und über ihre Ursachen zu befragen.

§ 208

Bei mehreren Angeklagten kann der Senatsvorsitzende Maßnahmen treffen, damit ein Angeklagter in Abwesenheit der Mitangeklagten vernommen wird. Der Angeklagte ist jedoch immer noch im Verlaufe des Beweisverfahrens mit dem Inhalt der Aussagen der in seiner Abwesenheit vernommenen Mitangeklagten bekannt zu machen.

Erhebung weiterer Beweise

§ 209

Der Senatsvorsitzende hat darauf zu achten, daß ein noch nicht vernommener Zeuge bei der Vernehmung des Angeklagten und der anderen Zeugen nicht anwesend ist. Wenn zu befürchten ist, daß ein Zeuge in Gegenwart des Angeklagten nicht die Wahrheit sagen wird, kann der Senatsvorsitzende anordnen, daß der Angeklagte für die Dauer der Vernehmung sich aus dem Sitzungssaal entfernt. Nach Rückkehr in den Sitzungssaal muß ihm aber der Inhalt der Zeugenaussage mitgeteilt werden, damit er sich dazu äußern kann.

§ 210

Wenn ein Sachverständiger in der Sache noch kein schriftliches Gutachten abgegeben hat oder von diesem abweicht oder es ergänzt, kann der Senatsvorsitzende ihm auftragen, das Gutachten oder dessen Ergänzung zu Protokoll zu diktieren oder sie selbst niederzuschreiben.

§ 211

1. Anstelle einer Vernehmung des Zeugen oder Sachverständigen in der Hauptverhandlung darf das Protokoll über ihre Aussagen nur auf Grund einer Gerichtsentscheidung verlesen werden, sofern das Gericht wegen der geringen Bedeutung der zu beweisenden Tatsache oder im Hinblick auf den Charakter des übrigen Beweismaterials eine persönliche Vernehmung nicht für notwendig hält und

a) der Prokurator und der Angeklagte zustimmen, oder

b) eine persönliche Vernehmung des Zeugen oder Sachverständigen mit unverhältnismäßigen Schwierigkeiten oder Aufwendungen verbunden wäre.

2. Das Protokoll über die Aussage eines Mitangeklagten oder Zeugen wird auch dann verlesen, wenn eine solche Person

a) gestorben oder vermißt ist, wegen dauernden Aufenthalts im Ausland unerreichbar ist oder an einer Krankheit leidet, die auf dauernd oder auf absehbare Zeit eine Vernehmung unmöglich macht,

b) bei der Hauptverhandlung unberechtigt die Aussage verweigert hat oder in wesentlichen Punkten von ihrer früheren Aussage abweicht.

3. Das Protokoll über die Aussage eines Zeugen, der gemäß § 100 zur Zeugnisverweigerung berechtigt ist, kann nur unter der Voraus-

setzung verlesen werden, daß vor seiner Vernehmung derjenige, den das Protokoll betrifft, über sein Recht ordnungsgemäß belehrt wurde und ausdrücklich erklärt hat, daß er davon keinen Gebrauch macht. Unter der angeführten Voraussetzung kann seine Aussage verlesen werden, auch wenn er in der Hauptverhandlung es abgelehnt hat, als Zeuge auszusagen.

§ 212

Gutachten und Berichte staatlicher Organe, staatlicher Anstalten oder anderer Organe, die Aufgaben der staatlichen Verwaltung erfüllen, werden stets vorgelesen, wenn sie Beziehung zu der verhandelten Sache haben.

§ 213

1. Urkunden, mit denen ein Beweis geführt wird, werden in der Hauptverhandlung verlesen; den Parteien und wenn nötig auch den Zeugen und Sachverständigen wird die Möglichkeit gegeben, in diese Urkunden Einsicht zu nehmen.

2. Andere Sachbeweise werden den Parteien und wenn nötig auch den Zeugen und Sachverständigen vorgelegt.

§ 214

Der Angeklagte muß nach jeder Beweisaufnahme befragt werden, ob er sich dazu äußern will, und seine Äußerung wird in das Protokoll eingetragen.

§ 215

Mitwirkung der Parteien am Beweisverfahren

1. Der Prokurator, der gesellschaftliche Ankläger, der gesellschaftliche Verteidiger, der Angeklagte, sein Verteidiger und der gesetzliche Vertreter, die beteiligte Person, der Geschädigte und ihre Bevollmächtigten können mit Zustimmung des Senatsvorsitzenden den zu vernommenen Personen Fragen stellen, und zwar in der Regel dann, wenn der Senatsvorsitzende seine Befragung beendet hat und die Senatsmitglieder schon keine Fragen mehr stellen.

2. Nach Erhebung aller Beweise stellt der Senatsvorsitzende fest, ob die Parteien Anträge auf Ergänzung des Beweisverfahrens stellen.

5. Abschnitt

Schluß der Hauptverhandlung

Schlußvorträge

§ 216

1. Wenn keine weiteren Beweisanträge vorliegen oder wenn entschieden wurde, daß weitere Beweise nicht erhoben werden, erklärt der Senatsvorsitzende das Beweisverfahren für geschlossen und erteilt das Wort zu den Schlußvorträgen.

2. Nach dem Schlußvortrag des Prokurators spricht der gesellschaftliche Ankläger, der Geschädigte, die beteiligte Person, der gesellschaftliche Verteidiger, der Verteidiger des Angeklagten, gegebenenfalls der Angeklagte. Wenn der Geschädigte oder die beteiligte Person einen Bevollmächtigten haben, spricht dieser. Wenn es erforderlich ist, bestimmt der Senatsvorsitzende die Reihenfolge, in der nach dem Schlußvortrag des Prokurators die einzelnen berechtigten Personen das Wort ergreifen. Der Verteidiger des Angeklagten, gegebenenfalls der Angeklagte, spricht aber immer als letzter.

3. Wenn nach dem Vortrag des Verteidigers oder Angeklagten der Prokurator oder der gesellschaftliche Ankläger erneut das Wort ergreift, hat der Verteidiger, gegebenenfalls der Angeklagte, das Recht, darauf zu erwidern.

4. Der Senatsvorsitzende kann Schlußvorträge nur dann unterbrechen, wenn sie offensichtlich aus dem Rahmen der verhandelten Sache fallen.

§ 217

Nach Beendigung der Schlußvorträge und vor dem Abgang zur Schlußberatung erteilt der Senatsvorsitzende dem Angeklagten das letzte Wort. Während dieses Vortrags dürfen dem Angeklagten weder vom Gericht noch von irgend jemandem anderen Fragen gestellt werden.

§ 218

Ergänzung des Beweisverfahrens

1. Wenn das Gericht im Hinblick auf die Schlußvorträge oder bei der Schlußberatung erachtet, daß es notwendig ist, noch irgendeinen Umstand aufzuklären, beschließt es, das Beweisverfahren zu ergänzen, und die Hauptverhandlung wird fortgesetzt.

2. Nach einer Ergänzung des Beweisverfahrens ist immer von neuem das Wort zu Schlußvorträgen zu erteilen.

6. Abschnitt

Vertagung der Hauptverhandlung

§ 219

1. Das Gericht vertagt die Hauptverhandlung, wenn sich ein Hindernis für die Durchführung oder Fortsetzung der Hauptverhandlung ergibt. Bevor es die Hauptverhandlung vertagt, stellt es fest, ob die Parteien nicht weitere Beweise, die bis zur nächsten Verhandlung beschafft werden müßten, beantragen.

2. Bei der Fortsetzung einer vertagten Hauptverhandlung teilt der Senatsvorsitzende den wesentlichen Inhalt der bisherigen Verhandlung mit. Wenn sich aber die Zusammensetzung des Senats geändert hat, wenn seit der Vertagung der Hauptverhandlung eine längere Zeit verstrichen ist oder wenn dies aus einem anderen Grund

erforderlich ist, muß die Hauptverhandlung erneut durchgeführt werden.

7. Abschnitt

Entscheidung des Gerichts in der Hauptverhandlung

§ 220

Grundlage der Entscheidung

1. Das Gericht kann nur über einen Sachverhalt, der im Klageantrag angeführt ist, entscheiden.

2. Bei seiner Entscheidung darf es nur solche Tatsachen berücksichtigen, die in der Hauptverhandlung erörtert wurden, und sich nur auf solche Beweise stützen, die in der Hauptverhandlung erhoben wurden.

3. Das Gericht ist verpflichtet, Beweismaterial aus dem vorbereitenden Verfahren, das Beziehung zur verhandelten Sache hat, in der Hauptverhandlung zu erörtern und in der Entscheidung sich damit auseinanderzusetzen.

4. An die rechtliche Beurteilung des Sachverhalts in der Anklage ist das Gericht nicht gebunden.

§ 221

Rückgabe einer Sache an den Prokurator

1. Wenn die Ergebnisse der Hauptverhandlung auf eine wesentliche Änderung von Umständen des Falles hinweisen und zur Aufklärung der Sache weitere Untersuchungen erforderlich sind, kann das Gericht die Sache dem Prokurator zur Ergänzung der Untersuchungen zurückgeben.

2. Das Gericht gibt die Sache dem Prokurator zu ergänzenden Untersuchungen auch dann zurück, wenn die Ergebnisse der Hauptverhandlung zeigen, daß der Angeklagte noch einen weiteren Sachverhalt, der eine Straftat darstellt, begangen hat, und der Prokurator wegen der Notwendigkeit einer gemeinschaftlichen Verhandlung um die Rückgabe der Sache ersucht.

3. Die Bestimmung des § 191 gilt auch für die Rückgabe einer Sache nach den Absätzen 1 und 2.

4. Gegen die Entscheidung nach Absatz 1 ist die Beschwerde zulässig, die aufschiebende Wirkung hat.

§ 222

Abtretung einer Sache

1. Wenn das Gericht in dem Sachverhalt, der Gegenstand der Anklage ist, eine Straftat sieht, zu deren Verhandlung es nicht zuständig ist, tritt es die Sache dem zuständigen Gericht ab. Es ist aber verpflichtet, selbst über die Sache zu entscheiden, wenn es sich nur um

örtliche Unzuständigkeit handelt und der Angeklagte sie nicht gerügt hat; ebenso ist es verpflichtet, selbst über die Sache zu entscheiden, wenn die Sache einem Gericht der gleichen Art, aber niederer Stufe abgetreten werden müßte. Einem anderen Gericht kann eine Sache nicht durch ein Gericht abgetreten werden, dem die Sache durch ein übergeordnetes Gericht abgetreten wurde, es sei denn, daß sich die sachverhaltsmäßige Grundlage für die Beurteilung der Zuständigkeit inzwischen wesentlich geändert hätte.

2. Wenn das Gericht in dem Sachverhalt, der Gegenstand der Anklage ist, nur eine Verfehlung sieht, über die zu entscheiden das örtliche Gericht zuständig ist, tritt es die Sache diesem Gericht ab.

3. Wenn das Gericht in dem Sachverhalt, der Gegenstand der Anklage ist, nur eine Verfehlung oder Übertretung sieht, über die zu entscheiden ein anderes Organ als das örtliche Volksgericht zuständig ist, tritt es die Sache diesem Organ ab.

4. Gegen den Beschluß über die Abtretung nach den Absätzen 2 und 3 kann der Prokurator Beschwerde einlegen, die aufschiebende Wirkung hat.

§ 223

Einstellung der Strafverfolgung

1. Das Gericht stellt die Strafverfolgung ein, wenn es während der Hauptverhandlung erachtet, daß einer der im § 11 Abs. 1 angeführten Umstände vorliegt.

2. Das Gericht kann die Strafverfolgung auch dann einstellen, wenn es während der Hauptverhandlung erachtet, daß einer der im § 172 Abs. 2 angeführten Gründe vorliegt.

3. Eine Entscheidung nach den Absätzen 1 und 2 kann sich auch auf nur einen der Sachverhalte, wegen derer die Anklage erhoben wurde, beziehen.

4. Gegen eine Entscheidung nach den Absätzen 1 und 2 kann der Prokurator Beschwerde einlegen, die aufschiebende Wirkung hat.

§ 224

Unterbrechung der Strafverfolgung

1. Das Gericht unterbricht die Strafverfolgung, wenn es während der Hauptverhandlung erachtet, daß einer der im § 173 Abs. 1 Buchst. b) bis d) angeführten Umstände vorliegt.

2. Das Gericht unterbricht die Strafverfolgung auch dann, wenn dem Angeklagten die Ladung zur Hauptverhandlung nicht zugestellt werden kann.

3. Fällt der Grund der Unterbrechung weg, setzt das Gericht die Strafverfolgung fort.

4. Gegen eine Entscheidung, durch die das Gericht die Strafverfolgung unterbrochen hat oder einen Antrag auf Fortsetzung der Strafverfolgung abgelehnt hat, kann der Prokurator Beschwerde einlegen.

Urteil

§ 225

1. Wenn eine Sache weder gemäß § 221 dem Prokurator zurückgegeben noch gemäß § 222 abgetreten wird und wenn es nicht zur Einstellung der Strafverfolgung gemäß § 223 oder zur Unterbrechung der Strafverfolgung nach § 224 kommt, entscheidet das Gericht durch Urteil darüber, ob der Angeklagte für schuldig erkannt oder ob er von der Anklage freigesprochen wird.

2. Das Gericht kann den Angeklagten wegen einer Straftat nach einer strengeren Gesetzesbestimmung, als nach der die Anklage den Sachverhalt beurteilt hat, nur dann für schuldig erkennen, wenn der Angeklagte auf die Möglichkeit dieser strengeren Beurteilung des Sachverhalts gemäß § 190 Abs. 2 hingewiesen wurde. Wenn das nicht geschehen ist, muß der Angeklagte auf diese Möglichkeit noch vor der Verkündung des Urteils hingewiesen werden; wenn er darum ansucht, ist ihm erneut eine Frist zur Vorbereitung der Verteidigung zu gewähren und die Hauptverhandlung zu diesem Zwecke zu vertagen.

§ 226

Das Gericht spricht den Angeklagten von der Anklage frei,

a) wenn nicht bewiesen wurde, daß sich der Sachverhalt, wegen dem der Angeklagte verfolgt wird, ereignet hat,
b) wenn dieser Sachverhalt keine Straftat darstellt,
c) wenn nicht bewiesen wurde, daß der Angeklagte die Tat begangen hat,
d) wenn der Angeklagte infolge Unzurechnungsfähigkeit strafrechtlich nicht verantwortlich ist, oder
e) wenn die Strafbarkeit der Tat erloschen ist.

§ 227

Wenn die Voraussetzungen für eine Einstellung der Strafverfolgung infolge Gnadenerweises, Amnestie oder Verjährung vorlagen und das Verfahren nur deshalb fortgesetzt wurde, weil der Angeklagte auf Verhandlung der Sache bestand (§ 11 Abs. 2), entscheidet das Gericht, sofern es keinen anderen Grund für einen Freispruch des Angeklagten für gegeben erachtet, zwar über die Schuld, setzt jedoch keine Strafe fest.

§ 228

1. Wenn das Gericht den Angeklagten wegen einer Straftat verurteilt, durch die er einem anderen einen Vermögensschaden verursacht hat, macht es ihm im Urteil in der Regel zur Auflage, dem Geschädigten den Schaden zu ersetzen, sofern der Anspruch rechtzeitig geltend gemacht worden ist (§ 43 Abs. 2).

2. Der Ausspruch über die Pflicht des Angeklagten zum Schadensersatz muß die Person des Berechtigten und den ihr zuerkannten Anspruch genau bezeichnen. In begründeten Fällen kann das Gericht

aussprechen, daß die Verbindlichkeit in Raten, deren Höhe und Zahlungsbedingung es gleichzeitig bestimmt, zu erfüllen ist.

§ 229

1. Liegt nach dem Ergebnis des Beweisverfahrens keine Grundlage für einen Ausspruch über die Verpflichtung zum Schadensersatz vor oder müßten für die Entscheidung über die Verpflichtung zum Schadensersatz weitere Beweiserhebungen durchgeführt werden, die den Rahmen der Strafverfolgung überschreiten und diese wesentlich verzögern würden, verweist das Gericht den Geschädigten auf das Verfahren in bürgerlich-rechtlichen Angelegenheiten, gegebenenfalls auf das Verfahren vor einem anderen zuständigen Organ.

2. Auf das Verfahren in bürgerlich-rechtlichen Angelegenheiten, gegebenenfalls auf das Verfahren vor einem anderen zuständigen Organ, verweist das Gericht den Geschädigten auch mit dem Anspruchsrest, wenn es ihm den Anspruch aus irgendeinem Grund nur teilweise zuerkennt.

3. Wenn das Gericht den Angeklagten von der Anklage freispricht, verweist es den Geschädigten mit seinem Schadensersatzanspruch immer auf das Verfahren in bürgerlich-rechtlichen Angelegenheiten, gegebenenfalls auf das Verfahren vor einem anderen zuständigen Organ.

§ 230

1. Wenn das Gericht bei dem Angeklagten einen Grund sieht, eine Schutzmaßnahme aufzuerlegen, kann es diese auch ohne Antrag des Prokurators auferlegen.

2. Wenn das Gericht zur Entscheidung über eine Schutzmaßnahme noch ein weiteres sofort nicht durchführbares Beweisverfahren durchführen muß, behält es die Entscheidung über die Schutzmaßnahme der öffentlichen Sitzung vor.

3. Nach Absatz 2 ist auch dann zu verfahren, wenn der Prokurator einen Antrag auf Beschlagnahme einer Sache, die dem Angeklagten nicht gehört, gestellt hat.

8. Abschnitt

Entscheidungen des Gerichts außerhalb der Hauptverhandlung

§ 231

1. Wenn sich außerhalb der Hauptverhandlung einer der Umstände herausstellt, die eine Einstellung der Strafverfolgung gemäß § 223 Abs. 1 und 2 oder eine Unterbrechung der Strafverfolgung gemäß § 224 Abs. 1 und 2 begründen, stellt das Gericht die Strafverfolgung ein, gegebenenfalls unterbricht es die nichtöffentliche Sitzung.

2. Gegen eine Entscheidung nach Absatz 1 kann der Prokurator Beschwerde einlegen, die aufschiebende Wirkung hat, sofern es sich nicht um eine Unterbrechung der Strafverfolgung handelt.

14. Hauptstück
Öffentliche Sitzung

§ 232
Allgemeine Bestimmung

In öffentlicher Sitzung entscheidet das Gericht in den Fällen, für die das Gesetz es ausdrücklich bestimmt.

§ 233
Vorbereitung der öffentlichen Sitzung

1. Der Senatsvorsitzende lädt zur öffentlichen Sitzung die Personen, deren persönliche Beteiligung daran notwendig ist. Von der öffentlichen Sitzung benachrichtigt er den Prokurator sowie die Person, die mit ihrem Antrag Anlaß zur öffentlichen Sitzung gegeben hat, und die Person, die durch die Entscheidung unmittelbar berührt sein kann, sofern diese Personen nicht zur öffentlichen Sitzung geladen wurden; er benachrichtigt auch den Verteidiger, gegebenenfalls den Bevollmächtigten und den gesetzlichen Vertreter dieser Personen. Der Ladung oder Benachrichtung wird eine Abschrift des Antrags, der Anlaß zur öffentlichen Sitzung gegeben hat, beigefügt.

2. Den Tag der öffentlichen Sitzung bestimmt der Senatsvorsitzende so, daß der Person, die durch ihren Antrag Anlaß zur öffentlichen Sitzung gegeben hat, der Person, die durch die Entscheidung unmittelbar berührt werden kann, dem Verteidiger oder Bevollmächtigten dieser Personen sowie dem Prokurator von der Zustellung der Ladung bis zur öffentlichen Sitzung oder von der Benachrichtigung bis zur öffentlichen Sitzung eine mindestens fünftägige Frist zur Vorbereitung bleibt. Diese Frist kann nur mit Zustimmung der Person, in deren Interesse die Frist gewährt wurde, verkürzt werden. Bei den übrigen Personen, die zur öffentlichen Sitzung geladen oder hierüber benachrichtigt werden, ist in der Regel eine dreitägige Frist einzuhalten.

§ 234
Anwesenheit bei der öffentlichen Sitzung

1. Die öffentliche Sitzung erfolgt in ständiger Anwesenheit aller Senatsmitglieder und des Schriftführers.

2. Soweit das Gesetz nichts anderes bestimmt[26], ist die Beteiligung des Prokurators und des Verteidigers an der öffentlichen Sitzung nicht notwendig.

Verlauf der öffentlichen Sitzung

§ 235

1. Nach Eröffnung der öffentlichen Sitzung gibt der Vorsitzende oder ein von ihm bestimmtes Mitglied des Senats auf Grund der

[26] Vgl. §§ 263 Abs. 2 und 3, 274 Abs. 1, 297 Abs. 2.

Akten einen Bericht über den Stand der Sache, der auf die Fragen, die in der öffentlichen Sitzung zu lösen sind, ausgerichtet ist. Sodann trägt die Person, die durch ihren Antrag den Anlaß zur öffentlichen Sitzung gegeben hat, ihren Antrag vor. Die Person, die durch die Entscheidung unmittelbar berührt sein kann sowie der Prokurator äußern sich, wenn sie nicht selbst Antragsteller sind, zu dem Antrag.

2. Wenn in der öffentlichen Sitzung Beweise erhoben werden, finden die Bestimmungen über das Beweisverfahren bei der Hauptverhandlung sinngemäß Anwendung. Die Beschränkung in der Aufnahme eines Beweises durch Verlesen des Protokolls über die Aussage eines Zeugen oder Sachverständigen (§ 211 Abs. 1) gilt nur für die öffentliche Sitzung, die über die Berufung stattfindet.

3. Nach der Beweisaufnahme erteilt der Senatsvorsitzende das Wort zu den Schlußvorträgen. Wenn der Beschuldigte die Person ist, die durch die Entscheidung unmittelbar berührt werden kann, hat er das Recht, als letzter zu sprechen.

§ 236

Die Entscheidung des Gerichts wird immer öffentlich verkündet.

§ 237

Grundlage für die Entscheidung

Bei seiner Entscheidung darf das Gericht nur Tatsachen berücksichtigen, die in der öffentlichen Sitzung erörtert wurden, und sich nur auf Beweise stützen, die in der öffentlichen Sitzung erhoben wurden.

§ 238

Anwendung der Bestimmungen über die Hauptverhandlung

Auf die Öffentlichkeit, das Verfahren, den Beginn und die Vertagung der öffentlichen Sitzung finden die Bestimmungen über die Hauptverhandlung sinngemäß Anwendung.

§ 239

Schutzheilung und Beschlagnahme einer Sache

1. Handelt es sich nicht um einen Fall, in dem sich das Gericht die Entscheidung über eine Schutzheilung oder die Beschlagnahme einer Sache gemäß § 230 Abs. 2 vorbehalten hat, kann es diese Maßnahmen in der öffentlichen Sitzung nur auferlegen, wenn der Prokurator es beantragt.

2. Gegen die Entscheidung über die Schutzheilung oder die Beschlagnahme einer Sache ist die Beschwerde zulässig, die aufschiebende Wirkung hat.

15. Hauptstück

Nichtöffentliche Sitzung

§ 240

In nichtöffentlicher Sitzung entscheidet das Gericht in den Fällen, für die durch Gesetz nicht vorgeschrieben ist, daß in einer Hauptverhandlung oder in öffentlicher Sitzung entschieden wird.

§ 241

Von der nichtöffentlichen Sitzung benachrichtigt der Senatsvorsitzende den Prokurator, und zwar in der Regel mindestens drei Tage vorher. Wenn die Beteiligung des Prokurators an der nichtöffentlichen Sitzung obligat ist, kann er nur mit dessen Zustimmung die dreitägige Frist abkürzen.

§ 242

1. Eine nichtöffentliche Sitzung findet in ständiger Anwesenheit aller Mitglieder des Senats und des Schriftführers statt.

2. Soweit dieses Gesetz nichts anderes bestimmt, ist die Beteiligung des Prokurators an der nichtöffentlichen Sitzung nicht obligat.

3. Andere Personen sind von der Beteiligung an der nichtöffentlichen Sitzung ausgeschlossen.

§ 243

1. Wenn es erforderlich ist, in der nichtöffentlichen Sitzung Beweise zu erheben, geschieht das durch Verlesen von Protokollen und anderen Schriftstücken.

2. Bevor sich das Gericht zur Schlußberatung begibt, erteilt der Senatspräsident dem Prokurator das Wort zur abschließenden Äußerung oder zum Schlußantrag.

§ 244

Die Entscheidung wird immer verkündet.

16. Hauptstück

Berufung und Berufungsverfahren

§ 245

Zulässigkeit und Wirkung

1. Das Rechtsmittel gegen das Urteil eines Gerichts der ersten Instanz ist die Berufung.

2. Die Berufung hat aufschiebende Wirkung.

Berechtigte Personen

§ 246

1. Mit der Berufung kann ein Urteil angreifen:

a) der Prokurator wegen Unrichtigkeit irgendeines Ausspruchs,

b) der Angeklagte wegen Unrichtigkeit eines Ausspruchs, der ihn unmittelbar betrifft,
c) die beteiligte Person wegen Unrichtigkeit eines Ausspruchs über die Beschlagnahme einer Sache,
d) der Geschädigte, der einen Schadensersatzanspruch geltend gemacht hat, wegen Unrichtigkeit des Ausspruchs über den Schadensersatz.

2. Die Person, die berechtigt ist, ein Urteil wegen Unrichtigkeit irgendeines Ausspruchs anzugreifen, kann es auch deshalb angreifen, weil ein solcher Ausspruch nicht ergangen ist sowie auch wegen Verletzung der Bestimmungen über das dem Urteil vorausgehende Verfahren, wenn diese Verletzung bewirken konnte, daß der Ausspruch unrichtig ist oder fehlt.

§ 247

1. Zuungunsten des Angeklagten kann nur der Prokurator das Urteil mit Berufung angreifen; nur soweit es sich um die Pflicht zum Schadensersatz handelt, hat dieses Recht auch der Geschädigte, der einen Anspruch auf Schadensersatz geltend gemacht hat.

2. Zugunsten des Angeklagten können außer dem Angeklagten und dem Prokurator auch die in gerader Linie mit ihm Verwandten sowie die Geschwister, die Adoptiveltern, die Adoptivkinder, der Ehegatte und der Lebensgefährte das Urteil mit Berufung angreifen. Der Prokurator kann das auch gegen den Willen des Angeklagten tun. Wenn der Angeklagte eine Person ist, der die Fähigkeit zur Vornahme von Rechtshandlungen fehlt oder deren Fähigkeit zur Vornahme von Rechtshandlungen beschränkt ist, kann auch sein gesetzlicher Vertreter und sein Verteidiger für ihn zu seinen Gunsten Berufung einlegen, sogar gegen den Willen des Angeklagten.

§ 248

Frist und Ort

1. Die Berufung wird bei dem Gericht, gegen dessen Urteil sie sich richtet, binnen acht Tagen nach Zustellung der Urteilsabschrift eingelegt.

2. Wenn das Urteil sowohl dem Angeklagten als auch seinem Verteidiger und gesetzlichen Vertreter zugestellt wird, läuft die Frist von der am spätesten durchgeführten Zustellung ab.

3. Für die anderen in § 247 Abs. 2 angeführten Personen mit Ausnahme des Prokurators endet die Frist mit dem gleichen Tage wie für den Angeklagten.

§ 249

Inhalt der Berufung

1. Die Berufung des Prokurators, die Berufung, die für den Angeklagten dessen Verteidiger einlegt, sowie die Berufung, die für den Geschädigten oder für die beteiligten Person deren Bevollmächtigte einlegen, muß innerhalb der im § 248 angeführten Frist auch so be-

gründet werden, daß ersichtlich ist, in welchen Teile das Urteil angegriffen wird und welche Mängel an dem Urteil oder dem ihm vorausgehenden Verfahren gerügt werden.

2. Die Berufung kann auf neue Tatsachen und Beweise gestützt werden.

§ 250

Verzicht und Rücknahme

1. Nach der Verkündung des Urteils kann die berechtigte Person auf die Berufung ausdrücklich verzichten.

2. Die Person, die Berufung eingelegt hat, kann sie durch ausdrückliche Erklärung zurücknehmen, und zwar solange, bis sich das Berufungsgericht zur Schlußberatung begibt. Eine Berufung des Prokurators kann auch der übergeordnete Prokurator zurücknehmen.

3. Eine Berufung, die zugunsten des Angeklagten von einer anderen berechtigten Person oder für den Angeklagten durch seinen Verteidiger oder gesetzlichen Vertreter eingelegt wurde, kann nur mit ausdrücklicher Zustimmung des Angeklagten zurückgenommen werden. Der Prokurator kann eine solche Berufung auch ohne Zustimmung des Angeklagten zurücknehmen. In diesem Falle läuft für den Angeklagten eine neue Berufungsfrist von der Benachrichtigung ab, daß die Berufung zurückgenommen wurde.

4. Die Rücknahme der Berufung wird, wenn keine Hindernisse vorliegen, vom Senatsvorsitzenden des Berufungsgerichts, und wenn die Sache diesem Gericht bisher nicht vorgelegt worden war, vom Senatsvorsitzenden des Gerichtes des ersten Rechtszugs durch Beschluß zur Kenntnis genommen.

§ 251

Verfahren beim Gericht des ersten Rechtszugs

Der Senatsvorsitzende stellt eine Abschrift der Berufung den übrigen Parteien, die durch die Entscheidung über die Berufung unmittelbar berührt sein könnten, mit dem Hinweis zu, daß sie sich zur Berufung äußern können; sobald die Frist zur Einlegung der Berufung für alle berechtigten Personen verstrichen ist, legt er die Akten dem Berufungsgericht vor.

§ 252

Berufungsgericht

Über die Berufung gegen ein Urteil des Bezirksgerichts entscheidet das übergeordnete Kreisgericht. Über die Berufung gegen ein Urteil des Kreisgerichts als Gericht des ersten Rechtszugs entscheidet das Oberste Gericht.

Entscheidungen des Berufungsgerichts

§ 253

1. Das Berufungsgericht verwirft die Berufung, wenn sie verspätet, durch eine nicht berechtigte Person oder durch eine Person ein-

gelegt wurde, die auf die Berufung ausdrücklich verzichtet hat oder erneut eine Berufung eingelegt hat, die sie in derselben Sache schon früher ausdrücklich zurückgenommen hatte.

2. Als verspätet kann eine Berufung nicht verworfen werden, die von einer berechtigten Person nur deshalb verspätet eingelegt wurde, weil diese sich an eine unrichtige Belehrung durch das Gericht gehalten hat.

§ 254

1. Wenn das Berufungsgericht die Berufung nicht nach § 253 verwirft, prüft es die Gesetzmäßigkeit und Begründetheit aller Urteilsaussprüche, gegen die der Berufungskläger Berufung einlegen kann, sowie auch die Richtigkeit des dem Urteil vorausgegangenen Verfahrens, wobei auch von der Berufung nicht gerügte Mängel zu beachten sind.

2. Wurde mit der Berufung der Teil eines Urteils angegriffen, der nur eine von mehreren Personen, über die durch das gleiche Urteil entschieden wurde, betrifft, prüft das Berufungsgericht gemäß Absatz 1 nur den Teil des Urteils und des vorausgegangenen Verfahrens, der diese Person betrifft.

§ 255

Das Berufungsgericht unterbricht die Strafverfolgung, wenn sich während des Berufungsverfahrens herausstellt, daß nach der Verkündung des angegriffenen Urteils einer der im § 173 Abs. 1 Buchst. b) bis d) angeführten Umstände eingetreten ist oder wenn dem Angeklagten die Ladung zur öffentlichen Sitzung des Berufungsgerichts nicht zugestellt werden kann.

§ 256

Das Berufungsgericht verwirft die Berufung, wenn es sie für unbegründet hält.

§ 257

Das Berufungsgericht hebt das angegriffene Urteil auf und

a) tritt die Sache ab, wenn schon das Gericht des ersten Rechtszugs dies hätte tun müssen (§ 222 Abs. 1 bis 3),

b) stellt die Strafverfolgung ein, wenn es erachtet, daß einer der Umstände, die die Einstellung der Strafverfolgung durch das Gericht des ersten Rechtszugs begründet haben würde (§ 223 Abs. 1 und 2), vorliegt,

c) unterbricht die Strafverfolgung, wenn schon das Gericht des ersten Rechtszugs das hätte tun sollen (§ 224 Abs. 1 und 2).

§ 258

1. Das Berufungsgericht hebt das angegriffene Urteil ferner auf

a) wegen wesentlicher Mängel des dem Urteil vorausgegangenen Verfahrens, insbesondere wegen Verletzung von Bestimmungen, durch welche die Aufklärung der Sache oder ein Recht der Verteidigung gewährleistet werden soll,

b) wegen Mängel des Urteils, insbesondere wegen Unklarheit oder Unvollständigkeit der Tatbestandsfeststellungen oder weil das Gericht sich nicht mit allen für die Entscheidung erheblichen Umständen auseinandergesetzt hat,

c) wenn Zweifel über die Richtigkeit der Tatbestandsfeststellungen entstehen, zur Aufklärung der Sache es erforderlich ist, Beweiserhebungen zu wiederholen oder weitere Beweise zu erheben und die Durchführung dieser Beweiserhebungen vor dem Berufungsgericht bedeuten würde, daß die Tätigkeit des Gerichts des ersten Rechtszugs ersetzt wird,

d) wenn durch das angegriffene Urteil eine Bestimmung des Strafgesetzes verletzt wurde,

e) wenn die verhängte Strafe unangemessen ist, oder

f) wenn die Entscheidung über den geltend gemachten Anspruch des Geschädigten auf Schadensersatz unrichtig ist.

2. Wenn nur ein Teil des angegriffenen Urteils fehlerhaft ist und dieser sich von den übrigen abtrennen läßt, hebt das Berufungsgericht das Urteil nur in diesem Teile auf; wenn es jedoch auch nur teilweise den Schuldspruch aufhebt, so hebt es stets gleichzeitig auch den ganzen Strafausspruch sowie die weiteren Aussprüche, die auf dem Schuldausspruch beruhen, auf.

§ 259

1. Wenn nach Aufhebung des angegriffenen Urteils oder eines seiner Teile in der Sache eine neue Entscheidung zu treffen ist, gibt das Berufungsgericht die Sache in der Regel dem Gericht des ersten Rechtszugs zurück, damit dieses sie in dem erforderlichen Umfang erneut verhandelt und entscheidet.

2. Beruht der Mangel nur darin, daß in dem angegriffenen Urteil irgendein Ausspruch fehlt oder unvollständig ist, kann das Berufungsgericht, ohne das Urteil aufzuheben, die Sache dem Gericht des ersten Rechtszugs zurückgeben mit der Anweisung, über den fehlenden Ausspruch zu entscheiden oder den unvollständigen Ausspruch zu ergänzen.

3. Das Berufungsgericht kann durch Urteil in der Sache selbst nur entscheiden, wenn es möglich ist, auf Grund des in dem angegriffenen Urteil richtig festgestellten und gegebenenfalls durch Beweise, die unmittelbar vor dem Berufungsgericht erhoben wurden, ergänzten Tatbestands, eine neue Entscheidung zu treffen. Das Berufungsgericht kann aber nicht selbst

a) den Angeklagten wegen eines Sachverhalts, hinsichtlich dessen er durch das angegriffene Urteil freigesprochen wurde, für schuldig erkennen,

b) den Angeklagten wegen einer Straftat, die schwerer strafbar ist als diejenige, wegen der ihn in dem angegriffenen Urteil das Gericht des ersten Rechtszugs für schuldig erkennen konnte (§ 225 Abs. 2), für schuldig erkennen,

c) gegen den Angeklagten die Todesstrafe verhängen, wenn nicht schon das Gericht des ersten Rechtszugs diese Strafe gegen ihn verhängt hat.

4. Das Berufungsgericht kann gegen den Angeklagten eine strengere Strafe als sie das Gericht des ersten Rechtszugs verhängt hat, nur auf Grund einer zuungunsten des Angeklagten eingelegten Berufung des Prokurators verhängen.

§ 260

Das Berufungsgericht kann, wenn es das zur gehörigen Aufklärung der Sache für notwendig hält, bei der Aufhebung eines Urteils aussprechen, daß die Sache dem Prokurator zur Ergänzung der Ermittlungen zurückgegeben wird. Auch in diesem Fall gilt die Bestimmung des § 191.

§ 261

Kommt ein Grund, aus dem das Berufungsgericht zugunsten irgendeines Angeklagten entschieden hat, auch einem weiteren Mitangeklagten oder einer beteiligten Person zugute, entscheidet das Berufungsgericht immer auch zu deren Gunsten. Ebenso entscheidet es zugunsten des Angeklagten, dem ein Grund zugute kommt, aus dem es zugunsten einer beteiligten Person entschieden hat.

§ 262

Wenn das Berufungsgericht entscheidet, daß die Sache zur erneuten Verhandlung und Entscheidung dem Gericht des ersten Rechtszugs zurückgegeben wird, kann es gleichzeitig anordnen, daß die Sache in einer anderen Zusammensetzung des Senats verhandelt und entschieden wird. Aus einem wichtigen Grunde kann es auch anordnen, daß ein anderes Gericht derselben Art und Stufe in seinem Sprengel die Sache verhandelt und entscheidet.

§ 263

Verfahren beim Berufungsgericht

1. Über die Berufung entscheidet das Berufungsgericht in öffentlicher Sitzung. Entscheidungen nach den §§ 253, 255 und 257 kann es auch in nichtöffentlicher Sitzung treffen.

2. Die Beteiligung des Prokurators an der öffentlichen Sitzung ist obligat.

3. Bei der öffentlichen Sitzung, die über die Berufung stattfindet, muß der Angeklagte einen Verteidiger in allen den Fällen haben, in denen er ihn bei der Hauptverhandlung haben muß.

4. In Abwesenheit des Angeklagten, der sich in Haft oder im Vollzug einer Strafe der Freiheitsentziehung befindet, kann eine öffent-

liche Sitzung des Berufungsgerichts nur dann stattfinden, wenn der Angeklagte ausdrücklich erklärt, daß er auf die Beteiligung an der öffentlichen Sitzung verzichtet.

5. Nach Eröffnung der öffentlichen Sitzung trägt der Senatsvorsitzende oder ein von ihm bestimmtes Mitglied des Senats zunächst das angefochtene Urteil vor, führt dann aus, welche Mängel des Urteils oder Verfahrens gerügt werden und teilt den wesentlichen Inhalt des bisherigen Verfahrens mit.

6. Beweise werden vor dem Berufungsgericht in der Regel nicht erhoben. Nur ausnahmsweise kann das Berufungsgericht das Verfahren durch Beweise, die für die Entscheidung über die Berufung unerläßlich notwendig sind, ergänzen.

§ 264

Verfahren beim Gericht des ersten Rechtszugs nach Aufhebung des Urteils

1. Das Gericht, dem eine Sache zu erneuter Verhandlung und Entscheidung zurückgegeben wurde, ist an die Rechtsauffassung, die das Berufungsgericht in seiner Entscheidung ausgesprochen hat, gebunden und ist verpflichtet, die Handlungen und Ergänzungen, deren Durchführung das Berufungsgericht angeordnet hat, vorzunehmen.

2. Wenn das angegriffene Urteil nur infolge einer zugunsten des Angeklagten eingelegten Berufung aufgehoben wurde, kann gegen den Angeklagten in dem neuen Verfahren keine strengere Strafe als gegen ihn durch das aufgehobene Urteil verhängt wurde, verhängt werden, es sei denn, daß das Gericht in dem neuen Verfahren auf Grund von Tatsachen, die sich neu ergeben haben, den Angeklagten einer schwereren Straftat für schuldig erkannt hat.

§ 265

Folgen der Aufhebung des Ausspruchs über den Schadensersatz

Wenn das Berufungsgericht das angegriffene Urteil nur in dem Ausspruch über den Schadensersatz aufhebt und nicht selbst in der Sache entscheidet, verweist es den Geschädigten auf das Verfahren in bürgerlichrechtlichen Angelegenheiten, gegebenenfalls auf das Verfahren vor einem anderen zuständigen Organ.

17. Hauptstück

Beschwerde wegen Verletzung des Gesetzes und das Verfahren hierüber

§ 266

1. Gegen eine rechtskräftige Gerichtsentscheidung, durch die ein Gesetz verletzt wurde, sowie gegen eine rechtskräftige Gerichtsentscheidung, die auf Grund eines Verfahrensfehlers getroffen wurde,

kann der Generalprokurator oder der Vorsitzende des Obersten Gerichts eine Beschwerde wegen Verletzung des Gesetzes beim Obersten Gericht einlegen. Der Generalprokurator kann sie auch gegen eine solche Entscheidung eines Prokurators, Untersuchungsführers oder Ermittlungsorgans einlegen.

2. Gegen einen Strafausspruch kann die Beschwerde wegen Verletzung des Gesetzes nur dann eingelegt werden, wenn die Strafe in offenbarem Mißverhältnis zum Grade der Gesellschaftsgefährlichkeit der Tat und zu den Verhältnissen des Täters steht oder wenn die verhängte Strafart in offensichtlichem Widerspruch mit dem Zweck der Strafe steht.

3. Wenn die im Absatz 1 angeführte Entscheidung mehrere Personen betrifft, kann die Beschwerde wegen Verletzung des Gesetzes auch nur gegen den Teil der Entscheidung, der eine von diesen Personen betrifft, eingelegt werden.

4. Gegen die Entscheidung über eine Beschwerde wegen Verletzung des Gesetzes ist eine Beschwerde wegen Verletzung des Gesetzes nicht zulässig.

§ 267

1. Das Oberste Gericht prüft auf Grund der Beschwerde wegen Verletzung des Gesetzes die Richtigkeit aller Aussprüche der angegriffenen Entscheidung sowie das ihr vorausgegangene Verfahren.

2. Wurde die Beschwerde wegen Verletzung des Gesetzes gemäß § 266 Abs. 3 beschränkt, prüft es die Richtigkeit nur derjenigen Aussprüche, welche sich auf die Personen beziehen, die die Beschwerde wegen Verletzung des Gesetzes betrifft, sowie das Verfahren, das diesem Teil der Entscheidung vorausgegangen ist.

§ 268

1. Wenn das Oberste Gericht erachtet, daß das Gesetz nicht verletzt wurde, verwirft es durch Beschluß die Beschwerde wegen Verletzung des Gesetzes.

2. Wenn das Oberste Gericht erachtet, daß das Gesetz verletzt wurde, spricht es durch Urteil aus, daß durch die angegriffene Entscheidung, gegebenenfalls deren Teil (§ 266 Abs. 3) oder in dem Verfahren, das dieser Entscheidung vorausgegangen ist, das Gesetz verletzt wurde.

§ 269

1. Der Ausspruch nach § 268 Abs. 2 berührt nicht die Rechtskraft der Entscheidung, um die es sich handelt.

2. Wenn aber das Gesetz zum Nachteil des Beschuldigten verletzt wurde, hebt das Oberste Gericht gleichzeitig mit dem in § 268 Abs. 2 angeführten Ausspruch die angegriffene Entscheidung oder deren Teil, gegebenenfalls auch das vorausgegangene fehlerhafte Verfahren, auf. Wenn nur ein Ausspruch der angegriffenen Entscheidung

ungesetzlich ist und er von den übrigen abgetrennt werden kann, hebt das Oberste Gericht nur diesen Ausspruch auf. Hebt es aber, wenn auch nur teilweise, den Schuldspruch auf, so hebt es immer gleichzeitig den ganzen Strafausspruch sowie die weiteren Aussprüche, die auf dem Schuldspruch beruhen, auf. Es hebt auch weitere Entscheidungen auf, die inhaltlich an die aufgehobene Entscheidung anknüpfen, sofern sie im Hinblick auf die Veränderung, zu der es durch die Aufhebung gekommen ist, ihre Grundlage verloren haben. Die Bestimmung des § 261 findet sinngemäß Anwendung.

§ 270

1. Wenn es nach Aufhebung einer angegriffenen Entscheidung oder eines ihrer Aussprüche notwendig ist, in der Sache erneut zu entscheiden, weist das Oberste Gericht in der Regel das Organ, um dessen Entscheidung es geht, an, die Sache in dem erforderlichen Umfang erneut zu verhandeln und zu entscheiden.

2. Liegt die Verletzung des Gesetzes nur darin, daß in der angegriffenen Entscheidung irgendein Ausspruch fehlt oder unvollständig ist, kann das Oberste Gericht, ohne die Entscheidung aufzuheben, das Gericht oder den Prokurator, um deren Entscheidung es geht, anweisen, über den fehlenden Ausspruch zu entscheiden oder den unvollständigen Ausspruch zu ergänzen.

3. Wenn das Oberste Gericht eine Sache gemäß Abs. 1 oder 2 zur erneuten Verhandlung und Entscheidung verweist, kann es gleichzeitig anordnen, daß das Gericht sie in einer anderen Zusammensetzung des Senats verhandelt und entscheidet. Aus wichtigen Gründen kann es die Sache auch einem anderen Gericht oder anderen Prokurator zur Verhandlung und Entscheidung zuweisen.

4. Das Organ, dem die Sache zugewiesen wurde, ist an die Rechtsauffassung gebunden, die das Oberste Gericht in der Sache ausgesprochen hat, und ist verpflichtet, die Prozeßhandlungen, deren Vornahme das Oberste Gericht angeordnet hat, vorzunehmen.

§ 271

1. Das Oberste Gericht kann bei der Aufhebung der angegriffenen Entscheidung auch selbst sofort in der Sache entscheiden, wenn es möglich ist, auf Grund des in der angegriffenen Entscheidung richtig festgestellten Sachverhalts eine Entscheidung zu treffen. Das Oberste Gericht kann aber nicht selbst

a) den Beschuldigten wegen eines Sachverhalts, hinsichtlich dessen er durch das angegriffene Urteil von der Anklage freigesprochen wurde oder hinsichtlich dessen die Strafverfolgung eingestellt wurde, für schuldig erkennen,

b) den Beschuldigten wegen einer Straftat, die schwerer strafbar ist als diejenige, wegen der er durch das angegriffene Urteil für schuldig erkannt werden konnte, für schuldig erkennen,

c) gegen den Beschuldigten die Todesstrafe verhängen.

2. Hebt das Oberste Gericht ein Urteil nur in seinem Ausspruch über den Schadensersatz auf, findet § 265 sinngemäß Anwendung.

§ 272

Wenn das Gesetz nicht zum Nachteil des Beschuldigten verletzt wurde, kann das Oberste Gericht nach § 269 Abs. 2 bis § 271 nur dann verfahren, wenn dies der Generalprokurator oder der Vorsitzende des Obersten Gerichts in der binnen sechs Monaten nach Rechtskraft der angegriffenen Entscheidung eingelegten Beschwerde wegen Verletzung des Gesetzes beantragt hat und wenn das Oberste Gericht über diese Beschwerde binnen drei Monaten nach ihrer Einlegung entschieden hat.

§ 273

Wenn das Oberste Gericht erklärt hat, daß das Gesetz zum Nachteil des Beschuldigten verletzt wurde, kann es gegen den Beschuldigten bei der neuen Entscheidung nicht eine schwerere Strafe verhängen als gegen ihn durch das frühere Urteil verhängt worden ist. Geht es um eine andere Entscheidung, gilt die Bestimmung des § 150 sinngemäß.

§ 274

1. Über die Beschwerde wegen Verletzung des Gesetzes entscheidet das Oberste Gericht in öffentlicher Sitzung unter Beteiligung des Generalprokurators.

2. Richtet sich eine Beschwerde wegen Verletzung des Gesetzes gegen die Entscheidung eines Senats oder Senatsvorsitzenden des Obersten Gerichts, entscheidet darüber das Präsidium des Obersten Gerichts, sofern dieses nicht die Entscheidung darüber dem Plenum des Obersten Gerichts vorbehalten hat. Das Präsidium und das Plenum des Obersten Gerichts entscheiden in diesen Fällen in nichtöffentlicher Sitzung unter Beteiligung des Generalprokurators.

§ 275

1. Wenn das Gesetz zum Nachteil des Beschuldigten verletzt wurde, hindert dessen Tod nicht die Durchführung des Verfahrens auf Grund der Beschwerde wegen Verletzung des Gesetzes; die Strafverfolgung kann hier nicht mit der Begründung eingestellt werden, daß der Beschuldigte verstorben ist.

2. Wenn die Benachrichtigung von der öffentlichen Sitzung nicht der Person zugestellt werden kann, die durch die Entscheidung über die Beschwerde wegen Verletzung des Gesetzes unmittelbar berührt werden kann, genügt es, ihren Verteidiger, gegebenenfalls ihren Bevollmächtigten davon zu benachrichtigen, daß die öffentliche Sitzung

stattfindet. Wenn diese Person keinen Verteidiger bzw. Bevollmächtigten hat, ist es erforderlich, ihr einen solchen zu diesem Zweck zu bestellen. Die Bestimmung des § 39 findet hier sinngemäß Anwendung.

3. Wenn der Beschuldigte eine Strafe der Freiheitsentziehung, die ihm durch das ursprüngliche Urteil auferlegt wurde, verbüßt und das Oberste Gericht auf eine Beschwerde wegen Verletzung des Gesetzes den Ausspruch über diese Strafe aufhebt, entscheidet es gleichzeitig über die Haft.

4. Der Generalprokurator oder der Vorsitzende des Obersten Gerichts können die Vollstreckung einer Entscheidung, gegen die sie eine Beschwerde wegen Verletzung des Gesetzes eingelegt haben, bis zur Entscheidung aufschieben oder unterbrechen.

§ 276

Wenn es für die Entscheidung über eine Beschwerde wegen Verletzung des Gesetzes notwendig ist, irgendeinen Umstand aufzuklären, führt der Vorsitzende des Senats des Obersten Gerichts oder auf sein Ersuchen irgendein anderes im Strafverfahren tätiges Organ, eventuell auch ein Organ des Korps für nationale Sicherheit, die nötigen Ermittlungen durch. Für solche Ermittlungen gelten die Bestimmungen des 5. Hauptstücks. In besonders dringlichen Fällen können zur Sicherung des Beweismaterials auf Grund eines Senatsbeschlusses auch die im 4. Hauptstück angeführten Mittel angewendet werden. Die Sicherstellung der Person des Beschuldigten durch Erlaß einer Anweisung zur Hafteinlieferung oder Inhaftnahme kann jedoch nur erfolgen, wenn es der Generalprokurator oder der Vorsitzende des Obersten Gerichts in der zuungunsten des Beschuldigten eingelegten Beschwerde wegen Verletzung des Gesetzes beantragt und das Oberste Gericht dies im Hinblick auf die Schwere der Straftat und die Dringlichkeit der Haftgründe für unerläßlich hält.

18. Hauptstück

Wiederaufnahme des Verfahrens

§ 277

Allgemeine Bestimmung

Wenn die gegen eine bestimmte Person durchgeführte Strafverfolgung mit einem rechtskräftigen Urteil oder einem rechtskräftigen Beschluß über die Einstellung der Strafverfolgung endigte, kann die Strafverfolgung derselben Person wegen desselben Sachverhalts nur fortgesetzt werden, wenn die Wiederaufnahme des Strafverfahrens bewilligt wurde. Vor der Bewilligung der Wiederaufnahme können zur Sicherung des Beweismaterials und der Person des Beschuldigten Untersuchungs- und Vorerhebungshandlungen nur in den Grenzen der Bestimmungen dieses Hauptstücks vorgenommen werden.

Voraussetzungen der Wiederaufnahme

§ 278

1. Die Wiederaufnahme eines durch rechtskräftiges Urteil abgeschlossenen Verfahrens wird bewilligt, wenn dem Gericht früher unbekannte Tatsachen und Beweise hervorkommen, die allein für sich oder in Verbindung mit den schon früher bekannten Tatsachen und Beweisen eine andere Entscheidung über die Schuld oder über den zuerkannten Anspruch des Geschädigten auf Schadensersatz begründen könnten oder die die ursprünglich verhängte Strafe in einem offensichtlichen Mißverhältnis zu dem Grade der Gesellschaftsgefährlichkeit der Tat oder zu den Verhältnissen des Täters oder die verhängte Strafart in einem offensichtlichen Widerspruch mit dem Zweck der Strafe erscheinen lassen.

2. Die Wiederaufnahme eines Verfahrens, das durch einen rechtskräftigen Gerichtsbeschluß über die Einstellung der Strafverfolgung abgeschlossen wurde, wird bewilligt, wenn dem Gericht früher nicht bekannte Tatsachen und Beweise hervorkommen, die allein für sich oder in Verbindung mit schon früher bekannten Tatsachen und Beweisen zu dem Schluß führen könnten, daß die Gründe zur Einstellung hier nicht vorlagen und daß es angebracht ist, das Verfahren über die Anklage fortzusetzen.

3. Die Wiederaufnahme eines Verfahrens, das durch einen rechtskräftigen Beschluß des Prokurators, des Untersuchungsführers oder des Ermittlungsorgans über die Einstellung der Strafverfolgung abgeschlossen wurde, wird bewilligt, wenn Tatsachen und Beweise hervorkommen, die dem Organ, um dessen Entscheidung es geht, früher unbekannt waren und die allein für sich oder in Verbindung mit schon früher bekannten Tatsachen und Beweisen zu dem Schluß führen könnten, daß die Gründe zur Einstellung hier nicht vorlagen und daß es angebracht ist, gegen den Beschuldigten die Anklage zu erheben.

4. Die Wiederaufnahme des Verfahrens, das auf eine der in den vorhergehenden Absätzen angeführten Arten abgeschlossen wurde, wird auch dann bewilligt, wenn durch rechtskräftiges Urteil festgestellt wird, daß ein Ermittlungsorgan, ein Untersuchungsführer, Prokurator oder Richter im früheren Verfahren seine Pflichten durch eine Handlung, die eine Straftat darstellt, verletzt hat.

§ 279

Die Wiederaufnahme zuungunsten des Beschuldigten ist ausgeschlossen, wenn

a) die Strafbarkeit der Tat erloschen ist,
b) sich auf die Tat eine Entscheidung des Präsidenten der Republik bezieht, mit der angeordnet wurde, die Strafverfolgung nicht fortzusetzen, oder
c) der Beschuldigte verstorben ist.

§ 280

Personen, die berechtigt sind, einen Antrag auf Bewilligung der Wiederaufnahme zu stellen

1. Die Wiederaufnahme kann nur auf Antrag einer berechtigten Person bewilligt werden.

2. Zuungunsten des Beschuldigten kann nur der Prokurator einen Antrag auf Bewilligung der Wiederaufnahme stellen.

3. Zugunsten des Beschuldigten können außer dem Beschuldigten auch die Personen, die zu seinem Gunsten Berufung einlegen könnten, einen Antrag auf Bewilligung der Wiederaufnahme stellen. Soweit sie das auch gegen den Willen des Beschuldigten tun können, können sie gegen seinen Willen auch Anträge auf Bewilligung der Wiederaufnahme stellen. Einen solchen Antrag können sie auch nach dem Tode des Beschuldigten stellen.

4. Wenn das Gericht oder ein anderes staatliches Organ einen Umstand erfährt, der einen Antrag auf Bewilligung der Wiederaufnahme begründen könnte, ist es verpflichtet, diesen Umstand dem Prokurator anzuzeigen. Handelt es sich um einen Umstand, der einen Antrag auf Bewilligung der Wiederaufnahme zugunsten des Beschuldigten begründen könnte, ist der Prokurator verpflichtet, hiervon unverzüglich den Beschuldigten oder, wenn das nicht möglich ist, eine andere antragsberechtigte Person zu benachrichten, sofern er einen solchen Antrag nicht selbst stellt.

§ 281

Zuständigkeit des Gerichts zur Entscheidung über die Wiederaufnahme

1. Über den Antrag auf Bewilligung der Wiederaufnahme eines Verfahrens, das durch einen rechtskräftigen Beschluß des Prokurators, des Untersuchungsführers oder des Ermittlungsorgans über die Einstellung der Strafverfolgung abgeschlossen wurde, entscheidet das Gericht, das zuständig wäre, über die Anklage zu entscheiden.

2. Über den Antrag auf Bewilligung der Wiederaufnahme eines Verfahrens, das durch ein rechtskräftiges Urteil abgeschlossen wurde, und eines Verfahrens, das durch einen rechtskräftigen Gerichtsbeschluß über die Einstellung der Strafverfolgung abgeschlossen wurde, entscheidet das Gericht, das in der Sache im ersten Rechtszug entschieden hat.

3. Wenngleich in der Sache im ersten Rechtszug ein Bezirksgericht entschieden hat, entscheidet über den Antrag auf Bewilligung der Wiederaufnahme das Kreisgericht, wenn der Prokurator das beantragt mit der Begründung, daß es sich im Hinblick auf die neu hervorgekommenen Tatsachen und Beweise um eine Straftat handelt, die in die Zuständigkeit des Kreisgerichts fällt.

Verfahren über den Antrag auf Bewilligung der Wiederaufnahme

§ 282

1. Wenn es für die Entscheidung über einen Antrag auf Bewilligung der Wiederaufnahme zur Überprüfung seiner Begründetheit der vorherigen Aufklärung irgendeines Umstands bedarf, führt der Senatsvorsitzende oder auf sein Ersuchen irgendein anderes im Strafverfahren tätiges Organ, gegebenenfalls auch ein Organ des Korps für nationale Sicherheit, die notwendigen Ermittlungen durch. Für solche Ermittlungen gelten die Bestimmungen des 5. Hauptstücks.

2. In besonders dringlichen Fällen können zur Sicherung des Beweismaterials auf Grund eines Senatsbeschlusses auch die im 4. Hauptstück angeführten Mittel Anwendung finden. Die Sicherstellung der Person des Beschuldigten durch Erlaß einer Anweisung auf Hafteinlieferung oder Inhaftnahme ist jedoch vor Bewilligung der Wiederaufnahme nur dann möglich, wenn dies der Prokurator, der einen Wiederaufnahmeantrag zuungunsten des Beschuldigten gestellt hat, beantragt und wenn das Gericht es im Hinblick auf den Charakter der neu hervorgekommenen Tatsachen und Beweise, die Schwere der Straftat und die Dringlichkeit der Haftgründe für unerläßlich hält.

3. Wenn ein Antrag auf Bewilligung der Wiederaufnahme zugunsten einer zum Tod verurteilten Person gestellt wurde, verschiebt das Gericht die Vollstreckung dieser Strafe bis zur Entscheidung über den Antrag. Nach Stellung eines Wiederaufnahmeantrags kann das Gericht auch die Vollstreckung anderer Strafen aufschieben oder unterbrechen.

§ 283

Das Gericht verwirft den Antrag auf Bewilligung der Wiederaufnahme,

a) wenn er von einer nichtberechtigten Person gestellt wurde,
b) wenn er sich nur gegen eine Entscheidung oder einen Ausspruch richtet, hinsichtlich deren eine Wiederaufnahme nicht zulässig ist,
c) wenn die Wiederaufnahme gemäß § 279 ausgeschlossen ist, oder
d) wenn es die Wiederaufnahmegründe nach § 278 nicht für gegeben ansieht.

§ 284

1. Entspricht das Gericht einem Antrag auf Bewilligung der Wiederaufnahme, so hebt es die angegriffene Entscheidung ganz oder in dem Teil, in dem der Antrag begründet ist, auf. Wenn es, auch nur teilweise, den Schuldausspruch aufhebt, hebt es immer zugleich den ganzen Strafausspruch sowie die weiteren Aussprüche, die auf dem Schuldausspruch beruhen, auf. Es hebt auch weitere Entscheidungen auf, die inhaltlich an die aufgehobene Entscheidung anknüpfen, sofern sie im Hinblick auf die Änderung, zu der es durch die Aufhebung gekommen ist, ihre Grundlage verloren haben.

2. Wenn das Gericht die Wiederaufnahme eines Verfahrens bewilligt, das durch rechtskräftigen Gerichtsbeschluß über die Einstellung der Strafverfolgung abgeschlossen wurde, oder wenn es in der Schuldfrage die Wiederaufnahme eines Verfahrens, das durch rechtskräftiges Urteil abgeschlossen wurde, bewilligt, kann es gleichzeitig mit der Aufhebung der Entscheidung die Sache an den Prokurator zu ergänzenden Ermittlungen zurückgeben, wenn es dies zur Aufklärung der Sache für notwendig hält. Das Kreisgericht, das nach § 281 Abs. 3 die Wiederaufnahme eines Verfahrens bewilligt, in dem im ersten Rechtszug das Bezirksgericht entschieden hat, gibt die Sache immer dem Prokurator zurück. Die Bestimmungen des § 191 gelten auch hier.

3. Wenn das Gericht die Wiederaufnahme nur hinsichtlich des Ausspruchs über den zuerkannten Schadensersatzanspruch des Geschädigten bewilligt, verweist es den Geschädigten bei der Aufhebung dieses Ausspruchs auf das Verfahren in bürgerlichrechtlichen Angelegenheiten, gegebenenfalls auf das Verfahren vor einem anderen zuständigen Organ.

§ 285

Wenn das Gericht die Wiederaufnahme zugunsten des Beschuldigten aus Gründen bewilligt, die auch einem Mitbeschuldigten oder einer beteiligten Person zugute kommen, bewilligt es gleichzeitig die Wiederaufnahme auch zu ihren Gunsten.

§ 286

1. Über den Antrag auf Bewilligung der Wiederaufnahme entscheidet das Gericht in öffentlicher Sitzung.

2. Aus den in § 283 Buchst. a) bis c) angeführten Gründen kann es einen Antrag auch in nichtöffentlicher Sitzung verwerfen. Aus dem in § 283 Buchst. d) angeführten Grunde kann es einen Antrag in nichtöffentlicher Sitzung nur in dem Falle verwerfen, wenn schon früher ein Antrag, der auf dieselben Tatsachen und Beweise gestützt war, rechtskräftig abgelehnt wurde und der neu gestellte Antrag nur dessen Wiederholung darstellt.

3. Gegen die Entscheidung über einen Antrag auf Bewilligung der Wiederaufnahme ist die Beschwerde zulässig, die aufschiebende Wirkung hat.

Verfahren nach Bewilligung der Wiederaufnahme

§ 287

Wenn an dem Beschuldigten die Strafe der Freiheitsentziehung, die durch das ursprüngliche Urteil verhängt wurde, vollstreckt wird, entscheidet das Gericht nach Rechtskraft des Beschlusses, durch den gemeinsam mit der Bewilligung der Wiederaufnahme der Ausspruch über diese Strafe aufgehoben wurde, unverzüglich über die Haft.

§ 288

1. Wenn die Wiederaufnahme eines Verfahrens, das durch rechtskräftigen Beschluß des Prokurators, des Untersuchungsführers oder des Ermittlungsorgans über die Einstellung der Strafverfolgung abgeschlossen wurde, rechtskräftig bewilligt wurde, wird das vorbereitende Verfahren fortgesetzt.

2. In den übrigen Fällen setzt das Gericht nach rechtskräftiger Bewilligung der Wiederaufnahme das Verfahren auf Grund der ursprünglichen Anklage fort, sofern nicht ausgesprochen wurde, daß die Sache dem Prokurator zur Ergänzung der Ermittlungen zurückgegeben wird (§ 284 Abs. 2).

3. Wenn die Wiederaufnahme nur hinsichtlich einer von mehreren Straftaten, für die eine Gesamtstrafe oder nachträglich gebildete Gesamtstrafe rechtskräftig verhängt worden ist, bewilligt wurde und das Gericht die Sache dem Prokurator zur Ergänzung der Ermittlungen zurückgegeben hat, setzt es nach Rechtskraft des Beschlusses über die Bewilligung der Wiederaufnahme in öffentlicher Sitzung durch Urteil eine angemessene Strafe für die verbleibenden Straftaten fest.

§ 289

Wenn die Wiederaufnahme nur zugunsten des Beschuldigten bewilligt wurde,

a) wird die Zeit seit Rechtskraft des ursprünglichen Urteils bis zur Rechtskraft des Beschlusses, mit dem die Wiederaufnahme bewilligt wird, in die Verjährungszeit nicht eingerechnet,
b) darf durch das neue Urteil keine strengere Strafe gegen ihn verhängt werden als die Strafe, die durch das ursprüngliche Urteil gegen ihn verhängt wurde,
c) hindert sein Tod nicht die Durchführung des weiteren Verfahrens und die Strafverfolgung kann nicht deshalb eingestellt werden, weil der Beschuldigte verstorben ist.

19. Hauptstück

Besondere Verfahrensarten

§ 290

Allgemeine Bestimmung

Soweit dieses Hauptstück keine besonderen Bestimmungen enthält, finden auch auf Verfahren nach diesem Hauptstück die allgemeinen Vorschriften Anwendung.

1. Abschnitt

Verfahren gegen Jugendliche

§ 291

Verteidigung eines Jugendlichen

Ein Jugendlicher muß von der Erhebung der Beschuldigung ab einen Verteidiger haben, der das Recht hat, sich an allen Untersuchungshandlungen in dem in § 165 Abs. 3 angeführten Umfang zu beteiligen.

§ 292

Feststellung der Verhältnisse eines Jugendlichen

Im Verfahren gegen einen Jugendlichen ist es erforderlich, auf das gründlichste auch festzustellen: den Grad der verstandesmäßigen und sittlichen Entwicklung des Jugendlichen, seinen Charakter, seine Verhältnisse und das Milieu, in dem er lebte und erzogen wurde, sein Verhalten vor Begehung der Straftat und nachher und andere Umstände, die wichtig für die Auswahl der für seine Besserung geeigneten Mittel sind, insbesondere für die Beurteilung, ob eine Schutzerziehung des Jugendlichen angeordnet werden soll. Die Feststellung der Verhältnisse des Jugendlichen wird in der Regel dem Organ, das mit der Jugendfürsorge betraut ist[27], aufgetragen.

§ 293

Haft des Jugendlichen

Auch wenn Haftgründe gemäß § 67 vorliegen, darf der Jugendliche nur dann in Haft genommen werden, wenn sich der Haftzweck auf andere Weise nicht erreichen läßt.

Verfahren vor dem Gericht

§ 294

1. Über die Anklage gegen einen Jugendlichen muß immer in einer Sitzung des Senats vorausverhandelt werden.

2. Der Senatsvorsitzende stellt die angenommene Anklage auch dem Organ, das mit der Jugendfürsorge betraut ist, zu.

§ 295

Wenn es zugunsten des Jugendlichen erforderlich ist, kann das zuständige Gericht die Sache dem Gericht, in dessen Sprengel der Jugendliche wohnt, oder einem Gericht, bei dem aus anderen Gründen

---

[27] Das sind die Abteilungen für Schulwesen und Kultur bei den Räten der Bezirks-Nationalausschüsse (RegVO 73/56 Sb.).

die Durchführung des Strafverfahrens mit Rücksicht auf die Interessen des Jugendlichen am zweckmäßigsten ist, abtreten.

§ 296

Ein gemeinschaftliches Verfahren gegen einen Jugendlichen und gegen eine Person, die älter als 18 Jahre ist, kann nur ausnahmsweise stattfinden, wenn das wegen einer allseitigen und objektiven Aufklärung der Sache notwendig ist oder wenn dafür andere wichtige Gründe vorliegen. Soweit es um den Jugendlichen geht, werden auch in dem gemeinschaftlichen Verfahren die Bestimmungen dieses Abschnitts angewendet.

§ 297

1. Die Hauptverhandlung kann nicht in Abwesenheit des Jugendlichen stattfinden.

2. Von der Hauptverhandlung und der öffentlichen Sitzung muß auch das mit der Jugendfürsorge betraute Organ benachrichtigt werden. Der Prokurator muß auch bei der öffentlichen Sitzung stets anwesend sein.

3. Bei der Hauptverhandlung und bei der öffentlichen Sitzung gegen einen Jugendlichen

a) schließt das Gericht die Öffentlichkeit auch dann aus, wenn das dem Jugendlichen zum Vorteil gereicht,

b) kann der Senatsvorsitzende den Jugendlichen anweisen, sich bei einem Teile der Hauptverhandlung oder öffentlichen Sitzung aus dem Verhandlungssaal zu entfernen, wenn zu befürchten ist, daß dieser Teil der Verhandlung auf seine sittliche Entwicklung ungünstig einwirken könnte; nach Rückkehr des Jugendlichen in den Verhandlungssaal teilt er ihm den wesentlichen Inhalt der Verhandlung, die in Abwesenheit des Jugendlichen stattgefunden hat, mit, damit dieser sich dazu äußern kann,

c) hat der Vertreter des Organs, das mit der Jugendfürsorge betraut ist, das Recht, Anträge zu stellen und an die vernommenen Personen Fragen zu stellen; das Wort zum Schlußvortrag steht ihm nach dem Jugendlichen zu.

§ 298

Mitteilung der Entscheidung

1. Eine Abschrift des Urteils wird immer auch dem Organ, das mit der Jugendfürsorge betraut ist, zugestellt.

2. Wenn der Vertreter des Organs, das mit der Jugendfürsorge betraut ist, bei der Verkündung des Beschlusses, gegen den eine Beschwerde zulässig ist oder mit dem die Strafverfolgung eingestellt oder unterbrochen oder die Sache abgetreten wurde, nicht anwesend war, wird dem Organ, das mit der Jugendfürsorge betraut ist, eine Abschrift dieses Beschlusses zugestellt.

§ 299

Personen, die berechtigt sind, Rechtsmittel einzulegen

1. Rechtsmittel zugunsten des Jugendlichen kann sogar gegen dessen Willen auch das mit der Jugendfürsorge betraute Organ einlegen; für dieses Organ läuft die Rechtsmittelfrist selbständig.

2. Eine Beschwerde zugunsten des Jugendlichen können auch seine Verwandten in direkter Linie, seine Geschwister, die Adoptiveltern, der Ehegatte und der Lebensgefährte einlegen; die Beschwerdefrist endigt für sie mit dem gleichen Tage wie für den Jugendlichen.

§ 300

Verhängung von Schutzerziehung

1. Handelt es sich nicht um einen Fall, in dem sich das Gericht die Entscheidung über die Schutzerziehung gemäß § 230 Abs. 2 vorbehalten hat, kann es sie in öffentlicher Sitzung nur anordnen, wenn der Prokurator dies beantragt.

2. Gegen die Entscheidung über die Schutzerziehung ist die Beschwerde zulässig, die aufschiebende Wirkung hat.

§ 301

Gemeinsame Bestimmungen

1. Im Verfahren gegen Jugendliche ist darauf zu achten, daß sowohl die Untersuchung als auch die Entscheidung solchen Personen anvertraut wird, deren Lebenserfahrung und Kenntnis von den mit der Jugenderziehung zusammenhängenden Fragen dafür bürgen, daß das Verfahren seinen Erziehungszweck erfüllt. Die im Strafverfahren tätigen Personen arbeiten auf das engste mit den Einrichtungen zusammen, denen die Jugendfürsorge anvertraut ist, gegebenenfalls auch mit den Einrichtungen der psychiatrischen Fürsorge. Zur Untersuchung des Geisteszustands eines Jugendlichen wird regelmäßig ein Sachverständiger aus dem Gebiete der Kinder- oder Heranwachsenden-Psychiatrie zugezogen.

2. Die Bestimmungen dieses Abschnitts finden keine Anwendung

a) in Verfahren wegen Straftaten, die der Beschuldigte teils vor, teils nach Erreichung des 18. Lebensjahrs begangen hat, wenn das Gesetz für die nach Erreichung des 18. Lebensjahrs begangene Tat die gleiche oder eine strengere Strafe vorsieht, oder

b) wenn es zur Erhebung der Beschuldigung erst nach Erreichung des 19. Lebensjahrs des Beschuldigten kommt.

3. Die Bestimmungen dieses Abschnitts über die Beteiligung des Organs, das mit der Jugendfürsorge betraut ist, findet auf dem Gebiete der Militärgerichtsbarkeit keine Anwendung.

2. Abschnitt

Verfahren gegen einen Flüchtigen

§ 302

1. Das Verfahren nach den Bestimmungen dieses Abschnitts kann gegen denjenigen stattfinden, der sich dem Strafverfahren dadurch entzieht, daß er sich im Ausland aufhält oder daß er sich verbirgt.

2. Gegen eine jugendliche Person kann dieses Verfahren nicht angewendet werden.

§ 303

(aufgehoben durch Art. I Nr. 56 des Ges.Nr. 57/65)

§ 304

Der Beschuldigte muß in diesem Verfahren stets einen Verteidiger haben. Dieser hat die gleichen Rechte wie der Beschuldigte.

§ 305

Das Gerichtsverfahren findet nach den Bestimmungen dieses Abschnitts nur auf Antrag des Prokurators statt. Der Antrag kann schon in der Anklage gestellt werden.

§ 306

1. Alle Schriftstücke, die für den Beschuldigten bestimmt sind, werden nur dem Verteidiger zugestellt.

2. Die Ladung zur Hauptverhandlung und zur öffentlichen Sitzung wird auch auf geeignete Weise veröffentlicht. Die Hauptverhandlung, bzw. die öffentliche Sitzung, wird dann auch in Abwesenheit des Beschuldigten durchgeführt, und zwar ohne Rücksicht darauf, ob der Beschuldigte davon erfahren hat oder nicht.

3. Abschnitt

Standgerichtliches Verfahren

§ 307

Verkündung des Standrechts

1. Die Regierung kann das Standrecht verkünden, wenn in besonders gefährlichem Maße eine von folgenden Straftaten um sich greift: Terror (§§ 93, 94 StG), Schädigung (§§ 95, 96 StG), Sabotage (§ 97 StG), Spekulation (§ 117 StG), Entwendung von Vermögen in sozialistischem Eigentum (§ 132 StG), Angriff auf ein staatliches Organ und das Organ einer gesellschaftlichen Organisation gemäß § 153 StG, Angriff auf einen öffentlichen Funktionär gemäß § 155 StG, Gemeingefährdung gemäß § 179 StG, Mord (§ 219 StG), Raub (§ 234 StG), Plünderung im Raume von Kriegsoperationen (§ 264 StG), Nichtbefolgung eines Befehls (§ 273 StG), Fahnenflucht (§ 282 StG), Fahnenflucht ins Ausland (§ 283 StG). Wenn es erforderlich ist, nur eine bestimmte Begehung

dieser Straftaten zu verhindern, wird das Standrecht nur auf diese Fälle beschränkt.

2. Das Standrecht wird auf das Gebiet oder auf die Einheiten bewaffneter Kräfte oder bewaffneter Korps, für die es notwendig ist, beschränkt.

3. Das Standrecht wird in allen Gemeinden und bei allen Einheiten, für die es angeordnet ist, verkündet, und zwar auf eine solche Weise, daß es auf das schnellste allgemein bekannt wird. In der Bekanntmachung hierüber werden die Straftaten, auf die sich das Standrecht bezieht, und die Gebiete und Einheiten, auf die es sich bezieht, angeführt. Es wird die Drohung beigefügt, daß jeder, der nach Verkündung des Standrechts eine solche Straftat begeht, im standgerichtlichen Verfahren verurteilt und mit dem Tode bestraft wird.

§ 308

Wirkungen des Standrechts

1. Wer nach Verkündung des Standrechts eine Straftat, wegen der das Standrecht verkündet wurde, begeht, wird mit dem Tode bestraft. Wurde durch Vollstreckung der Todesstrafe an einem oder mehreren Verurteilten eine Warnung gegeben, die für die Wiederherstellung der Ordnung ausreicht, kann das Gericht wegen eines wichtigen mildernden Umstands an Stelle der Todesstrafe eine Strafe der Freiheitsentziehung von sieben bis fünfzehn Jahren verhängen.

2. Wenn ein Jugendlicher nach Verkündung des Standrechts eine Straftat, wegen der das Standrecht verkündet wurde, begeht, wird er mit Freiheitsentziehung von fünf bis zehn Jahren, und wenn es sich um einen aktiven Soldaten handelt, mit Freiheitsentziehung von fünf bis fünfzehn Jahren bestraft.

Standgerichtliches Verfahren

§ 309

1. Im standgerichtlichen Verfahren wird nur über Straftaten, wegen derer das Standrecht verkündet wurde, verhandelt, und auch über sie nur, wenn sie nach Verkündung des Standrechts und auf dem Gebiete oder bei der Einheit, für die das Standrecht verkündet wurde, begangen wurden.

2. Das standgerichtliche Verfahren kann nicht gegen eine Person durchgeführt werden, die nicht bei der Tat selbst ergriffen wurde oder nicht ohne Verzug überführt werden kann oder schwer krank oder schwanger ist; in einem solchen Falle wird das Verfahren nach den allgemeinen Vorschriften durchgeführt.

§ 310

1. Das standgerichtliche Verfahren wird auf Antrag des Prokurators eingeleitet. Dieser Antrag ersetzt die Anklage.

2. Das standgerichtliche Verfahren findet beim Bezirksgericht nach

Art einer Hauptverhandlung statt. Eine Vorausverhandlung über die Anklage findet nicht statt. Das ganze Verfahren muß spätestens binnen 72 Stunden nach dem Zeitpunkt, zu dem der Angeklagte vor Gericht gestellt wurde, abgeschlossen sein.

3. Im standgerichtlichen Verfahren muß der Angeklagte einen Verteidiger haben.

§ 311

Wenn ein gemeinsames Verfahren gegen mehrere Angeklagte stattfindet, darf das Verfahren gegen einen Angeklagten nicht durch Fahndungen nach anderen aufgehalten werden.

§ 312

1. Das Gericht kann den Angeklagten nur dann für schuldig erkennen, wenn alle Mitglieder des Senats dafür stimmen. Wenn das Verfahren nicht binnen 72 Stunden nach dem Zeitpunkt, zu dem der Angeklagte vor Gericht gestellt wurde, abgeschlossen werden kann, oder wenn er nicht einer Straftat, wegen der das Standrecht verkündet wurde, für schuldig erkannt wird, tritt das Gericht die Sache dem zuständigen Prokurator zur Durchführung des Verfahrens nach den allgemeinen Vorschriften ab.

2. Gegen das Urteil gibt es keine Berufung.

§ 313

1. Die im standgerichtlichen Verfahren verkündete Todesstrafe wird in der Regel drei bis zwölf Stunden nach Verkündung des Urteils vollstreckt.

2. Die Bestimmungen der §§ 313 und 317 finden hier keine Anwendung.

§ 314

Aufhebung des Standrechts

1. Entfällt der Grund für die Verkündung des Standrechts, hebt die Regierung das Standrecht auf und verkündet das öffentlich.

2. Das Gericht tritt alle Sachen, in denen im Zeitpunkt, als es von der Aufhebung des Standrechts Kenntnis erlangt hat, das Urteil noch nicht verkündet war sowie die Sachen, in denen die Todesstrafe noch nicht vollstreckt wurde, dem zuständigen Prokurator zur Durchführung des Verfahrens nach den allgemeinen Vorschriften ab. Das nicht vollstreckte Urteil, durch das die Todesstrafe verhängt wurde, verliert seine Gültigkeit.

20. Hauptstück

Vollstreckungsverfahren

§ 315

Zuständigkeit im Vollstreckungsverfahren

1. Das Organ, das eine Entscheidung getroffen hat, vollstreckt sie auch, bzw. läßt sie vollstrecken; im Gerichtsverfahren vollstreckt der

Senatsvorsitzende die Entscheidungen des Senats oder läßt sie vollstrecken.

2. Das Gericht, das in der Sache im ersten Rechtszug entschieden hat, trifft die mit der Vollstreckung der Strafen und Schutzmaßnahmen zusammenhängenden Entscheidungen, wenn im folgenden nichts anderes bestimmt wird.

3. Der Senatsvorsitzende des Gerichts, das in der Sache im ersten Rechtszug entschieden hat, trifft, wenn im folgenden nichts anderes bestimmt wird, die zur Vollstreckung von Strafen und Schutzmaßnahmen und zur Beitreibung der Kosten des Strafverfahrens erforderlichen Maßnahmen, insbesondere benachrichtigt er andere Organe und Personen, die bei der Vollstreckung der angeführten Entscheidungen mitzuwirken haben.

1. Abschnitt

Vollstreckung der Todesstrafe

§ 316

1. Wenn ein Urteil, mit dem die Todesstrafe verhängt wurde, Rechtskraft erlangt hat, legt der Senatsvorsitzende des Gerichts, das in der Sache im ersten Rechtszug entschieden hat, unverzüglich die Akten dem Obersten Gerichte vor.

2. Das Oberste Gericht prüft die Gesetzmäßigkeit des Urteils und des ihm vorausgegangenen Verfahrens; wenn es der Ansicht ist, daß eine Gesetzesverletzung vorliegt, die Einfluß auf die Verhängung der Todesstrafe haben konnte, verfährt es so, wie wenn eine Beschwerde wegen Verletzung des Gesetzes eingelegt worden wäre.

3. Wenn das Oberste Gericht über die Todesstrafe entschieden hat, prüft das Präsidium des Obersten Gerichts das Urteil.

§ 317

Die Todesstrafe darf erst dann vollstreckt werden, wenn das Urteil nach Überprüfung durch das Oberste Gericht unberührt blieb und dem Gericht mitgeteilt wurde, daß kein Gnadengesuch eingereicht wurde, gegebenenfalls das Gnadengesuch abgelehnt wurde.

§ 318

1. Wenn nichts mehr der Vollstreckung der Todesstrafe im Wege steht, teilt der Richter unmittelbar vor der Vollstreckung der Strafe dem Verurteilten mit, daß die Strafe vollstreckt wird und liest ihm das Urteil, jedoch ohne Begründung, und wenn ein Gnadengesuch eingereicht worden war, die ablehnende Entscheidung hierüber vor.

2. An einem schwangeren Weibe kann die Todesstrafe nicht vollstreckt werden.

§ 319

1. Bei der Vollstreckung der Todesstrafe müssen ein Richter, der Prokurator, der Leiter der Besserungs-Erziehungs-Anstalt und ein Arzt anwesend sein.

2. Über die Vollstreckung der Strafe schreibt der anwesende Richter ein Protokoll nieder, das auch Angaben darüber, wann nach den Feststellungen des Arztes der Tod eingetreten ist, enthalten muß. Das Protokoll wird von den im Absatz 1 angeführten Personen unterschrieben.

2. Abschnitt

Vollstreckung der Strafe der Freiheitsentziehung

§ 320

Allgemeine Bestimmungen

1. Die Art der Vollstreckung der Strafe der Freiheitsentziehung wird durch das Gesetz über die Vollstreckung der Strafe der Freiheitsentziehung geregelt.

2. Bei Personen, die sich in Vollstreckung der Strafe der Freiheitsentziehung befinden, trifft die mit der Vollstreckung dieser Strafe zusammenhängenden Entscheidungen das Gericht, in dessen Sprengel die Strafe der Freiheitsentziehung vollstreckt wird.

3. Wenn bei Strafen der Freiheitsentziehung, die hintereinander verhängt wurden (§ 36 Abs. 2 StG), eine verschiedene Art der Strafvollstreckung festgesetzt ist (§ 39 a und § 81 StG), bestimmt das Gericht, in dessen Sprengel die Strafe der Freiheitsentziehung vollstreckt wird, die gemeinsame Art der Vollstreckung der hintereinander verhängten Strafen.

§ 321

Anordnung der Strafvollstreckung

1. Sobald die Entscheidung, wonach eine unbedingte Strafe der Freiheitsentziehung zu vollstrecken ist, vollstreckbar geworden ist, sendet der Senatsvorsitzende die Anordnung zur Vollstreckung der Strafe der zuständigen Besserungs-Erziehungs-Anstalt und fordert den Verurteilten, wenn er sich in Freiheit befindet, zum Strafantritt auf. Wenn der Ausspruch über die Verhängung der Strafe der Freiheitsentziehung durch eine Entscheidung des Berufungsgerichts vollstreckbar geworden ist, kann bei einem in Haft befindlichen Beschuldigten der Senatsvorsitzende des Berufungsgerichts sogleich nach Verkündung der Entscheidung die Vollstreckung der Strafe anordnen.

2. Wenn nicht zu befürchten ist, daß der in Freiheit befindliche Verurteilte flieht, kann ihm der Senatsvorsitzende zum Strafantritt eine angemessene Frist gewähren, damit er sich seine Angelegenheiten ordnen kann. Diese Frist darf nicht länger sein als ein Monat, gerechnet von dem Tage ab, an dem die im Absatz 1 angeführte Entscheidung rechtskräftig geworden ist.

3. Wenn der Verurteilte die Strafe nicht in der ihm gewährten Frist antritt oder wenn zu befürchten ist, daß er flieht, ordnet der Senatsvorsitzende an, daß er zur Strafverbüßung eingeliefert wird. Wenn der Aufenthaltsort des Verurteilten unbekannt ist, findet auf die Anordnung zur Strafeinlieferung die Bestimmung des § 69 Abs. 2 sinngemäß Anwendung.

Aufschub der Strafvollstreckung

§ 322

1. Der Senatsvorsitzende schiebt die Vollstreckung der Strafe der Freiheitsentziehung um die erforderliche Zeit auf, wenn die Strafvollstreckung das Leben oder die Gesundheit des Verurteilten gefährden würde.

2. Die Strafe der Freiheitsentziehung kann an einem schwangeren Weibe nur vollstreckt werden, wenn sie von so kurzer Dauer ist, daß die Geburt wahrscheinlich nicht während der Strafvollstreckung eintritt und durch die Strafvollstreckung die Gesundheit des schwangeren Weibes oder des erwarteten Kindes nicht gefährdet wird. Andernfalls schiebt der Senatsvorsitzende die Strafvollstreckung an dem schwangeren Weibe bis sechs Monate nach der Geburt auf.

3. Der Senatsvorsitzende kann die Vollstreckung der Strafe der Freiheitsentziehung an der Mutter eines neugeborenen Kindes bis sechs Monate nach der Geburt aufschieben.

4. Gegen die Entscheidungen nach den Absätzen 1 bis 3 ist die Beschwerde zulässig, die aufschiebende Wirkung hat.

§ 323

1. Der Senatsvorsitzende kann die Vollstreckung der Strafe einer ein Jahr nicht übersteigenden Freiheitsentziehung aus wichtigen Gründen aufschieben, und zwar auf höchstens drei Monate nach dem Tag, an dem die in § 321 Abs. 1 angeführte Entscheidung Rechtskraft erlangt hat.

2. Einen weiteren Aufschub der Vollstreckung einer solchen Strafe oder ihren Aufschub auf länger als drei Monate kann das Gericht bewilligen, jedoch nur ausnahmsweise aus besonders wichtigen Gründen, insbesondere wenn die Strafvollstreckung für den Verurteilten oder seine Familie außerordentlich schwere Folgen haben könnte. Der Aufschub kann aber längstens auf sechs Monate, gerechnet von dem Tage ab, an dem die in § 321 Abs. 1 angeführte Entscheidung Rechtskraft erlangt hat bewilligt werden.

3. Wenn zu befürchten ist, daß der Verurteilte flieht oder den bewilligten Aufschub mißbraucht, widerruft der Senatsvorsitzende den Aufschub.

4. Gegen die Entscheidung, mit der ein Aufschub der Strafvollstreckung gemäß Absatz 2 bewilligt wurde, kann der Prokurator Beschwerde einlegen.

§ 324

Entscheidung über die Änderung der Art der Strafvollstreckung

1. Über die Änderung der Art der Vollstreckung einer Strafe der Freiheitsentziehung entscheidet in öffentlicher Sitzung auf Antrag des Prokurators oder des Leiters der Besserungs-Erziehungs-Anstalt, auf Ansuchen des Verurteilten oder auch von Amts wegen das Bezirksgericht, in dessen Sprengel die Strafe der Freiheitsentziehung vollstreckt wird.

2. Vor der Entscheidung über die Änderung der Art der Vollstrekkung einer Strafe der Freiheitsentziehung muß der Verurteilte vernommen werden.

3. Gegen die Entscheidung nach Absatz 1 ist die Beschwerde zulässig, die aufschiebende Wirkung hat.

Unterbrechung der Strafvollstreckung

§ 325

1. Wenn der Verurteilte, an dem die Strafe der Freiheitsentziehung vollstreckt wird, von einer schweren Krankheit befallen wird, kann der Senatsvorsitzende die Strafvollstreckung auf die erforderliche Zeit unterbrechen; der Senatsvorsitzende unterbricht die Strafvollstreckung immer, wenn es sich um ein schwangeres Weib oder um ein Weib kurz nach der Geburt handelt, sofern durch die Strafvollstreckung ihre Gesundheit oder die Gesundheit ihres erwarteten oder neugeborenen Kindes gefährdet würde.

2. Wenn zu befürchten ist, daß der Verurteilte flieht oder die bewilligte Unterbrechung mißbraucht, widerruft der Senatsvorsitzende die Unterbrechung der Strafvollstreckung.

3. Gegen die Entscheidung nach Absatz 1 ist die Beschwerde zulässig.

§ 326

(aufgehoben durch Art. I Nr. 59 des Ges.Nr. 57/65)

§ 327

Absehen von der Strafvollstreckung

1. Das Gericht kann von der Vollstreckung der Strafe der Freiheitsentziehung oder ihres Restes absehen, wenn der Verurteilte ins Ausland ausgeliefert oder ausgewiesen wurde oder werden soll. Kommt es nicht zur Auslieferung oder Ausweisung oder kehrt der Ausgelieferte oder Ausgewiesene zurück, wird die Strafe der Freiheitsentziehung oder ihr Rest vollstreckt.

2. Das Gericht kann von der Vollstreckung der Strafe der Freiheitsentziehung oder ihres Restes auch dann absehen, wenn es feststellt, daß der Verurteilte an einer unheilbaren lebensgefährlichen Krankheit oder an einer unheilbaren Geisteskrankheit erkrankt ist.

3. Gegen eine Entscheidung nach den Absätzen 1 und 2 ist die Beschwerde zulässig, die aufschiebende Wirkung hat.

§ 328

Aufschub und Unterbrechung der Strafvollstreckung und Absehen von der Strafvollstreckung bei Soldaten

1. Der Senatsvorsitzende verfügt den Aufschub oder die Unterbrechung der Vollstreckung einer sechs Monate nicht übersteigenden Strafe der Freiheitsentziehung, wenn der Verurteilte zur Ausübung seines militärischen Grunddienstes einberufen wird.

2. Wenn der Verurteilte während der Ausübung dieses Dienstes keine Straftat begangen und ordentlich seinen Militärdienst abgeleistet hat, sieht das Gericht von der Vollstreckung der Strafe oder ihres Restes ab; andernfalls entscheidet es, daß die Strafe oder ihr Rest vollstreckt wird. Wenn von der Vollstreckung der Strafe oder ihres Restes abgesehen wurde, gilt die Strafe als mit dem Tage vollstreckt, an dem ihre Vollstreckung aufgeschoben oder unterbrochen wurde.

3. Gegen eine Entscheidung nach Absatz 2 ist die Beschwerde zulässig, die aufschiebende Wirkung hat.

Bedingte Verurteilung

§ 329

1. Sobald das Urteil, mit dem eine Strafe der Freiheitsentziehung verhängt wurde, deren Vollstreckung im Hinblick darauf, daß eine gesellschaftliche Organisation für die Besserung des Verurteilten gebürgt hat, bedingt aufgeschoben wurde, Rechtskraft erlangt hat, sendet der Senatsvorsitzende eine Urteilsabschrift der Organisation, welche die Bürgschaft übernommen hat, und ersucht sie um erzieherische Mitwirkung. Er ersucht sie gleichzeitig, im Falle daß die Bürgschaft nicht ihre Aufgabe erfüllt und die Organisation wegen der Art, wie der Verurteilte lebt, wegen Verletzung der vom Gericht auferlegten Beschränkungen und Bedingungen oder aus anderen Gründen die Bürgschaft widerruft, diese ihre Entscheidung dem Gericht mitzuteilen.

2. Der Senatsvorsitzende kann eine gesellschaftliche Organisation, die an der Arbeitsstätte des Verurteilten oder in dessen Wohnort tätig ist, um erzieherische Mitwirkung ersuchen, auch wenn ein bedingter Aufschub der Strafvollstreckung ohne ihre Bürgschaft bewilligt wurde.

3. Das Gericht beobachtet das Verhalten eines bedingt Verurteilten in der Probezeit, wobei es sich auf die Hilfe der gesellschaftlichen Organisationen stützt.

§ 330

1. Über die Frage, ob ein bedingt Verurteilter sich bewährt hat oder ob die Vollstreckung einer bedingt aufgeschobenen Strafe angeordnet wird, entscheidet das Gericht in öffentlicher Sitzung. In öffentlicher Sitzung entscheidet das Gericht auch darüber, ob infolge des Widerrufs der Bürgschaft einer gesellschaftlichen Organisation

die Vollstreckung einer bedingt aufgeschobenen Strafe angeordnet wird oder ob die bedingte Verurteilung in Geltung gelassen wird sowie auch darüber, ob bei einem Jugendlichen im Falle des § 82 Abs. 2 StG die bedingte Verurteilung in Geltung gelassen und die Probezeit verlängert wird.

2. Bei der Entscheidung über die Bewährung eines bedingt Verurteilten stützt sich das Gericht auch auf die Erklärungen der gesellschaftlichen Organisation.

3. Gegen die Entscheidungen nach Absatz 1 ist die Beschwerde zulässig, die aufschiebende Wirkung hat.

4. Das Gericht kann die Entscheidung, daß ein bedingt Verurteilter sich bewährt hat, mit Zustimmung des Prokurators auch in nichtöffentlicher Sitzung treffen.

Bedingte Entlassung

§ 331

1. Über die bedingte Entlassung aus der Strafe der Freiheitsentziehung entscheidet das Gericht in öffentlicher Sitzung auf Antrag des Prokurators oder des Leiters der Besserungs-Erziehungs-Anstalt, in der die Strafe vollstreckt wird, auf Ansuchen des Verurteilten oder auch ohne ein solches Ansuchen. Wenn das Ansuchen des Verurteilten um bedingte Entlassung abgelehnt wurde, kann es der Verurteilte erst nach Ablauf eines Jahres seit der Ablehnung wiederholen, es sei denn, das Ansuchen wurde nur deshalb abgelehnt, weil bisher noch nicht die im Gesetz für bedingte Entlassung vorgesehene Frist verstrichen war.

2. Auch eine in § 4 Abs. 1 angeführte Organisation kann, wenn sie die Übernahme der Bürgschaft für die Erreichung einer Besserung des Verurteilten anbietet, die bedingte Entlassung beantragen. Vor Einreichung des Antrags kann sie den Leiter der Besserungs-Erziehungs-Anstalt, in der die Strafe vollstreckt wird, um Mitteilung über den Stand der Umerziehung des Verurteilten ersuchen.

3. Auf Ersuchen der gesellschaftlichen Organisation um Mitwirkung bei der Erziehung des bedingt Entlassenen finden die Bestimmungen des § 329 sinngemäß Anwendung.

§ 332

1. Das Gericht entscheidet in öffentlicher Sitzung darüber, ob sich der bedingt Entlassene bewährt hat oder ob der Strafrest vollstreckt wird sowie darüber, ob der Strafrest vollstreckt wird oder die bedingte Entlassung in Geltung belassen wird, wenn die gesellschaftliche Organisation ihre Bürgschaft widerruft. Das Gericht kann mit Zustimmung des Prokurators auch in nichtöffentlicher Sitzung aussprechen, daß sich der bedingt Entlassene bewährt hat.

2. Bei der Entscheidung über die Bewährung eines bedingt Ent-

lassenen stützt sich das Gericht auch auf die Erklärungen der gesellschaftlichen Organisation.

§ 333

1. Entscheidungen nach § 331 trifft das Bezirksgericht, in dessen Sprengel die Strafe der Freiheitsentziehung vollstreckt wird; Entscheidungen nach § 332 trifft das Gericht, das den Verurteilten aus der Strafe bedingt entlassen hat.

2. Vor der Entscheidung über die bedingte Entlassung oder über die Vollstreckung eines Strafrestes muß der Verurteilte vernommen werden.

3. Gegen die Entscheidungen nach den §§ 331 und 332 ist die Beschwerde zulässig, die aufschiebende Wirkung hat.

§ 334

Anrechnung von Haft und Strafe

1. Über die Anrechnung von Haft und Strafe entscheidet der Senatsvorsitzende durch Beschluß, und zwar in der Regel gleichzeitig mit der Anordnung der Strafvollstreckung. Die Haft wird nach dem Stande am Tage der Anordnung der Strafvollstreckung, und zwar von dem Zeitpunkt ab, an dem die persönliche Freiheit des Beschuldigten beschränkt wurde, berechnet.

2. Gegen den Beschluß nach Absatz 1 ist die Beschwerde zulässig.

§ 335

(aufgehoben durch Art. I Nr. 61 des Ges.Nr. 57/65)

3. Abschnitt

Vollstreckung der Besserungsmaßnahme

Anordnung der Strafvollstreckung

§ 336

1. Wenn eine Strafe der Besserungsmaßnahme vollstreckt werden soll, benachrichtigt der Senatsvorsitzende die Leitung des Unternehmens, der Behörde, der Anstalt oder anderen Einrichtung, in welcher der Verurteilte arbeitet, darüber, wann mit der Strafvollstreckung begonnen werden soll, teilt ihr die für die Strafvollstreckung notwendigen Tatsachen mit und macht auf die vom Gericht dem Verurteilten auferlegten Beschränkungen in der Lebensweise aufmerksam. Gleichzeitig weist er auf die Pflicht hin, unverzüglich dem Gericht die Tatsachen mitzuteilen, wegen derer auf der Stelle die Strafe der Besserungsmaßnahme oder deren Rest in die Strafe der Freiheitsentziehung umzuwandeln wäre, und auf die Pflicht, die dem Staat verfallenden Teilbeträge von dem Lohn, der dem Verurteilten für die Arbeit zusteht, auszurechnen und an das Gericht abzuführen.

2. Wenn die Strafe der Besserungsmaßnahme an dem Mitglied einer landwirtschaftlichen Einheitsgenossenschaft oder Produktions-

genossenschaft vollstreckt werden soll, sendet der Senatsvorsitzende die Benachrichtigung nach Absatz 1 an den Vorstand der Genossenschaft.

3. Bei Angehörigen der bewaffneten Kräfte und bewaffneten Korps wird die Benachrichtigung nach Absatz 1 dem zuständigen Kommandeur oder Vorgesetzten zugesandt.

4. Wenn es für die Vollstreckung einer verhängten Strafe der Besserungsmaßnahme notwendig ist, zunächst die Beschäftigung festzulegen und das Unternehmen, in dem die Strafe der Besserungsmaßnahme vollstreckt wird, zu bestimmen, macht das nach den im Urteil bestimmten Grundsätzen der Senatsvorsitzende im Einvernehmen mit dem zuständigen Nationalausschuß.

§ 337

1. Wurde die Strafe der Besserungsmaßnahme im Hinblick darauf verhängt, daß eine in § 4 Abs. 1 angeführte Organisation sich für die Besserung des Verurteilten verbürgt hat, sendet der Senatsvorsitzende eine Urteilsabschrift dieser Organisation zu und ersucht sie um erzieherische Mitwirkung bei der Strafvollstreckung. Er ersucht sie gleichzeitig, für den Fall, daß die Bürgschaft nicht ihre Aufgabe erfüllt und die Organisation wegen Nichterfüllung der Arbeitsaufgaben, wegen der Art des Verurteilten zu leben, wegen Verletzung der durch das Gericht auferlegten Beschränkungen oder aus anderen Gründen die Bürgschaft wiederruft, diese ihre Entscheidung dem Gericht mitzuteilen.

2. Der Senatsvorsitzende kann die an der Arbeitsstätte des Verurteilten oder an dessen Wohnort tätige gesellschaftliche Organisation um erzieherische Mitwirkung ersuchen, auch wenn die Strafe der Besserungsmaßnahme ohne Bürgschaft verhängt wurde. Er wird das insbesondere tun, wenn an der Arbeitsstätte des Verurteilten die Grundorganisation der Revolutionären Gewerkschaftsbewegung tätig ist. Bei Genossenschaftsmitgliedern ist der Vorstand der Genossenschaft um erzieherische Mitwirkung zu ersuchen.

§ 338

Aufschub und Unterbrechung der Strafvollstreckung

1. Wenn der Verurteilte von einer Krankheit befallen wird, die ihm die Ausübung einer bestimmten Beschäftigung unmöglich macht, oder wenn es sich um ein schwangeres Weib handelt oder wenn andere wichtige Gründe vorliegen, kann der Senatsvorsitzende die Vollstreckung der Besserungsmaßnahme um die erforderliche Zeit aufschieben oder unterbrechen. Gegen diese Entscheidung ist die Beschwerde zulässig.

2. Der Senatsvorsitzende kann in einem solchen Falle nach Einvernehmen mit dem Nationalausschuß für den Verurteilten auch eine andere Beschäftigung bestimmen.

3. Auf den Aufschub und die Unterbrechung der Vollstreckung der Strafe der Besserungsmaßnahme und auf das Absehen von der Vollstreckung in dem Falle, daß der Verurteilte zur Ausübung des Grundmilitärdienstes einberufen wurde, finden sinngemäß die Bestimmungen des § 328 Anwendung.

§ 339

Absehen von der Strafvollstreckung

1. Wenn die zur Besserungsmaßnahme verurteilte Person für dauernd arbeitsunfähig wird, bevor die Besserungsmaßnahme vollstreckt ist, sieht das Gericht von der Vollstreckung der Besserungsmaßnahme oder ihres Restes ab; gegen diese Entscheidung ist die Beschwerde zulässig.

2. Wenn von der Vollstreckung der Besserungsmaßnahme oder ihres Restes gemäß Absatz 1 abgesehen wurde, wird die Strafe der Besserungsmaßnahme als vollstreckt mit dem Tage angesehen, an dem der Beschluß, mit dem von der Vollstreckung der Besserungsmaßnahme oder ihres Restes abgesehen wurde, rechtskräftig geworden ist.

§ 340

Umwandlung einer Besserungsmaßnahme

Über die Umwandlung einer Besserungsmaßnahme oder ihres Restes in die Strafe der Freiheitsentziehung entscheidet das Gericht in öffentlicher Sitzung. Gegen diese Entscheidung ist die Beschwerde zulässig, die aufschiebende Wirkung hat.

4. Abschnitt

Vollstreckung einiger weiterer Strafen

Vollstreckung der Geldstrafe

§ 341

Sobald das Urteil, wonach der Verurteilte zur Zahlung einer Geldstrafe verpflichtet ist, vollstreckbar wird, fordert der Senatsvorsitzende den Verurteilten auf, die Geldstrafe binnen 15 Tagen zu bezahlen und weist ihn darauf hin, daß andernfalls die Bezahlung beigetrieben wird.

§ 342

1. Auf Ersuchen des Verurteilten kann der Senatsvorsitzende aus wichtigen Gründen

a) die Vollstreckung der Geldstrafe aufschieben, und zwar auf die Dauer von höchstens drei Monaten, gerechnet von dem Tage ab, an dem das Urteil rechtskräftig geworden ist, oder

b) die Bezahlung der Geldstrafe in Raten so bewilligen, daß die ganze Strafe spätestens binnen eines Jahres, gerechnet von dem Tage ab, an dem das Urteil rechtskräftig geworden ist, bezahlt ist.

2. Wenn die Gründe, aus denen die Vollstreckung der Geldstrafe aufgeschoben wurde, wegfallen, oder wenn der Verurteilte ohne wichtigen Grund die Raten nicht einhält, kann der Senatsvorsitzende die Bewilligung des Aufschubs oder der Raten widerrufen.

§ 343

1. Der Senatsvorsitzende ordnet die Beitreibung der Geldstrafe an, wenn der Verurteilte sie nicht bezahlt

a) binnen 15 Tagen, nachdem er zur Bezahlung aufgefordert wurde,

b) binnen 15 Tagen, nachdem ihm die Entscheidung über den Widerruf des bewilligten Aufschubs oder der bewilligten Ratenzahlung mitgeteilt wurde, oder

c) bis zum Ablauf der Zeit, um welche die Strafvollstreckung aufgeschoben wurde.

2. Die Geldstrafe darf nur beigetrieben werden, soweit dadurch nicht die Befriedigung des zuerkannten Anspruchs des Geschädigten auf Schadensersatz vereitelt wird. Wenn der Geschädigte nicht binnen dreier Monate nach dem Tag, an dem das Urteil, mit dem die Geldstrafe verhängt wurde, rechtskräftig geworden ist, die Beitreibung seines Anspruchs betreibt, kann die Geldstrafe ohne Rücksicht auf den Anspruch des Geschädigten beigetrieben werden.

§ 344

1. Das Gericht sieht von der Vollstreckung einer Geldstrafe ab, wenn offenbar ist, daß die Beitreibung keinen Erfolg hätte oder daß durch die Strafvollstreckung der Unterhalt oder die Erziehung einer Person, für deren Unterhalt oder Erziehung der Verurteilte zu sorgen gesetzlich verpflichtet ist, ernstlich gefährdet wäre.

2. Wenn die Geldstrafe nicht bezahlt wurde und es offenbar wird, daß die Vollstreckung dieser Strafe oder eines Teils dieser Strafe vereitelt werden könnte, ordnet das Gericht die Vollstreckung einer Ersatzstrafe der Freiheitsentziehung oder eines entsprechenden Teils einer solchen Strafe an; dabei entscheidet es über die Art der Vollstreckung der Ersatzstrafe.

3. Der Verurteilte kann jederzeit die Vollstreckung der Ersatzstrafe oder des entsprechenden Teils dieser Strafe dadurch abwenden, daß er die Geldstrafe oder den entsprechenden Teil dieser Strafe bezahlt. Der Senatsvorsitzende entscheidet darüber, welcher Teil der Ersatzstrafe zu vollstrecken ist.

4. Gegen die Entscheidungen nach den Absätzen 1 bis 3 ist die Beschwerde zulässig, die aufschiebende Wirkung hat.

Vollstreckung der Strafe des Vermögensverfalls

§ 345

Wenn ein Urteil vollstreckbar wurde, durch das die Strafe des Verfalls des ganzen Vermögens oder eines Teils desselben verhängt wurde, sendet der Senatsvorsitzende dem Nationalausschuß eine Urteilsabschrift ohne Begründung zur Durchführung dieser Strafe.

§ 346

1. Wenn bei der Durchführung der Strafe des Vermögensverfalls Zweifel darüber entstehen, ob sich diese Strafe auf bestimmte Mittel oder Sachen bezieht im Hinblick darauf, daß sie zur Befriedigung der Lebensbedürfnisse des Verurteilten oder der Personen, für deren Unterhalt oder Erziehung der Verurteilte zu sorgen gesetzlich verpflichtet ist, unerläßlich notwendig sind, entscheidet darüber der Senatsvorsitzende auf Antrag des Nationalausschusses, der die Strafe des Vermögensverfalls durchführt, oder auf Ansuchen des Verurteilten oder der Person, um deren Unterhalt oder Erziehung es geht. Ein solches Ansuchen kann nur binnen dreier Monate, gerechnet von dem Tage ab, an dem das Urteil rechtskräftig geworden ist, und wenn es sich um Mittel und Sachen handelt, die durch die Durchführung der Strafe des Vermögensverfalls erst später betroffen wurden, binnen einem Monat seitdem das geschehen ist, eingereicht werden.

2. Gegen eine Entscheidung nach Absatz 1 ist die Beschwerde zulässig, die aufschiebende Wirkung hat.

3. Der Senatsvorsitzende sendet eine Abschrift des rechtskräftigen in Absatz 1 angeführten Beschlusses dem Nationalausschuß.

4. Eine dritte Person kann ein Eigentumsrecht an den Mitteln und Sachen, die bei der Durchführung der Strafe des Vermögensverfalls betroffen wurden, nicht nach Absatz 1, sondern nur nach den bürgerlich-rechtlichen Vorschriften geltend machen.

Sicherstellung der Vollstreckung der Strafe des Vermögensverfalls

§ 347

1. Wenn der Beschuldigte wegen einer Straftat verfolgt wird, bei der im Hinblick auf den Charakter und die Schwere der Tat und die Verhältnisse des Beschuldigten die Verhängung der Strafe des Vermögensverfalls zu erwarten ist, und zu befürchten ist, daß die Vollstreckung dieser Strafe vereitelt oder erschwert wird, kann das Gericht und im vorbereitenden Verfahren der Prokurator das Vermögen des Beschuldigten sicherstellen. Das Gericht stellt das Vermögen des Beschuldigten immer sicher, wenn es durch ein Urteil, das bisher noch nicht rechtskräftig geworden ist, die Strafe des Vermögensverfalls verhängt hat.

2. Gegen die Entscheidung über die Sicherstellung ist die Beschwerde zulässig.

§ 348

1. Die Sicherstellung erfaßt das gesamte Vermögen des Beschuldigten, den Zuwachs und die Erträge des sichergestellten Vermögens sowie das Vermögen, das der Beschuldigte nach der Sicherstellung erwirbt. Sie bezieht sich jedoch nicht auf Mittel und Sachen, auf die sich nach dem Gesetz der Vermögensverfall nicht bezieht.

2. Der Senatsvorsitzende und im vorbereitenden Verfahren der Prokurator entscheidet auf Antrag des Nationalausschusses, der die Entscheidung über die Sicherstellung durchführt, oder auf Ansuchen des Beschuldigten oder der Person, für deren Unterhalt oder Erziehung der Beschuldigte zu sorgen gesetzlich verpflichtet ist, ob sich die Sicherstellung des Vermögens auf bestimmte Mittel oder Sachen deshalb nicht bezieht, weil diese zur Befriedigung der Lebensbedürfnisse des Beschuldigten oder der angeführten Person unerläßlich notwendig sind. Gegen diese Entscheidung ist die Beschwerde zulässig.

3. Solange die Sicherstellung dauert, sind alle Rechtshandlungen des Beschuldigten, die das sichergestellte Vermögen betreffen, unwirksam, ausgenommen solche Handlungen, die auf die Abwendung eines unmittelbar drohenden Schadens gerichtet sind.

4. Wer in seiner Gewalt Sachen hat, die zu einem sichergestellten Vermögen gehören, ist verpflichtet, sobald er von der Sicherstellung Kenntnis erlangt, dies dem Prokurator oder dem Gericht, welches das Vermögen sichergestellt hat, anzuzeigen; andernfalls ist er für den Schaden, der durch die Unterlassung der Anzeige entsteht, verantwortlich.

5. Eine dritte Person kann ein Eigentumsrecht an den sichergestellten Mitteln und Sachen nicht nach Absatz 1, sondern nur nach den bürgerlich-rechtlichen Vorschriften geltend machen.

§ 349

Das Gericht und im vorbereitenden Verfahren der Prokurator hebt die Sicherstellung auf, wenn der Grund zur Sicherstellung des Vermögens wegfällt.

§ 350

Bedingtes Absehen von der Vollstreckung eines Restes der Strafe des Tätigkeitsverbots

Auf das Verfahren über das bedingte Absehen von der Vollstrekkung der Strafe des Tätigkeitsverbots sowie auf das Verfahren über die Anordnung der Vollstreckung eines Restes dieser Strafe finden die Bestimmungen der §§ 331 bis 333 sinngemäß Anwendung. Alle Entscheidungen trifft aber das Gericht, das in der Sache im ersten Rechtszug entschieden hat (§ 315 Abs. 2).

5. Abschnitt

Vollstreckung der Schutzheilung und Schutzerziehung

§ 351

Anordnung der Vollstreckung der Schutzheilung

1. Der Senatsvorsitzende trägt die Vollstreckung der Schutzheilung der Heilanstalt auf, in der die Schutzheilung vollstreckt werden soll.

2. Wenn die Person, bei der Schutzheilung verhängt wurde, bei Belassung in Freiheit für ihre Umgebung gefährlich ist, ordnet der Senatsvorsitzende unverzüglich ihre Einlieferung in eine Heilanstalt an; im anderen Falle kann er ihr eine angemessene Frist zur Besorgung ihrer Angelegenheiten bewilligen.

3. Handelt es sich um einen aktiven Angehörigen der bewaffneten Kräfte oder eines bewaffneten Korps, ersucht der Senatsvorsitzende den zuständigen Kommandeur oder Vorgesetzten, die Überführung in die Heilanstalt in die Wege zu leiten.

4. Der Senatsvorsitzende ersucht die Heilanstalt, dem Gericht, das die Schutzheilung verhängt hat, anzuzeigen, wann mit der Vollstreckung der Schutzheilung begonnen wurde. Gleichzeitig ersucht er die Anstalt, dem Bezirksgericht, in dessen Sprengel die Schutzheilung vollstreckt wird, unverzüglich zu berichten, wenn die Gründe für eine weitere Dauer der Schutzheilung wegfallen.

§ 352

Absehen von der Vollstreckung der Schutzheilung

Über das Absehen von der Vollstreckung der Schutzheilung vor ihrem Beginn entscheidet das Gericht, das die Schutzheilung verhängt hat, und zwar in öffentlicher Sitzung auf Antrag des Prokurators oder des Beschuldigten oder auch ohne einen solchen Antrag. Gegen diese Entscheidung ist die Beschwerde zulässig, die aufschiebende Wirkung hat.

§ 353

Entlassung aus der Schutzheilung

Über die Entlassung aus der Schutzheilung entscheidet auf Antrag des Prokurators, des Beschuldigten oder der Heilanstalt oder auch ohne einen solchen Antrag in öffentlicher Sitzung das Bezirksgericht, in dessen Sprengel die Schutzheilung vollstreckt wird. Gegen diese Entscheidung ist die Beschwerde zulässig, die aufschiebende Wirkung hat.

§ 354

Anordnung der Vollstreckung der Schutzerziehung

1. Der Senatsvorsitzende trägt die Vollstreckung der Schutzerziehung der Erziehungseinrichtung auf, in der mit der Vollstreckung begonnen werden soll.

2. Wenn der Jugendliche sich nicht in Haft befindet und nicht zu befürchten ist, daß er flieht, kann ihm der Senatsvorsitzende vor dem Antritt eine angemessene Frist zur Besorgung seiner Angelegenheiten bewilligen.

§ 355
Absehen von der Vollstreckung der Schutzerziehung

1. Über das Absehen von der Vollstreckung der Schutzerziehung vor ihrem Beginn entscheidet das Gericht, das die Schutzerziehung verhängt hat, und zwar in öffentlicher Sitzung auf Antrag des Prokurators, des mit der Jugendfürsorge betrauten Organs oder des Jugendlichen oder auch ohne einen solchen Antrag.

2. Gegen die Entscheidung nach Absatz 1 ist die Beschwerde zulässig, die aufschiebende Wirkung hat.

§ 356
Entlassung aus der Schutzerziehung

1. Über die Entlassung aus der Schutzerziehung entscheidet in öffentlicher Sitzung das Bezirksgericht, in dessen Sprengel die Schutzerziehung vollstreckt wird, und zwar auf Antrag des Prokurators, des Organs das mit der Jugendfürsorge betraut ist, des Jugendlichen oder der Erziehungseinrichtung oder auch ohne einen solchen Antrag.

2. Wenn der Antrag nach Absatz 1 nicht von der Erziehungseinrichtung gestellt wurde, ist vor der Entscheidung der Vertreter dieser Einrichtung anzuhören.

3. Gegen die Entscheidung nach Absatz 1 ist die Beschwerde zulässig, die aufschiebende Wirkung hat.

§ 356 a
Bedingte Unterbringung außerhalb der Erziehungsanstalt

1. Über die bedingte Unterbringung eines Jugendlichen außerhalb der Erziehungseinrichtung entscheidet in öffentlicher Sitzung auf Antrag des Prokurators, des mit der Jugendfürsorge betrauten Organs oder des Direktors der Erziehungseinrichtung, auf Ersuchen des Jugendlichen oder auch von Amts wegen das Bezirksgericht, in dessen Sprengel die Schutzerziehung vollstreckt wird.

2. Dieses Gericht entscheidet in gleicher Weise auch über die Aufhebung einer bedingten Unterbringung des Jugendlichen außerhalb der Erziehungseinrichtung.

3. Gegen die Entscheidungen nach den Absätzen 1 und 2 ist die Beschwerde zulässig, die aufschiebende Wirkung hat.

§ 357
Verlängerung der Schutzerziehung

1. Über die Verlängerung der Schutzerziehung entscheidet in öffentlicher Sitzung das Bezirksgericht, in dessen Sprengel die

Schutzerziehung vollstreckt wird, und zwar auf Antrag des Prokurators, des Organs, das mit der Jugendfürsorge betraut ist, oder der Erziehungseinrichtung oder auch ohne einen solchen Antrag.

2. Wenn der Antrag nach Absatz 1 nicht von der Erziehungseinrichtung gestellt wurde, ist vor der Entscheidung der Vertreter dieser Einrichtung anzuhören.

3. Die Schutzerziehung kann nur dann verlängert werden, wenn mit ihrer Vollstreckung bereits begonnen wurde.

4. Gegen die Entscheidung nach Absatz 1 ist die Beschwerde zulässig.

§ 358
Aufsicht des Prokurators

Der Prokurator, in dessen Sprengel die Schutzheilung oder Schutzerziehung vollstreckt wird, führt die Aufsicht über ihre Vollstrekkung. Die Verwaltung der Örtlichkeit, wo die Schutzheilung oder Schutzerziehung vollstreckt wird, ist verpflichtet, die Anweisungen des Prokurators, die sich auf die Einhaltung von Vorschriften, die für die Vollstreckung der Schutzheilung oder Schutzerziehung gelten, auszuführen.

6. Abschnitt
Vollstreckung einiger anderer Entscheidungen

§ 359
Absehen von der Bestrafung infolge einer Bürgschaft

Wenn das Gericht die Bürgschaft einer in § 4 Abs. 1 angeführten Organisation angenommen und infolgedessen von der Bestrafung abgesehen hat, stellt es der Organisation eine Urteilsabschrift zu. Gleichzeitig ersucht es die Organisation, im Sinne der Bürgschaft die Sorge für eine Besserung des Verurteilten zu übernehmen und darauf zu achten, daß er den durch seine Straftat verursachten Schaden ersetze, sofern das nicht schon früher geschehen ist.

§ 360
Vollstreckung der Haft

1. Haft wird in Anstalten des Innenministeriums vollstreckt. Eine vom Militärprokurator angeordnete Haft kann für die Zeit des notwendigsten Bedarfs auch bei einer Einheit vollstreckt werden. Aus besonders berücksichtigungswürdigen Gründen kann der Prokurator und im Gerichtsverfahren der Senatsvorsitzende bewilligen, daß die Haft unter gehöriger Aufsicht in einer Heilanstalt vollstreckt wird.

2. In Haft unterliegt der Beschuldigte nur den Beschränkungen, die notwendig sind, um eine erfolgreiche Durchführung des Strafverfahrens zu gewährleisten.

3. Die Vorschriften über die Vollstreckung der Haft in den Anstalten des Innenministeriums werden vom Minister des Innern im Ein-

vernehmen mit dem Justizminister und dem Generalprokurator erlassen.

4. Der Prokurator, in dessen Sprengel die Haft vollstreckt wird, beaufsichtigt ihre Vollstreckung. Die Verwaltung der Örtlichkeit, in der die Haft vollstreckt wird, ist verpflichtet, die Anweisungen des Prokurators, die sich auf die Einhaltung von Vorschriften, die für die Vollstreckung der Haft gelten, auszuführen.

§ 361

Beitreibung einer Ordnungsstrafe und der Kosten des Strafverfahrens

1. Sobald der Beschluß, mit dem eine Ordnungsstrafe auferlegt wurde, vollstreckbar wird, fordert das Ermittlungsorgan, der Untersuchungsführer, der Prokurator oder der Senatsvorsitzende, der die Strafe verhängt hat, die Person, der diese Strafe auferlegt wurde, auf, die Strafe binnen 15 Tagen zu bezahlen und weist sie darauf hin, daß andernfalls die Bezahlung beigetrieben wird. Die bezahlte Ordnungsstrafe verfällt dem Staat.

2. Die Beitreibung der Kosten des Strafverfahrens, die mit einem Pauschalbetrag festgesetzt sind, erfolgt durch Organe der staatlichen Gerichtsverwaltung.

§ 362

(aufgehoben durch Art. I Nr. 64 des Ges.Nr. 57/65)

21. Hauptstück

Tilgung der Verurteilung

§ 363

Über die Tilgung der Verurteilung entscheidet das Gericht auf Ansuchen des Verurteilten oder auf Antrag einer in § 4 Abs. 1 angeführten Organisation, und wenn es sich nicht um einen in § 69 Abs. 3 StG geregelten Fall handelt, auch auf Ansuchen von Personen, die zugunsten des Verurteilten Berufung einlegen könnten. Über die Tilgung der Verurteilung eines Jugendlichen entscheidet das Gericht auch ohne Antrag oder Ansuchen.

§ 364

1. Über die Tilgung der Verurteilung entscheidet das Bezirksgericht, in dessen Sprengel der Verurteilte im Zeitpunkt der Antragstellung seinen Wohnsitz hat oder zuletzt hatte, und zwar auch dann, wenn es sich um die Verurteilung durch ein Militärgericht handelt.

2. Wenn der Verurteilte aber aktiver Berufsangehöriger der bewaffneten Kräfte oder eines bewaffneten Korps ist, entscheidet über die Tilgung der Verurteilung das Militärdistriktsgericht, in dessen Sprengel der Verurteilte im Zeitpunkt der Antragstellung Dienst ge-

tan hat, und das auch dann, wenn es sich nicht um die Verurteilung durch ein Militärgericht handelt.

3. Über die Tilgung der Verurteilung eines Jugendlichen entscheidet das Gericht, das in der Sache im ersten Rechtszug entschieden hat, und wenn es sich um einen bedingt Entlassenen handelt, das Gericht, das ausgesprochen hat, daß sich der bedingt entlassene Jugendliche bewährt hat.

4. Gegen die Entscheidung über die Tilgung der Verurteilung ist die Beschwerde zulässig, die aufschiebende Wirkung hat.

§ 365

1. Sobald die Entscheidung über die Tilgung der Verurteilung rechtskräftig geworden ist, benachrichtigt der Senatsvorsitzende den Verurteilten, den Antragsteller und das Organ, das das Strafregister führt; eine getilgte Verurteilung darf nicht in einem Strafregister ausgewiesen werden.

2. Wenn das Ansuchen um Tilgung der Verurteilung abgelehnt wurde, kann ein solches Ansuchen erst wieder nach Ablauf eines Jahres eingereicht werden, es sei denn, daß es nur deshalb abgelehnt wurde, weil bisher die vom Gesetz bestimmte Tilgungszeit noch nicht verstrichen war. Ein dennoch eingereichtes Ansuchen wird vom Gericht ohne Ermittlungen abgelehnt.

4. Teil

EINIGE HANDLUNGEN, DIE MIT DEM STRAFVERFAHREN ZUSAMMENHÄNGEN

22. Hauptstück

Gnadenerweis und Amnestie

§ 366

Gnadenerweis

1. Der Präsident der Republik gewährt auf Grund des ihm von der Verfassung gegebenen Rechts[28] einen Gnadenerweis.

2. Der Präsident der Republik bestimmt, in welchen Fällen der Generalprokurator oder der Justizminister ein Verfahren über ein Gnadengesuch durchführen und ein unbegründetes Gesuch ablehnen kann.

3. Wenn der Präsident der Republik das in einem Gnadenverfahren anordnet, wird das Strafverfahren vorläufig nicht eingeleitet oder ein eingeleitetes Strafverfahren nicht fortgesetzt und der Beschuldigte aus der Haft entlassen, oder die Strafvollstreckung aufgeschoben oder unterbrochen.

---

[28] Art. 62 Abs. 1 Ziff. 10 Verf., oben S. 178.

§ 367

Gnadenverfahren

In den im § 366 Abs. 2 angeführten Fällen wird das Verfahren durchgeführt und ein unbegründetes Gesuch abgelehnt:

a) vor Erhebung der Anklage vom Generalprokurator, der auch anordnen kann, daß bis zu dem Zeitpunkt, an dem das Gnadengesuch erledigt wird, die Strafverfolgung nicht eingeleitet oder eine eingeleitete Strafverfolgung nicht fortgesetzt und der Beschuldigte aus der Haft entlassen wird,

b) nach Erhebung der Anklage vom Justizminister, der auch anordnen kann, daß bis zu dem Zeitpunkt, an dem das Gnadengesuch erledigt wird, das Strafverfahren nicht fortgesetzt und der Beschuldigte aus der Haft entlassen wird oder die Strafvollstreckung aufgeschoben oder unterbrochen wird.

§ 368

Entscheidung über die Anwendung der Amnestie

Die Entscheidung darüber, ob und bis zu welchem Maße eine Person, gegen die eine Strafe schon rechtskräftig verhängt wurde, an einer Amnestie teilnimmt, trifft das Gericht, das im ersten Rechtszug entschieden hat. Wenn eine solche Person zur Zeit der Entscheidung eine Strafe der Freiheitsentziehung verbüßt, trifft die Entscheidung das Gericht, in dessen Sprengel die Strafe vollstreckt wird. Gegen diese Entscheidung ist die Beschwerde zulässig, die aufschiebende Wirkung hat.

§ 369

Bedingter Gnadenerweis

Wenn die Strafe oder ihr Rest beim Gnadenerweis nur unter bestimmten Bedingungen erlassen wurde, überwacht das Gericht, das in der Sache im ersten Rechtszug entschieden hat, die Erfüllung der Bedingungen und die Umerziehung des Verurteilten. Die Bestimmung des § 329 über die Zusammenarbeit mit den gesellschaftlichen Organisationen findet hier sinngemäß Anwendung.

§ 370

Änderung des Strafmaßes

1. Wenn durch eine Amnestie eine Strafe ganz oder teilweise nur für eine von mehreren Straftaten erlassen wurde, für die eine Gesamtstrafe oder eine nachträglich gebildete Gesamtstrafe verhängt worden ist, die bisher noch nicht vollstreckt wurde, bestimmt das Gericht entsprechend dem gegenseitigen Verhältnis ihrer Schwere die angemessene Strafe für die von der Amnestie nicht betroffenen Straftaten. Gegen diese Entscheidung ist die Beschwerde zulässig, die aufschiebende Wirkung hat.

2. Die Entscheidung nach Absatz 1 wird vom Gericht, das die Strafe im ersten Rechtszug verhängt hat, in öffentlicher Sitzung getroffen.

§ 370 a

Entscheidung nach Milderung der Todesstrafe

Wenn im Gnadenwege die Todesstrafe in eine Strafe der Freiheitsentziehung gemildert wurde, entscheidet in öffentlicher Sitzung über die Art der Vollstreckung der Strafe das Gericht, das in der Sache im ersten Rechtszug entschieden hat. Gegen diese Entscheidung ist die Beschwerde zulässig.

23. Hauptstück

Entschädigung für Haft und Strafe

§ 371

Haftentschädigung

1. Wer durch die Haft einen Vermögensschaden erlitten hat, kann für die Zeit, während der seine persönliche Freiheit eingeschränkt war, vom Staate eine angemessene Entschädigung verlangen, wenn die Strafverfolgung gegen ihn eingestellt oder er von der Anklage freigesprochen wurde.

2. Für eine Haft, die im Verfahren um die Auslieferung ins Ausland angeordnet wurde, wird keine Entschädigung gewährt.

3. Ein Anspruch auf Entschädigung steht demjenigen nicht zu,

a) der die Haft selbst verschuldet hat, namentlich dadurch, daß er durch einen Fluchtversuch oder durch eine andere Handlung Ursache zu den Befürchtungen gegeben hat, die den Grund für seine Haft oder Haftverlängerung bildeten,

b) der von der Anklage freigesprochen oder gegen den die Strafverfolgung nur deshalb eingestellt wurde, weil er für die begangene Straftat strafrechtlich nicht verantwortlich ist oder weil er begnadigt wurde oder die Straftat unter eine Amnestie fiel oder verjährt ist.

4. Eine Entschädigung ist jedoch immer für die Zeit zu gewähren, um welche die Haft gesetzwidrig verlängert wurde, insbesondere durch unrichtiges Vorgehen des Untersuchungsführers, des Prokurators oder des Gerichts.

§ 372

Entschädigung für die Strafe

1. Wer einen Vermögensschaden dadurch erlitten hat, daß an ihm ganz oder teilweise eine Strafe der Freiheitsentziehung, eine Besserungsmaßnahme, Verfall des Vermögens oder einer Sache oder eine Geldstrafe vollstreckt wurde, kann vom Staat eine angemessene Entschädigung verlangen, wenn er im späteren Verfahren von der Anklage freigesprochen oder wenn die Strafverfolgung eingestellt wurde.

2. Eine angemessene Entschädigung kann auch derjenige verlangen, der in einem späteren Verfahren zu einer milderen Strafe als

der, die an ihm auf Grund eines aufgehobenen Urteils vollstreckt worden ist, verurteilt wurde.

3. Ein Entschädigungsanspruch steht demjenigen nicht zu,

a) der seine Verurteilung vorsätzlich herbeigeführt hat oder

b) gegen den die spätere Strafverfolgung nur deshalb eingestellt wurde, weil er begnadigt wurde oder weil er nach Rechtskraft des ursprünglichen Urteils unter eine Amnestie fiel, die sich auf die Tat bezog, wegen der gegen ihn die ursprüngliche Strafe verhängt wurde.

4. Eine Entschädigung wird jedoch immer für die Zeit gewährt, um welche durch ein unrichtiges Vorgehen von Gericht oder Strafvollstreckungsorganen eine Strafe der Freiheitsentziehung gesetzwidrig verlängert wurde.

§ 373

Übergang des Entschädigungsanspruchs auf die Erben

Das Recht, Entschädigung für Haft und Strafe zu verlangen, geht auf die Erben des Berechtigten nur insoweit über, als sie durch seine Haft oder Strafe in ihrem Unterhalt oder ihrer Erziehung, die er ihnen nach dem Gesetz zu gewähren verpflichtet war, verkürzt wurden.

§ 374

Geltendmachung des Anspruchs

1. Der Anspruch auf Entschädigung für Haft oder Strafe erlischt, wenn die berechtigte Person das Justizministerium nicht binnen eines Jahres, gerechnet von dem Tage ab, an dem die Entscheidung, die Grundlage des Anspruchs ist, rechtskräftig geworden ist, und wo eine solche Entscheidung nicht in Betracht kommt, binnen eines Jahres seit Entlassung aus der Strafe, um die Zuerkennung des Anspruchs ersucht hat.

2. Wenn das Justizministerium einen Ersatz nicht binnen drei Monaten seit Geltendmachung des Anspruchs zuerkennt oder wenn die berechtigte Person mit der zuerkannten Höhe der Entschädigung nicht zufrieden ist, kann diese Person ihren Anspruch im Verfahren in bürgerlichrechtlichen Angelegenheiten geltend machen.

24. Hauptstück

Rechtsverkehr mit dem Ausland

§ 375

Die Bestimmungen dieses Hauptstücks finden nur dann Anwendung, wenn nicht ein verkündeter internationaler Vertrag[29] ein anderes Vorgehen vorsieht.

---

[29] Solche Verträge bestehen jetzt mit Bulgarien (Nr. 57/54, 43/63 Sb.), mit der DDR (Nr. 38/57 Sb.), mit der UdSSR (Nr. 29/58 Sb.), mit Rumänien (Nr. 31/59 Sb.), Albanien (Nr. 97/60 Sb.), Polen (Nr. 66/62 Sb.), Ungarn (Nr. 91/62), Jugoslawien (Nr. 207/64 Sb.).

1. Abschnitt

Auslieferungsbegehren

§ 376

1. Wenn sich der Beschuldigte im Ausland aufhält und es erforderlich ist, seine Auslieferung zu begehren, erläßt der Senatsvorsitzende gegen ihn einen Haftbefehl und auf dessen Grundlage ersucht er das Justizministerium um weitere Maßnahmen. Im vorbereitenden Verfahren geschieht das auf Antrag des Prokurators.

2. Wenn die Sache keinen Aufschub gestattet, ersucht der Senatsvorsitzende das Justizministerium, eine vorläufige Verhaftung des Beschuldigten zu veranlassen; den Haftbefehl sendet er dem Justizministerium nachträglich.

3. Der Haftbefehl muß enthalten:

a) Namen und Vornamen des Beschuldigten, seine persönlichen Daten und Angaben über seine Staatsbürgerschaft, gegebenenfalls auch seine Beschreibung und sein Lichtbild,

b) die gesetzliche Benennung der Straftat mit Anführung der entsprechenden gesetzlichen Bestimmungen und eine Schilderung des Sachverhalts mit genauer Bezeichnung von Zeit, Ort und Art der Begehung der Tat,

c) den Wortlaut der gesetzlichen Bestimmungen, nach denen die Straftat beurteilt wird, mit Anführung des gesetzlichen Strafsatzes, der für sie im Gesetz vorgesehen ist, und

d) wenn es sich darum handelt, die Auslieferung des Verurteilten zur Strafvollstreckung zu begehren, auch die Angaben darüber, durch welches Gericht und zu welcher Strafe er verurteilt wurde, unter Beifügung einer mit Rechtskraftklausel versehenen Urteilsabschrift.

§ 377

1. Der Beschuldigte, den ein fremder Staat ausgeliefert hat, wird von den Organen des Korps für nationale Sicherheit übernommen. Sie übergeben die übernommene Person unverzüglich dem Senatspräsidenten, der den Haftbefehl erlassen hat, und im vorbereitenden Verfahren dem Prokurator, auf dessen Antrag der Haftbefehl erlassen wurde.

Frühere Verträge und Übereinkommen, die sich zum Teil auf die Rechtshilfe in Strafsachen, zum Teil aber nur auf das Auslieferungsverfahren beziehen, sind: USA Nr. 48/26, 185/35; Italien Nr. 128/26, 172/48; Großbritannien Nr. 211/26, 22/28, 73/28, 56/29, 166/32, 212/34, 25/35; Belgien Nr. 79/28; Griechenland Nr. 42/29; Frankreich Nr. 11/31; Dänemark Nr. 34/32; Niederlande Nr. 65/32; Schweden Nr. 161/32; Türkei Nr. 76/33; Luxemburg Nr. 104/36; Monaco Nr. 222/36.

Der Vertrag zwischen der CSR und dem Deutschen Reich vom 8. 5. 1922, Nr. 230/23 Sb. (vgl. das deutsche Gesetz vom 27. 1. 1923, RGBl. II 48, 396) über die Auslieferung von Verbrechern und die Rechtshilfe in Strafsachen findet keine Anwendung mehr.

2. Wenn es sich nicht um eine Auslieferung zur Strafvollstreckung handelt, sind der Senatsvorsitzende und im vorbereitenden Verfahren der Prokurator verpflichtet, den Beschuldigten binnen 48 Stunden nach seiner Übergabe zu vernehmen und ihm die Haftentscheidung mitzuteilen.

§ 378

1. Wenn der Beschuldigte von dem fremden Staate mit einem Vorbehalt ausgeliefert wurde, muß diesem Vorbehalt entsprochen werden.

2. Der Beschuldigte kann nur wegen der Straftaten, wegen derer er ausgeliefert wurde, verfolgt werden, es sei denn, daß eine zusätzliche Zustimmung zur Strafverfolgung wegen weiterer Straftaten gegeben wurde.

3. Wenn der Beschuldigte nur wegen einer von mehreren Straftaten, für welche ihm früher eine Gesamtstrafe oder eine nachträglich gebildete Gesamtstrafe auferlegt worden ist, zur Strafvollstreckung aus dem Ausland angefordert oder ins Ausland ausgeliefert wurde, bestimmt das Gericht in öffentlicher Sitzung eine angemessene Strafe für die Straftaten, auf die sich die Auslieferung bezieht. Gegen diese Entscheidung ist die Beschwerde zulässig, die aufschiebende Wirkung hat.

2. Abschnitt

Auslieferung ins Ausland

§ 379

Vorermittlungen

1. Der Prokurator, dem das Justizministerium oder der Generalprokurator das Auslieferungsersuchen eines fremden Staates übersandt hat oder der von einer Straftat, wegen der ein fremder Staat um die Auslieferung ersuchen könnte, Kenntnis erlangt hat, führt die Vorermittlungen durch. Sie bezwecken die Feststellung, ob hier die Voraussetzungen für die Auslieferung vorliegen, insbesondere daß es sich um eine nach dem Recht beider Staaten strafbare Tat handelt, wegen der die Auslieferung zulässig ist und deren Strafbarkeit nicht erloschen ist, und daß es sich nicht um einen tschechoslowakischen Bürger handelt.

2. Im Auslieferungsverfahren muß die Person, um deren Auslieferung es geht, einen Verteidiger haben.

3. Der Prokurator vernimmt eine solche Person und macht sie dabei mit dem Inhalt des Auslieferungsersuchens bekannt. Wenn diese Person Umstände anführt, die den Verdacht widerlegen, oder darüber Beweise, die ohne besondere Verzögerung erhoben werden können, anbietet, beziehen sich die Vorermittlungen auch auf sie.

§ 380

Entscheidung des Gerichts

1. Nach Beendigung der Vorermittlungen entscheidet auf Antrag des Prokurators das Kreisgericht, in dessen Sprengel die Person, um deren Auslieferung es geht, sich aufhält oder betroffen wurde, ob die Auslieferung zulässig ist, und legt die Sache dem Justizministerium vor.

2. Wenn der Justizminister Zweifel an der Richtigkeit der Entscheidung des Kreisgerichts hat, kann er die Sache dem Obersten Gericht zur Überprüfung dieser Entscheidung vorlegen.

§ 381

Auslieferungshaft

1. Wurde entschieden, daß die Auslieferung ins Ausland zulässig ist, nimmt das Kreisgericht die Person, um deren Auslieferung es sich handelt, in Haft. Dabei ist es nicht durch die Haftgründe des § 67 gebunden.

2. Der Prokurator, der Vorermittlungen durchführt, kann die Person, um deren Auslieferung es sich handelt, nur dann in Haft nehmen, wenn das zur Verhinderung der Flucht notwendig ist.

3. Wurde entschieden, daß die Auslieferung nicht zulässig ist, oder ordnet es der Justizminister an, ist sofort die Entlassung aus der Haft in die Wege zu leiten.

§ 382

Genehmigung und Durchführung der Auslieferung

1. Die Auslieferung ins Ausland wird vom Justizminister genehmigt, und zwar nur dann, wenn ein Kreisgericht oder das Oberste Gericht gemäß § 380 entschieden haben, daß die Auslieferung zulässig ist.

2. Die genehmigte Auslieferung wird vom Senatsvorsitzenden des Kreisgerichts in die Wege geleitet.

§ 383

Ausdehnung der Auslieferung auf eine andere Straftat

Fordert der Staat, dem eine bestimmte Person ausgeliefert wurde, daß er sie wegen einer anderen Straftat verfolgen könne oder an ihr eine Strafe vollstrecken könne, die wegen einer anderen Straftat als wegen der die Auslieferung genehmigt wurde, verhängt worden ist, so finden die Bestimmungen über die Auslieferung sinngemäß Anwendung.

3. Abschnitt

Rechtshilfeersuchen

§ 384

Bei dem Ersuchen ausländischer Gerichte und Behörden um Gewährung von Rechtshilfe sowie bei der Gewährung von Rechtshilfe an ausländische Gerichte und Behörden ist, wenn nicht durch internationale Verträge etwas anderes bestimmt wird, auch in Strafsachen in entsprechender Anwendung der für den Verkehr mit dem Ausland in bürgerlichrechtlichen Sachen geltenden Vorschriften[30] zu verfahren.

Rechtshilfe im Verkehr mit dem Ausland

§ 55

Soweit nichts anderes bestimmt ist, verkehren die Justizorgane mit den ausländischen Organen durch Vermittlung des Justizministeriums.

§ 56

Die csl. Justizorgane gewähren auf Ersuchen ausländischen Justizorganen Rechtshilfe unter der Voraussetzung der Gegenseitigkeit.

Rechtshilfe kann abgelehnt werden:

a) wenn die Vornahme der nachgesuchten Amtshandlung nicht in die Zuständigkeit des ersuchten csl. Justizorgans fällt; gehört ihre Vornahme aber in die Zuständigkeit eines anderen Justizorgans oder eines anderen csl. Organs, wird das Ersuchen dem hierzu berufenen Organ zur Erledigung abgegeben;
b) wenn um die Vornahme einer Amtshandlung, die der csl. öffentlichen Ordnung widerspricht, nachgesucht wird.

§ 57

1. Die nachgesuchte Rechtshilfe wird nach den csl. Vorschriften gewährt; auf Ersuchen des ausländischen Organs kann nach den ausländischen Prozeßvorschriften verfahren werden, wenn das nachgesuchte Verfahren nicht der csl. Rechtsordnung widerspricht.

2. Wenn ein ausländisches Organ darum ersucht, können Zeugen, Sachverständige und Beteiligte auch eidlich vernommen werden. Dasselbe gilt, wenn im Ausland eine eidliche Erklärung über Tatsachen, die für die Geltendmachung oder Erhaltung von Ansprüchen entscheidend sind, vorgelegt werden muß.

3. Der Eid für Zeugen und Beteiligte lautet: „Ich schwöre bei meiner Ehre, daß ich über alles, worüber mich das Gericht befragen wird, die volle und reine Wahrheit sagen und nichts verschweigen werde."

4. Der Eid für Sachverständige lautet: „Ich schwöre bei meiner Ehre, daß ich das Gutachten nach bestem Wissen und Gewissen erstatten werde."

5. Geht es um einen Nacheid, wird der Wortlaut des Eides entsprechend abgeändert.

§ 58

Wenn ein ausländisches Schriftstück nicht mit einer beglaubigten Übersetzung in die tschechische oder slowakische Sprache versehen ist, wird es dem Empfänger zugestellt, wenn er bereit ist, es anzunehmen; der Empfänger ist darüber zu belehren, daß er sich der Rechtsfolgen bewußt sein muß, die im Ausland entstehen können, wenn er die Annahme des Schriftstücks verweigert.

---

[30] Die früher geltenden §§ 627—630 ZPO (Ges. v. 25. 8. 1950, Nr. 142 Sb.) sind durch die neue ZPO (Ges. v. 4. 12. 1963, Nr. 99 Sb.) weggefallen. Sie werden ersetzt durch die §§ 55—60 des Ges. v. 4. 12. 1963, Nr. 97 Sb., über das internationale Privat- und Prozeßrecht:

5. Teil

ÜBERGANGS- UND SCHLUSSBESTIMMUNGEN

§ 385

Von dem Tage ab, an dem dieses Gesetz in Kraft tritt, können die bisherigen Vorschriften über das Strafverfahren nur in den Grenzen der Bestimmungen dieses Teils Anwendung finden.

§ 386

Die Bestimmung des § 296 Abs. 3[31] des Ges. Nr. 64/1956 Sb. gilt auch weiterhin für Entscheidungen, die vor dem 1. Januar 1962 rechtskräftig geworden sind. Die Frist zur Stellung des Antrags endigt aber in diesen Sachen spätestens mit dem 30. Juni 1962.

§ 387

1. Auf ein Verfahren zur Wiederaufnahme eines Strafverfahrens, das vor Beginn der Wirksamkeit dieses Gesetzes rechtskräftig abgeschlossen wurde, finden die Bestimmungen dieses Gesetzes Anwendung. Die Voraussetzungen für die Bewilligung der Wiederaufnahme

---

§ 59

1. Auf Ersuchen eines csl. Justizorgans nimmt ein csl. Vertretungs- oder Konsularorgan folgende Amtshandlungen vor:

a) die Zustellung an Personen in dem Staate, in dem das csl. Vertretungs- oder Konsularorgan seine Tätigkeit ausübt, sofern das nach den internationalen Verträgen oder nach anderen Regeln des internationalen Rechts zulässig ist oder den Vorschriften des Staates, in dem die Handlung vorgenommen werden soll, nicht widerspricht;

b) die Zustellung an csl. Bürger, die in dem Staate, in dem die Handlung vorgenommen werden soll, diplomatische Vorrechte und Immunität genießen, und die Vernehmung solcher Bürger als Zeugen, Sachverständige oder am Verfahren Beteiligte;

c) auf Grund einer Ermächtigung durch den Minister für auswärtige Angelegenheiten die Vernehmung von Zeugen, Sachverständigen und am Verfahren Beteiligten, sowie andere Prozeßhandlungen, wenn die betreffenden Personen freiwillig erscheinen und keine Vorschriften, die in dem Staate, in dem die Handlung vorgenommen werden soll, dem entgegenstehen.

2. Das csl. Vertretungs- und Konsularorgan verfährt entsprechend den für das ersuchende Justizorgan geltenden Vorschriften und die von ihm vorgenommenen Handlungen haben dieselben Wirkungen, wie wenn sie das Justizorgan selbst vorgenommen hätte.

§ 60

Zustellungen, die auf Ersuchen eines csl. Justizorgans durch ein ausländisches Organ vorgenommen wurden, sowie vor diesem erhobene Beweise sind wirksam, auch wenn sie nicht mit den Vorschriften des ausländischen Rechts in Einklang stehen, jedoch den csl. Vorschriften entsprechen.

[31] Betrifft die Beschwerde wegen Verletzung des Gesetzes.

werden aber in einem solchen Fall nach dem Gesetz, das für den Beschuldigten günstiger ist, beurteilt.

2. Wenn die Entscheidung, gegen die sich der Wiederaufnahmeantrag richtet, im ersten Rechtszug von einem schon nicht mehr bestehenden Gericht getroffen worden ist, entscheidet über den Wiederaufnahmeantrag das Gericht, das nach diesem Gesetz sachlich und örtlich zuständig wäre; wenn im ersten Rechtszug ein ehemals staatliches Gericht entschieden hat, entscheidet über den Wiederaufnahmeantrag das Kreis-(Höhere Militär-)gericht, das nach diesem Gesetz in der Sache örtlich zuständig wäre.

§ 388

1. Das Kreisgericht ist zuständig, in erster Instanz das Verfahren auch über Taten durchzuführen, die nach früher wirksamen Vorschriften strafbar sind und durch ihren Charakter und ihre Schwere den im § 17 Abs. 1 angeführten Straftaten entsprechen.

2. Entscheidungen und Maßnahmen, die die Vollstreckung von Urteilen betreffen, welche durch das Oberste Gericht als Gericht erster Instanz verkündet wurden, trifft das Kreisgericht in Prag und auf dem Gebiete der Militärgerichtsbarkeit das Höhere Militärgericht, das vom Justizminister bestimmt wird.

§ 389

1. Entscheidungen nach § 297 Abs. 1 und 2 StG trifft das Gericht, das in der Sache als Gericht erster Instanz entschieden hat. Geht es um die Entscheidungen mehrerer Gerichte, trifft die Entscheidungen das Gericht, das zuletzt entschieden hat. Wenn dieses schon nicht mehr besteht, findet die Bestimmung des § 387 Abs. 2 sinngemäß Anwendung.

2. Gegen Entscheidungen nach Absatz 1 ist die Beschwerde zulässig.

§ 390

Das Gesetz Nr. 64/1956 Sb. über das gerichtliche Strafverfahren (Strafprozeßordnung) wird aufgehoben.

§ 391

Der Justizminister kann bestimmen, welche einfache Handlungen, mit denen nach diesem Gesetz der Senatsvorsitzende betraut ist, eine andere Arbeitskraft des Gerichts[32] vornehmen kann.

§ 392

Dieses Gesetz tritt mit dem 1. Januar 1962 in Kraft.

---

[32] z. B sind auf Grund der Instruktion des Justizministers Nr. 9330/61 mit Wirkung ab 1. 1. 1962 die Gerichtssekretäre (in der Militärgerichtsbarkeit die Offiziere des Verwaltungsdienstes) berechtigt, gewisse an sich dem Senatsvorsitzenden obliegende Handlungen im Strafverfahren „selbständig und in eigener Verantwortung" vorzunehmen.

III. VERFASSUNGSGESETZ VOM 11. JULI 1960, NR. 100 Sb.: VERFASSUNG DER CSSR

(Auszug)

Art. 30

(1) Die Unverletzlichkeit der Person ist gewährleistet. Niemand kann als Beschuldigter anders als aus gesetzlichen Gründen und in der vom Gesetz bestimmten Weise verfolgt werden. Niemand darf in Haft genommen werden außer in den vom Gesetz bestimmten Fällen und auf Grund der Entscheidung eines Gerichts oder Prokurators.

(2) Strafen dürfen nur auf Grund eines Gesetzes verhängt werden.

Art. 31

Die Unverletzlichkeit der Wohnung, das Briefgeheimnis und das Geheimnis beförderter Nachrichten sowie die Freiheit des Aufenthalts sind gewährleistet.

Art. 58

Ohne Zustimmung der Nationalversammlung kann ein Abgeordneter der Nationalversammlung weder strafrechtlich oder dienststrafrechtlich verfolgt noch kann gegen ihn Haft verhängt werden.

Art. 62

(1) Der Präsident der Republik ...

10. hat das Recht, Amnestie zu gewähren, von den Strafgerichten verhängte Strafen zu erlassen und zu mildern, und anzuordnen, daß ein gerichtliches Strafverfahren nicht eingeleitet oder nicht fortgesetzt wird;

Art. 82

Ohne Zustimmung des Slowakischen Nationalrats kann ein Abgeordneter des Slowakischen Nationalrats weder strafrechtlich noch dienststrafrechtlich verfolgt noch kann gegen ihn Haft verhängt werden.

Achtes Hauptstück

Gerichte und Prokuratur

Art. 97

(1) Die Gerichte und die Prokuratur schützen den sozialistischen Staat, seine Gesellschaftsordnung sowie die Rechte und berechtigten Interessen der Bürger und der Organisationen des werktätigen Volkes.

(2) Die Gerichte und die Prokuratur erziehen durch ihre gesamte Tätigkeit die Bürger zur Ergebenheit gegenüber dem Vaterlande und der Sache des Sozialismus, zur Einhaltung der Gesetze und der Re-

geln des sozialistischen Zusammenlebens sowie zur ehrlichen Erfüllung der Pflichten gegenüber Staat und Gesellschaft.

Gerichte

Art. 98

(1) Die Gerichtsbarkeit in der CSSR wird von gewählten und unabhängigen Volksgerichten ausgeübt.

(2) Gerichte sind: das Oberste Gericht, die Kreis- und Bezirksgerichte, die Militärgerichte sowie die örtlichen Volksgerichte.

Art. 99

(1) Das Oberste Gericht ist das oberste Gerichtsorgan; es überwacht die gerichtliche Tätigkeit aller übrigen Gerichte. Die Richter des Obersten Gerichts werden von der Nationalversammlung gewählt.

(2) Die Richter der Kreisgerichte werden von den Kreisnationalausschüssen gewählt.

(3) Die Richter der Bezirksgerichte werden von den Bürgern nach dem allgemeinen, unmittelbaren und gleichen Wahlrecht in geheimer Abstimmung gewählt.

(4) Das Oberste Gericht, die Kreis- und die Bezirksgerichte werden auf die Dauer von vier Jahren gewählt.

(5) Die Militärgerichte werden nach besonderen Vorschriften gewählt.

Art. 100

(1) Die Gerichte entscheiden grundsätzlich in Kollegien.

(2) Die Kollegien des Obersten Gerichts, der Kreis-, Bezirks- und Militärgerichte setzen sich teils aus Richtern, die ihre Funktion als ihren Beruf ausüben, teils aus Richtern, die sie nebenberuflich ausüben, zusammen. Beiderlei Richter sind, wenn sie entscheiden, einander gleichgestellt.

Art. 101

(1) Um die Teilnahme der Werktätigen an der Ausübung der Gerichtsbarkeit weiter zu vertiefen, werden in den Orten und an den Arbeitsstätten örtliche Volksgerichte gewählt.

(2) Die örtlichen Volksgerichte tragen zur Festigung der sozialistischen Gesetzlichkeit, zur Sicherung der Gesellschaftsordnung und der Regeln des sozialistischen Zusammenlebens bei.

(3) Der Umfang der Zuständigkeit der örtlichen Volksgerichte, die Art, wie sie errichtet werden, ihre Wahlperiode und die Grundsätze für ihre Organisation und ihre Tätigkeit werden durch Gesetz bestimmt.

Art. 102

(1) Die Richter sind bei der Ausübung ihrer Funktionen unabhängig und nur an die Rechtsordnung des sozialistischen Staates gebunden. Sie sind verpflichtet, sich nach den Gesetzen und anderen Rechtsvorschriften zu richten und sie in Übereinstimmung mit dem sozialistischen Rechtsbewußtsein auszulegen.

(2) Die Richter sind verpflichtet, ihren Wählern oder der Vertretungskörperschaft, die sie gewählt hat, über ihre Tätigkeit und über die Tätigkeit des Gerichts, dessen Mitglieder sie sind, Berichte zu erstatten. Die Richter können von den Wählern oder dem Vertretungsorgan, das sie gewählt hat, abberufen werden; die Voraussetzungen hierfür und die Art der Abberufung von Richtern wird durch ein Gesetz bestimmt.

Art. 103

(1) Im Verfahren haben die Gerichte die tatsächliche Sachlage festzustellen; von dieser gehen sie bei ihren Entscheidungen aus.

(2) Die Verhandlung vor allen Gerichten ist grundsätzlich mündlich und öffentlich; die Öffentlichkeit kann nur in den vom Gesetz bestimmten Fällen ausgeschlossen werden.

(3) Dem Beschuldigten wird das Recht der Verteidigung gewährleistet.

(4) Die Urteile werden im Namen der Republik und stets öffentlich verkündet.

Prokuratur

Art. 104

Der Prokuratur obliegt die Aufsicht über eine folgerichtige Durchführung und Einhaltung der Gesetze und anderen Rechtsvorschriften durch die Ministerien und anderen Organe der Staatsverwaltung, durch die Nationalausschüsse, die Gerichte, die Wirtschafts- und anderen Organisationen und durch die Bürger; an ihrer Spitze steht der Generalprokurator.

Art. 105

(1) Der Generalprokurator wird vom Präsidenten der Republik ernannt und abberufen.

(2) Der Generalprokurator ist der Nationalversammlung verantwortlich.

Art. 106

Die Organe der Prokuratur sind nur dem Generalprokurator untergeordnet und üben ihre Funktionen unabhängig von den örtlichen Organen aus. Bei ihrer gesamten Tätigkeit stützen sie sich auf die Initiative des werktätigen Volkes und dessen Organisationen.

IV. GESETZ VOM 26. FEBRUAR 1964, NR. 36 Sb., ÜBER DIE ORGANISATION DER GERICHTE UND DIE RICHTERWAHLEN

Die Nationalversammlung der CSSR hat folgendes Gesetz beschlossen:

1. Hauptstück

Aufbau der Gerichte und Hauptgrundsätze ihrer Organisation und Tätigkeit

§ 1

1. Die Gerichtsbarkeit üben gewählte und unabhängige Volksgerichte aus: das Oberste Gericht, die Kreis- und Bezirksgerichte, die Militärgerichte (Höhere Militärgerichte und Militärdistriktsgerichte) sowie die örtlichen Volksgerichte.

2. Auf dem Gebiet der Hauptstadt Prag übt das Stadtgericht die Zuständigkeit des Kreisgerichts aus; die Zuständigkeit der Bezirksgerichte wird von den Sprengelgerichten ausgeübt.

Aufgaben der Gerichte

§ 2

1. Die Gerichte sind berufen zu schützen:

a) den sozialistischen Staat, seine gesellschaftlichen Einrichtungen und seine Beziehungen zum sozialistischen Weltsystem,
b) die politischen, persönlichen, Familien-, Arbeits-, Sozial-, Wohnungs-, Vermögens- und anderen Rechte und gesetzlich geschützten Interessen der Bürger,
c) die Rechte und gesetzlich geschützten Interessen der staatlichen, genossenschaftlichen und anderen gesellschaftlichen und wirtschaftlichen Organisationen,
d) die Kampffähigkeit der bewaffneten Kräfte und bewaffneten Korps und die für sie bestimmte Zucht und Ordnung.

2. Durch ihre Tätigkeit erziehen die Gerichte die Bürger zur Ergebenheit gegenüber dem Vaterlande, zur Sache des Sozialismus und Kommunismus, zur Einhaltung der Gesetze und anderen Rechtsvorschriften, zum Schutze des sozialistischen Eigentums, zur Einhaltung der Arbeitsdisziplin, zur strikten Erfüllung der Pflichten gegenüber der Familie und den minderjährigen Kindern, zur Achtung gegenüber Rechten, Ehre und Würde der Mitbürger, zur Erfüllung der Pflichten, die ihnen die Verteidigung des Vaterlandes auferlegt, zur ehrlichen Erfüllung aller Pflichten gegenüber Staat und Gesellschaft und zur Einhaltung aller Regeln des sozialistischen Zusammenlebens.

3. Bei der Verhängung und beim Vollzug von Strafen (Maßnahmen) haben die Gerichte nicht nur die Bestrafung des Täters einer Straftat oder einer Verfehlung, sondern auch seine Besserung und Umerziehung im Auge.

4. Die Gerichte machen die Organe und Organisationen auf Unzulänglichkeiten, die sie in deren Tätigkeit festgestellt haben, aufmerksam. Die Organe und Organisationen sind verpflichtet, auf solche Hinweise zu antworten und mitzuteilen, was sie zur Beseitigung der festgestellten Unzulänglichkeiten getan haben.

§ 3

1. Die Gerichte erfüllen ihre Aufgaben namentlich dadurch,

a) daß sie über die Rechte und gesetzlich geschützten Interessen der Bürger und sozialistischen Organisationen entscheiden,

b) daß sie entscheiden, ob der Beschuldigte die strafbare Tat (Verfehlung) begangen hat, und daß sie den Personen, die die Straftat (Verfehlung) begangen haben, die vom Gesetz bestimmten Strafen (Maßnahmen) auferlegen,

c) daß sie Streitigkeiten zwischen Bürgern und sozialistischen Organisationen und Streitigkeiten von Bürgern untereinander sowie die Begehung gesellschaftswidriger Handlungen verhüten.

2. Die Gerichte führen unter den Bürgern eine erzieherische Tätigkeit durch, die auf die Propagierung der sozialistischen Rechtsordnung und auf die Vertiefung des sozialistischen Rechtsbewußtseins der Werktätigen hinzielt.

Grundsätze der Organisation und Tätigkeit der Gerichte

§ 4

1. Die Gerichtsbarkeit wird unter breiter Beteiligung des werktätigen Volkes ausgeübt. Bei der Erfüllung ihrer Aufgaben handeln die Gerichte in engem Zusammenwirken mit anderen staatlichen Organen, insbesondere mit den Nationalausschüssen und den freiwilligen gesellschaftlichen Organisationen der Werktätigen und bemühen sich darum, in den Kampf gegen Verletzungen der sozialistischen Rechtsordnung die breitesten Schichten der Bürger einzuschalten.

2. Zur Stärkung des erzieherischen Einflusses des Gerichtsverfahrens können in diesem auch die Nationalausschüsse und die freiwilligen gesellschaftlichen Organisationen der Werktätigen auftreten; ihre Stellung im Verfahren wird durch die Vorschriften über das gerichtliche Verfahren geregelt.

§ 5

1. Die Gerichte entscheiden grundsätzlich in Kollegien (Senate, Präsidium, Plenum).

2. Die Senate des Obersten Gerichts, der Kreis-, Bezirks- und Militärgerichte setzen sich teils aus Richtern, die ihre Funktion als ihren Beruf ausüben, teils aus Richtern, die ihre Funktion neben ihrer Beschäftigung ausüben, zusammen. Beide Arten von Richtern sind bei der Entscheidung einander gleich.

§ 6

Die Gerichtsbarkeit wird in der Regel in zwei Stufen ausgeübt.

§ 7

Die Richter sind bei der Ausübung ihrer Funktion unabhängig und nur durch die Rechtsordnung der CSSR gebunden. Sie sind verpflichtet, sich nach den Gesetzen und anderen Rechtsvorschriften zu richten und sie in Übereinstimmung mit dem sozialistischen Rechtsbewußtsein auszulegen.

§ 8

1. Alle Bürger sind vor dem Gesetz und vor dem Gericht einander gleich.

2. Jeder Bürger kann vor dem Gerichte sich seiner Muttersprache bedienen[33].

§ 9

1. Die Verhandlung vor allen Gerichten ist grundsätzlich mündlich und öffentlich. Die Öffentlichkeit kann nur in den vom Gesetz bestimmten Fällen ausgeschlossen werden.

2. Die Urteile werden im Namen der Republik und stets öffentlich verkündet.

§ 10

1. Im Verfahren haben die Gerichte den tatsächlichen Stand der Sache festzustellen und von diesem bei ihrer Entscheidung auszugehen.

2. Bei der Verhandlung über gesellschaftswidrige Handlungen können die Gerichte nur die gesetzlich bestimmten Strafen (Maßnahmen) und nur für die im Gesetz aufgeführten Handlungen verhängen.

§ 11

Dem Beschuldigten wird das Recht der Verteidigung einschließlich des Rechts, sich einen Verteidiger zu wählen, gewährleistet.

§ 12

Beteiligung von Rechtsanwälten am Gerichtsverfahren

Bei der Verteidigung von Bürgern und bei der Gewährung anderer Rechtshilfe an Bürger und sozialistische Organisationen wirken Rechtsanwälte mit.

§ 13

Beteiligung von Prokuratoren am Gerichtsverfahren

Die Prokuratoren nehmen nach den Bestimmungen der Prozeßordnungen und anderen Rechtsvorschriften am Gerichtsverfahren teil und überwachen die Gesetzlichkeit des Verfahrens und der Ge-

[33] Vgl. § 2 Abs. 14 StPO.

richtsentscheidungen sowie die Gesetzlichkeit der Vollstreckung der Gerichtsentscheidungen.

2. Hauptstück

Organisation und Tätigkeit der Gerichte

§ 14

Die örtlichen Volksgerichte

1. Die örtlichen Volksgerichte setzen sich aus dem Vorsitzenden des Gerichts, seinem Vertreter und den übrigen Richtern des örtlichen Volksgerichts zusammen; alle Richter der örtlichen Volksgerichte üben ihre Funktion neben ihrer Beschäftigung aus.

2. Örtliche Volksgerichte werden in den Gemeinden und an Arbeitsstätten errichtet.

3. Der Umfang der Zuständigkeit der örtlichen Volksgerichte, die Art ihrer Errichtung, ihre Wahlbezirke sowie die Grundsätze ihrer Organisation und Verhandlung werden durch ein besonderes Gesetz[34] bestimmt.

Bezirksgerichte

§ 15

1. Das Bezirksgericht besteht aus dem Vorsitzenden des Gerichts und weiteren Richtern, gegebenenfalls auch aus dem Stellvertreter (den Stellvertretern) des Gerichtsvorsitzenden.

2. Das Bezirksgericht entscheidet in Senaten.

3. Die Senate des Bezirksgerichts setzen sich aus einem Berufsrichter und zwei Richtern zusammen.

§ 16

1. Die Bezirksgerichte entscheiden als Gerichte der ersten Stufe in Sachen, in denen das Gesetz nicht die Zuständigkeit eines anderen Gerichts bestimmt.

2. Die Bezirksgerichte entscheiden
a) über Berufungen, die gegen Entscheidungen der örtlichen Volksgerichte eingelegt wurden,
b) über Beschwerden wegen Verletzung des Gesetzes, die gegen Entscheidungen der örtlichen Volksgerichte eingelegt wurden.

3. Die Bezirksgerichte entscheiden ferner über Rechtsmittel, gegebenenfalls führen sie, soweit besondere Vorschriften das bestimmen, Verfahren in weiteren Sachen durch.

4. Die Bezirksgerichte verfolgen ferner die Entscheidungstätigkeit der örtlichen Volksgerichte und helfen dabei, die Einheitlichkeit der Entscheidungen über Verfehlungen sicherzustellen.

---

[34] Ges. v. 18. 4. 1961, Nr. 38 Sb., unten S. 205.

§ 17

1. Der Vorsitzende des Bezirksgerichts

a) kann in jedem Senate den Vorsitz führen,

b) verfolgt die Entscheidungstätigkeit aller Senate, sichert eine einheitliche Auslegung und eine einheitliche Anwendung der Gesetze bei der Entscheidungstätigkeit und kann Anregungen zur Einreichung einer Beschwerde wegen Verletzung des Gesetzes geben,

c) kann Beschwerden wegen Verletzung des Gesetzes gegen rechtskräftige Entscheidungen der örtlichen Volksgerichte einlegen.

2. Der Vorsitzende des Bezirksgerichts übt die staatliche Verwaltung des Bezirksgerichts aus, namentlich organisiert und leitet er die Arbeit des Gerichts, stellt dessen ordnungsgemäßen Betrieb in kadermäßiger, wirtschaftlicher und finanzieller Hinsicht sicher und sorgt für politische und fachliche Erziehung der Richter und übrigen Mitarbeiter des Bezirksgerichts.

3. Den Vorsitzenden des Bezirksgerichts vertritt im Falle seiner Abwesenheit der Stellvertreter des Vorsitzenden des Bezirksgerichts; wenn der Vorsitzende des Bezirksgerichts keinen Stellvertreter hat, vertritt ihn ein anderer vom Gerichtsvorsitzenden hierzu bestimmter Berufsrichter.

Kreisgerichte

§ 18

1. Das Kreisgericht setzt sich aus dem Vorsitzenden des Gerichts, dessen Stellvertretern und weiteren Richtern zusammen.

2. Das Kreisgericht entscheidet in Senaten und im Präsidium.

3. Die Senate des Kreisgerichts setzen sich zusammen:

a) aus einem Berufsrichter und zwei Richtern, wenn das Kreisgericht als Gericht der ersten Stufe entscheidet oder die Entscheidungen anderer Organe überprüft,

b) aus drei Berufsrichtern und zwei Richtern, wenn das Kreisgericht als Gericht der zweiten Stufe entscheidet,

c) aus drei Berufsrichtern in den übrigen Fällen.

§ 19

1. Die Kreisgerichte beaufsichtigen die Entscheidungstätigkeit aller Gerichte ihres Sprengels, indem sie

a) die Entscheidungstätigkeit aller Gerichte ihres Sprengels verfolgen und eine einheitliche Auslegung und einheitliche Anwendung der Gesetze bei der Entscheidungstätigkeit sicherstellen,

b) als Gerichte der zweiten Stufe in Sachen entscheiden, in denen in erster Stufe Bezirksgerichte oder staatliche Notariate entschieden haben,

c) über Beschwerden wegen Verletzung des Gesetzes, die vom Kreisprokurator oder Vorsitzenden des Kreisgerichts gegen rechtskräftige Entscheidungen der Bezirksgerichte in Sachen, in denen diese Gerichte endgültig entscheiden, eingelegt wurden, entscheiden.

2. Als Gerichte der ersten Stufe entscheiden die Kreisgerichte in den gesetzlich bestimmten oder ihnen vom Obersten Gericht zugewiesenen Sachen.

§ 20

1. Das Präsidium des Kreisgerichts setzt sich aus dem Vorsitzenden des Kreisgerichts, dessen Stellvertretern und weiteren zwei Berufsrichtern zusammen. Gültig kann es in Anwesenheit der Mehrheit seiner Mitglieder beschließen; bei Stimmengleichheit ist der Antrag nicht angenommen.

2. Das Präsidium des Kreisgerichts

a) verfolgt die Entscheidungstätigkeit der Senate des Kreisgerichts und aller Bezirksgerichte im Sprengel des Kreisgerichts und stellt eine einheitliche Auslegung und eine einheitliche Anwendung der Gesetze bei der Entscheidungstätigkeit sicher, insbesondere dadurch, daß es Analysen nach einheitlichen Gruppen der Entscheidungstätigkeit durchführt, die Erkenntnisse abstrahiert und auf Mängel in der Entscheidungstätigkeit hinweist,

b) entscheidet über Beschwerden wegen Verletzung des Gesetzes, wenn über eine Beschwerde wegen Verletzung des Gesetzes das Kreisgericht zu entscheiden hat,

c) legt dem Vorsitzenden des Obersten Gerichts die Sachen vor, die sich dazu eignen, daß das Oberste Gericht die Sache dem zuständigen Gericht abnimmt und dem Kreisgericht als Gericht der ersten Stufe zur Entscheidung zuweist.

3. Über Beschwerden wegen Verletzung des Gesetzes entscheidet das Präsidium des Kreisgerichts unter Beteiligung des Kreisprokurators. Die Verhandlung ist nicht öffentlich, ausgenommen bei Entscheidungen über Beschwerden wegen Verletzung des Gesetzes in bürgerlich-rechtlichen Sachen, für die die Bestimmungen der Bürgerlichen Gerichtsordnung[35] gelten.

§ 21

1. Der Vorsitzende des Kreisgerichts

a) kann in jedem Senat des Gerichts den Vorsitz führen,

b) leitet die Arbeit des Präsidiums des Kreisgerichts, führt dort den Vorsitz, erledigt Beschwerden der Werktätigen und kann beim Vorsitzenden des Obersten Gerichts anregen, eine Beschwerde wegen Verletzung des Gesetzes einzureichen,

c) kann Beschwerden wegen Verletzung des Gesetzes gegen rechtskräftige Entscheidungen der Bezirksgerichte in Sachen, in denen diese Gerichte endgültig entscheiden, einreichen.

---

[35] Zivilprozeßordnung, Ges. v. 4. 12. 1963, Nr. 99 Sb.

2. Der Vorsitzende des Kreisgerichts übt die staatliche Verwaltung des Kreisgerichts aus, insbesondere organisiert und leitet er die Arbeit des Kreisgerichts, stellt dessen ordnungsgemäßen Betrieb in kadermäßiger, wirtschaftlicher und finanzieller Hinsicht sicher, sorgt für die politische und fachliche Erziehung der Richter und übrigen Mitarbeiter des Kreisgerichts und leitet und kontrolliert die Ausübung der staatlichen Verwaltung der Bezirksgerichte. Er bestimmt aus den Berufsrichtern des Kreisgerichts zwei ständige Mitglieder des Präsidiums des Kreisgerichts und die Vorsitzenden der Senate des Kreisgerichts.

3. Den Vorsitzenden des Kreisgerichts vertritt in dessen Abwesenheit der Stellvertreter des Vorsitzenden des Kreisgerichts.

Militärgerichte

§ 22

1. Das Militärdistriktsgericht und das Höhere Militärgericht setzt sich aus dem Vorstand, gegebenenfalls dessen Vertreter, und weiteren Richtern zusammen.

2. Die Militärgerichte entscheiden in Senaten.

3. Die Senate des Militärdistriktsgerichts bestehen aus einem Berufsrichter und zwei Richtern.

4. Die Senate des Höheren Militärgerichts bestehen

a) aus einem Berufsrichter und zwei Richtern, wenn das Höhere Militärgericht als Gericht der ersten Stufe entscheidet,

b) aus drei Berufsrichtern und zwei Richtern, wenn das Höhere Militärgericht als Gericht der zweiten Stufe entscheidet,

c) aus drei Berufsrichtern in den übrigen Fällen.

§ 23

1. Die Militärgerichte verhandeln über Straftaten von Angehörigen der bewaffneten Kräfte und bewaffneten Korps, von Kriegsgefangenen, gegebenenfalls auch von anderen Personen, bei denen das Gesetz es bestimmt.

2. Die im Absatz 1 angeführten Sachen werden von den Militärdistriktsgerichten als Gerichten der ersten Stufe verhandelt, sofern für die Verhandlung nach dem Gesetz nicht die Höheren Militärgerichte zuständig sind.

3. Die Höheren Militärgerichte führen die Aufsicht über die gerichtliche Tätigkeit aller Militärdistriktsgerichte ihres Sprengels, indem sie

a) die Entscheidungstätigkeit der Militärdistriktsgerichte verfolgen und für deren Einheitlichkeit sorgen,

b) als Gerichte der zweiten Stufe in Sachen entscheiden, in denen die Militärdistriktsgerichte als Gerichte der ersten Stufe entschieden haben.

4. Als Gerichte der ersten Stufe entscheiden die Höheren Militärgerichte in den gesetzlich bestimmten oder ihnen vom Obersten Gericht zugewiesenen Sachen.

§ 24

1. Der Vorstand eines Militärgerichts
a) kann in jedem Senate den Vorsitz führen,
b) verfolgt die Entscheidungstätigkeit aller Senate des Militärgerichts und stellt die Einheitlichkeit ihrer Entscheidungen sicher,
c) organisiert und leitet die Arbeit des Militärgerichts,
d) sorgt für die politische und fachliche Erziehung der Richter und übrigen Mitarbeiter des Militärgerichts,
e) erfüllt weitere Pflichten, die ihm durch sein militärisches Dienstverhältnis auferlegt sind.

2. Der Vorstand eines Höheren Militärgerichts gewährleistet außerdem die Organisation der Aufsicht des Höheren Militärgerichts über die gerichtliche Tätigkeit aller Militärdistriktsgerichte in seinem Sprengel.

Oberstes Gericht

§ 25

1. Das Oberste Gericht setzt sich aus dem Vorsitzenden des Gerichts, dessen Stellvertretern und weiteren Richtern zusammen.

2. Das Oberste Gericht entscheidet in Senaten, im Präsidium und im Plenum.

3. Die Senate des Obersten Gerichts bestehen
a) aus drei Berufsrichtern und zwei Richtern, wenn das Oberste Gericht als Gericht der zweiten Stufe entscheidet,
b) aus drei Berufsrichtern in den übrigen Fällen.

§ 26

Das Oberste Gericht ist das oberste Gerichtsorgan, das die Aufsicht über die Entscheidungstätigkeit aller übrigen Gerichte führt. Es übt die Aufsicht über die Entscheidungstätigkeit aller Gerichte aus, insbesondere dadurch, daß es
a) die Entscheidungstätigkeit aller übrigen Gerichte verfolgt, eine einheitliche Auslegung und einheitliche Anwendung der Gesetze bei der Entscheidungstätigkeit sicherstellt,
b) als Gericht der zweiten Stufe in Sachen entscheidet, in denen als Gerichte der ersten Stufe Kreisgerichte und Höhere Militärgerichte entschieden haben,
c) über Beschwerden wegen Verletzung des Gesetzes, die vom Generalprokurator oder Vorsitzenden des Obersten Gerichts gegen rechtskräftige Entscheidungen der Bezirksgerichte, Militärdistriksgerichte, Kreisgerichte und Höheren Militärgerichte, des Obersten Gerichts oder der staatlichen Notariate eingelegt wurden, entscheidet,
d) die Tätigkeit der Präsidien der Kreisgerichte leitet.

§ 27

Das Oberste Gericht kann unter den durch die Prozeßordnungen bestimmten Voraussetzungen auf Antrag des Vorsitzenden des Obersten Gerichts oder des Generalprokurators eine Sache dem zuständigen Gericht abnehmen und sie einem anderen Gericht zur Verhandlung und Entscheidung zuweisen.

§ 28

1. Die Berufsrichter des Obersten Gerichts bilden nach ihrem Tätigkeitsbereich ein strafrechtliches, ein bürgerlich-rechtliches und ein militärisches Kollegium. Die Vorsitzenden der Kollegien sind Stellvertreter des Vorsitzenden des Obersten Gerichts.

2. Die Vorsitzenden der Kollegien organisieren die Tätigkeit der Kollegien und legen dem Plenum des Obersten Gerichts Berichte über ihre Tätigkeit vor.

§ 29

1. Das Präsidium des Obersten Gerichts setzt sich zusammen aus dem Vorsitzenden des Obersten Gerichts, dessen Stellvertretern und aus weiteren drei Berufsrichtern, die — je einer aus jedem Kollegium — vom Vorsitzenden des Obersten Gerichts bestimmt werden. Das Präsidium kann in Anwesenheit der Mehrheit seiner Mitglieder gültig beschließen; bei Stimmengleichheit ist der Antrag nicht angenommen.

2. Das Präsidium des Obersten Gerichts

a) verfolgt die Entscheidungstätigkeit der Senate des Obersten Gerichts und aller übrigen Gerichte und stellt eine einheitliche Auslegung und einheitliche Anwendung der Gesetze bei der Entscheidungstätigkeit sicher, insbesondere dadurch, daß es Analysen nach einheitlichen Gruppen der Entscheidungstätigkeit durchführt, die Erkenntnisse abstrahiert und auf die Mängel in der Entscheidungstätigkeit hinweist,

b) bereitet die Unterlagen für die Verhandlungen des Plenums des Obersten Gerichts vor,

c) beauftragt die Präsidien der Kreisgerichte mit Aufgaben, soweit es sich darum handelt, Analysen nach einheitlichen Gruppen der Entscheidungstätigkeit durchzuführen, Erkenntnisse zu abstrahieren und auf Mängel in der Entscheidungstätigkeit hinzuweisen,

d) entscheidet über Beschwerden wegen Verletzung des Gesetzes, die gegen Entscheidungen von Senaten des Obersten Gerichts eingereicht wurden, sofern es nicht beschließt, eine solche Beschwerde dem Plenum des Obersten Gerichts zur Entscheidung vorzulegen.

3. Die Sitzungen des Präsidiums des Obersten Gerichts sind nichtöffentlich, ausgenommen die Sitzungen bei Entscheidungen über Beschwerden wegen Verletzung des Gesetzes in bürgerlich-rechtlichen Sachen, in denen die Bestimmungen der bürgerlichen Gerichtsord-

nung gelten. Der Generalprokurator hat an einer Sitzung des Präsidiums des Obersten Gerichts teilzunehmen, wenn es sich um eine Beschwerde wegen Verletzung des Gesetzes handelt. In den übrigen Fällen können an den Sitzungen des Präsidiums auch der Justizminister, der Justizbeauftragte des Slowakischen Nationalrats, gegebenenfalls auch die Leiter anderer staatlicher Organe und gesellschaftlicher Organisationen und mit beratender Stimme die Vorsitzenden der Kreisgerichte und die Vorstände der Höheren Militärgerichte teilnehmen.

§ 30

1. Das Plenum des Obersten Gerichts setzt sich aus dem Vorsitzenden des Obersten Gerichts, seinen Stellvertretern und den übrigen Berufsrichtern des Obersten Gerichts zusammen. Es kann in Anwesenheit von mindestens zwei Dritteln aller Berufsrichter des Obersten Gerichts gültig beschließen.

2. Das Plenum des Obersten Gerichts

a) gibt zur Sicherstellung einer einheitlichen Auslegung und einheitlichen Anwendung der Gesetze und anderen Rechtsvorschriften Richtlinien für deren richtige Auslegung heraus,
b) entscheidet über Beschwerden wegen Verletzung des Gesetzes, die ihm vom Präsidium des Obersten Gerichts zur Verhandlung und Entscheidung abgetreten wurden,
c) erörtert Berichte der Vorsitzenden der Kollegien des Obersten Gerichts über die Tätigkeit dieser Kollegien.

3. Die Sitzungen des Plenums des Obersten Gerichts sind nichtöffentlich. Die Teilnahme des Generalprokurators an einer Sitzung des Plenums des Obersten Gerichts ist obligat, wenn es sich um eine Beschwerde wegen Verletzung des Gesetzes handelt. In den übrigen Fällen können an den Sitzungen des Plenums auch der Justizminister, der Justizbeauftragte des Slowakischen Nationalrats, gegebenenfalls auch die Leiter anderer staatlicher Organe und gesellschaftlicher Organisationen und mit beratender Stimme die Vorsitzenden der Kreisgerichte und die Vorstände der Höheren Militärgerichte teilnehmen.

4. Das Plenum des Obersten Gerichts tritt mindestens einmal in drei Monaten zusammen.

§ 31

1. Der Vorsitzende des Obersten Gerichts

a) kann in jedem Senat den Vorsitz führen,
b) beruft das Plenum und das Präsidium des Obersten Gerichts ein, führt darin den Vorsitz und setzt die Tagesordnung für ihre Verhandlungen fest,
c) kann Beschwerden wegen Verletzung des Gesetzes gegen rechtskräftige Entscheidungen der Bezirksgerichte, der Militärdistriktsgerichte, der Kreisgerichte und Höheren Militärgerichte und des Obersten Gerichts einreichen.

2. Der Vorsitzende des Obersten Gerichts übt die staatliche Verwaltung des Obersten Gerichts aus, insbesondere organisiert und leitet er die Arbeit des Obersten Gerichts, stellt dessen ordnungsgemäßen Betrieb in kadermäßiger, wirtschaftlicher und finanzieller Hinsicht sicher und sorgt für die politische und fachliche Erziehung der Richter und staatlichen Mitarbeiter des Obersten Gerichts, mit Ausnahme des Militärkollegiums des Obersten Gerichts. Der Vorsitzende des Obersten Gerichts bestimmt aus den gewählten Berufsrichtern des Obersten Gerichts drei ständige Mitglieder des Präsidiums des Obersten Gerichts und die Vorsitzenden der Senate des Obersten Gerichts mit Ausnahme der Senatsvorsitzenden des Militärkollegiums des Obersten Gerichts.

3. Den Vorsitzenden des Obersten Gerichts vertritt in seiner Abwesenheit der Vertreter des Vorsitzenden des Obersten Gerichts.

§ 32

Das Plenum des Obersten Gerichts beschließt eine Geschäftsordnung, in der Einzelheiten über die Organisation der Arbeit beim Obersten Gericht geregelt werden.

§ 33

Sitze und Sprengel der Bezirks-, Kreis- und Militärgerichte

1. Die Sitze und Sprengel der Bezirks- und Kreisgerichte stimmen mit den Sitzen und Sprengeln der Bezirks- und Kreis-Nationalausschüsse überein.

2. Der Justizminister kann bestimmen, daß Sachen bestimmter Art aus dem Sprengel mehrerer Bezirks-Nationalausschüsse von einem Bezirksgericht erledigt werden.

3. Die Militärdistriktsgerichte und Höheren Militärgerichte werden vom Präsidenten der Republik errichtet und aufgehoben, der auch ihre Sitze, Sprengel und Zuständigkeit bestimmt.

§ 34

Gerichtshandlungen außerhalb des Gerichtssitzes

Um die erzieherische Wirkung gerichtlicher Handlungen zu erhöhen, können die Gerichte einzelne Sachen unmittelbar in den Betrieben oder an anderen Orten außerhalb ihres Sitzes verhandeln. Die Militärgerichte können sie bei den Einheiten der bewaffneten Kräfte und bewaffneten Korps verhandeln.

3. Hauptstück

Ausübung der staatlichen Gerichtsverwaltung

§ 35

Die staatliche Verwaltung der Gerichte wird vom Justizministerium ausgeübt, das die Tätigkeit der Gerichte organisiert und kontrolliert. Zu diesem Zwecke insbesondere

a) führt es Überprüfungen der Arbeit der Bezirks-, Kreis- und Militärgerichte durch,

b) verfolgt es die richterliche Tätigkeit, zieht daraus allgemeine Folgerungen und schlägt dem Plenum des Obersten Gerichts die Herausgabe von Richtlinien für die richtige Auslegung der Gesetze und anderen Rechtsvorschriften vor; wenn es der Ansicht ist, daß irgendeine rechtskräftig entschiedene Sache unrichtig beurteilt wurde, kann es die Einreichung einer Beschwerde wegen Verletzung des Gesetzes veranlassen,

c) gibt es Instruktionen und Richtlinien über Fragen der Organisation und Arbeit der Gerichte heraus,

d) leitet es die Tätigkeit der Gerichte auf dem Gebiete der Propagierung der Rechtsordnung,

e) stellt es einen ordnungsgemäßen Betrieb bei den Gerichten in kadermäßiger, wirtschaftlicher und finanzieller Hinsicht sicher,

f) organisiert und leitet es die politische und fachliche Erziehung der Richter und übrigen Mitarbeiter der Gerichte.

§ 36

1. Die staatliche Verwaltung bei den Bezirks- und Kreisgerichten und beim Obersten Gericht wird von den Vorsitzenden dieser Gerichte ausgeübt.

2. Die Vorsitzenden der Kreisgerichte leiten und kontrollieren die Ausübung der staatlichen Verwaltung bei den Bezirksgerichten im Sprengel des zuständigen Kreisgerichts.

§ 37

1. Die Aufgaben des Justizministeriums auf dem Gebiete der Militärgerichtsbarkeit werden von der Verwaltung der Militärgerichte ausgeübt; an ihrer Spitze steht der Vertreter des Justizministers — Vorstand der Verwaltung der Militärgerichte —, der Vorgesetzter aller Soldaten ist, die bei den Militärgerichten, beim Militärkollegium des Obersten Gerichts und bei der Verwaltung der Militärgerichte tätig sind.

2. Der Vertreter des Justizministers — Vorstand der Verwaltung der Militärgerichte — regelt die Aufgabe der Vorstände der Militärgerichte und des Vorsitzenden des Militärkollegiums des Obersten Gerichts auf dem Gebiete der Verwaltung.

§ 38

Für die Ausübung der staatlichen Verwaltung der Gerichte sind die damit betrauten Organe dem Justizminister verantwortlich.

4. Hauptstück
Richterwahlen

1. Abschnitt
Allgemeine Bestimmungen über Wahlen

§ 39
Wahlperiode

1. Die Richter des Obersten Gerichts, der Kreis- und der Bezirksgerichte werden auf die Dauer von vier Jahren gewählt.

2. Die Richter der Militärgerichte und die Richter des Militärkollegiums des Obersten Gerichts werden für die Zeit, in der sie aktiven Militärdienst leisten oder für die sie Angehörige der bewaffneten Korps sind, längstens aber auf die Dauer von vier Jahren, gewählt.

§ 40
Voraussetzungen für die Wahl

1. Zum Richter kann jeder Bürger der CSSR gewählt werden, der politisch und fachlich geeignet ist, dessen Erfahrungen und sittliche Eigenschaften eine Gewähr dafür bieten, daß er seine Funktion ordentlich ausüben wird, der das aktive Wahlrecht für die Vertretungskörperschaften besitzt und am Wahltage das 21. Lebensjahr erreicht hat; handelt es sich um einen Berufsrichter, muß er am Wahltage das 23. Lebensjahr erreicht haben und eine vollständige juristische Ausbildung auf einer Hochschule besitzen.

2. Zum Richter eines Militärgerichts und des Militärkollegiums des Obersten Gerichts kann ein volljähriger Bürger der CSSR, der politisch und fachlich geeignet ist, dessen Erfahrungen und sittliche Eigenschaften eine Gewähr dafür bieten, daß er seine Funktion ordentlich ausüben wird, der das aktive Wahlrecht für die Vertretungskörperschaften besitzt und seinen aktiven Militärdienst ableistet oder Angehöriger der bewaffneten Korps ist, gewählt werden; handelt es sich um einen Berufsrichter, muß er den Rang eines Offiziers (Generals) und eine vollständige juristische Ausbildung auf einer Hochschule besitzen.

§ 41
Anzahl der Richter

1. Die Anzahl der Berufsrichter bei den Bezirks- und Kreisgerichten und beim Obersten Gericht wird vom Justizminister bestimmt.

2. Die Anzahl der Berufsrichter bei den Militärdistriktsgerichten, bei den Höheren Militärgerichten und beim Militärkollegium des Obersten Gerichts wird vom Justizminister im Einvernehmen mit dem Minister für nationale Verteidigung bestimmt.

3. Die Anzahl der übrigen Richter wird von den Vorsitzenden (Vorständen) der Gerichte bestimmt; die Vorstände der Höheren Mi-

litärgerichte bestimmen die Anzahl dieser Richter auch bei den einzelnen Militärdistriktsgerichten. Die Vorsitzenden (Vorstände) der Gerichte bestimmen die Anzahl der Richter so, daß die einzelnen Richter nicht mehr als zwölf Tage im Jahr an Sitzungen teilnehmen müssen.

§ 42

Gelöbnis

1. Nach ihrer Wahl legen die Richter folgendes Gelöbnis ab: „Ich gelobe, daß ich der CSSR und der Sache des Sozialismus treu sein werde, daß ich mich nach der Verfassung und nach den übrigen Gesetzen richten und sie in Übereinstimmung mit dem sozialistischen Rechtsbewußtsein auslegen werde“.

2. Das Gelöbnis legen ab:

a) die Richter der Bezirks- und Kreisgerichte in die Hand des Vorsitzenden des zuständigen Nationalausschusses,

b) die Richter des Obersten Gerichts und die Berufsrichter der Militärgerichte in die Hand des Vorsitzenden der Nationalversammlung,

c) die übrigen Richter der Militärgerichte in die Hände der Vorstände dieser Gerichte.

2. Abschnitt

Die Wahlen der Richter der Bezirksgerichte

§ 43

1. Für die Wahlen der Richter der Bezirksgerichte gelten sinngemäß die Bestimmungen über die Wahlen in die Bezirks-Nationalausschüsse nach dem Gesetz über die Wahlen in die Nationalversammlung und in die Nationalausschüsse mit folgenden Abweichungen:

1) Der Bezirks-Nationalausschuß bestimmt die Wahlbezirke so, daß die Wahlbezirke für die Wahl von Berufsrichtern stets einige Wahlbezirke, die für die Wahl in den Bezirks-Nationalausschuß gebildet wurden, umfassen und daß die Wahlbezirke für die Wahl der übrigen Richter mit den Wahlbezirken übereinstimmen, die für die Wahlen in den Bezirks-Nationalausschuß gebildet wurden.

2) In dem Wahlbezirk für die Wahl von Berufsrichtern wird ein Berufsrichter gewählt. In dem Wahlbezirk für die Wahlen der übrigen Richter werden mehrere Richter gewählt; ihre Anzahl für jeden Wahlbezirk wird vom Bezirks-Nationalausschuß so bestimmt, daß die Gesamtzahl der Richter, die durch den Vorsitzenden des Bezirksgerichts bestimmt wurde, gewählt wird.

3) Für jeden Wahlbezirk, in dem Richter gewählt werden, die ihre Funktion neben ihrer Beschäftigung ausüben, können soviel

Kandidaten als in diesem Wahlbezirk gewählt werden sollen oder mehr Kandidaten vorgeschlagen werden.

4) Die Stimmscheine für die Wahl der Berufsrichter und der übrigen Richter sind gemeinschaftlich. Sie werden den Gebietswahlkommissionen durch die Bezirkswahlkommission für die Wahl der Berufsrichter beschafft.

5) Wenn in einem Wahlbezirk für die Richterwahlen nicht die festgesetzte Anzahl von Richtern gewählt wurde, setzt die Bezirkswahlkommission für die Wahl der Richter binnen 14 Tagen Neuwahlen an; in den Neuwahlen wird die restliche Anzahl von Richtern gewählt.

2. Wenn die Wahlen der Richter der Bezirksgerichte gleichzeitig mit den Wahlen in die Nationalversammlung und in die Nationalausschüsse stattfinden, erfüllt die für die Wahlen in die Nationalversammlung und in die Nationalausschüsse errichtete Kommission auch die Aufgaben einer Richterwahlkommission. Für die Wahl der Berufsrichter wird eine Bezirkswahlkommission für die Wahl der Berufsrichter errichtet. Die Aufgaben der Bezirkswahlkommission für die Wahl der übrigen Richter werden von der Bezirkswahlkommission für die Wahl in die Bezirks-Nationalausschüsse erfüllt.

§ 44

Der Vorsitzende und der Vertreter (die Vertreter) des Vorsitzenden des Bezirksgerichts werden aus den gewählten Berufsrichtern vom Bezirks-Nationalausschuß auf Vorschlag des Justizministers gewählt.

3. Abschnitt

Wahlen der Richter der Kreisgerichte, des Obersten Gerichts und der Militärgerichte

§ 45

Wahlen der Richter der Kreisgerichte

Die Richter der Kreisgerichte werden durch die Kreis-Nationalausschüsse auf Vorschlag des zuständigen Organs der Nationalen Front gewählt; aus den gewählten Berufsrichtern wählt der Kreis-Nationalausschuß auf Vorschlag des Justizministers den Vorsitzenden des Kreisgerichts und dessen Stellvertreter.

§ 46

Wahlen der Richter des Obersten Gerichts

1. Die Richter des Obersten Gerichts werden von der Nationalversammlung auf Vorschlag des zuständigen Organs der Nationalen Front gewählt; handelt es sich um Richter des Militärkollegiums, erfolgt die Wahl auf Vorschlag des Justizministers im Einvernehmen

mit dem Minister für nationale Verteidigung, und handelt es sich um Richter aus dem Bereich des Innenministeriums, erfolgt die Wahl auf Vorschlag des Justizministers im Einvernehmen mit dem Innenminister; aus den gewählten Berufsrichtern des Obersten Gerichts wählt die Nationalversammlung den Vorsitzenden des Obersten Gerichts und dessen Stellvertreter. Die Vorschläge werden vom Justizminister vorgelegt.

2. In die übrigen Funktionen werden Berufsrichter des Obersten Gerichts vom Vorsitzenden des Obersten Gerichts berufen; handelt es sich um Berufsrichter des Militärkollegiums des Obersten Gerichts, geschieht das durch den Justizminister im Einvernehmen mit dem Minister für nationale Verteidigung.

§ 47

Wahlen der Richter der Militärgerichte

1. Die Berufsrichter der Militärgerichte werden von der Nationalversammlung auf Grund eines vom Justizminister im Einvernehmen mit dem Minister für nationale Verteidigung gemachten Vorschlags gewählt. Für die einzelnen Funktionen werden sie vom Justizminister im Einvernehmen mit dem Minister für nationale Verteidigung berufen.

2. Die Kandidaten für die Funktion der übrigen Richter der Militärgerichte werden von den Kollektiven der Angehörigen der bewaffneten Kräfte und bewaffneten Korps vorgeschlagen. Es können soviel Kandidaten, als der festgesetzten Anzahl von Richtern entspricht, oder mehr Kandidaten vorgeschlagen werden. Die Auswahl der Kandidaten wird durch die von den zuständigen Kommandeuren errichteten Kommissionen für die Wahl der Richter der Militärgerichte getroffen. Diese Richter der Militärgerichte werden durch öffentliche Abstimmung auf Versammlungen der Angehörigen der bewaffneten Kräfte und bewaffneten Korps gewählt. Die Anzahl dieser Richter, die aus der für die einzelnen Militärdistriktsgerichte und Höheren Militärgerichte bestimmten Gesamtzahl bei den einzelnen Einheiten und Truppenteilen gewählt werden sollen, wird von den Vorständen der Höheren Militärgerichte bestimmt.

4. Abschnitt

Ergänzungswahlen

§ 48

Sinkt im Laufe einer Funktionsperiode die Anzahl der Richter und ist es zur Sicherstellung eines ordnungsgemäßen Geschäftsgangs des Gerichtes erforderlich, neue Richter zu wählen, so werden Ergänzungswahlen durchgeführt.

5. Hauptstück

Die Stellung der Richter

§ 49

Grundpflichten der Richter

1. Die Richter sind verpflichtet, bei der Ausübung ihrer Funktion die Gesetze und anderen Rechtsvorschriften zu beachten, sie im Interesse des werktätigen Volkes auszulegen und gerecht zu entscheiden.

2. Die Richter sind verpflichtet, ihre Kenntnisse und Erfahrungen zu politischer und erzieherischer Tätigkeit unter den Bürgern zu nutzen. Diese politische und erzieherische Tätigkeit soll auf die Festigung der sozialistischen Beziehungen zwischen den Bürgern und auf die Vertiefung des sozialistischen Rechtsbewußtseins der Werktätigen hinzielen. Sie sollen daher die Bürger mit den Grundsätzen der sozialistischen Rechtsordnung bekannt machen und in Unterhaltungen mit Bürgern auch geeignete, öffentlich verhandelte typische Fälle von Verletzungen der sozialistischen Gesetzlichkeit und der Grundsätze des sozialistischen Zusammenlebens besprechen.

3. Die Richter sind auch verpflichtet, über amtliche Sachen Stillschweigen zu bewahren, und zwar auch nach dem Erlöschen ihrer richterlichen Funktion, sofern sie nicht durch Gesetz oder eine hierzu befugte Person von dieser Pflicht entbunden wurden. Von der Schweigepflicht entbinden kann einen Richter der Vorsitzende (Vorstand) des Gerichts und wenn es sich um den Vorsitzenden (Vorstand) des Gerichts handelt, der Vorsitzende (Vorstand) des Gerichts der höheren Stufe.

4. Die Richter sind verpflichtet, gewissenhaft ihre Pflichten zu erfüllen und sich bei der Ausübung ihrer Funktion und auch im bürgerlichen Leben von allem fernzuhalten, was die Würde der richterlichen Funktion beeinträchtigen oder das Vertrauen der Bürger in die sozialistische Gerichtsbarkeit mindern könnte.

§ 50

Erstattung von Berichten über die Tätigkeit der Gerichte

1. Die Richter eines Bezirksgerichts erstatten ihren Wählern regelmäßig Berichte über ihre Tätigkeit und über die Tätigkeit des Gerichts, bei dem sie ihre richterliche Funktion ausüben.

2. Die Richter der Militärgerichte erstatten ihren Wählern regelmäßig Berichte über ihre Tätigkeit und die Tätigkeit des Gerichts, bei dem sie ihre richterliche Funktion ausüben.

3. Die Vorsitzenden der Kreisgerichte erstatten im Zusammenwirken mit allen Richtern des Kreisgerichts den Kreis-Nationalausschüssen Berichte über die Tätigkeit des Kreisgerichts.

4. Der Vorsitzende des Obersten Gerichts erstattet der Nationalversammlung Berichte über den Stand der sozialistischen Gesetzlichkeit, über die Entscheidungstätigkeit des Obersten Gerichts und der Militärgerichte und ferner Berichte über die einheitliche Ausrichtung der Entscheidungstätigkeit der übrigen Gerichte.

Erlöschen der richterlichen Funktion

§ 51

Abberufung aus der richterlichen Funktion

1. Ein Richter kann aus seiner Funktion vor Ablauf seiner Funktionsperiode abberufen werden, wenn er in erheblichem Maße seine richterlichen Pflichten verletzt oder wenn er aus einem anderen Grunde das Vertrauen der Werktätigen verliert.

2. Über die Abberufung eines Richters eines Bezirksgerichts entscheiden die Wähler des Wahlbezirks, in dem er gewählt wurde. Dabei wird sinngemäß nach den Bestimmungen über die Abberufung eines Abgeordneten eines Nationalausschusses verfahren.

3. Über die Abberufung eines Richters eines Kreisgerichts aus seiner Funktion entscheidet der Kreis-Nationalausschuß.

4. Über die Abberufung eines Richters des Obersten Gerichts aus seiner Funktion entscheidet die Nationalversammlung.

5. Über die Abberufung eines Berufsrichters eines Militärgerichts und eines Richters des Militärkollegiums des Obersten Gerichts aus ihren Funktionen entscheidet die Nationalversammlung.

6. Über die Abberufung eines Richters eines Militärgerichts aus seiner Funktion entscheidet die Versammlung der Angehörigen der bewaffneten Kräfte oder bewaffneten Korps. Das Verfahren der Abberufung aus ihrer Funktion wird durch den Justizminister gemeinsam mit dem Minister für nationale Verteidigung und dem Innenminister geregelt.

7. Den Antrag auf Abberufung eines Richters aus seiner Funktion kann auch der Justizminister stellen. Wenn den Antrag nicht der Justizminister stellt, ist es erforderlich, vor der Entscheidung über die Abberufung dessen Stellungnahme anzufordern.

8. Die Funktion eines Richters erlischt mit dem Tage, an dem ihm die Entscheidung über die Abberufung aus seiner Funktion zugestellt wurde.

§ 52

Enthebung von der richterlichen Funktion

1. Ein Richter kann auf sein Ansuchen von seiner richterlichen Funktion enthoben werden, wenn er sie auf die Dauer deshalb, weil er zu einer anderen gesellschaftlichen wichtigen Funktion berufen

wurde oder wegen Krankheit oder aus anderen wichtigen Gründen nicht ausüben kann.

2. Über die Enthebung entscheidet:

a) der Bezirks-Nationalausschuß, wenn es sich um einen Richter eines Bezirksgerichts handelt,

b) der Kreis-Nationalausschuß, wenn es sich um einen Richter eines Kreisgerichts handelt,

c) die Nationalversammlung, wenn es sich um einen Richter des Obersten Gerichts oder um einen Berufsrichter eines Militärgerichts handelt,

d) der Justizminister, wenn es sich um die übrigen Richter eines Militärgerichts handelt.

3. Vor der Entscheidung der im Absatz 2 Buchst. a) bis c) angeführten Organe über die Enthebung von der Funktion muß der Standpunkt des Justizministers angefordert werden.

4. Die Funktion eines Richters erlischt mit dem Tage, an dem ihm die Entscheidung über seine Enthebung zugestellt wurde.

§ 53

1. Ein Richter verliert seine Funktion auch mit dem Tage der Rechtskraft eines Urteils, durch das er wegen einer vorsätzlich begangenen Straftat verurteilt wurde, oder wenn er das Wahlrecht verloren hat.

2. Ein Richter eines Militärgerichts oder des Militärkollegiums des Obersten Gerichts verliert seine Funktion auch mit dem Tage seiner Entlassung aus dem aktiven Militärdienst oder aus dem bewaffneten Korps.

§ 54

Voraussetzungen für die Strafverfolgung von Richtern

Richter können wegen Taten, die sie bei Ausübung ihrer richterlichen Funktion oder im Zusammenhang damit begangen haben, nur mit Zustimmung

a) des Bezirks-Nationalausschusses, wenn es sich um einen Richter eines Bezirksgerichts handelt,

b) des Kreis-Nationalausschusses, wenn es sich um einen Richter eines Kreisgerichts handelt,

c) der Nationalversammlung, wenn es sich um einen Richter des Obersten Gerichts oder einen Berufsrichter eines Militärgerichts handelt,

d) des Justizministers, wenn es sich um einen Richter eines Militärgerichts handelt,

strafrechtlich verfolgt oder in Haft genommen werden.

§ 55

Vorübergehende Enthebung von der Ausübung der Funktion

1. Ein Richter, der strafrechtlich verfolgt wird, oder bei dem ein Antrag auf Abberufung aus seiner Funktion gestellt wurde, kann bis zum Abschluß des Strafverfahrens oder bis zur Entscheidung über den Antrag auf Abberufung aus seiner Funktion vorübergehend von der Ausübung seiner richterlichen Funktion enthoben werden.

2. Über die vorübergehende Enthebung von der Ausübung der richterlichen Funktion entscheidet:

a) der Vorsitzende des Gerichts, wenn es sich um einen Richter des entsprechenden Gerichts handelt,

b) der Vorsitzende des Kreisgerichts, wenn es sich um den Vorsitzenden eines Bezirksgerichts handelt,

c) der Justizminister, wenn es sich um den Vorsitzenden eines Kreisgerichts, den Stellvertreter des Vorsitzenden des Obersten Gerichts, einen Richter eines Militärgerichts oder des Militärkollegiums des Obersten Gerichts handelt.

3. Das Organ, das das Strafverfahren gegen einen Richter eröffnet hat, verständigt hiervon den Vorsitzenden des entsprechenden Gerichts, und wenn es sich um einen Berufsrichter handelt, auch den Justizminister.

§ 56

Die Rechtsverhältnisse der Berufsrichter

1. Die Berufsrichter sind gewählte Funktionäre. Sie haben ein Recht auf Entlohnung für die Ausübung ihrer Funktion; Einzelheiten bestimmt der Justizminister.

2. Soweit dieses Gesetz die Stellung der Berufsrichter nicht anders regelt, beziehen sich auf sie die für die Arbeiter im Arbeitsverhältnis gültigen Vorschriften, insbesondere die Vorschriften über die Krankenversicherung und Rentensicherstellung, über die Urlaubsansprüche, über die Arbeitszeit und über die Ansprüche auf Erstattung von Reise-, Umzugs- und anderen Kosten.

3. Den gewählten Berufsrichtern bleibt ihr Arbeitsverhältnis erhalten; in diesem Arbeitsverhältnis haben sie aber vom Tage des Antritts ihrer Funktion einen Anspruch darauf, von der Arbeit ohne Anspruch auf Erstattung ihres Lohnes befreit zu sein.

Besondere Regelung der Ausübung der Funktionen von Berufsrichtern

§ 57

1. Im Interesse der Sicherstellung einer ordnungsgemäßen Erfüllung der Aufgaben der Gerichtsbarkeit kann ein Berufsrichter eines Bezirksgerichts längstens auf die Dauer von sechs Monaten mit der

Ausübung einer richterlichen Funktion bei einem anderen Bezirksgericht im Sprengel desselben Kreisgerichts betraut werden.

2. Eine Maßnahme nach Absatz 1 trifft der Vorsitzende des Kreisgerichts.

§ 58

1. Aus den im § 57 Abs. 1 angeführten Gründen kann ein Berufsrichter eines Gerichts einer höheren Stufe längstens auf die Dauer von sechs Monaten mit der Ausübung einer richterlichen Funktion bei einem Gerichte einer niederen Stufe betraut werden; handelt es sich um einen Berufsrichter eines Kreisgerichts, kann er mit der Ausübung der Funktion nur im Sprengel desselben Kreisgerichts betraut werden.

2. Eine Maßnahme nach Abs. 1 trifft der Justizminister, und zwar wenn es sich um einen Richter des Obersten Gerichts handelt, im Einvernehmen mit dem Vorsitzenden des Obersten Gerichts und wenn es sich um einen Richter eines Kreisgerichts handelt, im Einvernehmen mit dem Vorsitzenden des Kreisgerichts.

§ 59

1. Aus den im § 57 Abs. 1 angeführten Gründen, insbesondere zur Vertiefung seiner Erfahrungen und Fachkenntnisse, kann ein Berufsrichter längstens auf die Dauer von sechs Monaten zur Ausübung einer richterlichen Funktion bei einem Gericht einer höheren Stufe einberufen werden.

2. Über die Einberufung nach Abs. 1 entscheidet der Vorsitzende des Gerichts, bei dem der Berufsrichter vorübergehend eine Funktion ausüben soll. Handelt es sich um die Einberufung zum Obersten Gericht, entscheidet der Justizminister im Einvernehmen mit dem Vorsitzenden des Obersten Gerichts.

§ 60

Bei Berufsrichtern von Militärgerichten trifft Maßnahmen nach den §§ 57 bis 59 der Stellvertreter des Justizministers — der Vorstand der Verwaltung der Militärgerichte.

§ 61

Der Justizminister kann einen Berufsrichter längstens auf die Dauer von sechs Monaten in das Justizministerium einberufen, damit der Richter seine Erfahrungen und Fachkenntnisse vertieft und auch um die Erfahrungen aus seiner richterlichen Tätigkeit zu nutzen.

§ 62

Dienststrafrechtliche Verantwortlichkeit der Berufsrichter

Ein Berufsrichter kann dienststrafrechtlich verfolgt werden, wenn er seine richterlichen Pflichten verletzt oder wenn er sich in einer Weise benimmt, die eines Richters unwürdig ist und die Autorität seiner richterlichen Funktion beeinträchtigt. Die dienststrafrechtliche Verantwortlichkeit der Berufsrichter wird durch ein besonderes Gesetz geregelt[36].

Einige Bestimmungen über die Stellung der Richter, die ihre Funktion neben ihrer Beschäftigung ausüben

§ 63

Einberufung zu einer gerichtlichen Handlung

1. Die Richter werden zur Ausübung der richterlichen Funktion auf höchstens zwölf Tage im Jahr einberufen; eine Verlängerung dieser Zeit ist nur dann zulässig, wenn die Verhandlung über eine unter ihrer Teilnahme begonnenen Sache abzuschließen ist.

2. Der Vorsitzende (Vorstand) des Gerichts kann einen Richter, der eine vollständige juristische Ausbildung auf einer Hochschule besitzt, mit der Funktion eines Berufsrichters auch auf die Dauer von mehr als zwölf Tagen betrauen; diese Maßnahme kann nur mit Zustimmung des Richters und im Einvernehmen mit der Organisation, bei der der Richter beschäftigt ist, getroffen werden.

3. Die Richter der Militärgerichte und des Militärkollegiums des Obersten Gerichts werden in der Regel aus den bewaffneten Kräften oder aus dem bewaffneten Korps, denen der Beschuldigte angehört, einberufen; sie müssen den gleichen Dienstrang wie derjenige unter den Beschuldigten, der den höchsten Dienstrang hat, oder einen höheren Dienstrang haben.

§ 64

Lohnentschädigung für die Zeit der Ausübung der richterlichen Funktion

1. Den Richtern, die in einem Arbeitsverhältnis stehen, gebührt für die Zeit, während der sie eine richterliche Funktion ausüben oder andere mit dieser Funktion verbundene Pflichten erfüllen, ein Ersatz für den entgangenen Lohn. Die Verpflichtung, Ersatz für den entgangenen Lohn zu leisten, trifft das Unternehmen, in dem der Richter beschäftigt ist.

2. Den Richtern, die nicht in einem Arbeitsverhältnis stehen, ersetzt der Staat den entgangenen Verdienst für die Zeit, während der sie die richterliche Funktion ausüben oder andere mit dieser Funktion verbundene Pflichten erfüllen. Art und Höhe des Ersatzes werden vom Justizministerium im Einvernehmen mit dem Finanzministerium und dem Zentralrat der Gewerkschaften geregelt.

3. Der Staat ersetzt den Richtern die Barauslagen, die ihnen durch die Ausübung der richterlichen Funktion oder die Erfüllung anderer

---

[36] Ges. v. 29. 11. 1961, Nr. 142 Sb.

mit dieser Funktion verbundenen Pflichten entstehen. Die Art des Ersatzes wird vom Justizministerium im Einvernehmen mit dem Finanzministerium und dem Zentralrat der Gewerkschaften geregelt.

§ 65

Erhaltung der Ansprüche aus der Krankenversicherung und der sozialen Sicherstellung

1. Richter können durch die Ausübung der richterlichen Funktion oder Erfüllung anderer mit dieser Funktion verbundenen Pflichten nicht in ihren Ansprüchen aus der Krankenversicherung und der sozialen Sicherstellung[37] verkürzt werden.

2. Ein Unfall, den ein Richter bei Ausübung einer richterlichen Funktion oder bei der Erfüllung anderer mit dieser Funktion verbundenen Pflichten erleidet, wird stets als Arbeitsunfall angesehen.

§ 66

Freistellung von der Arbeit zwecks Ausübung der richterlichen Funktion

1. Die Unternehmen und übrigen Organisationen sind verpflichtet, die Richter zwecks Ausübung der richterlichen Funktion und Erfüllung anderer mit dieser Funktion verbundener Pflichten von der Arbeit freizustellen.

2. Bei den bewaffneten Kräften und in den bewaffneten Korps sind die zuständigen Kommandeure verpflichtet, den Richtern die Erfüllung aller Pflichten, die sich aus ihrer richterlichen Funktion ergeben, zu ermöglichen.

6. Hauptstück

Übergangs- und Schlußbestimmungen

§ 67

Bestimmung des Wahltermins

1. Den Zeitpunkt, zu dem die Wahl der Richter des Obersten Gerichts, der Kreis- und Bezirksgerichte und der Berufsrichter der Militärgerichte durchgeführt werden soll, bestimmt das Präsidium der Nationalversammlung.

2. Den Zeitpunkt, zu dem die Wahl der übrigen Richter der Militärgerichte durchgeführt werden soll, sowie die Organisation und Vorbereitung dieser Wahlen bestimmt der Justizminister gemeinsam mit dem Minister für nationale Verteidigung und dem Innenminister.

---

[37] Ges. v. 4. 6. 1964, Nr. 101 Sb., über die soziale Sicherstellung.

§ 68

Der Justizminister kann eine Bescheinigung darüber ausstellen, daß ein Kandidat für die Funktion eines Berufsrichters die Voraussetzungen für die Wahl erfüllt, auch wenn dieser bisher noch nicht eine abgeschlossene juristische Ausbildung an einer Hochschule besitzt.

§ 69

Maßnahmen, die die Militärgerichtsbarkeit betreffen, trifft der Justizminister im Einvernehmen mit dem Minister für nationale Verteidigung.

§ 70

1. Die Richter üben ihre Funktion auch nach Ablauf ihrer Wahlperiode bis zu dem Zeitpunkt aus, an dem die neu gewählten Richter ihre Funktion antreten.

2. Ein Richter, bei dem eine Maßnahme nach § 59 getroffen wurde, übt seine Funktion bis zu dem Zeitpunkt aus, an dem der neu gewählte Richter bei dem Gericht, zu dem er berufen wurde, antritt.

§ 71

Der Justizminister trifft Maßnahmen dafür, daß Berufsrichter, sofern sie nicht in diese Funktion gewählt werden, in Stellen verwendet werden, die ihrer politischen und fachlichen Qualifikation entsprechen.

§ 72

1. Berufsrichter, die während der Dauer ihrer Funktionsperiode nach dem Wehrgesetz zu militärischen Übungen als Reserveoffiziere einberufen und Militärgerichten zugeteilt sind, können auf Grund einer Entscheidung des Justizministers für diese Zeit mit der Ausübung einer richterlichen Funktion, die sonst von Berufsrichtern der Militärgerichte ausgeübt wird, betraut werden.

2. Bei Wehrbereitschaft des Staates regelt der Justizminister im Einvernehmen mit dem Minister für nationale Verteidigung und mit dem Innenminister die Art der Ergänzung der Richter der Militärgerichte und des Militärkollegiums des Obersten Gerichts.

§ 73

Aufhebungsbestimmung

Aufgehoben werden das Gesetz Nr. 62/1961 Sb. über die Organisation der Gerichte und die RegVO Nr. 63/1961 Sb., womit eine Wahlordnung für die Wahlen der Richter der Bezirksgerichte erlassen wird.

§ 74

Dieses Gesetz tritt mit dem Tage seiner Verkündung in Kraft.

V. GESETZ VOM 18. APRIL 1961, NR. 38 Sb., ÜBER DIE ÖRTLICHEN VOLKSGERICHTE

Der Aufbau einer gediegenen sozialistischen Gesellschaft äußert sich in einer weiteren Vertiefung der sozialistischen Demokratie und Entwicklung des sozialistischen Staatswesens. Damit untrennbar verbunden ist die zunehmende Beteiligung der Werktätigen an der Staatsverwaltung und an der Lenkung der Volkswirtschaft, die Festigung der sozialistischen Gesetzlichkeit und Erziehung der Bürger zur gewissenhaften Einhaltung der Regeln des sozialistischen Zusammenlebens und der Rechtsordnung der sozialistischen Gesellschaft.

Die neue, sozialistische Verfassung hat daher — als wichtigen Bestandteil der Maßnahmen, die auf eine Steigerung der aktiven Beteiligung der Werktätigen an der Ausübung der Gerichtsbarkeit gerichtet sind — in dem System der tschechoslowakischen Gerichte die örtlichen Volksgerichte verankert. Diese Gerichte haben als Organe der Werktätigen in den Gemeinden und an Arbeitsstätten weniger wichtige Fälle von Verletzungen der Rechtsordnung und kleine Streitigkeiten zwischen Bürgern zu verhandeln. Damit sollen sie zur Festigung der sozialistischen Gesetzlichkeit und zur Sicherstellung der Gesellschaftsordnung und Regeln des sozialistischen Zusammenlebens beitragen.

Die Nationalversammlung der CSSR hat daher folgendes Gesetz beschlossen:

Aufgaben der örtlichen Volksgerichte und Hauptgrundsätze für ihre Tätigkeit[38]

§ 1

1. Die örtlichen Volksgerichte sind Bestandteil des einheitlichen Systems der tschechoslowakischen sozialistischen Gerichtsbarkeit. Als

---

[38] Dazu wurden herausgegeben:

a) Richtlinien der Regierung v. 31. 5. 1961 über die Aufgaben der Nationalausschüsse bei der Errichtung und Entfaltung der Tätigkeit der örtlichen Volksgerichte (Z. 15/1961 Sammlung der Richtlinien für die Nationalausschüsse).

b) Instruktion des Justizministers v. 31. 5. 1961 zur Durchführung des Ges. über die örtlichen Volksgerichte (Věstník min. spr. Nr. 7/1961).

c) Weisung des Generalprokurators v. 25. 5. 1961 für die Tätigkeit der Prokuratoren bei der Durchführung des Ges. über die örtlichen Volksgerichte (Z. 1/1961 Sammlung der method. Weisungen).

d) Instruktion des Innenministers v. 1. 6. 1961 über die Aufgaben der Organe der öffentlichen Sicherheit bei der Durchführung des Ges. über die örtlichen Volksgerichte (Z. 10/1961 der Anweisungen des Innenministers).

e) Richtlinien des Zentralrats der Gewerkschaften v. 6. 6. 1961 über die Aufgaben der Revolutionären Gewerkschaftsbewegung bei der Einrichtung und Tätigkeit der örtlichen Volksgerichte in den Betrieben (Zeitschrift Odborář Nr. 13/1961).

Organe der Werktätigen in den Gemeinden und an Arbeitsstätten verhandeln und entscheiden sie weniger wichtige Fälle von Verletzungen der sozialistischen Gesetzlichkeit, die namentlich die Gesellschaftsordnung und das nachbarliche Zusammenleben der Bürger stören, und kleine Vermögensstreitigkeiten.

2. Sie erziehen mit ihrer gesamten Tätigkeit die Bürger zu einer strikten Einhaltung der sozialistischen Rechtsordnung, zu einem sozialistischen Verhältnis zur Arbeit, zum Schutz des sozialistischen Eigentums, zum Schutz der Persönlichkeit und der Rechte der Bürger und zu einer unversöhnlichen Einstellung gegenüber jedem Handeln, das der Gesellschaft Schaden zufügt und unvereinbar mit den Bürgerpflichten in einem sozialistischen Staate ist.

§ 2

1. Die örtlichen Volksgerichte arbeiten mit allen Organen und Organisationen zusammen, die sich um die Erziehung der Bürger zur Einhaltung der sozialistischen Rechtsordnung bemühen, namentlich mit den Nationalausschüssen, mit der Revolutionären Gewerkschaftsbewegung, mit dem Tschechoslowakischen Jugendverband und mit der Leitung von Unternehmen und Betrieben, ersetzen jedoch nicht deren erzieherisches Wirken. Fälle von Verletzungen der sozialistischen Rechtsordnung verhandeln sie grundsätzlich nur dann, wenn im Hinblick auf die Schwere des Falles das erzieherische Wirken dieser Organe und Organisationen zur Besserung des Bürgers, der die Verfehlung begangen hat, nicht ausreicht.

2. Die örtlichen Volksgerichte veranlassen die Beseitigung von Unzulänglichkeiten, die sie in der Tätigkeit von Organen und Organisationen festgestellt haben und die eine Verletzung der Rechtsordnung ermöglicht oder erleichtert haben.

§ 3

Die Nationalausschüsse und anderen staatlichen Organe sind verpflichtet, den örtlichen Volksgerichten systematische und umfassende Hilfe und Unterstützung zu gewähren. Die örtlichen Volksgerichte können sich an Nationalausschüsse, Sicherheitsorgane, Bezirksgerichte und andere staatliche Organe mit dem Ersuchen um Vernehmung von Zeugen und um anderweitige Überprüfung von Tatsachen, die für die Entscheidungen wichtig sind, wenden, wenn ihnen selbst die Überprüfung dieser Tatsachen erhebliche Schwierigkeiten bereiten würde.

§ 4

Die Bezirksgerichte helfen den örtlichen Volksgerichten bei der Erfüllung der Aufgaben. Sie üben die Aufsicht über deren Tätigkeit aus, indem sie über Rechtsmittel, die gegen Entscheidungen der örtlichen Volksgerichte eingelegt wurden, entscheiden.

§ 5

Die Richter der örtlichen Volksgerichte sind bei der Ausübung ihrer Funktion unabhängig und nur durch die Rechtsordnung des sozialistischen Staates gebunden. Sie sind verpflichtet, sich nach den Gesetzen und anderen Rechtsvorschriften zu richten und sie in Übereinstimmung mit dem sozialistischen Rechtsbewußtsein auszulegen.

§ 6

1. Die örtlichen Volksgerichte werden gewählt.

2. Die Richter der örtlichen Volksgerichte sind für ihre Tätigkeit dem werktätigen Volke gegenüber verantwortlich. Sie erstatten regelmäßig ihren Wählern und den Nationalausschüssen Berichte über ihre Tätigkeit.

3. Die Funktion des Richters eines örtlichen Volksgerichts ist eine Ehrenfunktion. Das Unternehmen, die Genossenschaft oder andere Organisation, in der der Richter eines örtlichen Volksgerichts arbeitet, sind verpflichtet, ihm die ordentliche Ausübung seiner richterlichen Funktion zu ermöglichen. Die Erfüllung der Pflichten des Richters eines örtlichen Volksgerichts kann nicht zu einem Nachteil beim Arbeitsverdienst oder zur Verkürzung von Rechten und Ansprüchen, die sich aus dem Arbeitsverhältnis ergeben, führen.

§ 7

Die Verhandlung vor den örtlichen Volksgerichten ist grundsätzlich mündlich und öffentlich. Ihre Urteile und Entscheidungen (weiterhin nur „Entscheidungen" genannt) werden im Namen der Republik verkündet.

Errichtung und Organisation der örtlichen Volksgerichte

§ 8

1. Örtliche Volksgerichte werden in den Gemeinden und an Arbeitsstätten errichtet.

2. Über die Errichtung eines örtlichen Volksgerichtes entscheidet der Bezirksnationalausschuß. Den Antrag auf seine Errichtung stellt der örtliche Nationalausschuß und die Grundorganisation der Revolutionären Gewerkschaftsbewegung.

3. Die Anzahl der Richter eines örtlichen Volksgerichts wird vom Bezirksnationalausschuß im Benehmen mit dem örtlichen Nationalausschuß oder mit der Grundorganisation der Revolutionären Gewerkschaftsbewegung bestimmt.

§ 9

1. Die Richter der örtlichen Volksgerichte werden auf zwei Jahre in öffentlicher Abstimmung auf Bürgerversammlungen auf Antrag des örtlichen Nationalausschusses oder der Grundorganisation der Revolutionären Gewerkschaftsbewegung gewählt. Das Recht zu wäh-

len haben die Bürger, die das 18. Lebensjahr erreicht haben. Gewählt ist, wer mehr als die Hälfte der Stimmen der auf der Versammlung anwesenden Bürger erhalten hat.

2. Zum Richter eines örtlichen Volksgerichts kann ein Bürger gewählt werden, der das 21. Lebensjahr erreicht hat, unter den Bürgern allgemeines Ansehen und Vertrauen genießt und den übrigen Bürgern ein Vorbild in der Arbeit, in der öffentlichen Tätigkeit und auch im persönlichen Leben ist.

3. Die Richter eines örtlichen Volksgerichts wählen aus ihrer Mitte den Vorsitzenden des örtlichen Volksgerichts und dessen Vertreter.

4. Wenn ein Richter eines örtlichen Volksgerichts seine richterlichen Pflichten nicht erfüllt oder aus einem anderen Grunde das Vertrauen der Werktätigen verliert, kann er noch vor Ablauf seiner Funktionsperiode aus seiner Funktion abberufen werden. Die Abberufung eines Richters eines örtlichen Volksgerichts aus seiner Funktion erfolgt auf die gleiche Weise wie seine Wahl.

5. Wenn ein Richter eines örtlichen Volksgerichts seine richterliche Funktion wegen Krankheit oder wegen eines anderen ernsten Hindernisses auf Dauer nicht ausüben kann, kann er von seiner Funktion enthoben werden. Hierüber entscheidet:

a) wenn es sich um einen Richter eines örtlichen Volksgerichts an einer Arbeitsstätte handelt, die Grundorganisation der Revolutionären Gewerkschaftsbewegung;
b) wenn es sich um einen Richter eines örtlichen Volksgerichts in einer Gemeinde handelt, der örtliche Nationalausschuß.

6. Für den aus seiner Funktion abberufenen oder von seiner Funktion enthobenen Richter wird, wenn der ordentliche Geschäftsgang des örtlichen Volksgerichts dies erfordert, für den Rest der Funktionsperiode ein neuer Richter gewählt.

§ 10

Die Richter der örtlichen Volksgerichte in den Gemeinden und an Arbeitsstätten legen in die Hand des Vorsitzenden des örtlichen Nationalausschusses folgendes Gelöbnis ab:

„Ich gelobe, daß ich der CSSR und der Sache des Sozialismus treu sein werde, daß ich mich nach der Verfassung und den übrigen Gesetzen richten und sie in Übereinstimmung mit dem sozialistischen Rechtsbewußtsein auslegen werde."

Angelegenheiten, die von den örtlichen Volksgerichten verhandelt werden

§ 11

Die örtlichen Volksgerichte verhandeln über Verfehlungen und einfache Vermögensstreitigkeiten. Ferner können sie auch über weniger wichtige Straftaten, wenn sie ihnen durch einen Prokurator oder ein Gericht abgetreten wurden, verhandeln.

§ 12

1. Die örtlichen Volksgerichte an Arbeitsstätten verhandeln über
a) Verfehlungen und Straftaten, die von Bürgern begangen werden, die in einem Betrieb, in dem ein örtliches Volksgericht errichtet ist, arbeiten,
b) Vermögensstreitigkeiten, deren Beteiligte (Antragsteller und Gegner) in einem Betrieb, in dem ein örtliches Volksgericht errichtet ist, arbeiten.

2. Die örtlichen Volksgerichte in den Gemeinden verhandeln über
a) Verfehlungen und Straftaten, die von Bürgern begangen wurden, die im Sprengel des örtlichen Volksgerichts wohnen, sofern nicht zur Verhandlung dieser Verfehlungen und Straftaten ein örtliches Volksgericht an einer Arbeitsstätte zuständig ist,
b) Vermögensstreitigkeiten, wenn der Gegner im Sprengel des örtlichen Volksgerichts wohnt, sofern nicht zur Verhandlung der Vermögensstreitigkeit ein örtliches Volksgericht an einer Arbeitsstätte zuständig ist.

3. Das zur Verhandlung über eine Verfehlung oder eine Straftat zuständige örtliche Volksgericht kann die Sache an ein anderes örtliches Volksgericht abtreten, wenn es zu dem Schluß kommt, daß das örtliche Volksgericht, dem es die Sache abtritt, die Tat und die Person des Bürgers, der gefehlt hat, besser beurteilen kann, in höherem Maße erzieherisch wirken kann und wenn dieses Gericht sich damit einverstanden erklärt.

§ 13

1. Über Straftaten kann ein örtliches Volksgericht nur dann verhandeln, wenn sie ihm von einem Prokurator oder Gericht abgetreten wurden.

2. Prokurator oder Gericht können auf Verlangen eines örtlichen Volksgerichts oder von Amts wegen eine Straftat an ein örtliches Volksgericht zur Verhandlung und Entscheidung abtreten, wenn sie nach Beurteilung der sozialen Gefährlichkeit der Tat und der Person des Täters befinden, daß zur Ahndung der Straftat die erzieherischen Kräfte des Kollektivs an der Arbeitsstätte oder in der Gemeinde und die Maßnahmen, die das örtliches Volksgericht auferlegen kann, genügen.

3. Ein örtliches Volksgericht kann für eine Straftat, die ihm zur Verhandlung und Entscheidung abgetreten wurde, nur eine der in diesem Gesetz aufgeführten Maßnahmen auferlegen.

§ 14

1. Für Verfehlungen und Straftaten können nur Bürger, die zur Zeit der Begehung der Tat das 15. Lebensjahr erreicht haben, zur Verantwortung gezogen werden.

2. Verfehlungen jugendlicher Personen, die zur Zeit der Begehung der Tat das 18. Lebensjahr noch nicht erreicht haben, sollen nur ausnahmsweise vor einem örtlichen Volksgericht verhandelt werden. Für die Besserung der jugendlichen Täter sorgen vor allem die gesellschaftlichen Organisationen, namentlich die Revolutionäre Gewerkschaftsbewegung und der Csl. Jugendverband.

Verfehlungen

§ 15

1. Verfehlung ist ein in diesem Gesetz (§§ 16—21) aufgeführtes schuldhaftes Handeln, durch das die sozialistische Rechtsordnung in einem solchen Maße verletzt wurde, daß das die Interessen der Gesellschaft oder Rechte und berechtigte Interessen eines einzelnen gefährdet oder verletzt, sofern es nicht im Hinblick auf die Umstände des Falles, auf die Person des Bürgers, der gefehlt hat, und auf die Folgen des Handelns den Grad der Sozialgefährlichkeit einer Straftat erreicht.

2. Die örtlichen Volksgerichte entscheiden über Verfehlungen dann, wenn im Hinblick auf die Schwere des Falles das erzieherische Einwirken der gesellschaftlichen Organisationen, der Nationalausschüsse und der Leitungen von Unternehmen und Betrieben zur Besserung des Bürgers, der gefehlt hat, nicht ausreicht.

3. Die örtlichen Volksgerichte entscheiden nicht über Verfehlungen, wenn seit Begehung der Tat ein Jahr verstrichen ist.

§ 16

1. Eine Verfehlung gegen Vermögen in sozialistischem Eigentum begeht, wer ein solches Vermögen beschädigt, insbesondere durch Diebstahl, Veruntreuung, Betrug oder dadurch, daß er es unberechtigt und eigenmächtig nutzt oder vernichtet, sofern der Schaden den Betrag von 500 Kcs nicht allzusehr übersteigt.

Dieses Handeln kann nicht als Verfehlung verfolgt werden, wenn der Bürger, der gefehlt hat, sich wiederholt gegen das Vermögen vergangen hat oder wenn seine Tat aus anderen Gründen besonders verwerflich ist.

2. Eine Verfehlung gegen Vermögen in sozialistischem Eigentum begeht auch, wer aus Fahrlässigkeit, die von einer verantwortungslosen Einstellung zum sozialistischen Eigentum zeugt, an solchem Vermögen einen Schaden verursacht, der den Betrag von 5000 Kcs nicht übersteigt.

§ 17

Eine Verfehlung gegen die Interessen der sozialistischen Wirtschaft begeht, wer in geringerem Umfang

a) unberechtigt eine private Produktions- oder andere Erwerbstätigkeit zu dem Zwecke ausübt, sich daraus eine ständige Einkommensquelle zu verschaffen,

b) die Verbraucher schädigt, namentlich dadurch, daß er Waren oder Dienste verteuert oder die Verbraucher mit der Qualität, mit der Menge oder mit dem Gewicht der Waren beschwindelt.

§ 18

1. Eine Verfehlung gegen Vermögen im persönlichen Eigentum begeht, wer ein solches Vermögen beschädigt, insbesondere durch Diebstahl, Veruntreuung, Betrug oder dadurch, daß er es unberechtigt und eigenmächtig nutzt oder vernichtet, sofern der Schaden den Betrag von 500 Kcs nicht allzusehr übersteigt.

Dieses Handeln kann nicht als Verfehlung verfolgt werden, wenn der Bürger, der gefehlt hat, sich wiederholt gegen das Vermögen vergangen hat oder wenn seine Tat aus anderen Gründen besonders verwerflich ist.

2. Eine Verfehlung gegen Vermögen im persönlichen Eigentum begeht auch, wer aus Fahrlässigkeit, die von einer rücksichtslosen Einstellung zum persönlichen Eigentum zeugt, an dem Vermögen seiner Mitbürger einen Schaden verursacht.

§ 19

Eine Verfehlung gegen das sozialistische Zusammenleben begeht,

a) wer durch ungehöriges Benehmen, insbesondere durch Drohungen, beleidigende Äußerungen oder Taten, durch Verleumdung, Rauferei, Bosheiten oder durch anderes gemeines Handeln das nachbarliche Zusammenleben der Bürger stört oder ihre Würde und Ehre verletzt,

b) wer alkoholische Getränke genießt, obwohl er weiß, daß er eine Beschäftigung oder andere Tätigkeit ausüben wird, bei der er die Gesundheit seiner Mitbürger oder die Sicherheit von Vermögen gefährden könnte, oder wer jemandem unter solchen Umständen alkoholische Getränke verabreicht,

c) wer sich auf eine Art ernährt, die in grobem Mißverhältnis zu den Pflichten eines Bürgers steht.

§ 20

Eine Verfehlung gegen Familienbeziehungen und gegen die Interessen an einer gesunden Entwicklung der Jugend begeht,

a) wer sich nicht genügend um die materielle Sicherung seiner Familienangehörigen, für die er nach dem Gesetz zu sorgen verpflichtet ist, bemüht, oder wer seine Pflicht, für die ordentliche Entwicklung und Erziehung der seiner Obsorge anvertrauten minderjährigen Personen zu sorgen, vernachlässigt,

b) wer minderjährigen Personen den Genuß alkoholischer Getränke ermöglicht und dadurch deren körperliche oder sittliche Entwicklung gefährdet.

§ 21

Eine Verfehlung gegen die Arbeitsdisziplin begeht,

a) wer durch Verletzung von Vorschriften über die Sicherheit und den Gesundheitsschutz bei der Arbeit jemanden an der Gesundheit gefährdet oder jemandem eine Gesundheitsverletzung, die eine kürzere Arbeitsunfähigkeit zur Folge hat, zufügt,

b) wer systematisch ohne wichtigen Grund Arbeitsschichten ausläßt oder wer Arbeitsunfähigkeit vortäuscht,

c) wer systematisch oder erheblich die technologische Disziplin verletzt oder sonstwie wichtige Verpflichtungen aus dem Arbeitsverhältnis verletzt, sofern der durch ein solches Handeln verursachte Schaden 5000 Kcs nicht übersteigt.

Vermögensstreitigkeiten

§ 22

1. Die örtlichen Volksgerichte können einfache Vermögensstreitigkeiten zwischen Bürgern verhandeln und entscheiden, wenn der Streitwert 1000 Kcs nicht übersteigt und der Antragsteller es beantragt. Wenn das örtliches Volksgericht bei der Verhandlung der Sache zu der Auffassung kommt, daß es sich nicht um eine einfache Streitigkeit handelt, tritt es die Sache an das Bezirksgericht ab.

2. Auf Antrag beider Beteiligten (des Antragstellers und des Gegners) können sie auch über andere Vermögensstreitigkeiten, die zwischen Bürgern untereinander oder zwischen Bürgern und sozialistischen Organisationen bestehen, mit dem Ziele, auf den Abschluß eines Vergleichs hinzuwirken, verhandeln. Wenn ein Vergleich geschlossen wird, entscheidet das örtliche Volksgericht, ob der Vergleich genehmigt wird. Wenn es den Vergleich nicht genehmigt oder wenn ein Vergleich nicht geschlossen wird, verhandelt es die Sache nicht weiter, sondern verweist die Beteiligten an das Bezirksgericht.

3. Ein örtliches Volksgericht kann nur einen solchen Vergleich genehmigen, der nicht in Widerspruch mit den Rechtsvorschriften und dem öffentlichen Interesse steht.

§ 23

Die örtlichen Volksgerichte verhandeln über keine Arbeitsstreitigkeiten und familienrechtliche Streitigkeiten.

Verfahren vor den örtlichen Volksgerichten

§ 24

1. Über Verfehlungen verhandeln die örtlichen Volksgerichte auf Antrag eines Nationalausschusses, eines anderen staatlichen Organs, einer gesellschaftlichen Organisation, der Leitung eines Betriebs, des Vorstands einer landwirtschaftlichen Einheitsgenossenschaft, von Bürgern oder von Amts wegen. Vermögensstreitigkeiten verhandeln

sie nur auf Antrag von Bürgern, die vor dem örtlichen Volksgericht ihre Ansprüche geltend machen.

2. Die örtlichen Volksgerichte sollen nur über ordentlich geklärte Sachen verhandeln. Die Anträge auf Verhandlung einer Sache sollen daher mit den erforderlichen Unterlagen ordentlich belegt sein, gegebenenfalls sollen auch Zeugen angeführt sein, die die in den Anträgen angeführten Tatsachen bezeugen können.

§ 25

Ein örtliches Volksgericht muß vor Eintritt in die Verhandlung der Sache feststellen, ob es zu ihrer Verhandlung zuständig ist. Wenn es feststellt, daß die Sache — wegen ihrer geringen Bedeutung — durch die Organe des Unternehmens, des Betriebs oder der gesellschaftlichen Organisationen erledigt werden kann, oder wenn es feststellt, daß die Sache zur Zuständigkeit eines anderen Organs gehört, tritt es diesen die Sache zur Erledigung ab.

§ 26

1. Ein örtliches Volksgericht wird in einem dreigliedrigen Senate tätig.

2. Ein örtliches Volksgericht verhandelt die Sachen so, daß es sie in der Regel binnen 30 Tagen nach Einreichung des Antrags entscheidet. Der Vorsitzende des örtlichen Volksgerichts oder sein Vertreter bestimmt Zeit und Ort der Verhandlung und die Zusammensetzung des Senats, der die Sache verhandelt.

3. Zeit und Ort der Sitzung des örtlichen Volksgerichts werden unter Anführung der Sachen, die bei der Sitzung verhandelt werden, öffentlich bekanntgemacht.

4. Die Sitzungen des örtlichen Volksgerichts finden in der Regel außerhalb der Arbeitszeit der Mitglieder des Senats des örtlichen Volksgerichts und der am Verfahren Beteiligten statt.

§ 27

1. Der Vorsitzende des Senats, der mit der Verhandlung der Sache betraut ist, macht sich mit dem Inhalt des Antrags bekannt, verfügt die Beschaffung von Urkunden und anderen erforderlichen Unterlagen und überprüft nach Möglichkeit auch auf andere Weise die behaupteten Tatsachen. Er verfügt auch die Ladung der am Verfahren Beteiligten, der gesetzlichen Vertreter minderjähriger Täter, der Zeugen und anderer Bürger, deren Beteiligung an der Verhandlung der Sache vor dem örtlichen Volksgericht notwendig ist.

2. Der Bürger, dessen Fall verhandelt werden soll, muß mit dem Inhalt des Antrags und den Ergebnissen seiner Überprüfung bekanntgemacht und über Zeit und Ort der Verhandlung der Sache vor dem örtlichen Volksgericht in Kenntnis gesetzt werden. Es muß ihm die

Möglichkeit gegeben werden, sich zur Sache zu äußern und seine Anträge zu stellen.

3. Bürger, die vor ein örtliches Volksgericht geladen wurden, sind verpflichtet, dort zu erscheinen und die erforderlichen Aufklärungen zu geben.

§ 28

1. Das örtliche Volksgericht verhandelt grundsätzlich alle Sachen in Gegenwart der Beteiligten. In Abwesenheit der Beteiligten kann es eine Sache nur dann verhandeln, wenn die Beteiligten es ablehnen, vor dem örtlichen Volksgericht zu erscheinen oder wenn sie ohne begründete Entschuldigung dort nicht erscheinen.

2. Über Vermögensstreitigkeiten verhandelt ein örtliches Volksgericht nur dann, wenn der Antragsteller oder der Bürger, den der Antragsteller mit seiner Vertretung beauftragt hat, zur Verhandlung der Sache erscheint. Ein Vertreter von Beteiligten kann sich an einer Handlung vor dem örtlichen Volksgericht nur dann beteiligen, wenn die Beteiligten aus wichtigen Gründen nicht persönlich zur Verhandlung des Rechtsstreits erscheinen können oder wenn sie nicht imstande sind, sich vor dem örtlichen Volksgericht verständlich auszudrücken. Wenn der Antragsteller oder sein Vertreter zur Verhandlung der Sache ohne begründete Entschuldigung nicht erscheint, nimmt das örtliche Volksgericht von der weiteren Verhandlung der Sache Abstand.

§ 29

1. Bei der Verhandlung einer Sache verfährt der Senat eines örtlichen Volksgerichts so, daß die Verhandlung würdig verläuft und der tatsächliche Stand der Sache festgestellt wird.

2. Die Verhandlung wird so geführt, daß dem anwesenden Kollektiv die Möglichkeit gegeben wird, an der Aufklärung des Falles teilzunehmen und zur Würdigung der Sache sowie des Bürgers, der die Verfehlung begangen hat, beizutragen. Die bei der Verhandlung der Sache anwesenden Bürger können daher mit Zustimmung des Senatsvorsitzenden das Wort ergreifen und ihre Meinung zum Ausdruck bringen.

3. Zu Beginn der Verhandlung gibt der Senatsvorsitzende oder ein von ihm bestimmtes Mitglied des Senats einen Bericht über den Fall und über die Ergebnisse der vorausgegangenen Ermittlungen. Wenn es erforderlich ist, vernimmt der Senat Zeugen oder erhebt andere Beweise. Der Bürger, dessen Sache verhandelt wird, hat das Recht, sich zu den erhobenen Beweisen zu äußern, die Erhebung von Beweisen, die seine Behauptungen stützen, zu beantragen und Erklärungen, die zu einer ordnungsgemäßen Aufklärung der Sache erforderlich sind, abzugeben.

4. Über den Verlauf der Verhandlung wird ein Protokoll aufgenommen.

§ 30

1. Nach ordnungsgemäßer Aufklärung der Sache trifft der Senat des örtlichen Volksgerichts seine Entscheidung. Zu ihrem Zustandekommen genügt die Mehrheit der Stimmen der Mitglieder des Senats.

2. Bei der Verkündung der Entscheidung werden die Ergebnisse der Verhandlung der Sache und die auferlegten Maßnahmen angegeben und die Entscheidung kurz begründet. Die Beteiligten werden über das Recht, Berufung einzulegen, belehrt. Wenn das örtliche Volksgericht eine Geldstrafe, eine Verpflichtung zum Schadensersatz oder eine andere Verpflichtung zu vermögensmäßiger Erfüllung auferlegt, bestimmt es zu deren Erfüllung auch eine angemessene Frist; es kann auch Raten bewilligen.

3. Die Entscheidung des örtlichen Volksgerichts oder der Inhalt eines Vergleichs, der zwischen den Beteiligten in einer Vermögensstreitigkeit geschlossen wurde, wird im Protokoll vermerkt, das von den Mitgliedern des Senats und wenn ein Vergleich geschlossen wurde, auch von den Beteiligten unterzeichnet wird.

4. Wenn einer der Beteiligten bei der Verkündung der Entscheidung des örtlichen Volksgerichts nicht anwesend war, muß ihm die Entscheidung schriftlich mitgeteilt werden.

5. Wenn das örtliche Volksgericht über eine Straftat, die ihm vom Prokurator oder Gericht abgetreten wurde, verhandelt hat, benachrichtigt es den Prokurator oder das Gericht über das Ergebnis der Verhandlung.

§ 31

1. Kommt das örtliche Volksgericht nach der Verhandlung über eine Verfehlung oder Straftat zu dem Schluß, daß der Bürger die Verfehlung oder Straftat begangen hat, jedoch schon die Verhandlung der Sache an sich ihren erzieherischen Zweck erfüllt hat, verhängt es keine Maßnahme. Das kann insbesondere auch dann geschehen, wenn der Bürger, der gefehlt hat, aufrichtige Reue bekundet, sich gegenüber dem Geschädigten oder dem Kollektiv entschuldigt und sich verpflichtet, Abhilfe zu schaffen und den verursachten Schaden zu ersetzen. Sonst auferlegt es eine der folgenden Maßnahmen:

a) Ermahnung,
b) öffentliche Rüge,
c) Geldstrafe bis 500 Kcs,
d) Anordnung der Wiedergutmachung durch Lohnabzug bis zu 15 v.H. auf die Dauer von höchstens 3 Monaten,
e) Anordnung, den Bürger, der die Verfehlung begangen hat, auf die Dauer von höchstens 6 Monaten in eine niedere Funktion oder in einen anderen Arbeitssektor zu versetzen; diese Maßnahme kann nur das örtliche Volksgericht an der Arbeitsstätte treffen.

2. Das örtliche Volksgericht kann den Verfall einer Sache, die dem Bürger, der gefehlt hat, gehört und die zur Begehung der Verfehlung

oder Straftat benutzt worden ist oder die der Bürger, der gefehlt hat, durch seine Tat erworben hat, aussprechen, wenn die Sicherheit von Menschen oder Vermögen oder ein anderes öffentliches Interesse es verlangen. Die verfallene Sache fällt dem Staate zu. Der Verfall einer Sache kann nicht ausgesprochen werden, wenn der Wert der Sache in auffälligem Mißverhältnis zu dem Grade der Gefährlichkeit der begangenen Tat steht.

3. Wenn durch die Verfehlung oder Straftat des Bürgers, der gefehlt hat, ein Vermögensschaden verursacht wurde, wirkt das örtliche Volksgericht darauf hin, daß der Schuldige ihn freiwillig ersetzt. Es verpflichtet ihn dazu, wenn er den Ersatz des verursachten Schadens ablehnt. Wenn es aber dem örtlichen Volksgericht nicht gelingt, die genaue Schadenshöhe festzustellen oder wenn ihm die Feststellung der genauen Schadenshöhe Schwierigkeiten bereiten würde, empfiehlt es dem Geschädigten, sich mit seinem Schadensersatzanspruch an das Bezirksgericht zu wenden.

4. Auferlegte Geldstrafen und Lohnabzüge bei Wiedergutmachungsmaßnahmen werden in die Staatskasse abgeführt.

§ 32

1. Wenn das örtliche Volksgericht zu dem Schluß kommt, es lasse sich nicht nachweisen, daß der Bürger die Verfehlung oder Straftat begangen hat, spricht es ihn frei.

2. Wenn das örtliche Volksgericht zu dem Schluß kommt, daß der Bürger die Verfehlung oder Straftat vor Erreichung seines 15. Lebensjahres begangen hat oder wenn es feststellt, daß seit der Begehung der Verfehlung ein Jahr verstrichen ist, stellt es das Verfahren ein.

3. Wenn das örtliche Volksgericht zu dem Schluß kommt, daß es sich um eine Straftat handelt, tritt es die Sache, wenn sie ihm nicht vom Prokurator oder Gericht abgetreten worden war, an den Bezirksprokurator ab.

Verfahren über die Berufung gegen Entscheidungen der örtlichen Volksgerichte

§ 33

1. Das Rechtsmittel gegen Entscheidungen des örtlichen Volksgerichts ist die Berufung, die mündlich oder schriftlich beim Vorsitzenden des örtlichen Volksgerichts oder seinem Vertreter eingereicht wird. Über die Berufung, die aufschiebende Wirkung hat, entscheidet das Bezirksgericht.

2. Berufung können einlegen:

a) der Bürger, den die Entscheidung unmittelbar betrifft, oder sein gesetzlicher Vertreter,

b) der Prokurator,

c) die Organe oder Organisationen, die die Verhandlung der Sache veranlaßt haben.

3. Die Frist zur Einreichung der Berufung beträgt 15 Tage, gerechnet von der Verkündung der Entscheidung des örtlichen Volksgerichts ab.

4. Bei den im Abs. 2 Buchst. a) angeführten Personen beträgt die Frist zur Einlegung der Berufung 15 Tage, gerechnet von der Verkündung der Entscheidung des örtlichen Volksgerichts oder von dem Tage ab, an dem der Person, die bei der Verkündung der Entscheidung nicht anwesend war, die Entscheidung des örtlichen Volksgerichts schriftlich mitgeteilt worden ist. Wenn aber eine dieser Personen die angeführte Frist deshalb, weil sie vom Gericht nicht auf sie aufmerksam gemacht worden ist, oder aus anderen wichtigen Gründen (z. B. wegen Krankheit; weil sie auf einer Dienstreise war, u. ä.) versäumt hat, kann ihr das örtliche Volksgericht die Fristversäumnis nachsehen. Das örtliche Volksgericht kann die Versäumung der Berufungsfrist auch nachsehen, wenn nach Ablauf der Berufungsfrist nachträglich neue Tatsachen oder Beweise, die einen Grund zur Änderung der Entscheidung des örtlichen Volksgerichts bilden könnten, bekannt werden.

5. Bei Straftaten, die das örtliche Volksgericht verhandelt hat, weil sie ihm vom Prokurator abgetreten wurden, beträgt die Frist zur Einreichung der Berufung 15 Tage, gerechnet von dem Tage ab, an dem der Prokurator durch das örtliche Volksgericht über das Ergebnis der Verhandlung über die abgetretene Sache benachrichtigt worden ist.

6. Das örtliche Volksgericht legt die Berufung mit den Akten dem Bezirksgericht vor. Wenn es nach den Bestimmungen des Abs. 4 die Versäumung der Berufungsfrist nachsieht, vermerkt es dies in den Akten.

§ 34

1. Das Bezirksgericht weist die Berufung zurück, wenn sie verspätet oder von einer nicht hierzu berechtigten Person eingelegt wurde oder wenn es nach Verhandlung der Sache feststellt, daß die Berufung unbegründet ist.

2. Wenn das Bezirksgericht feststellt, daß das örtliche Volksgericht zur Verhandlung der Sache nicht zuständig war, hebt es dessen Entscheidung auf; je nach dem Charakter der Sache entscheidet es dann selbst in derSache oder tritt sie an ein anderes, zuständiges Organ ab.

3. Wenn das Bezirksgericht feststellt, daß die Entscheidung des örtlichen Volksgerichts ungesetzlich oder aus anderen Gründen unrichtig ist, hebt es sie auf oder verweist die Sache an das örtliche Volksgericht zu erneuter Verhandlung und Entscheidung zurück. Bei der neuen Verhandlung der Sache ist das örtliche Volksgericht verpflichtet, sich an die in der Entscheidung des Bezirksgerichts enthaltenen Weisungen zu halten.

4. Unwesentliche Fehler in der Entscheidung des örtlichen Volksgerichts kann das Bezirksgericht selbst heilen, und zwar auch dann, wenn die Berufung unbegründet ist.

§ 35

Das Bezirksgericht entscheidet über die Berufung in einem Senat von drei Mitgliedern. Es verfährt dabei, soweit dieses Gesetz keine besonderen Bestimmungen enthält, nach den in den gerichtlichen Prozeßordnungen enthaltenen Grundsätzen über die Erledigung von Berufungen.

Vollstreckbarkeit von Entscheidung und Vergleich

§ 36

Die rechtskräftigen Entscheidungen eines örtlichen Volksgerichts, mit denen eine Geldstrafe oder eine Verpflichtung zum Schadensersatz oder zu einer anderen vermögensmäßigen Erfüllung auferlegt wurde, sowie die von einem örtlichen Volksgericht genehmigten Vergleiche sind gerichtlich vollstreckbar.

§ 37

1. Wenn die Entscheidung eines örtlichen Volksgerichts über die Verhängung einer Geldstrafe in der hierzu festgesetzten Frist nicht freiwillig erfüllt wird, tritt der Vorsitzende des örtlichen Volksgerichts die Akten an das Bezirksgericht zur Vollstreckung der Entscheidung ab.

2. Wenn die Entscheidungen eines örtlichen Volksgerichts über die Verpflichtung zum Schadensersatz oder zu einer anderen vermögensmäßigen Erfüllung oder die aus einem vom örtlichen Volksgericht genehmigten Vergleich sich ergebenden Verpflichtungen in der hierzu festgesetzten Frist nicht freiwillig erfüllt werden, tritt der Vorsitzende des örtlichen Volksgerichts auf Antrag des berechtigten Beteiligten die Akten an das Bezirksgericht zur Vollstreckung der Entscheidung oder des Vergleichs ab.

§ 38

Die Leitung eines Unternehmens oder ein anderes nach dem Charakter der Sache zuständiges Organ sind verpflichtet, eine rechtskräftige Entscheidung des örtlichen Volksgerichts, durch die ihnen eine der in § 31 Abs. 1 Buchst. d) und e) angeführten Maßnahmen auferlegt wurde, auszuführen.

Beschwerde wegen Verletzung des Gesetzes

§ 39

1. Gegen die rechtskräftige Entscheidung eines örtlichen Volksgerichts, durch die ein Gesetz verletzt wurde, kann der Bezirksprokurator oder der Vorsitzende des Bezirksgerichts Beschwerde wegen Verletzung des Gesetzes einlegen; über die Beschwerde entscheidet das Bezirksgericht.

2. Wenn durch das rechtskräftige Urteil eines Bezirksgerichts, mit dem über die Berufung gegen eine Entscheidung eines örtlichen

Volksgerichts entschieden wurde, ein Gesetz verletzt wurde, kann der Kreisprokurator oder der Vorsitzende des Kreisgerichts Beschwerde wegen Verletzung des Gesetzes einlegen; über die Beschwerde entscheidet das Kreisgericht.

§ 40

Die Gerichte, die über die Beschwerde wegen Verletzung des Gesetzes entscheiden, verfahren, soweit dieses Gesetz keine besonderen Bestimmungen enthält, nach den in den gerichtlichen Prozeßordnungen enthaltenen Grundsätzen über die Erledigung von Beschwerden wegen Verletzung des Gesetzes.

Schlußbestimmungen

§ 41

1. Die Nationalausschüsse und die Leitungen von Unternehmen, bei denen örtliche Volksgerichte errichtet sind, sind verpflichtet, für die Verhandlungen der örtlichen Volksgerichte unentgeltlich geeignete Räumlichkeiten und anderen Bedarf zur Verfügung zu stellen, unentgeltlich die erforderlichen Verwaltungsarbeiten durchzuführen und auch andere mit der Tätigkeit der örtlichen Volksgerichte verbundene Auslagen zu ersetzen.

2. Die Nationalausschüsse und die Betriebe, bei denen örtliche Volksgerichte errichtet sind, sind auch verpflichtet, für eine ordentliche Verwahrung der Akten des örtlichen Volksgerichts zu sorgen.

§ 42

1. Die an einem Verfahren vor dem örtlichen Volksgericht Beteiligten erstatten nicht die Kosten des Verfahrens und die Gerichtsgebühren.

2. Kosten, die im Verfahren einem Beteiligten entstehen, trägt dieser Beteiligte selbst ohne Anspruch auf Erstattung.

§ 43

1. Die Betriebe sind verpflichtet, die Richter der örtlichen Volksgerichte für die Zeit, die unerläßlich notwendig ist, um die aus ihrer richterlichen Funktion sich ergebenden Pflichten ordnungsgemäß zu erfüllen, von der Arbeit freizustellen. Die Richter der örtlichen Volksgerichte haben jedoch unter Beachtung größter Wirtschaftlichkeit die aus der richterlichen Funktion sich ergebenden Pflichten überwiegend außerhalb der Arbeitszeit zu erfüllen.

2. Die Sitzungen der örtlichen Volksgerichte werden in der Regel außerhalb der Arbeitszeit so anberaumt, daß an ihnen ein möglichst breites Kollektiv von Werktätigen teilnehmen kann. Den Richtern der örtlichen Volksgerichte und den Werktätigen, die vor das örtliche Volksgericht geladen werden, ermöglicht der Betrieb im Bedarfsfalle die Beteiligung an der Sitzung des örtlichen Volksgerichts dadurch, daß er ihre Arbeitszeit verschiebt. Wenn das undurchführbar ist, haben die Richter der örtlichen Volksgerichte und die vor das örtliche Volksgericht geladenen Zeugen Anspruch auf Ersatz des ihnen ent-

gangenen Arbeitslohns. Die Richter der Volksgerichte und die vor das örtliche Volksgericht geladenen Zeugen haben ferner Anspruch auf Ersatz der notwendigen Barauslagen.

3. Ersatz für entgangenen Arbeitslohn gewähren

a) den Richtern der örtlichen Volksgerichte die Unternehmen, bei denen diese Richter im Arbeitsverhältnis stehen,

b) den Zeugen, die vor das örtliche Volksgericht an der Arbeitsstätte geladen wurden, das Unternehmen, bei dem das örtliche Volksgericht errichtet ist,

c) den übrigen Richtern der örtlichen Volksgerichte und den Zeugen, die vor das örtliche Volksgericht in einer Gemeinde geladen wurden, die örtlichen Nationalausschüsse.

4. Ersatz der notwendigen Barauslagen gewähren

a) die Unternehmen den Richtern der örtlichen Volksgerichte an der Arbeitsstätte und den Zeugen, die vor das örtliche Volksgericht an der Arbeitsstätte geladen wurden,

b) die örtlichen Nationalausschüsse den Richtern der örtlichen Volksgerichte in einer Gemeinde und den Zeugen, die vor das örtliche Volksgericht in einer Gemeinde geladen wurden.

§ 44

Die örtlichen Volksgerichte verhandeln über keine Verfehlungen von Personen, die der Militärgerichtsbarkeit unterstehen. Die Verfehlungen dieser Personen werden von den zuständigen Kommandeuren im Rahmen ihrer Disziplinargewalt erledigt.

§ 45

1. An Arbeitsstätten, an denen örtliche Volksgerichte wirken, finden die Bestimmungen des Gesetzes Nr. 24/1957 Sb., über die dienststrafrechtliche (disziplinäre) Verfolgung von Entwendungen und Beschädigungen an Vermögen in sozialistischem Eigentum keine Anwendung.

2. Organe, die künftig an Arbeitsstätten, an denen kein örtliches Volksgericht wirkt, die Bestimmungen des Gesetzes Nr. 24/1957 Sb. über die dienststrafrechtliche (disziplinäre) Verfolgung von Entwendungen und Beschädigungen an Vermögen in sozialistischem Eigentum anwenden, können für die dienststrafrechtlichen Verfehlungen im Sinne des angeführten Gesetzes nur die in § 31 Abs. 1 Buchst. a) bis c) des Gesetzes über die örtlichen Volksgerichte aufgeführten Maßnahmen auferlegen.

§ 46

§ 5 Abs. 1 des Gesetzes Nr. 24/1957 Sb. über die dienststrafrechtliche (disziplinäre) Verfolgung von Entwendungen und Beschädigungen an Vermögen in sozialistischem Eigentum wird aufgehoben.

§ 47

Dieses Gesetz tritt am 1. Juli 1961 in Kraft.

VI. GESETZ VOM 18. APRIL 1957, NR. 24 Sb., ÜBER DIE DIENSTSTRAFRECHTLICHE (DISZIPLINÄRE) VERFOLGUNG VON ENTWENDUNGEN UND BESCHÄDIGUNGEN AN VERMÖGEN IN SOZIALISTISCHEM EIGENTUM

Die Nationalversammlung der CSR hat folgendes Gesetz beschlossen:

§ 1

Dienststrafrechtliche (disziplinäre) Verfehlung

1. Kleine Entwendungen und andere vorsätzliche Beschädigungen an Vermögen in sozialistischem Eigentum werden, wenn sie an Vermögen, das von einem Unternehmen, einer Behörde, einer Anstalt oder einer anderen Organisation des sozialistischen Sektors verwaltet wird, von einem ihrer Angestellten begangen werden, als dienststrafrechtliche (disziplinäre) Verfehlungen (fernerhin nur „dienststrafrechtliche Verfehlungen" genannt) verfolgt, namentlich wenn eine solche Tat Sachen betrifft, zu denen der Angestellte bei Ausübung seiner Tat Zutritt hat.

2. Eine im Absatz 1 aufgeführte Tat kann nicht als dienststrafrechtliche Verfehlung verfolgt werden, wenn die Anwendung von dienststrafrechtlichen (disziplinären) Maßnahmen (§ 5 Abs. 1) offensichtlich nicht zur Erziehung des Angestellten ausreichen würde, insbesondere im Hinblick auf die Art der Tatbegehung oder im Hinblick auf den Umstand, daß er schon wiederholt Entwendungen und Beschädigungen an Vermögen in sozialistischem Eigentum begangen hat. Eine Tat kann nicht als dienststrafrechtliche Verfehlung verfolgt werden, wenn der Schaden 500 Kcs übersteigt.

§ 2

Zuständigkeit der Dienststraforgane

1. Über eine dienststrafrechtliche Verfehlung entscheidet der Leiter des Unternehmens oder sonstigen Organisation des sozialistischen Sektors, gegebenenfalls auch ein durch ihn ermächtigter Angestellter oder das Dienststraf(Disziplinar)organ, wenn ein solches nach den geltenden Vorschriften geschaffen wurde (fernerhin nur „Dienststraforgan" genannt).

2. Der zuständige Minister (Leiter des Zentralorgans), gegebenenfalls der zuständige Rat des Kreis-Nationalausschusses, kann bestimmen, in welchen Unternehmen oder sonstigen Organisationen des sozialistischen Sektors dienststrafrechtliche Verfehlungen nicht nach diesem Gesetz verfolgt werden. Eine in § 1 Abs. 1 angeführte Tat wird in diesen Fällen als Übertretung bestraft.

Abtretung einer Sache

§ 3

1. Wenn eine in § 1 Abs. 1 angeführte Tat nicht als dienststrafrechtliche Verfehlung verfolgt werden kann, tritt das Dienststraforgan die Sache an das zuständige Exekutivorgan des Nationalausschusses zur Verfolgung als Übertretung ab.

2. Das Dienststraforgan tritt die Sache dem Exekutivorgan des Nationalausschusses auch dann ab,

a) wenn mit dem Angestellten das Arbeitsverhältnis gelöst wurde, bevor das Dienststraforgan über die Sache entschieden hat, oder

b) wenn das Dienststraforgan mit den Mitteln, die ihm zur Verfügung stehen, die Sache nicht gehörig, insbesondere unter dem Gesichtspunkt der Schuld des Angestellten, aufklären kann.

3. Wenn das Exekutivorgan des Nationalausschusses die ihm nach Absatz 1 abgetretene Sache zurückgibt, ist das Dienststraforgan verpflichtet, das Strafverfahren fortzusetzen.

§ 4

1. Wenn das Dienststraforgan der Ansicht ist, daß es sich um eine Straftat handelt, tritt es die Sache an den Prokurator ab. Das tut es auch dann, wenn der Prokurator es anordnet.

2. Wenn der Prokurator die ihm nach Absatz 1 abgetretene Sache zurückgibt, ist das Dienststraforgan verpflichtet, das Verfahren fortzusetzen.

§ 5

Dienststrafrechtliche (disziplinäre) Maßnahmen

1. *(Aufgehoben durch § 46 des Ges. 38/1961, siehe oben Seite 220; vgl. auch § 45 Abs. 2 Ges. 38/1961)*

2. Bei der Verhängung einer dienststrafrechtlichen (disziplinären) Maßnahme sind insbesondere die Art der Durchführung und die Folgen der Tat sowie die Verhältnisse und die Person des Angestellten und der Umstand, ob und bis zu welchem Grade er den verursachten Schaden ersetzt hat, zu berücksichtigen.

Verfahren vor dem Dienststraforgan

§ 6

Vor der Entscheidung über die Verhängung einer dienststrafrechtlichen (disziplinären) Maßnahme muß der Angestellte vernommen und die Sache mit dem Betriebsausschuß der Gewerkschaftsorganisation verhandelt werden. Wenn es erforderlich ist, führt das Dienststraforgan auch andere zur Aufklärung der Sache notwendige Ermittlungen durch, insbesondere prüft es, was der Angestellte zu seiner Verteidigung vorbringt.

§ 7

1. In Abwesenheit des Angestellten kann die Verhandlung vor dem Dienststraforgan nur stattfinden, wenn es der Angestellte grundlos ablehnt, an der Verhandlung teilzunehmen.

2. Nach Schluß der Verhandlung verkündet das Dienststraforgan in der Regel sofort dem anwesenden Angestellten seine Entscheidung; nur wenn der Angestellte darum ersucht, wird ihm eine Abschrift der Entscheidung zugestellt. Eine Abschrift der Entscheidung wird dem Angestellten auch zugestellt, wenn die Verhandlung in seiner Abwesenheit stattgefunden hat.

3. Das Dienststraforgan ist verpflichtet, bei der Verkündung der Entscheidung und in der Abschrift der Entscheidung den Angestellten über sein in § 8 aufgeführtes Recht zu belehren.

4. Über die Verhandlung vor dem Dienststraforgan wird ein kurzes Protokoll aufgenommen, in dem auch die Entscheidung des Dienststraforgans angegeben wird; eine Abschrift des Protokolls wird dem Betriebsausschuß der Gewerkschaftsorganisation übersandt.

§ 8

1. Der Angestellte hat das Recht, schriftlich zu erklären, daß er mit der Entscheidung des Dienststraforgans, durch die gegen ihn eine dienststrafrechtliche (disziplinäre) Maßnahme getroffen wurde, nicht einverstanden ist. Eine solche Erklärung muß er binnen drei Tagen nach Verkündung der Entscheidung, und wenn der Angestellte bei der Verkündung der Entscheidung nicht anwesend war, binnen drei Tagen nach der Zustellung der Abschrift der Entscheidung bei dem Dienststraforgan abgeben.

2. Durch eine rechtzeitig abgegebene Erklärung verliert die Entscheidung des Dienststraforgans ihre Wirksamkeit. Das Dienststraforgan tritt die Sache dem Exekutivorgan des Nationalausschusses ab, das dann über die Tat nach den allgemeinen Vorschriften über Übertretungen entscheidet.

§ 9

Verjährung der dienststrafrechtlichen Verfolgung

Eine dienststrafrechtliche Verfehlung kann bis zu einem Jahre nach ihrer Begehung verfolgt werden.

§ 10

Verhinderung einer doppelten Bestrafung

1. Das Dienststraforgan führt das Verfahren über eine dienststrafrechtliche Verfehlung nicht durch, wenn über den Sachverhalt schon ein Gericht oder ein anderes staatliches Organ entschieden hat.

2. Wenn das Dienststraforgan entschieden hat, kann wegen desselben Sachverhalts kein Gericht oder anderes staatliche Organ ein Verfahren durchführen, es wäre denn, daß es sich um einen Sachverhalt gehandelt hat, über den zu entscheiden dem Dienststraforgan nicht zusteht.

§ 11

Vollstreckung einer öffentlichen Rüge

Eine öffentliche Rüge (§ 5 Abs. 1 Buchst. b) und c) wird so vollstreckt, daß die Entscheidung, durch die sie verhängt wurde, ausgehängt oder auf andere Weise an der Arbeitsstätte bekanntgemacht wird.

§ 12

Beitreibung einer Geldstrafe

1. Eine nach § 5 Abs. 1 Buchst. c) verhängte Geldstrafe wird von der Kassenstelle des Arbeitgebers auf Grund der rechtskräftigen Entscheidung über die Verhängung der Geldstrafe beigetrieben, und zwar durch Abzug vom Lohn bis zu 25 v. H. seiner Höhe. Die Abzüge, einschließlich der vorrangigen Abzüge, dürfen aber nicht mehr ausmachen als die allgemeinen Vorschriften über die Lohnpfändung gestatten. Die Geldstrafe kann auch gerichtlich beigetrieben werden.

2. Die beigetriebene Geldstrafe verfällt dem Staat.

§ 13

Verfolgung einer dienststrafrechtlichen Verfehlung von Genossenschaftsmitgliedern

Wenn eine Genossenschaft in der zum Erlaß von Satzungen vorgeschriebenen Weise es beschließt, sind die Genossenschaftsorgane berechtigt, dienststrafrechtliche Verfehlungen (§ 1 Abs. 1), die von ihren Mitgliedern am Genossenschaftsvermögen begangen wurden, zu verfolgen. Dabei ist sinngemäß nach den Bestimmungen dieses Gesetzes zu verfahren.

Schlußbestimmungen

§ 14

Der Justizminister kann im Einvernehmen mit dem Innenminister Einzelheiten zur Durchführung dieses Gesetzes bestimmen[39].

§ 15

Dieses Gesetz tritt mit dem Tage seiner Verkündung in Kraft; es wird von allen Mitgliedern der Regierung durchgeführt.

---

[39] Vgl. Durchführungsvorschriften des Justizministers v. 20. 8. 1958, Nr. 136 U. l.

VII. RegVO VOM 24. JUNI 1960, NR. 91 Sb., ÜBER DAS VERWALTUNGSVERFAHREN

Die Regierung der CSR ordnet gemäß § 45 des Gesetzes Nr. 65/1960 Sb. über die Nationalausschüsse an:

1. Teil

Das Verfahren vor den Nationalausschüssen

Grundsätze des Verfahrens

§ 1

1. Die Nationalausschüsse gewährleisten den Schutz und die Verwirklichung der Rechte und berechtigten Interessen von Bürgern und Organisationen in Übereinstimmung mit den Interessen und der Entwicklung des sozialistischen Staates und der Gesellschaft der Werktätigen. Sie erziehen die Bürger zur Einhaltung der Gesetze und Regeln der sozialistischen Ordnung in der Gesellschaft, zur freiwilligen und bewußten Erfüllung der Pflichten gegenüber Gesellschaft und Staat und zur Achtung der Rechte der Mitbürger.

2. In einem Verfahren, in dem sie über Rechte und berechtigte Interessen von Bürgern und Organisationen oder über deren Pflichten entscheiden, wirken die Nationalausschüsse dahin, daß das Verfahren auf das wirksamste zur Verwirklichung dieser Ziele beiträgt.

§ 2

1. Die Nationalausschüsse befassen sich gewissenhaft und verantwortlich mit jeder zu verhandelnden Sache. Sie geben den Bürgern und Organisationen, um deren Rechte, berechtigte Interessen oder Pflichten es im Verfahren geht (den am Verfahren Beteiligten), stets Gelegenheit, ihre Rechte und berechtigten Interessen wirksam zu wahren. Sie gewähren ihnen die nötige Hilfe und Belehrung und sorgen dafür, daß jene im Verfahren nicht infolge unzureichender Kenntnis der Vorschriften einen Nachteil erleiden.

2. Die Nationalausschüsse achten darauf, daß die am Verfahren Beteiligten an der Vorbereitung und an dem Erlaß von Maßnahmen, die sie betreffen, aktiv teilnehmen, und daß sie von deren Richtigkeit überzeugt werden. Sie gewährleisten, daß die am Verfahren Beteiligten, die am Verfahren nicht selbständig teilnehmen können oder deren Aufenthalt nicht bekannt ist, im Verfahren ordentlich vertreten sind; wenn es zur Wahrung ihrer Interessen notwendig ist, wird ihnen ein Pfleger bestellt.

§ 3

Die Nationalausschüsse benutzen das Verfahren zur Entfaltung ihrer organisatorischen und erzieherischen Tätigkeit und zur Vertiefung der Teilnahme der Werktätigen an der Verwaltung des Staates. Im Verfahren wirken sie in enger Zusammenarbeit mit den Werktätigen und deren gesellschaftlichen Organisationen und stützen sich auf deren Erfahrungen, Anregungen und Hilfe. Sie erläutern den am Verfahren Beteiligten den Zweck ihrer Maßnahmen und erklären ihnen den Zusammenhang der verhandelten Sache mit der Erfüllung der Aufgaben des wirtschaftlichen und kulturellen Aufbaus.

§ 4

Die Nationalausschüsse achten darauf, daß das Verfahren schnell, wirtschaftlich und ohne unnötige Beschwer für die Bürger durchgeführt wird.

Zuständigkeit

§ 5

1. Wenn die Nationalausschüsse sachlich zuständig sind, entscheiden über die Rechte, berechtigten Interessen und Pflichten der Bürger und Organisationen in den laufenden Sachen die örtlichen und städtischen Nationalausschüsse, in den übrigen Sachen die Bezirks-Nationalausschüsse.

2. Die Aufzählung der laufenden Sachen, in denen die örtlichen und städtischen Nationalausschüsse entscheiden, ist in der Anlage zu dieser Verordnung enthalten.

§ 6

1. Die Nationalausschüsse leiten ein Verfahren auf Antrag oder von Amts wegen ein.

2. Der Antrag auf Einleitung des Verfahrens kann beim örtlichen (städtischen) Nationalausschuß gestellt werden, auch wenn dieser nicht zur Entscheidung der Sache zuständig ist.

3. Der örtliche (städtische) Nationalausschuß gewährt den am Verfahren Beteiligten die erforderliche Hilfe bei der Geltendmachung ihrer Rechte, führt nach seinen Möglichkeiten die erforderlichen Ermittlungen durch und legt, wenn er zur Entscheidung der Sache nicht zuständig ist, den Antrag mit seiner Stellungnahme dem zuständigen Nationalausschuß vor.

§ 7

Die örtliche Zuständigkeit eines Nationalausschusses richtet sich nach dem Wohnsitz des Bürgers (dem Sitz der Organisation), gegebenenfalls nach dem letzten Wohnsitz oder Aufenthalt (Sitz). In Sachen, in denen es um irgendeine Tätigkeit geht, richtet sich die Zuständigkeit nach dem Ort dieser Tätigkeit, und in Sachen, in denen es sich um Liegenschaften handelt, nach dem Orte, an dem sich die Liegenschaft befindet. In Fällen, in denen mehrere Nationalausschüsse örtlich zuständig wären, wird das Verfahren von dem Nationalausschuß durchgeführt, der es als erster einleitete, sofern sich die beteiligten Nationalausschüsse nicht sonstwie einigen. In Zweifelsfällen bestimmt der Nationalausschuß der höheren Stufe die örtliche Zuständigkeit.

Grundlagen für die Entscheidung

§ 8

1. Der zur Entscheidung in der Sache zuständige Nationalausschuß ist verpflichtet, so genau und vollständig als möglich den Sachverhalt festzustellen. Dieser Nationalausschuß führt daher, sofern das nicht schon der örtliche (städtische) Nationalausschuß gemäß § 6 getan hat, die erforderlichen Ermittlungen durch, und zwar gegebenenfalls am Orte selbst, vernimmt die Zeugen, die zur Aufklärung der Sache beitragen können, holt in Fällen, in denen dies unerläßlich ist, ein Sachverständigengutachten ein, fordert die notwendigen Urkunden an und beschafft sich gegebenenfalls auch andere Grundlagen. Bei der Beschaffung der Grundlagen für eine Entscheidung arbeiten die am Verfahren Beteiligten eng mit dem Nationalausschuß zusammen; zu ihren Anträgen muß der Nationalausschuß stets Stellung nehmen.

2. Der Nationalausschuß kann an Stelle eines Beweises eine ehrenwörtliche Erklärung eines Beteiligten zulassen. Vor der Niederschrift einer solchen Erklärung muß der am Verfahren Beteiligte auf die strafrechtlichen Folgen unwahrer Angaben in der Erklärung hingewiesen werden. Der Nationalausschuß kann eine ehrenwörtliche Erklärung nicht zulassen, wenn dem ein öffentliches Interesse entgegensteht oder wenn dadurch die Gleichheit zwischen den am Verfahren Beteiligten verletzt würde.

3. Der Nationalausschuß nimmt über mündliche Erklärungen und wichtige Handlungen im Verfahren ein Protokoll auf.

§ 9

Die Nationalausschüsse müssen den am Verfahren Beteiligten Gelegenheit geben, vor Erlaß einer Entscheidung zu deren Grundlagen und zu der Art ihrer Feststellung Stellung zu nehmen, gegebenenfalls deren Ergänzung zu beantragen. Zu diesem Zwecke können die am Verfahren Beteiligten in die Akten, ausgenommen Niederschriften über Abstimmungen, Einsicht nehmen und sich daraus Abschriften fertigen. Der Nationalausschuß trifft Maßnahmen, daß durch die Akteneinsicht nicht ein Staats-[40], Wirtschafts- oder Dienstgeheimnis verletzt wird. Die Wahrung eines Dienstgeheimnisses ist aber kein Grund dafür, von der Akteneinsicht Aktenteile auszuschließen, die festgestellte Umstände enthalten, welche eine Grundlage für die Entscheidung bilden oder bilden können.

Entscheidung

§ 10

1. Die Entscheidung muß mit den Gesetzen und den übrigen Rechtsvorschriften übereinstimmen, muß auf einem zuverlässig festgestellten Sachverhalt beruhen und so gut als möglich den Schutz der Rechte

---

[40] Vgl. § 89 Abs. 10 Strafgesetz 140/61; K. v. 1. 10. 1964, Nr. 181 Sb.

und berechtigten Interessen der Bürger und Organisationen in Übereinstimmung mit dem öffentlichen Interesse gewährleisten.

2. Eine Entscheidung wird nicht getroffen, wenn die am Verfahren Beteiligten mit Zustimmung des Nationalausschusses miteinander einen Vergleich geschlossen haben. Der Nationalausschuß genehmigt den Vergleich, wenn dieser mit den Rechtsvorschriften und dem öffentlichen Interesse übereinstimmt.

§ 11

In einfachen Sachen entscheidet der Nationalausschuß unverzüglich nach Stellung des Antrags. In den übrigen Fällen entscheidet er in der Regel binnen 30 Tagen. Wenn er wegen der besonderen Kompliziertheit der Sache oder aus anderen wichtigen Gründen innerhalb dieser Frist nicht entscheiden kann, benachrichtigt er hierüber die am Verfahren Beteiligten unter Angabe der Gründe und teilt ihnen die Frist mit, innerhalb der er entscheiden wird.

§ 12

1. Die Entscheidung muß eingehend begründet werden und eine Belehrung über die Berufung enthalten.

2. Die Begründung muß überzeugend sein, damit daraus die Richtigkeit der Entscheidung offenbar wird und die Bürger zur freiwilligen und disziplinierten Erfüllung ihrer Pflichten erzogen werden. Einer Begründung bedarf es nicht, wenn in der Entscheidung den Anträgen aller am Verfahren Beteiligten in vollem Umfang entsprochen wird.

3. Die Belehrung über die Berufung enthält Angaben darüber, ob die Entscheidung endgültig ist oder ob gegen sie die Berufung gegeben ist, innerhalb welcher Frist und wo die Berufung einzulegen ist. Wenn eine unrichtige oder unvollständige Belehrung über die Berufung erteilt wurde oder in der Entscheidung eine Belehrung über die Berufung fehlt und infolgedessen ein am Verfahren Beteiligter die Berufung nach Fristablauf eingelegt hat, gilt diese als rechtzeitig eingelegt.

§ 13

Die Entscheidung wird schriftlich getroffen. Eine Entscheidung, die in Gegenwart des am Verfahren Beteiligten mündlich verkündet wurde, wird nicht schriftlich getroffen, wenn der am Verfahren Beteiligte auf die Zustellung einer schriftlichen Ausfertigung der Entscheidung verzichtet.

§ 14

1. Die Entscheidung wird dem Adressaten zu eigenen Händen zugestellt.

2. Wenn der Adressat nicht angetroffen wurde, obwohl er sich am Zustellungsort aufhält, benachrichtigt ihn das Zustellungsorgan auf geeignete Weise darüber, daß es an dem Tag und zu der Stunde, die

in der Benachrichtigung angeführt sind, kommen wird, um ihm die Entscheidung, die für ihn zu eigenen Händen bestimmt ist, zuzustellen. Wenn auch der neue Versuch einer Zustellung erfolglos bleibt, wird die Entscheidung auf der Post oder bei dem örtlichen Nationalausschuß hinterlegt und der Adressat hiervon in geeigneter Weise benachrichtigt. Wenn der Adressat die Entscheidung binnen drei Tagen nach ihrer Hinterlegung nicht behebt, gilt der letzte Tag dieser Frist als Tag der Zustellung der Entscheidung, auch wenn der Adressat von der Hinterlegung keine Kenntnis erlangt hat.

3. Einem Adressaten, dessen Aufenthalt unbekannt ist, kann in der Weise zugestellt werden, daß die Entscheidung während der Dauer von 15 Tagen durch öffentliche Bekanntmachung verkündet wird; der letzte Tag dieser Frist gilt als Zustellungstag.

4. Wenn der Adressat es grundlos ablehnt, die Entscheidung anzunehmen, gilt diese an dem Tage, an dem ihre Annahme verweigert wurde, als zugestellt; darauf muß der Adressat durch das Zustellungsorgan hingewiesen werden.

Berufungsverfahren

§ 15

1. Gegen die Entscheidung kann Berufung eingelegt werden.

2. Die Berufung ist aber nicht zulässig,

a) wenn diese Verordnung oder eine andere Rechtsvorschrift ausdrücklich bestimmt, daß die Berufung nicht gegeben ist, oder

b) wenn sie von einer Person, die nicht am Verfahren beteiligt ist, eingelegt wird, oder

c) wenn sie ein am Verfahren Beteiligter, der schriftlich oder mündlich zu Protokoll auf die Berufung verzichtet hat, einlegt.

§ 16

1. Die Berufung ist binnen 15 Tagen nach Zustellung der Entscheidung, und, wenn ein am Verfahren Beteiligter auf die Zustellung einer schriftlichen Ausfertigung der Entscheidung verzichtet hat, binnen 15 Tagen nach der mündlichen Verkündung der Entscheidung, einzulegen. Die Berufung wird bei dem Nationalausschuß, der die Entscheidung getroffen hat, eingelegt.

2. Der Tag, an dem die Entscheidung zugestellt (mündlich verkündet) wurde, wird in die Frist nicht eingerechnet. Wenn das Fristende auf einen Tag der Arbeitsruhe fällt, ist der nächste Arbeitstag letzter Tag der Frist. Die Frist ist eingehalten, wenn die Berufung vor Fristablauf der Post zur Beförderung übergeben wurde. In Zweifelsfällen gilt die Frist als eingehalten.

§ 17

1. Eine rechtzeitig eingelegte Berufung hat aufschiebende Wirkung.

2. Der Nationalausschuß kann die aufschiebende Wirkung ausschließen, wenn wegen eines dringenden öffentlichen Interesses die

sofortige Vollziehung der Entscheidung unerläßlich ist; die Dringlichkeit des öffentlichen Interesses muß ordentlich begründet werden. Gegen die Entscheidung, mit der die aufschiebende Wirkung der Berufung ausgeschlossen wird, kann keine Berufung eingelegt werden.

§ 18

1. Über die Berufung gegen eine Entscheidung der Abteilung eines Nationalausschusses entscheidet die zuständige Kommission dieses Nationalausschusses, und wenn eine solche nicht errichtet ist, der Rat des Nationalausschusses.

2. Wenn in erster Instanz die Kommission eines Nationalausschusses entschieden hat, entscheidet über die Berufung gegen deren Entscheidung der Rat dieses Nationalausschusses.

3. Wenn in erster Instanz der Rat eines örtlichen Nationalausschusses entschieden hat, entscheidet über die Berufung gegen dessen Entscheidung der Nationalausschuß in seiner Plenarsitzung.

§ 19

Über die Berufung gegen die Entscheidung eines Organs des örtlichen (städtischen) oder Bezirks-Nationalausschusses in Angelegenheiten von Abgaben und Diensten der sozialen Sicherstellung entscheidet das entsprechende Organ des nächsthöheren Nationalausschusses.

§ 20

Über die eingelegte Berufung, über neue Behauptungen dessen, der die Berufung eingelegt hat, und über die Ergebnisse eines Ergänzungsverfahrens nach eingelegter Berufung, insbesondere über neu erhobene Beweise, müssen alle am Verfahren Beteiligten benachrichtigt werden.

§ 21

Das Organ des Nationalausschusses, das die Entscheidung getroffen hat, kann selbst der Berufung in vollem Umfang stattgeben, wenn die Entscheidung keinen anderen am Verfahren Beteiligten als den Berufungswerber berührt oder wenn die übrigen am Verfahren Beteiligten zustimmen.

§ 22

1. Wenn das Organ des Nationalausschusses, das die Entscheidung getroffen hat, selbst der Berufung nicht stattgeben kann oder will, legt es die Berufung unverzüglich mit einem Bericht über die Ergebnisse des Ergänzungsverfahrens und mit seiner Stellungnahme dem Berufungsorgan (§§ 18 und 19) vor.

2. Wenn die Berufung begründet ist, wird die Entscheidung von dem Berufungsorgan geändert oder aufgehoben; im anderen Falle wird sie zurückgewiesen. Wenn die Berufung verspätet eingelegt wurde oder unzulässig war, prüft das Berufungsorgan, ob nicht außerhalb des Berufungsverfahrens ein Grund zur Aufhebung oder

Änderung der Entscheidung vorliegt; im anderen Falle wird die Berufung ebenfalls zurückgewiesen.

3. Wenn über die Berufung nicht ein höherer Nationalausschuß (§ 19) entscheidet, stützt sich das Berufungsorgan in Fragen, die eine besondere fachliche Beurteilung erfordern (z. B. in Sachen hygienischer und antiepidemischer Fürsorge, in Wasserwirtschaftssachen u. ä.), in der Regel auf eine fachliche Äußerung eines Organs des höheren Nationalausschusses.

4. Gegen die vom Berufungsorgan getroffene Entscheidung über die Berufung gibt es keine weitere Berufung.

§ 23

Das Berufungsverfahren ist beschleunigt durchzuführen, so daß über die Berufung in der Regel binnen 30 Tagen, nachdem sie eingelegt wurde, entschieden werden kann. Wenn der Nationalausschuß wegen der besonderen Kompliziertheit der Sache oder aus anderen wichtigen Gründen innerhalb dieser Frist nicht entscheiden kann, benachrichtigt er hierüber die am Verfahren Beteiligten unter Angabe der Gründe und teilt ihnen die Frist mit, innerhalb der er entscheiden wird.

§ 24

Überprüfung einer Entscheidung außerhalb des Berufungsverfahrens

1. Die Nationalausschüsse haben das Recht, in den vom Gesetz über die Nationalausschüsse bestimmten Fällen die getroffenen Entscheidungen auch außerhalb des Berufungsverfahrens aufzuheben, gegebenenfalls zu ändern, und zwar sowohl von Amts wegen als auch auf Veranlassung eines anderen, insbesondere auf Grund einer Beschwerde von Werktätigen oder auf Grund des Ergebnisses einer Kontrolltätigkeit.

2. Bei der Aufhebung oder Änderung der Entscheidung muß der Nationalausschuß darauf achten, daß die in gutem Glauben erworbenen Rechte sowenig als möglich berührt werden.

3. Gegen eine Entscheidung nach Absatz 1, die in einer Plenarsitzung des Nationalausschusses oder vom Rat des Bezirks- oder Kreis-Nationalausschusses getroffen wird, ist eine Berufung nicht gegeben.

§ 25

Überprüfung einer Entscheidung auf Grund eines Protestes des Prokurators

1. Wenn der Prokurator bei dem Organ des Nationalausschusses, das die Entscheidung getroffen hat, Protest eingelegt hat, kann dieses Organ selbst seine Entscheidung aufheben oder durch eine gesetzmäßige Entscheidung ersetzen. Wenn dieses Organ dem Protest nicht stattgeben will, legt es ihn innerhalb der im Protest bestimmten Frist dem Organ vor, das nach dem Gesetz über die Nationalausschüsse

zuständig ist, die Entscheidungen außerhalb des Berufungsverfahrens zu überprüfen.

2. Gegen die Entscheidung über den Protest des Prokurators ist eine Berufung nicht gegeben.

Verwaltungsvollstreckung

§ 26

1. Entscheidungen der Nationalausschüsse, vor ihnen geschlossene Vergleiche und durch sie aufgestellte Ausweise über Zahlungsrückstände werden im Verwaltungswege vollstreckt. Diese Vollstreckung kann aber erst dann eingeleitet werden, wenn eine Aufforderung und überzeugendes Zureden zu einer freiwilligen Erfüllung der in der Entscheidung auferlegten Verpflichtung ihre Wirkung verfehlen.

2. Die Entscheidung eines Nationalausschusses kann vollstreckt werden, wenn dagegen ein zulässiges Rechtsmittel nicht gegeben ist oder das Rechtsmittel keine aufschiebende Wirkung hat. Ein Ausweis über Zahlungsrückstände kann vollstreckt werden, wenn er auf Grund einer vollstreckbaren Entscheidung oder auf Grund einer durch Rechtsvorschrift bestimmten Zahlungspflicht des Schuldners ohne Erlaß einer besonderen Entscheidung aufgestellt wurde.

3. Entscheidungen von Nationalausschüssen, vor ihnen geschlossene Vergleiche und durch sie aufgestellte Ausweise über Zahlungsrückstände sind Vollstreckungstitel auch für die gerichtliche Vollstreckung.

§ 27

Die Verwaltungsvollstreckung wird vom örtlichen (städtischen) Nationalausschuß ausgeführt, soweit nicht besondere Vorschriften ihre Ausführung dem Bezirks-Nationalausschuß übertragen haben oder soweit sie sich nicht der Bezirks-Nationalausschuß vorbehalten hat.

Vollstreckung wegen nichtgeldlicher Ansprüche

§ 28

1. Mittel der Vollstreckung zur Beitreibung von nichtgeldlichen Ansprüchen sind in der Regel Ersatzvornahme oder Geldstrafe.

2. Ersatzvornahme beruht darin, daß die in der Entscheidung auferlegte Erfüllung auf Kosten und Gefahr des Verpflichteten vorgenommen wird.

3. Wenn die Ersatzvornahme nach dem Charakter der Sache nicht möglich oder nicht zweckmäßig ist, wird die in der Entscheidung auferlegte Erfüllung der Verpflichtung durch Verhängung einer Geldstrafe beigetrieben; die einzelne Geldstrafe darf den Betrag von 200 Kcs und die Summe aller verhängten Geldstrafen den Betrag von 500 Kcs nicht übersteigen.

4. Wenn der Zweck der Vollstreckung durch andere Mittel nicht erreicht werden kann, kann die in der Entscheidung auferlegte Verpflichtung ausnahmsweise auch unmittelbar erzwungen werden, z. B.

durch Vorführung, Abnahme einer Sache oder Urkunde, Räumung einer Wohnung, einer Liegenschaft oder von Teilen derselben.

5. Von einer beabsichtigten Räumung ist die verpflichtete Person 48 Stunden vorher zu verständigen. Bei der Räumung ist darauf zu achten, daß die geräumten Sachen nicht beschädigt werden. Die geräumten Sachen werden an die verpflichtete Person übergeben; wenn das nicht möglich ist, ordnet der Nationalausschuß die Verwahrung dieser Sachen auf Kosten der verpflichteten Person an.

§ 29

1. Gegen die einzelnen Vollstreckungshandlungen oder -maßnahmen können Einwendungen bei dem die Vollstreckung ausführenden Nationalausschuß eingelegt werden.

2. Die Einwendungen haben aufschiebende Wirkung nur,
a) wenn sie sich gegen die Aufforderung zur Erfüllung bei der Vollstreckung einer Räumung richten,
b) wenn sie sich gegen die Verhängung einer Geldstrafe richten,
c) wenn damit geltend gemacht wird, daß die beigetriebene Erfüllung schon ausgeführt wurde oder daß die Frist zur Erfüllung noch nicht verstrichen ist,
d) wenn damit eine dritte Person zum Gegenstand der Vollstrekkung ein Recht geltend macht, das die Ausführung der Vollstrekkung nicht zuläßt.

3. Für das Verfahren über die Einwendungen gelten die Vorschriften über das Berufungsverfahren entsprechend.

§ 30

Vollstreckung wegen Geldansprüchen

Das Verfahren bei der Verwaltungsvollstreckung wegen Forderungen von Steuern und Abgaben wird durch besondere Vorschriften geregelt. Für das Verfahren bei der Verwaltungsvollstreckung wegen der übrigen Geldansprüche gelten die Vorschriften über das Verfahren bei der Verwaltungsvollstreckung wegen Steuerforderungen entsprechend.

§ 31

Verfahrenskosten

1. Die dem Nationalausschuß entstandenen Kosten trägt der Nationalausschuß. Dieser erstattet auch die notwendigen Barauslagen und den nachweislichen Verdienstentgang eines Zeugen; der Anspruch des Zeugen erlischt, wenn er ihn nicht binnen drei Tagen nach seiner Vernehmung geltend gemacht hat.

2. Kosten, die im Verfahren einem am Verfahren Beteiligten entstehen, trägt der Beteiligte selbst. Der Nationalausschuß kann einem Beteiligten auferlegen, auch die Verfahrenskosten, die dem Nationalausschuß durch Verschulden des Beteiligten, insbesondere durch mutwillige oder vorsätzliche Verschleppung des Verfahrens, entstanden sind, zu erstatten. Der Nationalausschuß kann dem Beteiligten auch

die Auflage machen, den übrigen am Verfahren Beteiligten die Kosten, die durch sein Verschulden entstanden sind, zu erstatten.

2. Teil

Das Verfahren vor anderen Organen

§ 32

Diese Verordnung ist entsprechend auch in einem Verfahren anzuwenden, in dem andere Organe der staatlichen Verwaltung über Rechte, rechtliche Interessen oder Verpflichtungen von Bürgern und Organisationen entscheiden; über Berufungen gegen die Entscheidungen dieser Organe entscheidet, wenn es sich nicht um die Entscheidung eines Zentralorgans handelt, das nächsthöhere Organ.

3. Teil

Schlußbestimmungen

§ 33

Im Verfahren sind Immunität und Vorrechte, die völkerrechtlich, durch internationale von der CSR geschlossene Verträge oder durch csl Rechtsvorschriften anerkannt sind, zu achten.

§ 34

1. Nach dieser Verordnung ist zu verfahren, soweit die Bestimmungen besonderer Vorschriften nichts anderes bestimmen; aufgehoben werden aber die Bestimmungen, welche die Zuständigkeit zur Entscheidung über die Berufung in Widerspruch mit dieser Verordnung regeln.

2. Ferner werden aufgehoben:

a) die RegVO Nr. 20/1955 Sb. über das Verfahren in Verwaltungssachen (Verwaltungsordnung),
b) die K. des Justizministeriums Nr. 73/1955 U. 1., womit Einzelvorschriften über das Verfahren in Verwaltungssachen erlassen werden.

3. Unberührt bleiben die Vorschriften über die Erledigung von Beschwerden, Anzeigen und Anregungen von Werktätigen und vorläufig auch die Vorschriften über das Verwaltungsstrafverfahren, einschließlich der Bestimmungen über die Zuständigkeit der Organe der Nationalausschüsse zur Durchführung dieses Verfahrens. Ebenso bleiben die Vorschriften über die Zuständigkeit der Organe der hygienischen und antiepidemischen Fürsorge unberührt.

§ 35

Die Bestimmungen dieser Verordnung gelten auch für die Verfahren, die vor dem Tage des Inkrafttretens dieser Verordnung eingeleitet wurden.

§ 36

Diese Verordnung tritt am 1. Juli 1960 in Kraft; sie wird von allen Mitgliedern der Regierung durchgeführt.

VIII. GESETZ VOM 17. JUNI 1965, NR. 58 Sb., WOMIT DIE VERFOLGUNG DER VERFEHLUNGEN UND ÜBERTRETUNGEN VON PERSONEN, DIE WIEDERHOLT EXZESSE, GEWALTTÄTIGKEITEN UND PARASITENTUM BEGANGEN HABEN, GEREGELT WIRD

Die Nationalversammlung der CSSR hat folgendes Gesetz beschlossen:

§ 1

Über eine Verfehlung nach § 19 Buchst. a) und c) und § 21 Buchst. b) des Ges. Nr. 38/1961 Sb. (gemäß § 38 Buchst. a) und c) und § 40 Buchst. b) des Ges. Nr. 60/1961 Sb.) und über eine Übertretung nach § 19 des Ges. Nr. 60/1961 Sb. verhandelt das Bezirksgericht, wenn die Tat von einer Person begangen wurde,

a) die im letzten Jahr vor Begehung dieser Tat wegen einer der angeführten Verfehlungen oder Übertretungen ergriffen oder in den letzten drei Jahren wegen einer Straftat ähnlichen Charakters verurteilt oder aus dem Strafvollzug entlassen wurde, und
b) bei der die Gesamtwürdigung ihrer bisherigen Lebensweise zeigt, daß von einer Verfolgung vor dem örtlichen Volksgericht oder vor dem Nationalausschuß eine Besserung nicht zu erwarten ist.

§ 2

1. Für die Verfehlung oder Übertretung (§ 1) verhängt das Bezirksgericht die Strafe der Freiheitsentziehung bis zu einem Jahr.

2. Die Strafe wird nach den Bestimmungen des Strafgesetzes und des Gesetzes über die Vollstreckung der Strafe der Freiheitsentziehung verhängt und vollstreckt.

§ 3

1. Über die Verfehlung oder Übertretung (§ 1) verhandelt das Bezirksgericht auf Antrag des Prokurators; der Antrag muß einer Anklage entsprechen.

2. Anträge auf Verhandlung einer Verfehlung oder Übertretung nach § 1 werden beim Prokurator gestellt.

§ 4

Wenn der Prokurator erachtet, daß kein Grund zur Verfolgung der Verfehlung oder Übertretung vor dem Bezirksgericht vorliege, sendet er die Sache dem örtlichen Volksgericht oder dem Nationalausschuß; an die Auffassung des Prokurators ist das örtliche Volksgericht oder der Nationalausschuß gebunden.

§ 5

In den Sachen, die nach diesem Gesetz verhandelt werden, werden im Gerichtsverfahren und im Vollstreckungsverfahren die Bestimmungen der Strafprozeßordnung sinngemäß angewendet.

§ 6

Im Verfahren vor dem Bezirksgericht kann eine Verfehlung oder Übertretung der in § 1 angeführten Art auch gemeinsam mit einer Straftat desselben Beschuldigten verhandelt werden.

§ 7

Dieses Gesetz tritt mit dem 1. August 1965 in Kraft.

IX. GESETZ VOM 17. JUNI 1965, NR. 59 Sb., ÜBER DIE VOLLSTRECKUNG DER STRAFE DER FREIHEITSENTZIEHUNG

Die Nationalversammlung der CSSR hat folgendes Gesetz beschlossen:

1. Abschnitt
Grundbestimmungen

§ 1

Zweck der Vollstreckung der Strafe der Freiheitsentziehung

Die Vollstreckung der Strafe der Freiheitsentziehung bezweckt, den Verurteilten an der weiteren Begehung strafbarer Handlungen zu hindern und gleichzeitig ihn dazu zu erziehen, das ordentliche Leben eines werktätigen Menschen zu führen. Durch die Vollstreckung der Strafe der Freiheitsentziehung darf die Würde des Menschen nicht herabgesetzt werden.

§ 2

Auf Besserung ausgerichtete erzieherische Tätigkeit

Um den Zweck der Vollstreckung der Strafe der Freiheitsentziehung zu erreichen, wird eine auf Besserung ausgerichtete erzieherische Tätigkeit ausgeübt, in der die Einwirkung von Ordnung und Disziplin an den Orten, an denen die Strafe der Freiheitsentziehung (ferner nur „Strafe" genannt) vollstreckt wird, die Erziehung der Verurteilten zur Arbeit und die kulturelle Erziehungsarbeit zusammengefaßt werden.

§ 3

Besserungs-Erziehungs-Anstalten

1. Die Strafe wird in auf Besserung ausgerichteten Erziehungsanstalten, die dem Innenministerium unterstehen, vollstreckt. Die Anstalten werden vom Innenminister errichtet und aufgehoben.

2. Bei einer Besserungs-Erziehungs-Anstalt wird in der Regel ein beratendes Gremium gebildet, das sich aus Pädagogen, Psychologen und anderen Fachleuten zusammensetzt; beim Innenministerium wird als beratendes Organ zur Vertiefung der Wissenschaftlichkeit und Erhöhung der Wirksamkeit der auf Besserung ausgerichteten erzie-

herischen Tätigkeit ein Wissenschaftsrat errichtet, der sich aus Vertretern wissenschaftlicher und gesellschaftlicher Organisationen und aus staatlichen Organen zusammensetzt.

§ 4

Zusammenwirken der Organe und Organisationen bei der Vollstreckung der Strafe

Die staatlichen Organe und die sozialistischen Organisationen unterstützen bei ihrer Tätigkeit das Korps für Besserung und Erziehung (13. Abschnitt) bei der Erfüllung seiner Aufgaben, die auf die Erreichung des Zwecks der Strafvollstreckung gerichtet sind.

2. Abschnitt

Differenzierung der Strafvollstreckung

Besserungs-Erziehungs-Gruppen

§ 5

1. Die Strafe wird differenziert in drei auf Besserung ausgerichteten Erziehungsgruppen vollstreckt. Das Gericht entscheidet darüber, in welche Besserungs-Erziehungs-Gruppe der Verurteilte eingeordnet wird.

2. Mit der Vollstreckung der Strafe in den Besserungs-Erziehungs-Gruppen wird das Ziel verfolgt, daß Verurteilte, die eine geringere Rechtsverletzung begangen haben, ihre Strafe getrennt von den Verurteilten, die eine größere Rechtsverletzung begangen haben, verbüßen und daß in der auf Besserung ausgerichteten erzieherischen Tätigkeit bei den Personen, bei denen es der höhere Grad oder der Charakter ihrer Rechtsverletzung verlangt, wirksamere Mittel zu ihrer Besserung angewendet werden. In den Besserungs-Erziehungs-Gruppen wird die Strafe nach dem Grundsatz vollstreckt: Je höher die Besserungs-Erziehungs-Gruppe ist, desto geringer ist der Umfang der Rechte der Verurteilten in der Strafvollstreckung und desto größer ist der Umfang ihrer Beschränkungen; entsprechend differenziert sind auch die Formen und Methoden der Erziehung durch Arbeit und der kulturellen Erziehungsarbeit, der Umfang der Rechte der Selbstverwaltung und die Art ihrer Übrwachung.

§ 6

1. Wenn ein Verurteilter, der in eine höhere Besserungs-Erziehungs-Gruppe eingeordnet wurde, durch musterhaftes Verhalten und ehrliches Verhältnis zur Arbeit durch längere Zeit hindurch zeigt, daß er bemüht ist, sich zu bessern, kann ihn das Gericht in eine niedrigere Besserungs-Erziehungs-Gruppe umgruppieren.

2. Wenn ein Verurteilter die Ordnung oder Disziplin bei der Vollstreckung der Strafe systematisch und in ernster Weise verletzt oder

während der Vollstreckung der Strafe eine Straftat begeht, kann ihn das Gericht in eine höhere Besserungs-Erziehungs-Gruppe umgruppieren.

3. Über die Umgruppierung entscheidet das Gericht auf Antrag des Prokurators oder des Leiters der Besserungs-Erziehungs-Anstalt oder auf Ansuchen des Verurteilten oder auch von Amts wegen. Der Verurteilte kann ein Gesuch um Umgruppierung in eine niedrigere Besserungs-Erziehungs-Gruppe nach Verbüßung eines Drittels der Strafe einreichen und wenn er in die dritte Besserungs-Erziehungs-Gruppe eingeordnet ist, nach Verbüßung der Hälfte der Strafe, stets jedoch frühestens nach Ablauf von 6 Monaten nach Antritt der Strafe; ein weiteres Gesuch kann der Verurteilte erst nach Ablauf von 6 Monaten seit Rechtskraft der Entscheidung des Gerichts über sein früheres Gesuch einreichen.

§ 7

Verschärfte Isolierung

1. Wenn ein in die dritte Besserungs-Erziehungs-Gruppe eingeordneter Verurteilter eine offensichtlich negative Einstellung zur Durchführung der auf Besserung ausgerichteten erzieherischen Tätigkeit hat und wenn die bisherigen Erziehungsmittel einschließlich von Disziplinarstrafen bei ihm ohne Wirkung bleiben, kann das Gericht auf Antrag des Prokurators oder des Leiters der Besserungs-Erziehungs-Anstalt oder auch ohne einen solchen Antrag entscheiden, daß der Verurteilte in verschärfte Isolierung verbracht wird. Eine solche Entscheidung kann das Gericht auch dann treffen, wenn der Verurteilte besonders stark aufsässig ist und wenn es ihn gleichzeitig in die dritte Besserungs-Erziehungs-Gruppe einordnet, oder wenn dem Verurteilten die Todesstrafe im Gnadenwege in eine Strafe der Freiheitsentziehung gemildert wurde.

2. Die Dauer der in verschärfter Isolierung zu vollstreckenden Strafe wird vom Gerichte bestimmt, und zwar im Rahmen von 6 Monaten bis zu zwei Jahren.

3. Den Verurteilten, die in verschärfter Isolierung sind, wird kein Taschengeld gewährt, ihre Lektüre wird auf ausgesuchte Bücher und Zeitschriften beschränkt, sie dürfen nur in geringerem Umfang als Verurteilte, die in die dritte Besserungs-Erziehungs-Gruppe eingewiesen sind, Briefe schreiben und Besuche empfangen und dürfen keine Päckchen empfangen. Die Verurteilten werden zur Arbeit nur eingesetzt, soweit dadurch nicht die bessernde Wirkung der verschärften Isolierung beeinträchtigt wird.

4. Wenn der Verurteilte durch sein Verhalten im Verlaufe von mindestens sechs Monaten zeigt, daß er bemüht ist, sich zu bessern, kann das Gericht auf Antrag des Prokurators oder des Leiters der Besserungs-Erziehungs-Anstalt oder auch ohne einen solchen Antrag entscheiden, daß die Unterbringung des Verurteilten in verschärfter Isolierung aufgehoben wird.

§ 8

Innere Differenzierung

Zur Vertiefung des erzieherischen Einflusses der Strafvollstreckung werden die in dieselbe Besserungs-Erziehungs-Gruppe eingeordneten Verurteilten in verschiedene Besserungs-Erziehungs-Anstalten, gegebenenfalls in Kollektive in diesen Anstalten, verteilt, und zwar insbesondere unter Berücksichtigung des Grades und Charakters ihrer Verderbtheit und des erreichten Grades ihrer Besserung. Im Hinblick auf diese Gesichtspunkte wird auch die auf Besserung ausgerichtete erzieherische Tätigkeit differenziert ausgeübt.

§ 9

Vollstreckung der Strafe bei Verurteilten, die vermindert arbeitsfähig oder mit Mängeln behaftet sind

Verurteilte, deren Arbeitsfähigkeit wesentlich vermindert ist oder deren körperlicher oder geistiger Zustand es erfordert, werden in Besserungs-Erziehungs-Anstalten oder in Abteilungen untergebracht, in denen die Vollstreckung der Strafe ihren Fähigkeiten und ihrem Zustand angepaßt ist. Rechte und Beschränkungen, die sich aus der Besserungs-Erziehungs-Gruppe ergeben, in die sie eingeordnet waren, bleiben unberührt.

3. Abschnitt

Rechte und Pflichten der Verurteilten in der Strafvollstreckung

§ 10

Allgemeine Bestimmung

Die Verurteilten haben außer den Pflichten, die sich aus den Gesetzen und anderen Vorschriften ergeben, auch die nach diesem Gesetz ihnen auferlegten Pflichten. Während der Dauer der Strafvollstreckung können den Verurteilten nur die bürgerlichen Rechte beschränkt werden, deren Ausübung in Widerspruch mit dem Zweck der Strafvollstreckung (§ 1) steht oder die wegen der Vollstreckung der Strafe nicht geltend gemacht werden können.

§ 11

Soziale Grundrechte der Verurteilten

1. Für die Verurteilten, die sich in Strafvollstreckung befinden, werden solche materielle und kulturelle Lebensbedingungen geschaffen, daß ihre ordentliche körperliche und geistige Entwicklung gewährleistet ist. In Übereinstimmung damit werden insbesondere auch die Erfordernisse und Bedingungen ihrer Verpflegung, wohnungsmäßigen Unterbringung und Ausstattung bestimmt.

2. Den Verurteilten wird ein achtstündiger Schlaf, die zur persönlichen Hygiene und die zum Aufräumen erforderliche Zeit, ein mindestens einstündiger Ausgang und eine angemessene Freizeit gewährleistet.

3. Den Verurteilten wird ein Gesundheitsdienst in dem Umfang und unter den Bedingungen, die durch die allgemeinen Vorschriften über die Volksgesundheitsfürsorge bestimmt werden, gewährt; die Organisation und Ausübung des den Verurteilten gewährten Gesundheitsdienstes wird vom Innenminister im Einvernehmen mit dem Minister für Gesundheit geregelt.

4. Die Krankenversicherung und Rentensicherstellung für die Verurteilten sowie die Entschädigungen bei Arbeitsunfällen und Berufskrankheiten der Verurteilten werden durch die allgemeinen Vorschriften geregelt.

§ 12

Briefe und Besuche

1. Ein Verurteilter darf mit seinen Familienangehörigen Briefe wechseln und ihre Besuche in dem für die Besserungs-Erziehungs-Gruppe, in die er eingeordnet ist, festgesetzten Umfang empfangen. Wenn es im Interesse seiner Besserung liegt oder wenn sonst ein wichtiger Grund dafür vorliegt, kann ihm der Schriftverkehr auch mit einer anderen Person, gegebenenfalls der Empfang ihrer Besuche, gestattet werden. Zur Sicherstellung des Zweckes der Strafvollstreckung werden die Briefe der Verurteilten zensuriert.

2. Auf Ersuchen werden den Familienangehörigen des Verurteilten sowie dessen Verteidiger Mitteilungen über den Zustand und das Verhalten des Verurteilten gegeben.

§ 13

Bücher und andere Publikationen

1. Der Verurteilte darf die Tagespresse, Bücher und andere Publikationen abonnieren und lesen, und zwar in dem in Übereinstimmung mit dem Zweck der Strafvollstreckung festgesetzten Umfang.

2. In der Besserungs-Erziehungs-Anstalt wird eine Bücherei eingerichtet, in der sich der Verurteilte Bücher nach eigener Wahl ausleihen kann.

§ 14

Kauf von Gegenständen des persönlichen Bedarfs und Empfang von Päckchen

1. Der Verurteilte darf sich für sein Taschengeld Lebensmittel und andere Gegenstände des persönlichen Bedarfs kaufen.

2. Der Verurteilte darf Päckchen mit Lebensmitteln und anderen Gegenständen des persönlichen Bedarfs in dem für die Besserungs-Erziehungs-Gruppe, in die er eingeordnet ist, festgesetzten Umfang empfangen.

§ 15

Schutz der Rechte der Verurteilten

1. Der Verurteilte darf zur Geltendmachung seiner Rechte und berechtigten Interessen Beschwerden und Gesuche an die zuständigen Organe einreichen; eine Beschwerde bzw. ein Gesuch muß dem Organ, an das es gerichtet ist, unverzüglich übersandt werden. In der gleichen Sache darf er aber eine Beschwerde nicht an mehrere Organe gleichzeitig einreichen und darf sie auch nicht vor ihrer Erledigung wiederholen.

2. Wenn der Verurteilte es verlangt, wird ihm eine Unterredung mit dem Leiter der Besserungs-Erziehungs-Anstalt, mit dem Prokurator, dem Richter oder dem Organ, das die Kontrolle über die Besserungs-Erziehungs-Anstalt ausübt, ermöglicht.

3. Der Verurteilte kann sich die Gewährung von Rechtshilfe durch einen Rechtsanwalt, der das Recht hat, in den Grenzen seiner Vollmacht mit dem Verurteilten Schriftverkehr zu pflegen und mit ihm zu sprechen, sicherstellen. Wenn gegen den Verurteilten eine weitere strafgerichtliche Verfolgung geführt wird, finden auf seinen Verkehr mit dem Verteidiger die Bestimmungen der Strafprozeßordnung über den Verkehr des Verteidigers mit dem in Haft befindlichen Beschuldigten Anwendung.

4. Die Angehörigen des Korps für Besserung und Erziehung sind verpflichtet, auf die Einhaltung der Rechte, die den Verurteilten während der Strafvollstreckung zustehen, zu achten.

§ 16

Selbstverwaltung der Verurteilten

In jedem Kollektiv von Verurteilten wird eine Selbstverwaltung der Verurteilten eingerichtet. Aufgabe dieser Selbstverwaltung ist es, die Verurteilten zu lehren, Fragen, die mit der Lebensweise und der Arbeit während der Strafvollstreckung zusammenhängen, selbständig zu lösen, zu einer strengen Einhaltung der Ordnung und Disziplin, zur Erhöhung der Arbeitsaktivität und zu einer allgemeinen und fachlichen Ausbildung der Verurteilten beizutragen und sie damit auf eine aktive Einordnung in das gesellschaftliche Leben nach ihrer Entlassung aus der Strafvollstreckung vorzubereiten. Die Selbstverwaltung befaßt sich auch mit Fragen, welche die Sicherheit und den Schutz der Gesundheit bei der Arbeit betreffen.

§ 17

Grundpflichten der Verurteilten

1. Der Verurteilte ist während der Strafvollstreckung verpflichtet, die festgesetzte Ordnung und Disziplin einzuhalten, Weisungen und Befehle der Angehörigen des Korps für Besserung und Erziehung zu befolgen, ordentlich die Arbeitsaufgaben zu erfüllen, sorgfältig mit

den anvertrauten Sachen umzugehen, die Grundsätze eines ordentlichen Umgangs mit den Personen, mit denen er in Verbindung kommt, einzuhalten, und auch sonst die Bestimmungen der Anstaltsordnung (§ 18) zu beachten.

2. Der Verurteilte, der es unberechtigt ablehnt, seine Pflichten zu erfüllen, ist zu ihrer Erfüllung mit den gesetzlich erlaubten Mitteln zu zwingen.

§ 18

Anstaltsordnung

1. Für jede Besserungs-Erziehungs-Anstalt bestimmt deren Leiter in Übereinstimmung mit dem Innenminister eine Anstaltsordnung, durch welche der Ablauf von Leben und Tätigkeit der Verurteilten geregelt wird. Durch die Anstaltsordnung wird insbesondere die Zeit für die Arbeit, für die Ruhe, das Essen und die kulturerzieherische Arbeit begrenzt.

2. Durch die Anstaltsordnung wird auch der Umfang der Befugnisse der Selbstverwaltung der Verurteilten bei der Organisation der ihren Interessen dienenden Tätigkeit und bei der Lösung von Fragen ihres gemeinschaftlichen Lebens begrenzt.

4. Abschnitt

Disziplinäre Belohnungen und Strafen

§ 19

Disziplinäre Belohnungen

1. Für musterhaftes Verhalten, für ein ehrliches Verhältnis zur Arbeit oder für eine beispielhafte Tat kann dem Verurteilten eine disziplinäre Belohnung erteilt werden.

2. Disziplinäre Belohnungen sind insbesondere:

a) Lob,
b) außerordentliche Erlaubnis zum Briefeschreiben,
c) außerordentliche Besuchserlaubnis,
d) außerordentliche Päckchenerlaubnis,
e) Erhöhung des Taschengeldes,
f) eine Geld- oder Sachbelohnung,
g) Unterbrechung der Strafvollstreckung gemäß § 35.

§ 20

Disziplinarstrafen

1. Die Verletzung der Ordnung oder Disziplin bei der Strafvollstreckung ist eine Disziplinarübertretung, für die dem Verurteilten eine Disziplinarstrafe auferlegt werden kann.

2. Disziplinarstrafen sind:

a) Rüge,

b) Beschränkung der Teilnahme an einer seinen Interessen dienenden Tätigkeit oder Verbot einer solchen Teilnahme bis zu drei Monaten,
c) Herabsetzung des Taschengeldes bis zu drei Monaten,
d) Verbot des Empfangs von Päckchen,
e) Unterbringung in einer geschlossenen Abteilung außerhalb der Arbeitszeit bis zu 30 Tagen,
f) ganztägige Unterbringung in einer geschlossenen Abteilung bis zu 20 Tagen,
g) Unterbringung in Einzelhaft bis zu 20 Tagen,
h) Unterbringung in einer besonderen Abteilung.

3. Bei der ganztägigen Unterbringung in einer geschlossenen Abteilung und bei der Unterbringung in Einzelhaft arbeitet der Verurteilte nicht; er wird beschränkt in der Teilnahme an einer seinen Interessen dienenden Tätigkeit und es ist ihm nicht erlaubt, die Tagespresse, Bücher und andere Publikationen zu lesen und Gegenstände des persönlichen Bedarfs zu kaufen (§ 14). Die Unterbringung in Einzelhaft kann nur einem Verurteilten, der in die zweite oder dritte Besserungs-Erziehungs-Gruppe eingeordnet ist, auferlegt werden. Die Disziplinarstrafe einer ganztägigen Unterbringung in einer geschlossenen Abteilung, gegebenenfalls Unterbringung in Einzelhaft, kann erneut nicht früher als nach Ablauf von wenigstens 20 Tagen seit Vollstreckung einer dieser Disziplinarstrafen auferlegt werden.

4. In einer besonderen Abteilung kann nur ein Verurteilter untergebracht werden, der systematisch oder in schwerwiegender Weise die Ordnung oder Disziplin bei der Strafvollstreckung verletzt und bei dem mildere Disziplinarstrafen nicht für eine Besserung ausreichen; diese Disziplinarstrafe kann nur bis zu drei Monaten und wenn es sich um einen Verurteilten handelt, der in die dritte Besserungs-Erziehungs-Gruppe eingeordnet ist, bis zu sechs Monaten auferlegt werden. Die Verurteilten, die in einer besonderen Abteilung untergebracht wurden, arbeiten unter erhöhter Aufsicht und getrennt von den übrigen Verurteilten. Bei der Vollstreckung dieser Disziplinarstrafe wird der Verurteilte in der Teilnahme an einer seinen Interessen dienenden Tätigkeit und in den Möglichkeiten, sich Gegenstände des persönlichen Bedarfs zu kaufen, beschränkt und das Taschengeld wird ihm herabgesetzt.

§ 21

Auferlegung von Disziplinarstrafen

1. Eine Disziplinarstrafe darf nur auferlegt werden, wenn die Umstände der Disziplinarübertretung hinreichend geklärt sind und die Schuld des Verurteilten bewiesen ist. Bevor eine Disziplinarstrafe auferlegt wird, muß dem Verurteilten die Möglichkeit gegeben werden, sich zur Sache zu äußern.

2. Die auferlegte Disziplinarstrafe muß der Bedeutung der begangenen Disziplinarübertretung angemessen sein und muß in Einklang mit dem Interesse an der Besserung der Verurteilten stehen. Für eine Disziplinarübertretung kann nur eine Disziplinarstrafe auferlegt werden.

3. Eine Disziplinarstrafe darf nicht auferlegt werden, wenn seit Begehung der Disziplinarübertretung ein Jahr verflossen ist.

§ 22

Beschwerde

Der Verurteilte hat das Recht, binnen dreier Tage eine Beschwerde gegen seine disziplinäre Bestrafung einzulegen. Über die Beschwerde, die aufschiebende Wirkung hat, entscheidet endgültig der Vorgesetzte dessen, der die Disziplinarstrafe auferlegt hat. Eine Beschwerde gegen die Art und Höhe der Disziplinarstrafe ist unzulässig.

§ 23

Disziplinäre Zuständigkeit

Die Disziplinargewalt über die Verurteilten wird von den Funktionären des Korps für Besserung und Erziehung ausgeübt, sofern sie hierzu ermächtigt wurden.

§ 24

Disziplinäre Erledigung anderer gesellschaftswidriger Taten

1. Auch Verfehlungen und Übertretungen können durch Disziplinarstrafen erledigt werden. Die Bestimmungen des Gesetzes, durch das die Verfolgung der Verfehlungen und Übertretungen von Personen, die wiederholt Exzesse, Gewalttätigkeiten und Parasitentum begangen haben, geregelt wird, werden hierdurch nicht berührt.

2. Durch disziplinäre Bestrafung des Verurteilten wird dessen strafrechtliche Verfolgung nicht ausgeschlossen, wenn seine Tat eine Straftat ist.

5. Abschnitt

Erziehung der Verurteilten zur Arbeit

§ 25

Inhalt der Erziehung der Verurteilten zur Arbeit

Aufgabe der Erziehung der Verurteilten zur Arbeit ist es insbesondere, bei ihnen ein bewußtes Verhältnis zur Arbeit auszubilden und zu festigen. Die Erziehung der Verurteilten zur Arbeit umfaßt

a) die Einweisung der Verurteilten in gesellschaftlich nützliche Arbeit und ihre Entlohnung für die Arbeit,
b) die Schaffung der Voraussetzungen dafür, daß die Verurteilten ihre Arbeitsqualifikation erreichen und erhöhen können, und
c) die Erziehung zur Arbeitsaktivität, und zwar insbesondere durch Entwicklung des Arbeitswettbewerbs und der Verbesserungs- und Erfinder-Bewegung.

§ 26

Einweisung der Verurteilten in die Arbeit

1. Die Verurteilten werden in Übereinstimmung mit dem Zwecke der Strafvollstreckung in die Arbeit bei den Wirtschaftsorganisationen oder bei den Besserungs-Erziehungs-Anstalten eingewiesen, und zwar unter Berücksichtigung namentlich ihres Gesundheitszustands und ihrer Arbeitsfähigkeiten.

2. Die Wirtschaftsorganisationen und die Besserungs-Erziehungs-Anstalten, bei denen die Verurteilten zur Arbeit eingewiesen sind, sind verpflichtet, die Voraussetzungen für die ordentliche Erfüllung der Arbeitsaufgaben der Verurteilten in Übereinstimmung mit dem Interesse an ihrer Besserung zu schaffen. Insbesondere sind sie verpflichtet, dafür zu sorgen, daß die Verurteilten geschult werden, bestimmte Arbeiten auszuführen, und daß sie ihre Arbeitsqualifikation erhöhen, und auf die Sicherheit und den Schutz der Gesundheit bei ihrer Arbeit achten.

3. Die Einweisung der Verurteilten in die Arbeit bei einer Wirtschaftsorganisation erfolgt auf Grund eines Vertrags zwischen der Besserungs-Erziehungs-Anstalt und der Wirtschaftsorganisation; in dem Vertrage werden namentlich die einzelnen Bedingungen, unter denen die Verurteilten arbeiten werden, bestimmt.

§ 27

Arbeitsbedingungen der Verurteilten

1. Die Arbeitszeit, die Bedingungen für die Auferlegung von Überstunden und die Arbeitsbedingungen für die Frauen sind bei den Verurteilten die gleichen wie bei den übrigen Arbeitskräften.

2. In die Arbeitszeit werden Aufräumungsarbeiten und andere ähnliche Arbeiten der Verurteilten, die für die Sicherung des laufenden Betriebs der Besserungs-Erziehungs-Anstalt erforderlich sind, nicht eingerechnet. Diese Arbeiten dürfen aber nicht auf Kosten der zum Ausruhen der Verurteilten notwendigen Zeit angeordnet werden.

§ 28

Teilnahme der Verurteilten an Sicherung und Schutz der Gesundheit bei der Arbeit

Den Verurteilten wird die Teilnahme an der Lösung von Fragen, die die Sicherheit und den Schutz der Gesundheit bei ihrer Arbeit betreffen, gewährleistet.

§ 29

Arbeitslohn der Verurteilten

1. Den Verurteilten steht für ihre Arbeit der gleiche Lohn wie den übrigen Arbeitskräften zu; es steht ihnen jedoch kein Ersatz des Arbeitslohnes für die Zeit zu, während der sie nicht gearbeitet haben.

2. Vom Arbeitslohn eines Verurteilten werden Abzüge sowohl für die Unterhaltsleistungen an die Kinder des Verurteilten als auch für den Ersatz der Kosten der Strafvollstreckung vorgenommen. Außer diesen Abzügen können vom Arbeitslohn eines Verurteilten weitere nach den arbeitsrechtlichen Vorschriften als Lohnabzüge zugelassene Abzüge entsprechend den arbeitsrechtlichen Vorschriften vorgenommen werden. Der Umfang, gegebenenfalls auch die Rangordnung der Abzüge vom Arbeitslohn der Verurteilten, wird vom Innenminister im Einvernehmen mit dem Justizminister bestimmt; dabei ist insbesondere darauf Rücksicht zu nehmen, daß das Interesse des Verurteilten an den Ergebnissen seiner Arbeit sowie auch das Interesse am Unterhalt seiner Kinder unterstützt werde.

3. Wenn aber vom Gericht angeordnet wurde, daß die Vollstrekkung einer Entscheidung durch Abzüge vom Arbeitslohn des Verurteilten zu erfolgen habe, ist nach der bürgerlichen Gerichtsordnung und den auf Grund ihrer erlassenen Vorschriften zu verfahren.

4. Der Teil des Arbeitslohns der Verurteilten, der nach Vornahme der Abzüge gemäß Absatz 2, gegebenenfalls gemäß Absatz 3, verbleibt, wird in der vom Innenminister im Einvernehmen mit dem Justizminister bestimmten Weise auf Taschengeld und Spareinlagen aufgeteilt. Die Höhe des Betrags, bis zu der dem Verurteilten Taschengeld von seinem Arbeitslohn zugebilligt werden kann, wird für die einzelnen Besserungs-Erziehungs-Gruppen verschieden festgesetzt.

5. Von der Spareinlage kann der Verurteilte Zuwendungen an seine Familie machen und seine Verpflichtungen erfüllen; Umfang und Bedingungen werden vom Innenminister im Einvernehmen mit dem Justizminister bestimmt. Der Rest der Spareinlage wird dem Verurteilten unverzüglich nach seiner Entlassung aus der Strafvollstreckung ausbezahlt.

6. Abschnitt

Kulturelle Erziehungsarbeit

§ 30

Aufgabe der kulturellen Erziehungsarbeit ist es, bei den Verurteilten eine bewußte, auf den Grundsätzen der sozialistischen Moral und Kultur beruhende Beziehung zur Gesellschaft zu schaffen. Sie zielt vor allem auf die Erziehung der Verurteilten zur Einhaltung der Gesetze und Regeln des sozialistischen Zusammenlebens, zu einem ehrlichen Verhältnis zur Arbeit, zum Schutze und zur Festigung des sozialistischen Eigentums sowie auch auf eine Gesamterhöhung der Allgemeinbildung und des Kulturniveaus der Verurteilten.

§ 31

Den Verurteilten, bei denen insbesondere im Hinblick auf ihre Fähigkeiten, ihr Alter und die Dauer ihrer Strafe die Voraussetzungen dafür vorliegen, wird die Möglichkeit gegeben, sich die Elementar-, gegebenenfalls die mittlere oder eine vollständige mittlere Bildung anzueignen; der Unterricht erfolgt grundsätzlich in der arbeitsfreien Zeit.

7. Abschnitt

Haftung für Schaden

§ 32

Wenn ein Verurteilter schuldhaft einen Schaden am Eigentum einer Besserungs-Erziehungs-Anstalt verursacht hat, der den Betrag von 100 Kcs nicht übersteigt, kann ihm durch Entscheidung des Leiters der Besserungs-Erziehungs-Anstalt die Verpflichtung zum Schadensersatz auferlegt werden.

§ 33

1. Der Verurteilte haftet für den Schaden, den er einer Wirtschaftsorganisation oder einer Besserungs-Erziehungs-Anstalt durch schuldhafte Verletzung seiner Pflichten bei der Erfüllung der Arbeitsaufgaben oder in unmittelbarem Zusammenhang damit zugefügt hat, und zwar in gleichem Maße wie die übrigen Arbeitskräfte.

2. Wenn der Schaden einer Wirtschaftsorganisation zugefügt wurde, verhandelt über die Höhe des geforderten Schadensersatzes die Wirtschaftsorganisation auch mit der Besserungs-Erziehungs-Anstalt.

§ 34

Die Haftung für Schaden, der durch Verurteilte verursacht wurde, richtet sich im übrigen nach den allgemeinen Vorschriften.

8. Abschnitt

Unterbrechung der Strafvollstreckung und Absehen von der Vollstreckung eines Strafrestes

Unterbrechung der Strafvollstreckung

§ 35

Für musterhaftes Verhalten, ein ehrliches Verhältnis zur Arbeit oder eine beispielhafte Tat (§ 19 Abs. 1) kann der Leiter der Besserungs-Erziehungs-Anstalt dem Verurteilten die Strafvollstreckung bis zu 15 Tagen, und zwar auch wiederholt, unterbrechen. Die Zeit der Unterbrechung wird auf die Strafvollstreckung angerechnet.

§ 36

1. Der Leiter einer Besserungs-Erziehungs-Anstalt kann einem Verurteilten wegen dringender Familiengründe die Strafvollstrekkung bis zu 15 Tagen, und zwar auch wiederholt, unterbrechen. Die Zeit der Unterbrechung wird auf die Strafvollstreckung angerechnet.

2. Wenn es erforderlich ist, dem Verurteilten unverzüglich eine

Heilfürsorge, die in der Gesundheitseinrichtung der Besserungs-Erziehungs-Anstalt nicht sichergestellt werden kann, zu gewähren, kann ihm der Leiter der Besserungs-Erziehungs-Anstalt die Strafvollstreckung bis zu 30 Tagen, und zwar auch wiederholt, unterbrechen. Die Zeit der Unterbrechung wird auf die Strafvollstreckung angerechnet.

§ 37

1. Wenn der Verurteilte, an dem eine Strafe vollstreckt wird, von einer schweren Krankheit betroffen wird, kann das Gericht die Strafvollstreckung für die erforderliche Zeit unterbrechen; das Gericht unterbricht die Strafvollstreckung immer, wenn es sich um ein schwangeres Weib oder ein Weib kurz nach der Geburt handelt, sofern durch die Strafvollstreckung seine Gesundheit oder die Gesundheit des zu erwartenden oder neugeborenen Kindes gefährdet würde.

2. Wenn zu befürchten ist, daß der Verurteilte flieht oder wenn er die bewilligte Unterbrechung mißbraucht, widerruft das Gericht die Unterbrechung der Strafvollstreckung.

§ 38

Wenn der Verurteilte zur Ableistung des militärischen Grunddienstes einberufen wird, unterbricht das Gericht die Strafvollstreckung einer sechs Monate nicht übersteigenden Strafe.

Absehen von der Vollstreckung eines Strafrestes

§ 39

Das Gericht kann von der Vollstreckung eines Strafrestes absehen, wenn der Verurteilte ins Ausland ausgeliefert oder ausgewiesen wurde oder werden soll. Kommt es nicht zur Auslieferung oder Ausweisung oder kehrt der Ausgelieferte oder Ausgewiesene zurück, entscheidet das Gericht, daß der Strafrest zu vollstrecken ist.

§ 40

Wenn der Verurteilte an einer unheilbaren lebensgefährlichen Krankheit oder an einer unheilbaren Geisteskrankheit erkrankt ist, kann das Gericht von der Vollstreckung des Strafrestes absehen.

§ 41

1. Wenn der Verurteilte, dem die Strafvollstreckung gemäß § 38 unterbrochen wurde, während der Ableistung seines militärischen Grunddienstes keine Straftat begangen und diesen Dienst ordentlich ausgeübt hat, sieht das Gericht von der Vollstreckung des Strafrestes ab; im anderen Falle entscheidet es, daß der Strafrest zu vollstrecken ist.

2. Wenn von der Vollstreckung des Strafrestes abgesehen wurde, gilt die Strafe als mit dem Tage, an dem ihre Vollstreckung unterbrochen wurde (§ 38), vollstreckt.

9. Abschnitt

Bedingte Entlassung

§ 42

Vor Ablauf der festgesetzten Strafzeit kann der Verurteilte unter den in den §§ 61 bis 64 des Strafgesetzes bestimmten Voraussetzungen aus der Strafvollstreckung bedingt in die Freiheit entlassen werden. Der Verurteilte schafft sich die Voraussetzungen hierzu, wenn er während der Strafvollstreckung durch musterhaftes Verhalten und ein ehrliches Verhältnis zur Arbeit seine Besserung beweist, so daß von ihm erwartet werden kann, daß er künftig ein ordentliches Leben als werktätiger Mensch führen wird.

§ 43

1. Über die bedingte Entlassung entscheidet das Gericht gemäß den Bestimmungen der §§ 331 bis 333 der Strafprozeßordnung.

2. Die Berechtigung des Leiters einer Besserungs-Erziehungs-Anstalt, eine bedingte Entlassung des Verurteilten zu beantragen, ist so wirksam wie möglich zu einer erzieherischen Einwirkung auf die Verurteilten auszunutzen.

10. Abschnitt

Teilnahme der Organe und Organisationen an der Strafvollstreckung

§ 44

Aufsicht durch die Prokuratoren

1. Die Aufsicht über die Einhaltung der Gesetzlichkeit an den Orten, an denen die Strafe vollstreckt wird, wird vom Prokurator nach den Bestimmungen des Gesetzes über die Prokuratur ausgeübt.

2. Die Organe des Korps für Besserung und Erziehung sind verpflichtet,

a) dem Prokurator zu ermöglichen, alle Örtlichkeiten, wo die Strafe vollstreckt wird, zu betreten und mit den Verurteilten ohne Anwesenheit einer dritten Person zu sprechen,

b) dem Prokurator binnen 24 Stunden an ihn gerichtete Beschwerden oder Gesuche eines Verurteilten zu übermitteln,

c) dem Prokurator unverzüglich Vorkommnisse und Tatsachen zu melden, die einer erfolgreichen Durchführung der auf Besserung ausgerichteten erzieherischen Tätigkeit hinderlich sein könnten,

d) Anweisungen des Prokurators, die die Einhaltung der Vorschriften über die Strafvollstreckung betreffen, auszuführen und auf sein Ersuchen ihm die nötigen Erklärungen zu geben und ihm Akten und andere Schriftstücke, die die Strafvollstreckung betreffen, vorzulegen.

§ 45

Beteiligung der Gerichte

Die Gerichte wirken bei der Durchführung der auf Besserung ausgerichteten erzieherischen Tätigkeit mit, und zwar insbesondere durch ihre Entscheidungen in den in diesem Gesetze vorgesehenen Fällen. Die Richter sind berechtigt, die Verurteilten in den Örtlichkeiten, wo die Strafe vollstreckt wird, zu besuchen, mit ihnen ohne Anwesenheit einer dritten Person zu sprechen und in ihre Personalakten, Arbeitsnachweise und Arbeitslohnnachweise Einsicht zu nehmen; sie sind verpflichtet, dabei erzieherisch auf die Verurteilten einzuwirken.

§ 46

Beteiligung der Nationalausschüsse

An der Besserung der Verurteilten nehmen die Kreisnationalausschüsse dadurch teil, daß sie im Rahmen ihrer Zuständigkeit die Besserungs-Erziehungs-Anstalten bei der Schaffung geeigneter Voraussetzungen für eine erfolgreiche Durchführung der auf Besserung ausgerichteten erzieherischen Tätigkeit unterstützen; zu diesem Zwecke bilden sie nach Bedarf Kommissionen, deren Mitglieder berechtigt sind, alle Örtlichkeiten, wo die Strafe vollstreckt wird, zu betreten und die erforderlichen Tatsachen festzustellen.

§ 47

Bürgerliche Kontrolle

1. Eine bürgerliche Kontrolle über die Vollstreckung der Strafe üben die Kommissionen aus, die von der Nationalversammlung gewählt und aus Abgeordneten der Nationalversammlung gebildet werden. In den Besserungs-Erziehungs-Anstalten in der Slowakei üben sie die Kontrolle in engem Zusammenwirken mit dem Slowakischen Nationalrat aus.

2. Die Mitglieder der im Absatz 1 angeführten Kommissionen sind bei der Erfüllung ihrer Aufgaben berechtigt, alle Örtlichkeiten, wo die Strafe vollstreckt wird, zu betreten und mit den Verurteilten ohne Anwesenheit einer dritten Person zu sprechen.

§ 48

Beteiligung der gesellschaftlichen Organisationen

1. An der Besserung der Verurteilten beteiligen sich auch die gesellschaftlichen Organisationen des Betriebs, in dem der Verurteilte vor dem Antritt seiner Strafe gearbeitet hat, sowie die gesellschaftlichen Organisationen seines Wohnsitzes, und zwar in der Weise, daß sie im Verlaufe der Strafvollstreckung einen schriftlichen und persönlichen Verkehr mit ihm aufrechterhalten, sich für sein Verhalten während der Strafvollstreckung interessieren und ihm bei der Schaffung günstiger Voraussetzungen für sein künftiges Leben helfen können.

2. An der Besserung der Verurteilten beteiligen sich auch die gesellschaftlichen Organisationen des Betriebs, in dem die Verurteilten während der Vollstreckung der Strafe arbeiten.

11. Abschnitt

Sorge für die Erreichung der Besserung der Verurteilten

§ 49

Aufgaben der Nationalausschüsse

1. In Zusammenarbeit mit den gesellschaftlichen Organisationen sorgen die Nationalausschüsse für die Schaffung geeigneter Voraussetzungen für die Erreichung der Besserung der Verurteilten nach ihrer Entlassung aus der Strafvollstreckung. Sie unterstützen die entlassenen Personen bei der Wahl eines geeigneten Arbeitsmilieus und erleichtern ihnen auch sonst den Übergang in das Leben in Freiheit.

2. Die Nationalausschüsse sind verpflichtet, den aus der Strafvollstreckung entlassenen Personen unverzüglich einen Arbeitsplatz, gegebenenfalls auch eine vorläufige Unterbringung, zu verschaffen.

§ 50

Aufgaben der Wirtschaftsorganisationen

1. Die Wirtschaftsorganisationen dürfen bei der Annahme von Arbeitskräften keinen Unterschied zwischen den aus der Strafvollstreckung entlassenen und anderen Personen machen, sofern für die Ausübung einer bestimmten Funktion nicht eine bürgerliche Unbescholtenheit notwendig ist.

2. Eine Wirtschaftsorganisation ist verpflichtet, auf Empfehlung eines Bezirksnationalausschusses eine entlassene Person anzunehmen, wenn sie für sie einen freien Arbeitsplatz hat.

3. Die Wirtschaftsorganisationen sind verpflichtet, in Zusammenarbeit mit den gesellschaftlichen Organisationen den entlassenen Personen erhöhte Fürsorge und Aufmerksamkeit zu widmen, und zwar insbesondere dadurch, daß sie sie in geeignete Arbeitskollektive einreihen.

12. Abschnitt

Strafvollstreckung bei Jugendlichen

§ 51

Allgemeine Bestimmung

Soweit dieser Abschnitt keine besonderen Bestimmungen enthält, finden auf die Strafvollstreckung bei jugendlichen Verurteilten die übrigen Bestimmungen dieses Gesetzes Anwendung. Unter einem Jugendlichen ist ein Verurteilter zu verstehen, der zur Zeit der Begehung der Straftat das 15. Lebensjahr erreicht und das 18. Lebensjahr nicht überschritten hatte.

§ 52
Zweck der Strafvollstreckung

Der Zweck der Vollstreckung der Strafe liegt bei einem Jugendlichen vor allem darin, ihn zu einem ordentlichen werktätigen Menschen zu erziehen, und zwar auch unter Berücksichtigung seiner persönlichen Eigenschaften, seiner Familienerziehung und des Milieus, aus dem er kommt. Während der Vollstreckung der Strafe muß durch eine ordentliche pädagogische Führung die Erziehung des Jugendlichen und seine Vorbereitung auf seinen künftigen Beruf sichergestellt werden.

§ 53
Besserungs-Erziehungs-Anstalten

1. Die Strafe wird bei Jugendlichen, die das 18. Lebensjahr nicht überschritten haben, immer abgesondert von den übrigen Verurteilten in auf Besserung ausgerichteten Erziehungsanstalten für Jugendliche vollstreckt. Das Gericht kann entscheiden, daß in solchen Anstalten die Strafe auch von Jugendlichen, die das 18. Lebensjahr schon überschritten haben, vollstreckt wird.

2. Zur Vertiefung der Wirkung der auf Besserung ausgerichteten erzieherischen Tätigkeit wird bei einer Besserungs-Erziehungs-Anstalt für Jugendliche immer ein beratendes Gremium (§ 3 Abs. 2) errichtet.

3. Wenn der Jugendliche während der Strafvollstreckung das 18. Lebensjahr erreicht hat, entscheidet das Gericht darüber, ob der Jugendliche den Strafrest in der Besserungs-Erziehungs-Anstalt für Jugendliche verbüßt oder ob er in eine Besserungs-Erziehungs-Anstalt für die übrigen Verurteilten übergeführt wird; bei dieser Entscheidung ist insbesondere der erreichte Grad der Besserung des Jugendlichen und die Dauer des Strafrestes zu berücksichtigen. Im Falle der Überführung in eine Besserungs-Erziehungs-Anstalt für die übrigen Verurteilten entscheidet das Gericht zugleich in der Regel, daß der Jugendliche in die erste Besserungs-Erziehungs-Gruppe eingeordnet wird.

4. Wenn ein Jugendlicher, der das 18. Lebensjahr überschritten hat, systematisch und in schwerwiegender Weise die Ordnung oder Disziplin bei der Strafvollstreckung in einer Besserungs-Erziehungs-Anstalt für Jugendliche verletzt oder wenn er während der Vollstreckung einer solchen Strafe eine Straftat begeht, kann das Gericht ihn in eine Besserungs-Erziehungs-Anstalt für die übrigen Verurteilten überführen, und zwar in der Regel in die erste Besserungs-Erziehungs-Gruppe.

§ 54
Differenzierung der Strafvollstreckung

In Besserungs-Erziehungs-Anstalten für Jugendliche werden keine Besserungs-Erziehungs-Gruppen eingerichtet und der Umfang der Rechte und Beschränkungen der Jugendlichen ist einheitlich begrenzt; zur Vertiefung des erzieherischen Einflusses der Strafvollstreckung erfolgt die Verteilung der Jugendlichen in die Besserungs-Erziehungs-Anstalten für Jugendliche, gegebenenfalls in die Kollektive in diesen Anstalten, nach Maßgabe ihrer charakterlichen Eigenschaften, ihrer Fähigkeiten und der Besonderheiten ihrer Entwicklung.

§ 55

1. Ein Jugendlicher, der die Strafe in einer Besserungs-Erziehungs-Anstalt für Jugendliche verbüßt, darf ohne zeitliche Beschränkung mit seinen Familienangehörigen Briefe wechseln.

2. Der Umfang, in dem ein solcher Jugendlicher Besuche empfangen darf, wird unter Berücksichtigung des Interesses an der Festigung der Beziehungen des Jugendlichen zu seiner Familie und an der Stärkung des erzieherischen Einflusses der Strafvollstreckung bestimmt.

§ 56

Disziplinarstrafen

1. Disziplinarstrafen bei Jugendlichen, die ihre Strafe in einer Besserungs-Erziehungs-Anstalt für Jugendliche verbüßen, sind:

a) Rüge,
b) Beschränkung oder Verbot der Teilnahme an einer seinen Interessen dienenden Tätigkeit bis zu zwei Monaten,
c) Unterbringung in einer geschlossenen Abteilung außerhalb der Arbeitszeit bis zu 30 Tagen,
d) ganztägige Unterbringung in einer geschlossenen Abteilung bis zu 20 Tagen,
e) Unterbringung in einer besonderen Abteilung bis zu zwei Monaten.

2. Bei ganztägiger Unterbringung in einer geschlossenen Abteilung wird dem Jugendlichen gestattet, die Tagespresse, Bücher und andere Publikationen zu lesen.

§ 57

Erziehung zur Arbeit

1. Bei Jugendlichen, bei denen insbesondere im Hinblick auf die Länge ihrer Strafe die Voraussetzungen dafür vorliegen, wird die Vorbereitung für ihren künftigen Beruf in einer Lehrstätte, die bei der Besserungs-Erziehungs-Anstalt für Jugendliche errichtet ist, sichergestellt. In dieser Lehrstätte kann der Jugendliche in ein Lehrverhältnis eintreten; zum Entstehen des Lehrverhältnisses bedarf es keiner Zustimmung des gesetzlichen Vertreters des Jugendlichen.

2. Bei der Einweisung von Jugendlichen, die bisher ihr 18. Lebensjahr nicht überschritten haben, in eine Arbeit ist auch die Sicherstellung ihrer Vorbereitung für ihren künftigen Beruf zu berücksichtigen. Die Arbeitsbedingungen solcher Jugendlicher während der Strafvollstreckung sind die gleichen wie bei den übrigen jugendlichen Arbeitskräften.

§ 58

Kulturelle Erziehungsarbeit

Die Formen und Methoden der kulturellen Erziehungsarbeit an Jugendlichen ist den Aufgaben der auf Besserung ausgerichteten erzieherischen Tätigkeit, die sich aus dem Zweck der Strafvollstreckung bei Jugendlichen, die ihre Strafe in einer Besserungs-Erziehungs-Anstalt für Jugendliche verbüßen, ergeben, anzupassen.

§ 59

Kontrolle über die Strafvollstreckung

Die Kontrolle über die Vollstreckung der Strafe in Besserungs-Erziehungs-Anstalten für Jugendliche wird auch von den Kreisnationalausschüssen ausgeübt; zu diesem Zwecke sind die damit betrauten Organe berechtigt, alle Örtlichkeiten, wo die Jugendlichen ihre Strafe verbüßen, zu betreten und die erforderlichen Tatsachen festzustellen.

§ 60

Sorge für die Erreichung der Besserung der Jugendlichen

Die Nationalausschüsse und die Wirtschaftsorganisationen in Zusammenarbeit mit den gesellschaftlichen Organisationen widmen ihre besondere Aufmerksamkeit den jugendlichen und im Alter jungen Verurteilten, die aus der Strafvollstreckung entlassen werden. Sie ermöglichen ihnen insbesondere die Beendigung der Vorbereitung auf ihren künftigen Beruf, auf den sie sich vorbereitet haben.

13. Abschnitt

Korps für Besserung und Erziehung

§ 61

1. Die Aufgaben der auf Besserung ausgerichteten erzieherischen Tätigkeit nach diesem Gesetz sowie die Überwachung und die Verwaltung in den Besserungs-Erziehungs-Anstalten werden vom Korps für Besserung und Erziehung ausgeübt.

2. Das Korps für Besserung und Erziehung ist ein bewaffnetes und nach militärischen Grundsätzen organisiertes Korps, das dem Innenminister untersteht. Die Einzelheiten über die Organisation des Korps für Besserung und Erziehung werden in Übereinstimmung mit seinen Aufgaben vom Innenminister festgelegt.

3. Um eine erfolgreiche Erfüllung der Aufgaben der auf Besserung ausgerichteten erzieherischen Tätigkeit sicherzustellen, bestimmt der Innenminister für jede Funktion, die im Korps für Besserung und Erziehung ausgeübt wird, die entsprechenden Qualifikationsvoraussetzungen.

§ 62

1. Die Angehörigen des Korps für Besserung und Erziehung haben im Rahmen ihrer Zuständigkeit die Rechtsstellung von Angehörigen

des Korps für nationale Sicherheit. Der Innenminister kann Angehörige des Korps für Besserung und Erziehung auch zur Erfüllung von Sicherheitsaufgaben nach dem Gesetz über das Korps für nationale Sicherheit berufen.

2. Die Angehörigen des Korps für Besserung und Erziehung unterstehen der Gerichtsbarkeit der Militärgerichte und unterliegen den Bestimmungen über Militärstraftaten; ihre Dienstränge entsprechen den gleichen militärischen Rängen.

3. Die Angehörigen des Korps für Besserung und Erziehung, die den militärischen Grunddienst abgeleistet haben, sind für die Dauer des aktiven Dienstes in diesem Korps von der Dienstpflicht nach dem Wehrgesetz, zu der sie sonst verpflichtet wären, befreit.

§ 63

Auf die Dienstverhältnisse der Angehörigen des Korps für Besserung und Erziehung, auf ihre materielle und finanzielle Sicherstellung, auf ihre Krankenfürsorge und auf ihre soziale Sicherstellung finden die für die Angehörigen des Korps für nationale Sicherheit geltenden Vorschriften Anwendung.

14. Abschnitt

Gemeinsame, Übergangs- und Schlußbestimmungen

§ 64

1. Nacheinander verhängte bisher nicht ganz vollstreckte Strafen werden unter dem Gesichtspunkt der Strafvollstreckung als eine Strafe angesehen.

2. Wo in diesem Gesetz von einer Wirtschaftsorganisation gesprochen wird, ist darunter auch eine andere sozialistische Organisation zu verstehen.

§ 65

Der Verurteilte ist verpflichtet, die Kosten der Strafvollstreckung für die Zeit zu ersetzen, für die er durch sein Verschulden bewirkt hat, daß diese Kosten nicht durch Abzüge von seinem Arbeitslohn (§ 29 Abs. 2) ersetzt werden konnten. Die Entscheidung hierüber trifft der Vorstand der Besserungs-Erziehungs-Anstalt. Den Tagessatz, der auf diese Kosten entfällt, und die weiteren Einzelheiten über ihren Ersatz bestimmt der Innenminister im Einvernehmen mit dem Justizminister.

§ 66

Zur Erfüllung der Aufgaben der Überwachung in den Besserungs-Erziehungs-Anstalten kann der Innenminister auch Angehörige des Korps für nationale Sicherheit und militärische Angehörige des Innenministeriums berufen; sie haben bei der Erfüllung dieser Aufgaben die gleichen Rechte und Pflichten wie die Angehörigen des

Korps für Besserung und Erziehung, sofern der Innenminister nichts anderes bestimmt.

§ 67

Wenn der Vorstand einer Besserungs-Erziehungs-Anstalt Mitglieder der Betriebswache einer Wirtschaftsorganisation mit der Überwachung der Verurteilten betraut, haben die Mitglieder der Betriebswache, sofern sie äußerlich gekennzeichnet sind, bei der Ausübung dieser Überwachung Rechte und Pflichten in dem vom Innenminister bestimmten Umfang.

§ 68

1. Die Bestimmungen dieses Gesetzes finden auch auf die Vollstreckung der Strafen Anwendung, die vor Inkrafttreten dieses Gesetzes rechtskräftig verhängt wurden. Die vor Inkrafttreten dieses Gesetzes vorgenommene Einordnung von Verurteilten in differenzierte Gruppen wird als Einordnung in die ihnen entsprechende Besserungs-Erziehungs-Gruppe nach diesem Gesetze angesehen.

2. Die Bestimmungen des 4. Abschnitts dieses Gesetzes sind sinngemäß auch auf die Vollstreckung von Disziplinarstrafen, die vor Inkrafttreten dieses Gesetzes auferlegt wurden, anzuwenden.

§ 69

Die Bestimmungen der §§ 32 und 33 über die Haftung für Schaden finden auch auf die Fälle Anwendung, in denen der Schaden vor Inkrafttreten dieses Gesetzes entstanden ist, es sei denn, daß über den Schadensersatz schon rechtskräftig entschieden wurde.

§ 70

Die Angehörigen des Korps für nationale Sicherheit, denen die Dienstausübung auf dem Gebiete der Tätigkeit oblag, mit der das Korps für Besserung und Erziehung betraut ist, werden in das Korps für Besserung und Erziehung übergeführt.

§ 71

1. Strafen der Freiheitsentziehung, die zwei Jahre nicht übersteigen und gegen Soldaten im Grunddienst verhängt wurden, können auch in militärischen Besserungseinheiten vollstreckt werden.

2. Die Vorschriften über die Strafvollstreckung, die in militärischen Besserungseinheiten erfolgt, werden vom Minister für nationale Verteidigung im Einvernehmen mit dem Innenminister, dem Justizminister und dem Generalprokurator erlassen. Auf die Unterbrechung der Vollstreckung einer solchen Strafe, auf das Absehen von der Vollstreckung des Restes einer solchen Strafe und auf die bedingte Entlassung aus der Vollstreckung einer solchen Strafe finden die Bestimmungen der Abschnitte 8 und 9 dieses Gesetzes sinngemäß Anwendung.

3. Wenn ein Verurteilter in einer militärischen Besserungseinheit systematisch und auf schwerwiegende Weise die Ordnung oder Disziplin bei der Vollstreckung der Strafe verletzt oder wenn er während der Strafvollstreckung eine Straftat begeht, kann das Gericht entscheiden, daß der Strafrest in einer Besserungs-Erziehungs-Anstalt vollstreckt wird; in einem solchen Falle entscheidet es zugleich, in welche Besserungs-Erziehungs-Gruppe der Verurteilte eingeordnet wird.

§ 72

Zur Durchführung der auf Besserung ausgerichteten erzieherischen Tätigkeit in Besserungs-Erziehungs-Anstalten erläßt der Innenminister im Einvernehmen mit dem Justizminister und dem Generalprokurator eine Ordnung über die Vollstreckung der Strafe der Freiheitsentziehung in Besserungs-Erziehungs-Anstalten.

§ 73

Das Gesetz Nr. 40/1958 Sb. über die Regelung der Einkommen einiger verurteilter Personen wird aufgehoben; die Nationalausschüsse können Einkommen, die nach diesem Gesetz oder nach früheren entsprechenden Vorschriften geregelt wurden, oder auf die ein Anspruch erloschen ist, zum Beispiel deren Auszahlung infolge der Verurteilung nach früheren Vorschriften eingestellt wurde, erhöhen, gegebenenfalls bis zu ihrem vollen gesetzlichen Ausmaß zuerkennen. Handelt es sich um Einkommen aus der sozialen Sicherstellung der Berufssoldaten und Angehörigen der Sicherheitskorps, geht die im vorigen Satz angeführte Zuständigkeit der Nationalausschüsse auf Organe des Ministeriums für nationale Verteidigung und des Innenministeriums über.

§ 74

Dieses Gesetz erlangt mit dem 1. August 1965 Wirksamkeit.

X. GESETZ VOM 17. JUNI 1965, NR. 60 Sb., ÜBER DIE PROKURATUR

Die Nationalversammlung der CSSR hat folgendes Gesetz beschlossen:

1. Teil

Grundbestimmungen

§ 1

1. Die Aufsicht über eine gründliche Durchführung und Einhaltung der Gesetze und anderen Rechtsvorschriften durch die Ministerien und anderen Organe der staatlichen Verwaltung, durch die Nationalausschüsse, Gerichte, wirtschaftlichen und anderen Organisationen

sowie durch die Bürger obliegt der Prokuratur, an deren Spitze der Generalprokurator steht.

2. Die Organe der Prokuratur bilden ein einheitliches, zentralisiertes, durch den Generalprokurator geleitetes System, in dem die niederen Prokuratoren den höheren untergeordnet sind. Sie üben ihre Funktionen unabhängig von örtlichen Organen aus und sind nur dem Generalprokurator untergeordnet.

3. Bei ihrer gesamten Tätigkeit stützen sich die Organe der Prokuratur auf die Initiative des werktätigen Volkes und dessen Organisationen.

§ 2

1. Die Prokuratur wacht über die sozialistische Gesetzlichkeit, setzt sie durch und festigt sie ohne Rücksicht auf irgendwelche örtliche Einflüsse, gewährleistet die Einheit der Gesetzlichkeit auf dem ganzen Gebiete der Republik und trägt zur Vertiefung des sozialistischen Rechtsbewußtseins und zur Festigung der sozialistischen Beziehungen in der Gesellschaft bei.

2. Durch die Ausübung der Aufsicht über eine richtige und einheitliche Durchführung und Einhaltung der Gesetze und anderen Rechtsvorschriften schützt die Prokuratur

a) den sozialistischen Staat, seine gesellschaftlichen Einrichtungen und seine Beziehungen zum sozialistischen Weltsystem,
b) die politischen, persönlichen, Familien-, Arbeits-, sozialen, Wohnungs-, Eigentums- und anderen Rechte und gesetzlich geschützten Interessen der Bürger,
c) die Rechte und gesetzlich geschützten Interessen der staatlichen, genossenschaftlichen, gesellschaftlichen und anderen Organisationen,
d) die Kampffähigkeit der bewaffneten Kräfte und bewaffneten Korps und die für sie bestimmte Disziplin und Ordnung.

3. Mit seiner ganzen Tätigkeit erzieht die Prokuratur die Bürger zur Ergebenheit gegenüber dem Vaterland, gegenüber der Sache des Sozialismus und des Kommunismus, zur Einhaltung der Gesetze und anderen Rechtsvorschriften, zum Schutze des sozialistischen Eigentums, zur Einhaltung der Arbeitsdisziplin, zur Achtung der Rechte, Ehre und Würde der Mitbürger, zur Erfüllung der Pflichten, die ihnen die Verteidigung des Vaterlandes auferlegt, zur ehrlichen Erfüllung aller Pflichten gegenüber dem Staat und der Gesellschaft und zur Einhaltung aller Regeln des sozialistischen Zusammenlebens.

§ 3

1. Der Generalprokurator und die ihm untergeordneten Prokuratoren erfüllen ihre Aufgaben, indem sie

a) die gründliche Durchführung und Einhaltung der Gesetze und anderen Rechtsvorschriften durch die Ministerien und anderen

Organe der staatlichen Verwaltung, durch die Nationalausschüsse, wirtschaftlichen und anderen Organisationen und durch die einzelnen Bürger überwachen (allgemeine Aufsicht),

b) die Personen, die Straftaten begangen haben, sowie — wenn das Gesetz es bestimmt — auch die Personen, die Verfehlungen und Übertretungen begangen haben, strafrechtlich verfolgen,

c) die Einhaltung der Gesetzlichkeit im vorbereitenden Strafverfahren überwachen,

d) die Gesetzmäßigkeit des Verfahrens und der Entscheidungen der Gerichte und staatlichen Notariate überwachen und am Verfahren vor den Gerichten und staatlichen Notariaten teilnehmen,

e) die Einhaltung der Gesetzlichkeit an den Orten, an denen die Haft, die Strafe der Freiheitsentziehung, die Schutzheilung und die Schutzerziehung vollstreckt werden, überwachen.

2. Der übergeordnete Prokurator ist berechtigt, einzelne Handlungen der ihm untergeordneten Prokuratoren selbst auszuführen.

3. Der Generalprokurator und die ihm untergeordneten Prokuratoren üben die Aufsicht über die Durchführung und Einhaltung der Gesetze und anderen Rechtsvorschriften durch die freiwilligen gesellschaftlichen Organisationen und deren Organe nur soweit aus, als die gesellschaftlichen Organisationen und deren Organe Aufgaben der staatlichen Verwaltung besorgen. Diese Einschränkung gilt nicht, soweit es sich um die Aufsicht über die Wahrung der Gesetzlichkeit durch die Genossenschaften und genossenschaftlichen Organisationen einschließlich der Landwirtschaftlichen Einheitsgenossenschaften handelt.

§ 4

Der Generalprokurator und die ihm untergeordneten Prokuratoren, die im Namen des Staates die gründliche Durchführung und Einhaltung der Gesetze und anderen Rechtsvorschriften überwachen, sind verpflichtet, Maßnahmen zur Beseitigung von Verletzungen der sozialistischen Gesetzlichkeit ohne Ansehen der Person des Verletzers sowie zur Wiederherstellung der verletzten Rechte zu treffen und darauf zu achten, daß jeder, der eine Verletzung der Gesetzlichkeit verschuldet hat, zur Verantwortung gezogen wird.

§ 5

Die Untersuchungsführer der Prokuratur führen die Untersuchung von Straftaten in dem durch besondere Vorschriften bestimmten Umfang durch.

§ 6

1. Der Generalprokurator ist der Nationalversammlung gegenüber verantwortlich.

2. Der Generalprokurator wird vom Präsidenten der Republik ernannt und abberufen. In dessen Hände legt er sein Gelöbnis ab.

3. Die Nationalversammlung kann dem Präsidenten der Republik vorschlagen, den Generalprokurator aus seiner Funktion abzuberufen.

§ 7

1. Der Generalprokurator berichtet der Nationalversammlung über den Stand der sozialistischen Gesetzlichkeit.

2. Der Generalprokurator ist verpflichtet, auf Ersuchen an den Sitzungen der Nationalversammlung, deren Präsidium und deren Ausschüsse persönlich teilzunehmen; er gibt ihnen die geforderten Informationen und Berichte.

3. Der Generalprokurator legt dem Präsidium der Nationalversammlung Fragen vor, die durch Gesetze zu regeln sind oder deren gesetzliche Regelung einer Ergänzung oder Abänderung bedarf.

4. Der Generalprokurator verfährt nach den gleichen Grundsätzen auch in Beziehung zum Slowakischen Nationalrat, dessen Präsidium und dessen Kommissionen, soweit sie ähnliche Aufgaben wie das Präsidium und die Ausschüsse der Nationalversammlung erfüllen.

§ 8

Der Generalprokurator macht die Nationalversammlung, die über die Einhaltung der Verfassung wacht, auf Rechtsvorschriften aufmerksam, die der Verfassung oder einem anderen Gesetze widersprechen.

§ 9

1. Der Generalprokurator nimmt mit beratender Stimme an den Sitzungen der Regierung und des Präsidiums des Slowakischen Nationalrats teil.

2. Die Prokuratoren sind berechtigt, mit beratender Stimme an den Sitzungen der Nationalausschüsse und ihrer Organe, anderer Organe der staatlichen Verwaltung, genossenschaftlicher, wirtschaftlicher, Budget- und ähnlicher Organisationen teilzunehmen.

§ 10

1. Die Prokuratoren wirken darauf hin, daß die Organe der staatlichen Verwaltung, die Nationalausschüsse, die Gerichte, die wirtschaftlichen und anderen Organisationen selbst die Einhaltung der sozialistischen Gesetzlichkeit sowohl bei der Erfüllung ihrer Aufgaben als auch bei den ihnen unterstellten Organen sicherstellen und Maßnahmen zur Beseitigung der Ursachen von Verletzungen der Gesetzlichkeit treffen und darauf achten, daß derjenige, der ihre Verletzung verschuldet hat, zur Verantwortung gezogen wird.

2. Die Prokuratoren überwachen, ob und wie die Kontrollorgane die durch Rechtsvorschriften ihnen auferlegten Pflichten bei der Sicherung der sozialistischen Gesetzlichkeit erfüllen und sie wirken mit ihren Mitteln auf die Beseitigung der festgestellten Fehler hin.

Sie teilen den Kontrollorganen im Interesse einer richtigen Ausrichtung und Koordination der Kontrolltätigkeit die bei der Ausübung ihrer Aufsicht festgestellten Erkenntnisse mit.

§ 11

1. Die Ministerien und anderen Organe der staatlichen Verwaltung, die Nationalausschüsse, Gerichte, wirtschaftlichen und anderen Organisationen sind verpflichtet, den Prokuratoren bei der Erfüllung ihrer Aufgaben zu helfen, beschleunigt deren Ersuchen zu entsprechen, insbesondere ihnen die Akten und Unterlagen zu leihen und ihnen Aufklärungen zu geben. Sie sind auch verpflichtet, die Prokuratoren auf die Verletzungen von Gesetzen und anderen Rechtsvorschriften aufmerksam zu machen, die sie nicht in eigener Zuständigkeit beseitigen können.

2. Die Prokuratoren sind berechtigt, von den staatlichen Organen und Wirtschaftsorganisationen die Durchführung von Überprüfungen und Revisionen zu verlangen, soweit diese für die Feststellung, ob es zu einer Verletzung der Gesetzlichkeit gekommen ist, gegebenenfalls ob eine strafbare Handlung begangen wurde, unerläßlich notwendig sind. Diese Organe und Organisationen sind verpflichtet, den Ersuchen innerhalb der vom Prokurator bestimmten Fristen zu entsprechen.

3. Die in den Absätzen 1 und 2 angeführten Pflichten und Rechte beziehen sich nicht auf Sachen von Operations- und Mobilisierungscharakter.

§ 12

1. Jedermann hat das Recht, den Prokurator um Überprüfung eines Vorgehens oder einer Entscheidung von Organen und Organisationen unter dem Gesichtspunkt der Einhaltung der sozialistischen Gesetzlichkeit und um Maßnahmen des Prokurators zur Beseitigung einer festgestellten Verletzung der sozialistischen Gesetzlichkeit zu ersuchen.

2. Der Prokurator ist verpflichtet, eine solche Anregung zu überprüfen. Er muß alle Umstände prüfen, die für die Beurteilung der Frage, ob es zu einer Verletzung der sozialistischen Gesetzlichkeit gekommen ist, entscheidend sind, und muß Maßnahmen zur Beseitigung der Verletzung der Gesetzlichkeit und ihrer Ursachen, zur Wiederherstellung der verletzten Rechte und dafür treffen, daß derjenige, der die Verletzung verschuldet hat, dafür verantwortlich gemacht wird.

3. Bei der Erledigung der Anregung ist von einem verläßlich festgestellten Sachverhalt auszugehen und es ist der Schutz der Rechte und gesetzlich geschützten Interessen der Bürger und Organisationen in Übereinstimmung mit den Interessen der gesamten Gesellschaft sicherzustellen.

4. Über die Erledigung der Anregung muß derjenige, der sie gegeben hat, benachrichtigt werden. Diese Benachrichtigung muß eine Begründung enthalten. Wenn derjenige, der die Anregung gegeben hat, mit ihrer Erledigung nicht zufrieden ist, kann er um eine Überprüfung der Erledigung ersuchen; in einem solchen Falle überprüft die Sache der übergeordnete Prokurator. Weitere Anregungen in derselben Sache werden nur überprüft, sofern sie neue Tatsachen enthalten.

5. Die Anregung ist vom Prokurator binnen zweier Monate zu erledigen. Der übergeordnete Prokurator kann diese Frist in begründeten Fällen verlängern.

§ 13

1. Jedermann ist verpflichtet, sich auf Aufforderung bei der Prokuratur einzufinden und dem Prokurator die erforderlichen Aufklärungen zu geben.

2. Solche Aufklärungen zu geben kann ablehnen, wer hierdurch eine durch Gesetze ausdrücklich auferlegte oder anerkannte Verschwiegenheitspflicht verletzen würde, es sei denn, daß er von dieser Pflicht durch das zuständige Organ oder durch den, in dessen Interesse er diese Pflicht hat, befreit worden ist, oder wer hierdurch für sich oder ihm nahestehende Personen (§ 116 BGB) die Gefahr strafgerichtlicher Verfolgung herbeiführen würde.

3. Wer auf eine Aufforderung gemäß den Bestimmungen des Absatzes 1 erscheint, hat Anspruch auf Erstattung der Barauslagen und des entgangenen Verdienstes. Diesen Anspruch hat nicht, wer in seinem eigenen Interesse vorgeladen wurde. Der Anspruch erlischt, wenn ihn der Berechtigte nicht binnen dreier Tage nach seinem Erscheinen geltend macht.

4. Wenn ein Bürger ohne Entschuldigung oder ohne wichtige Gründe der Aufforderung nicht Folge leistet, kann ihm der Prokurator eine Ordnungsstrafe bis zu 200 Kcs auferlegen, gegebenenfalls kann er dessen Vorführung anordnen. Gegen die Auferlegung der Strafe ist die Beschwerde zulässig. Sie muß binnen 15 Tagen bei dem Prokurator, der die Strafe auferlegt hat, eingelegt werden. Wenn der Prokurator der Beschwerde nicht selbst stattgibt, legt er sie unverzüglich dem übergeordneten Prokurator zur Entscheidung vor. Der Prokurator kann die auferlegte Strafe auch erlassen. Eine rechtskräftige Entscheidung über die Auferlegung der Strafe ist nach den Vorschriften der bürgerlichen Gerichtsordnung über die Vollstreckung von Entscheidungen vollstreckbar.

5. Die in den Absätzen 1 bis 4 angeführten Bestimmungen beziehen sich nicht auf Amtshandlungen nach den Bestimmungen der Strafprozeßordnung.

2. Teil
Ausübung der Aufsicht durch den Prokurator

1. Abschnitt
Allgemeine Aufsicht

§ 14

1. Die Prokuratoren führen Aufsicht darüber, daß die Ministerien und anderen Organe der staatlichen Verwaltung, die Nationalausschüsse, die wirtschaftlichen und anderen Organisationen und die einzelnen Bürger die Gesetze und anderen Rechtsvorschriften gründlich durchführen und einhalten, und daß niemand in seinen Rechten ungesetzlich beschränkt wird.

2. Bei der Erfüllung dieser Aufgaben sind die Prokuratoren insbesondere berechtigt,

a) die Gesetzmäßigkeit von allgemein verbindlichen Rechtsvorschriften (Art. 72 Verf.), allgemein verbindlichen Anordnungen der Nationalausschüsse (Art. 94 Verf.), Richtlinien, Erlassen, Beschlüssen und anderen Akten allgemeinen Charakters, die durch die im Absatz 1 angeführten Organe erlassen wurden, zu überprüfen,

b) die Gesetzmäßigkeit des Vorgehens und der Entscheidungen der im Absatz 1 angeführten Organe in Einzelfällen zu überprüfen,

c) bei den im Absatz 1 angeführten Organen Überprüfungen vorzunehmen, ob sie gesetzmäßig handeln.

§ 15

1. Gegen allgemein verbindliche Rechtsvorschriften, gegen allgemein verbindliche Anordnungen der Nationalausschüsse und gegen Entscheidungen, Maßnahmen und andere Akte (fernerhin nur als „Entscheidungen“ bezeichnet), die den Gesetzen und anderen Rechtsvorschriften widersprechen, erhebt der Prokurator Protest bei dem Organ, das die Entscheidung erlassen hat, oder bei dem Organ, das diesem übergeordnet ist oder von dem es beaufsichtigt wird.

2. Wenn der Protest bei dem Organ, das die Entscheidung erlassen hat, erhoben wurde, kann dieses Organ seine Entscheidung, gegen die sich der Protest richtet, selbst aufheben oder durch eine dem Gesetz entsprechende Entscheidung ersetzen. Wenn das Organ nicht in dieser Weise dem Protest selbst abhilft, ist es verpflichtet, ihn innerhalb der im Absatz 7 angeführten Frist dem Organ vorzulegen, das ihm übergeordnet ist oder von dem es beaufsichtigt wird; dieses entscheidet über den Protest.

3. Wenn das Organ über den Protest in der festgesetzten Frist nicht entscheidet und auch die Sache selbst dem übergeordneten oder Aufsichtsorgan nicht vorlegt, erhebt der Prokurator Protest unmittelbar bei diesem Organ.

4. Übergeordnetes Organ eines Nationalausschusses, das zur Entscheidung über einen Protest zuständig ist, wenn ihm das Organ, das die Entscheidung erlassen hat (Absatz 2) nicht abhilft, ist das verant-

wortliche Organ des Nationalausschusses der höheren Stufe, und wenn es sich um die Entscheidung einer Abteilung eines Kreisnationalausschusses handelt, das zuständige Zentralorgan der staatlichen Verwaltung. Ging es aber um die Entscheidung einer Kommission, gegebenenfalls eines Rates des Kreisnationalausschusses, ist übergeordnetes Organ der Rat, gegebenenfalls die Vollversammlung des Kreisnationalausschusses.

5. Gegen die Entscheidung, durch die einem Protest nicht stattgegeben wird, kann der Prokurator einen neuen Protest einlegen.

6. Wenn ein Ministerium oder ein anderen Zentralorgan oder ein Kreisnationalausschuß einem Protest nicht stattgibt, legt es ihn der Regierung zur Entscheidung vor. Eine Kommission des Slowakischen Nationalrats, ein Beauftragter oder ein anderes dem Präsidium des Slowakischen Nationalrats untergeordnetes Organ legt in einem solchen Falle den Protest dem Präsidium des Slowakischen Nationalrats zur Entscheidung vor.

7. Wenn der Prokurator keine andere Frist bestimmt, muß der Protest binnen 30 Tagen erledigt sein.

8. Wenn dem Protest stattgegeben, die Entscheidung aufgehoben und die Sache dem Organ, durch dessen Entscheidung ein Gesetz oder eine andere Rechtsvorschrift verletzt worden ist, zurückgegeben wurde, ist das die neue Entscheidung erlassende Organ an die in der Entscheidung über den Protest ausgesprochene Rechtsauffassung gebunden.

§ 16

1. Die Vollstreckung der Entscheidung wird durch Ablauf der zur Erledigung des Protestes bestimmten Frist ausgesetzt, sofern der Prokurator nicht die Aussetzung der Vollstreckung schon bei Einlegung des Protestes oder vor Ablauf der zu seiner Erledigung bestimmten Frist beantragt. Das Organ ist verpflichtet, einem solchen Antrag stattzugeben. Richtet sich der Protest gegen eine Anordnung oder gegen die Durchführung der Vollstreckung einer Entscheidung, wird die weitere Vollstreckung der Entscheidung durch die Einlegung des Protestes ausgesetzt.

2. Wenn dem Protest stattgegeben wurde, muß das Organ, dessen Entscheidung aufgehoben oder geändert wurde, die verletzten Rechte unverzüglich, spätestens aber binnen 30 Tagen, sofern der Prokurator nicht eine andere Frist setzt, wiederherstellen. Wenn eine Wiederherstellung des verletzten Rechts nicht möglich ist, ist das Organ verpflichtet, in der gleichen Frist eine andere angemessene Folgenbeseitigung vorzunehmen. Es ist verpflichtet, über die Wiederherstellung der Rechte oder eine andere angemessene Folgenbeseitigung dem Prokurator in der festgesetzten Frist zu berichten.

§ 17

1. Die Prokuratoren geben den Ministerien und anderen Organen der staatlichen Verwaltung, den Nationalausschüssen, den wirtschaft-

lichen und anderen Organisationen Hinweise zur Beseitigung der Verletzungen von Gesetzen und anderen Rechtsvorschriften sowie der Ursachen solcher Verletzungen.

2. Wenn in dem Hinweis keine andere Frist festgesetzt wurde, ist das Organ, dem der Hinweis gegeben wurde, verpflichtet, binnen 30 Tagen den Hinweis zu erledigen, Maßnahmen zur Beseitigung der Verletzungen von Gesetzen und anderen Rechtsvorschriften sowie der Ursachen solcher Verletzungen zu treffen und dem Prokurator über das Ergebnis der Erledigung und über die getroffenen Maßnahmen zu berichten.

2. Abschnitt

Strafverfolgung von Personen und Aufsicht über die Einhaltung der Gesetzlichkeit im vorbereitenden Strafverfahren

§ 18

1. Die Prokuratoren wachen darüber, daß alle Straftaten festgestellt und gründlich aufgeklärt werden und verfolgen die Täter nach den Bestimmungen der Strafprozeßordnung. Ebenso verfolgen sie — wenn das Gesetz es bestimmt — die Personen, die Verfehlungen oder Übertretungen begangen haben.

2. Die Prokuratoren üben nach den Bestimmungen der Strafprozeßordnung die Aufsicht über die Einhaltung der Gesetzlichkeit im vorbereitenden Strafverfahren aus.

3. Bei der Erfüllung dieser Aufgaben gewährleisten sie, daß niemand grundlos strafrechtlich verfolgt, ungesetzlich in seiner persönlichen Freiheit beschränkt oder sonstwie ungesetzlich in seinen Rechten beschränkt wird.

§ 19

Die Prokuratoren wirken dahin, daß die Organe der staatlichen Verwaltung, die Nationalausschüsse, die wirtschaftlichen und anderen Organisationen, insbesondere auch die freiwilligen gesellschaftlichen Organisationen sich daran beteiligen, eine strafbare Tätigkeit zu verhindern und ihr vorzubeugen, und daß sie zur Vertiefung der erzieherischen Wirkung des Strafverfahrens beitragen.

3. Abschnitt

Aufsicht über die Gesetzmäßigkeit des Verfahrens und der Entscheidungen bei den Gerichten und staatlichen Notariaten und Beteiligung am Verfahren vor den Gerichten und den staatlichen Notariaten

§ 20

1. Die Prokuratoren führen nach den Bestimmungen der Vorschriften über die Verfahren vor den Gerichten und den staatlichen Notariaten die Aufsicht über die Gesetzmäßigkeit des Verfahrens und

der Entscheidungen bei den Gerichten und den staatlichen Notariaten sowie auch über die Gesetzmäßigkeit der Vollstreckung ihrer Entscheidungen.

2. Die Prokuratoren beteiligen sich nach der Strafprozeßordnung am gerichtlichen Strafverfahren.

3. Die Prokuratoren sind berechtigt, nach den Bestimmungen über die Verfahren vor den Gerichten und den staatlichen Notariaten Anträge auf Einleitung des Verfahrens zu stellen und jederzeit in das Verfahren einzutreten, wenn sie der Ansicht sind, daß das Interesse der Gesellschaft oder der Schutz der Rechte der Bürger es erfordert, und sich an diesen Verfahren zu beteiligen.

§ 21

Gegen Entscheidungen der Gerichte und staatlichen Notariate, die den Gesetzen oder anderen Rechtsvorschriften widersprechen, legen die Prokuratoren Rechtsmittel nach den Bestimmungen der Vorschriften über das Verfahren vor den Gerichten und den staatlichen Notariaten ein.

§ 22

1. Der Generalprokurator legt nach den Bestimmungen der Strafprozeßordnung und der Bürgerlichen Gerichtsordnung Beschwerde wegen Verletzung des Gesetzes gegen rechtskräftige Entscheidungen, durch die ein Gesetz verletzt wurde, sowie gegen rechtskräftige Entscheidungen, die auf Grund eines Verfahrensfehlers ergangen sind, ein.

2. Der Kreisprokurator legt nach den Bestimmungen des Gesetzes über die örtlichen Volksgerichte Beschwerde wegen Verletzung des Gesetzes gegen rechtskräftige Entscheidungen der Bezirksgerichte, durch die über die Berufung gegen Entscheidungen der örtlichen Volksgerichte entschieden wurde, ferner nach den Bestimmungen der Bürgerlichen Gerichtsordnung gegen rechtskräftige Entscheidungen der Bezirksgerichte in Sachen, in denen diese Gerichte endgültig entscheiden, ein, wenn durch diese Entscheidungen das Gesetz verletzt wurde.

3. Der Bezirksprokurator legt nach dem Gesetz über die örtlichen Volksgerichte Beschwerde wegen Verletzung des Gesetzes gegen rechtskräftige Entscheidungen der örtlichen Volksgerichte ein, wenn durch sie das Gesetz verletzt wurde.

§ 23

1. Der Generalprokurator ist berechtigt, an den Sitzungen des Plenums und des Präsidiums des Obersten Gerichts teilzunehmen. An diesen Sitzungen nimmt er stets teil, wenn über eine Beschwerde wegen Verletzung des Gesetzes verhandelt wird.

2. Der Generalprokurator ist berechtigt, beim Plenum des Obersten Gerichts Anträge zu stellen, im Interesse der Sicherstellung einer einheitlichen Rechtsprechung der Gerichte den Gerichten Richtlinien für eine richtige Auslegung der Gesetze und anderen Rechtsvorschriften zu geben.

3. Der Kreisprokurator ist berechtigt, an den Sitzungen des Präsidiums des Kreisgerichts teilzunehmen. An einer solchen Sitzung nimmt er stets teil, wenn über eine Beschwerde wegen Verletzung des Gesetzes verhandelt wird.

4. Abschnitt

Aufsicht über die Einhaltung der Gesetzlichkeit an den Orten, an denen Haft, die Strafe der Freiheitsentziehung, Schutzheilung und Schutzerziehung vollstreckt werden

1. Die Prokuratoren wachen darüber, daß an den Orten, an denen Haft, die Strafe der Freiheitsentziehung, Schutzheilung und Schutzerziehung vollstreckt werden, die Personen nur auf Grund der Entscheidung eines hierzu befugten Organs festgehalten werden und daß die Vorschriften, die für die Vollstreckung der Haft, der Strafe der Freiheitsentziehung, der Schutzheilung und der Schutzerziehung gelten, genau eingehalten werden.

2. Bei der Ausübung der Aufsicht an den Orten, an denen die Strafe der Freiheitsentziehung vollstreckt wird, achten die Prokuratoren ferner darauf, daß die Gesetze und anderen Rechtsvorschriften über die Sicherstellung und Durchführung der Umerziehung bei der Vollstreckung der Strafe der Freiheitsentziehung eingehalten werden.

§ 25

1. Die Prokuratoren sind verpflichtet, an den im § 24 Abs. 1 angeführten Orten regelmäßig Überprüfungen vorzunehmen, sich mit der Tätigkeit der Verwaltungen dieser Orte bekannt zu machen und die Durchführung von Anweisungen und Entscheidungen auszusetzen, gegebenenfalls sie aufzuheben, wenn sie den Gesetzen und anderen Rechtsvorschriften widersprechen.

2. Der Prokurator ist verpflichtet, Personen, die an diesen Orten ungesetzlich festgehalten werden, sofort zu entlassen.

§ 26

Bei der Ausübung der Aufsicht nach den Bestimmungen des § 24 sind die Prokuratoren berechtigt,

— die in den Bestimmungen des § 24 Abs. 1 angeführten Orte jederzeit zu besuchen, wobei sie dort freien Zutritt in alle Räume haben,

— in die Urkunden, nach denen diesen Personen die Freiheit entzogen wurde, einzusehen und mit diesen Personen ohne Anwesenheit anderer Personen zu sprechen,
— zu überprüfen, ob die Anweisungen und Entscheidungen der Verwaltungen der in den Bestimmungen des § 24 Abs. 1 angeführten Orte oder der ihnen übergeordneten Organe, soweit sie die Vollstreckung der Haft, der Strafe der Freiheitsentziehung, der Schutzheilung und der Schutzerziehung betreffen, den Gesetzen und anderen Rechtsvorschriften entsprechen,
— von den Arbeitskräften der Verwaltungen der im § 24 Abs. 1 angeführten Orte die erforderlichen Aufklärungen und die Vorlage von Akten, Urkunden, Anweisungen und Entscheidungen, soweit sie die Vollstreckung der Haft, der Strafe der Freiheitsentziehung, der Schutzheilung und der Schutzheilung betreffen, zu verlangen.

§ 27

1. Die Verwaltungen der in den Bestimmungen des § 24 Abs. 1 angeführten Orte sind verpflichtet, die Anweisungen des Prokurators, die die Einhaltung der für die Vollstreckung der Haft, der Strafe der Freiheitsentziehung, der Schutzheilung und der Schutzerziehung geltenden Vorschriften betreffen, auszuführen.

2. Die Verwaltungen der in den Bestimmungen des § 24 Abs. 1 angeführten Orte sind verpflichtet, binnen 24 Stunden dem Prokurator eine für ihn bestimmte Beschwerde oder Anzeige einer an diesen Orten festgehaltenen Person zu übermitteln.

3. Die Prokuratoren sind verpflichtet, darüber zu wachen, daß die Beschwerden und Anzeigen der an den in den Bestimmungen des § 24 Abs. 1 angeführten Orten festgehaltenen Personen unverzüglich den Organen oder Funktionären, an die sie gerichtet sind, übersandt werden.

3. Teil

Die von Untersuchungsführern der Prokuratur durchgeführten Untersuchungen

§ 28

Bei der Untersuchung von Straftaten verfahren die Untersuchungsführer der Prokuratur nach den Bestimmungen der Strafprozeßordnung.

§ 29

Der Prokurator wirkt bei der Untersuchung auf die Untersuchungsführer der Prokuratur dadurch ein, daß er die Aufsicht über die Untersuchung nach den Bestimmungen der Strafprozeßordnung ausübt.

4. Teil

Organisation der Prokuratur

§ 30

1. Die Prokuratur gliedert sich in die Generalprokuratur, zu der als Bestandteil die Hauptmilitärprokuratur gehört, in die Kreisprokuraturen und die Stadtprokuratur in Prag, in die Höheren Militärprokuraturen, die Bezirksprokuraturen, die Sprengelprokuraturen auf dem Gebiete der Hauptstadt Prag und die Militärdistriktsprokuraturen.

2. Die Sitze und Sprengel der Kreis- (Bezirks-) prokuraturen stimmen mit den Sitzen und Sprengeln der Kreis-(Bezirks-)nationalausschüsse überein. Sitz und Sprengel der Stadtprokuratur in Prag stimmt mit dem Sitz und Sprengel des Nationalausschusses der Hauptstadt Prag überein; Sitz und Sprengel der Sprengelprokuraturen auf dem Gebiete der Hauptstadt Prag stimmen mit den Sitzen und Sprengeln der Gebietsnationalausschüsse überein.

3. Der Generalprokurator kann Ausnahmen von den Bestimmungen des Absatzes 2 treffen. Eine solche Maßnahme wird in der Sammlung der Gesetze bekannt gemacht.

§ 31

Die Sitze, die Sprengel und die Zuständigkeit der Höheren Militärprokuraturen und der Militärdistriktsprokuraturen werden durch den Generalprokurator im Einvernehmen mit dem Minister für nationale Verteidigung bestimmt.

§ 32

1. An der Spitze der Hauptmilitärprokuratur steht der Hauptmilitärprokurator.

2. An der Spitze der Kreisprokuraturen (der Stadtprokuratur) stehen die Kreisprokuratoren (der Stadtprokurator); an der Spitze der Bezirksprokuraturen (Sprengelprokuraturen) stehen die Bezirksprokuratoren (Sprengelprokuratoren).

3. An der Spitze der Höheren Militärprokuraturen stehen die Höheren Militärprokuratoren; an der Spitze der Militärdistriktsprokuraturen stehen die Militärdistriktsprokuratoren.

4. Bei einzelnen Prokuraturen sind Prokuratoren und Untersuchungsführer der Prokuratur tätig, die den leitenden Prokuratoren (Abs. 1 bis 3) und gemeinsam mit diesen dem Generalprokurator untergeordnet sind.

§ 33

1. Der Generalprokurator leitet und kontrolliert die Tätigkeit aller Prokuraturen. Zur Erfüllung der Aufgaben der Prokuratur erläßt er Anordnungen und Weisungen, die für alle Prokuratoren und Untersuchungsführer der Prokuratur verbindlich sind.

2. Den Generalprokurator vertreten in dem festgelegten Umfang die Stellvertreter des Generalprokurators und bei der Erfüllung der Aufgaben bei den bewaffneten Kräften und bewaffneten Korps der Hauptmilitärprokurator.

§ 34

Einer der Stellvertreter des Generalprokurators ist der Vertreter des Generalprokurators für die Slowakei, der in dem vom Generalprokurator bestimmten Umfang insbesondere

a) die Aufgaben des Generalprokurators in Beziehung zum Slowakischen Nationalrat, zu dessen Präsidium und zu dessen Kommissionen erfüllt,
b) die Ausübung der Aufsicht über eine gründliche Durchführung und Einhaltung der Gesetze und anderen Rechtsvorschriften durch die Kommissionen und Beauftragten des Slowakischen Nationalrats, soweit sie Aufgaben der Staatsverwaltung erfüllen, und durch andere gesamtslowakische Organe und Organisationen, gewährleistet,
c) die Tätigkeit der Kreis- und Bezirksprokuraturen in der Slowakei auf dem Gebiete der allgemeinen Aufsicht leitet,
d) den Kontakt mit den slowakischen nationalen Organen und Organisationen der Werktätigen gewährleistet.

§ 35

Die Kreisprokuratoren (der Stadtprokurator), die Höheren Militärprokuratoren, die Bezirksprokuratoren (Sprengelprokuratoren) und die Militärdistriktsprokuratoren können Stellvertreter haben, von denen sie in dem festgelegten Umfang vertreten werden.

§ 36

1. Die Aufsicht über die Einhaltung der Gesetzlichkeit durch Organe und Organisationen, deren Wirkungsbereich über den Sprengel einer Kreis-(Stadt-)prokuratur hinausgeht, üben der Generalprokurator und in dem von ihm bestimmten Umfang die bei der Generalprokuratur tätigen Prokuratoren aus.

2. Die Aufsicht über die Einhaltung der Gesetzlichkeit durch Organe und Organisationen, deren Wirkungsbereich über den Sprengel einer Bezirks-(Sprengel-)prokuratur hinausgeht, üben die Kreisprokuratoren (der Stadtprokurator) und in dem von ihnen bestimmten Umfang die bei den Kreisprokuraturen (bei der Stadtprokuratur) tätigen Prokuratoren aus.

3. Die Aufsicht über die Einhaltung der Gesetzlichkeit durch die übrigen Organe und Organisationen üben die Bezirks-(Sprengel-)prokuratoren und in dem von ihnen bestimmten Umfang die bei den Bezirks-(Sprengel-)prokuraturen tätigen Prokuratoren aus.

4. Der Generalprokurator kann Ausnahmen von den Bestimmungen der Absätze 1 bis 3 treffen.

5. Teil

Prokuratoren, Untersuchungsführer der Prokuratur und Rechtsanwärter der Prokuratur

§ 37

1. Zum Prokurator oder Untersuchungsführer der Prokuratur kann ein politisch und fachlich reifer, unbescholtener, tschechoslowakischer Bürger bestellt werden, der
a) das Alter von mindestens 23 Jahren erreicht hat,
b) eine vollständige juristische Hochschulausbildung hat,
c) während einer bestimmten Zeit Rechtsanwärterpraxis geleistet und erfolgreich die Schlußprüfung abgelegt hat.

2. Militärprokurator oder Untersuchungsführer der Militärprokuratur kann nur ein aktiver Justizoffizier sein.

3. Der Generalprokurator kann bei der Bestellung eines Prokurators aus wichtigen Gründen ausnahmsweise die Anwärterpraxis und die Ablegung der Schlußprüfung erlassen, wenn der Bestellte auf andere Weise Gewähr für eine richtige Ausübung der Funktion eines Prokurators bietet; bei der Bestellung zum Untersuchungsführer der Prokuratur kann er unter den gleichen Voraussetzungen auch die juristische Hochschulausbildung erlassen.

§ 38

Die Vertreter des Generalprokurators und des Hauptmilitärprokurators werden vom Generalprokurator ernannt und abberufen. Auch die übrigen Prokuratoren und Militärprokuratoren und die Untersuchungsführer der Prokuratur werden vom Generalprokurator in ihre Funktionen eingesetzt und aus diesen abberufen.

§ 39

Die Prokuratoren und die Untersuchungsführer der Prokuratur legen bei ihrer ersten Bestellung in die Hände des ihnen übergeordneten Prokurators folgendes Gelöbnis ab: „Ich gelobe auf Ehre und Gewissen, daß ich der CSSR und der Sache des Sozialismus treu sein werde, daß ich über die sozialistische Gesetzlichkeit wachen, sie durchsetzen und festigen werde, daß ich bei der Erfüllung meiner Pflichten die Interessen der Republik und des werktätigen Volkes achten und über amtliche Angelegenheiten Stillschweigen bewahren werde.“

§ 40

1. Die Arbeitsverhältnisse der Prokuratoren und der Untersuchungsführer der Prokuratur werden durch die allgemeinen Rechtsvorschriften geregelt, soweit dieses Gesetz nichts anderes bestimmt.

2. Das Arbeitsverhältnis der Prokuratoren und der Untersuchungsführer der Prokuratur entsteht durch Einsetzung in die Funktion eines Prokurators oder eines Untersuchungsführers der Prokuratur.

3. Das Arbeitsverhältnis eines Prokurators oder eines Untersuchungsführers der Prokuratur endigt,

a) wenn dem Prokurator oder dem Untersuchungsführer der Prokuratur die dienststrafrechtliche Maßnahme der Entlassung auferlegt wurde,

b) wenn der Prokurator oder der Untersuchungsführer der Prokuratur die Voraussetzungen für den Anspruch auf eine volle Alters- oder Invalidenrente erfüllt hat und zwar, wenn der Prokurator oder der Untersuchungsführer der Prokuratur darum nachsucht oder der Generalprokurator so entscheidet.

§ 41

Ein Prokurator oder ein Untersuchungsführer der Prokuratur kann auf seine Funktion verzichten. Die Erklärung hierüber muß schriftlich sein. Der Generalprokurator kann die Verzichtleistung auf die Funktion nur ausnahmsweise aus wichtigen gesamtgesellschaftlichen Gründen ablehnen.

§ 42

1. Für das militärische Dienstverhältnis der bei der Prokuratur tätigen aktiven Soldaten gelten, soweit dieses Gesetz nichts anderes bestimmt, die auf Soldaten bezüglichen Rechtsvorschriften sowie auch die militärischen Dienstvorschriften und Ordnungen.

2. Personalamt der bei der Prokuratur tätigen Soldaten und der übrigen bei den Militärprokuraturen Angestellten ist das Ministerium für nationale Verteidigung.

§ 43

1. Die Prokuratoren und die Untersuchungsführer der Prokuratur sind verpflichtet, bei der Erfüllung ihrer Aufgaben die Gesetze und anderen Rechtsvorschriften einzuhalten, sie im Interesse des werktätigen Volkes auszulegen und gerecht zu entscheiden. Sie sind verpflichtet, die dienstlichen Anweisungen zu beachten und in amtlichen Angelegenheiten Stillschweigen zu bewahren, sofern sie nicht von dieser Pflicht für einen bestimmten Fall durch den Generalprokurator befreit wurden. Ferner sind sie verpflichtet, während der Ausübung ihrer Funktion sich auch im bürgerlichen Leben von allem fernzuhalten, was die Würde der Prokuratur beeinträchtigen oder das Vertrauen der Bürger zu ihr mindern könnte.

2. Die Prokuratoren und die Untersuchungsführer der Prokuratur handeln bei der Erfüllung ihrer Aufgaben in engem Zusammenwirken mit den anderen staatlichen Organen, insbesondere mit den Nationalausschüssen und den freiwilligen gesellschaftlichen Organisationen der Werktätigen und bemühen sich darum, daß die breitesten Schichten der Bürger in den Kampf gegen Verletzung der sozialistischen Gesetzlichkeit eingeschaltet werden.

3. Die Prokuratoren und die Untersuchungsführer der Prokuratur sind verpflichtet, ihre Kenntnisse und Erfahrungen für eine politische und erzieherische Tätigkeit unter den Bürgern, ausgerichtet auf die Festigung der sozialistischen Beziehungen zwischen den Bürgern und auf eine Vertiefung des sozialistischen Rechtsbewußtseins der Werktätigen, zu nutzen. Sie machen die Bürger mit den Grundsätzen der sozialistischen Rechtsordnung bekannt und nutzen dabei die Erkenntnisse aus der Arbeit der Prokuratur.

§ 44

1. Die Prokuratoren und die Untersuchungsführer der Prokuratur dürfen ohne Zustimmung des Generalprokurators keine bezahlte Nebentätigkeit ausüben, ausgenommen wissenschaftliche, publizistische und künstlerische Tätigkeiten und pädagogische Tätigkeit an Hochschulen.

2. Die Prokuratoren und die Untersuchungsführer der Prokuratur sind verpflichtet, auch nach Beendigung ihres Arbeitsverhältnisses Stillschweigen zu bewahren und alle Verpflichtungen zu erfüllen, die während der Dauer ihres Arbeitsverhältnisses entstanden sind.

§ 45

1. Eine schuldhafte Verletzung der Pflichten eines Prokurators oder eines Untersuchungsführers der Prokuratur, insbesondere eine Verletzung der Arbeitsdisziplin, schwere Fehler bei der Erfüllung der Arbeitspflichten, unwürdiges Verhalten bei Ausübung des Dienstes oder im bürgerlichen Leben sind dienststrafrechtliche Verfehlungen; bei Soldaten, die bei der Prokuratur tätig sind, sind es Disziplinarübertretungen.

2. Für eine dienststrafrechtliche Verfehlung wird den Prokuratoren und den Untersuchungsführern der Prokuratur eine dienststrafrechtliche Maßnahme auferlegt. Solche sind

a) Rüge,
b) öffentliche Rüge,
c) Herabsetzung des Funktionsgehalts um höchstens 10 %, und zwar längstens auf die Dauer von drei Monaten,
d) Versetzung in eine andere Funktion,
e) Entlassung.

§ 46

1. Die Dienststrafgewalt über die Prokuratoren und die Untersuchungsführer der Prokuratur obliegt dem Generalprokurator. Dieser übt sie nach einer besonderen Ordnung aus, die er selbst erläßt.

2. Die Disziplinargewalt über Soldaten, die bei der Prokuratur tätig sind, übt der Generalprokurator nach den für sie geltenden Vorschriften aus.

§ 47

1. Das Dienststrafverfahren ist binnen eines Monats von dem Tage ab, an dem die dienststrafrechtliche Verfehlung ans Licht kam, spätestens aber binnen eines Jahres, und wenn es sich um eine Verfehlung, die bei Arbeitsüberprüfungen festgestellt wurde, binnen zweier Jahre von dem Tage ab, an dem der Prokurator oder der Untersuchungsführer der Prokuratur die Verfehlung begangen hat, einzuleiten.

2. Wenn gegen den Prokurator oder den Untersuchungsführer der Prokuratur die Verfolgung wegen einer Straftat solcher Art, daß das einen Einfluß auf sein weiteres Verbleiben in seiner Funktion haben kann, eingeleitet wurde, kann das Dienststrafverfahren auch nach Ablauf der im Absatz 1 angeführten Fristen eingeleitet werden, sofern nicht eine Verjährung der Strafverfolgung nach den entsprechenden Bestimmungen des Strafgesetzes eingetreten ist.

§ 48

1. Wenn ein Prokurator oder ein Untersuchungsführer der Prokuratur in den begründeten Verdacht einer dienststrafrechtlichen Verfehlung solchen Charakters kommt, daß durch sein weiteres Verbleiben in der Arbeit ein wichtiges öffentliches Interesse bedroht würde, oder wenn er in Haft genommen wurde, entbindet ihn der zuständige Kreis-(Stadt-)prokurator, gegebenenfalls der Generalprokurator, von der Ausübung der Arbeit. Sofern ihn der Kreis-(Stadt-)prokurator von der Ausübung der Arbeit entbindet, setzt dieser unverzüglich den Generalprokurator davon in Kenntnis.

2. Für die Dauer der Dienstenthebung stehen einem ledigen Prokurator oder Untersuchungsführer der Prokuratur 30 % und einem verheirateten 50 % des Grundgehalts zu. Dieser Teil des Grundgehalts erhöht sich um 10 % für jedes Kind, für das ihm eine Kinderzulage zusteht, höchstens aber bis zur Höhe von zwei Dritteln des Grundgehalts. Die Kinderzulage steht ihm ungekürzt zu. Andere Einnahmen mit dem herabgesetzten Grundgehalt das Grundgehalt überwährend dieser Zeit zufließen, werden angerechnet, sofern sie zusammen mit dem herabgesetzten Grundgehalt das Grundgehalt übersteigen.

3. Wenn die Umstände, die die Dienstenthebung begründeten, wegfallen, hebt der Generalprokurator die Dienstenthebung auf. Wenn das Dienststrafverfahren mit Einstellung endigte, werden die nicht ausbezahlten Bezüge nachgezahlt.

§ 49

Verfehlungen und Übertretungen von Prokuratoren und Untersuchungsführern der Prokuratur nach dem Gesetz Nr. 38/1961 Sb. über die örtlichen Volksgerichte und nach dem Gesetz Nr. 60/1961 Sb.

über die Aufgaben der Nationalausschüsse bei der Sicherung der sozialistischen Ordnung werden als dienststrafrechtliche Verfehlungen nach diesem Gesetz beurteilt.

§ 50

1. Der Generalprokurator hat die Stellung eines führenden Zentralorgans.

2. Für die Bezüge des Generalprokurators gelten die Bestimmungen über die Bezüge der Minister, für die Bezüge der Stellvertreter des Generalprokurators gelten die Bestimmungen über die Bezüge der Stellvertreter der Minister.

3. Die Gehaltsverhältnisse der Prokuratoren, der Untersuchungsführer der Prokuratur und der Rechtsanwärter der Prokuratur werden durch besondere Vorschriften geregelt.

§ 51

1. Die Rechtsanwärter der Prokuratur werden vom Generalprokurator eingestellt. Für die Arbeitsverhältnisse der Rechtsanwärter der Prokuratur, ausgenommen die Rechtsanwärter bei den Militärprokuraturen, gelten die allgemeinen Rechtsvorschriften.

2. Rechtsanwärter bei einer Militärprokuratur kann nur ein Berufssoldat sein.

6. Teil

Schlußbestimmungen

§ 52

Aufgehoben werden

a) das Gesetz Nr. 65/1956 Sb. über die Prokuratur,

b) die Bestimmungen des Gesetzes Nr. 67/1950 Sb. über die Arbeits- und Gehaltsverhältnisse der Berufsrichter, Prokuratoren und Richteranwärter (Richtergesetz), soweit sie sich auf die Prokuratoren beziehen.

§ 53

Dieses Gesetz tritt am 1. August 1965 in Kraft.

XI. VERORDNUNG DES JUSTIZMINISTERS UND DES GENERALPROKURATORS VOM 28. DEZEMBER 1961, NR. 151 Sb., ÜBER DAS STRAFREGISTER

Der Justizminister und der Generalprokurator ordnen zur Durchführung des Gesetzes vom 29. November 1961, Nr. 141/1961 Sb., über das gerichtliche Strafverfahren (Strafprozeßordnung) an:

§ 1

Das Strafregister wird von der Generalprokuratur geführt.

§ 2

1. In das Strafregister werden rechtskräftige Verurteilungen wegen einer Straftat eingetragen, und zwar auch dann, wenn von der Bestrafung abgesehen wurde.

2. Entscheidungen eines örtlichen Volksgerichts über eine Straftat werden in der Strafregister nicht eingetragen.

3. Auf Anweisung des Justizministers werden in das Strafregister auch Verurteilungen, die durch ausländische Gerichte ausgesprochen wurden, eingetragen.

§ 3

Eintragungen, die sich auf Personen beziehen, die verstorben oder älter als 80 Jahre sind, werden aus dem Strafregister entfernt.

§ 4

Die Gerichte und anderen staatlichen Organe sind verpflichtet, unverzüglich der Generalprokuratur alle für eine Eintragung in das Strafregister oder für die Änderung einer Eintragung wichtigen Tatsachen mitzuteilen.

§ 5

1. Einem Nationalausschuß, einem örtlichen Volksgericht oder einem anderen staatlichen Organ sowie auch einer staatlichen oder anderen sozialistischen Organisation wird auf deren Ersuchen ein Strafregisterauszug ausgestellt. Ein Strafregisterauszug wird auf Ersuchen auch der Person, auf die sich die Eintragung bezieht, ausgestellt.

2. Im Strafregisterauszug werden alle bis dahin nicht getilgten Verurteilungen wegen Straftaten, soweit der Täter nicht nach dem Gesetz anzusehen ist, als ob er nicht verurteilt worden wäre (§ 39 Abs. 3, § 50 Abs. 2, § 60 Abs. 4 und § 70 Abs. 3 StG), aufgeführt[41].

§ 6

Für Zwecke eines Strafverfahrens wird einem Gericht, Prokurator, Untersuchungsorgan und dem Justizministerium eine Abschrift des Strafregisters ausgestellt.

§ 7

Die Verordnung der Minister für Justiz, Inneres und nationale Verteidigung Nr. 51/1957 Sb. über das Strafregister i. d. F. der Verordnung Nr. 66/1958 Sb. wird aufgehoben.

§ 8

Diese Verordnung tritt am 1. Januar 1962 in Kraft.

---

[41] Nicht aufgeführt im Strafregister werden auch Verurteilungen nach § 227 StPO und Urteile, in denen von der Bestrafung abgesehen wurde (§§ 24, 25, 77 StG).

SACHVERZEICHNIS

(Die Zahlen bezeichnen die Seiten)

Abberufung eines Richters 180, 198, 208
Abgabe an das örtliche Volksgericht 36, 96, 98, 104, 113, 125, 133, 209
— von Strafsachen 41, 96, 104, 113, 124, 133, 209, 216, 222
Abgeordnete, Strafverfolgung 178
Ablehnung eines Richters 45
Abnahme einer Strafsache 43, 44, 189
— von Sachen 66
Abolition 38, 168, 178
Abordnung von Richtern 201
Absehen von der Bestrafung 36, 166, 276
— von der Strafvollstreckung 155, 160, 163, 164, 247
Absetzung von Richtern 180, 198, 208
Abstimmung 56, 60, 83, *84*, 189, 215
Abtrennung von Strafsachen 43, 92, 115, 134, 138
Abtretung s. Abgabe, Verweisung
Abwesende, Verfahren gegen — 97, 118, 120, 121, 135, 147, 149, 214, 223
Adhäsionsverfahren 1, 3, 18, 26, 50, 94, 126, 131, 134, 136, 215
Advokat s. Rechtsanwalt
Advokaten-Beratungsstelle 49
Advokaturgesetz 16, 47
Akteneinsicht *60*, 77, 101, 111, 227
aktive Soldaten 41
Amnestie 38, 126, 141, 168, 178
Amtsblatt 29
—enthebung von Richtern s. Enthebung
—hilfe 37, 206
Angeklagter 40, 120
Anhaltung von Sendungen 46, 70
Anklage 108, 109, 120
—prinzip 35, 109, 124, 150, 212
Ankläger, gesellschaftlicher 25, 26, 37, 40, 45, 60, 85, 110, 115—117, 122, 123
Annahme der Anklage 110, 115
Anrechnung von Haft und Strafe 158
Anschlußverfahren s. Adhäsionsverfahren
Antrag 57, 212
Anzeige einer Straftat 57
Arbeit 244, 253
—sdisziplin 181, 212, 258, 273
—slager 11, 13, 19, 20
Aufschub der Strafvollstreckung 36, 82, 140, 143, *154*, 156, 159, 160, 169
Augenschein 79
ausländisches Urteil 106, 276
Auslandstaten 42
Auslieferung 48, 106, 107, 108, 155, 170, 172, 173, 248
Aussageverweigerung 75, 120, 121
Ausschließung von Amtspersonen 45
Ausschluß der Öffentlichkeit 35, 117, 130, 147, 180
Aussetzung s. Bewährung, Aufschub
Ausweisung 106, 155, 248
Autoremedur 91, 230, 263

bedingte Entlassung 4, 36, 37, *157*, 168, 249
—r Strafaufschub s. Aufschub
— Verurteilung 4, 36, *155*
Befangenheit 45
Beitreibung 161, 167, 224
Belohnungen 242
beneficium cohaesionis 93, 135, 137, 144

Beratung 83
Berichtigung des Protokolls 56, 73
Berichtigung des Urteils 85
Berufsrichter 179, 182, 185, 189, 191, 193, 200
Berufung 130, 184, 216, 229
Beschlagnahme einer Sache 50, 66, 109, 127, 129
Beschluß 86
Beschuldigter 40, 46, 72, 98
Beschwerde 89, 244
— wegen Verletzung des Gesetzes 27, 136, 176, 186, 190, 192, 218, 266
Besoldung 200, 202, 275
Besserung 37, 105, 156, 157, 158, 181, 206, 210, 237
—seinheiten, militär. 256
—seinrichtungen 29, 58, 62
—s-Erziehungs-Anstalten 32, 103, *236*
—s-Erziehungs-Gruppen 32, 237
—smaßnahme 158
Besuche 238, 240, 242, 253
beteiligte Person 40, 50
Betriebswache 256
Bevollmächtigter 53
Bewährung 156, 157, 237
Beweisverfahren 35, *71*, 115, 120, 123, 129, 130, 134, 136
—würdigung, freie 35
Bezirksgericht 20, 24, 39, 41, 184
Blockverfahren 16, 23
Blutprobe 80
Briefgeheimnis 178
Brigadegerichte 11
Bürgschaft f. d. Besserung d. Beschuldigten 25, 36, 63, 82—84, 96, 105, 112, 113, 156, 157, 159, 166

DDR 15
Dekrete 9, 11
Delegation 43, 44, 107, 189, 209
deutsches Recht in der CSR 7
Devolutionsrecht 43, 44
Dienstenthebung, Dienstentlassung 180, 198, 208, 273, 274
—straforgan 221
—strafrecht 22, 31, 61, 201, 220, 221, 224, 273
—unfall 203
Differenzierung der Strafvollstreckung 29, 237, 252
Diktaphon 55
Diplomaten 38, 59, 176, 234
Disziplinarrecht 22, 31, 62, 96, 105, 113, 201, 220, 221, 242, 273
Divisionsgerichte 11
Dolmetscher 44, 55
Durchsuchung 68, 79

ehrenwörtliche Erklärung 227
Eid 26, 175
Eigentum, sozialistisches 51, 52, 102, 181, 206, 210, 221, 258
Eingaben 57
Einleitung der Strafverfolgung 97
Einstellung des Verfahrens 39, 105, 113, 125, 127, 133, 141, 216
Einzelhaft 243
—richter 17, 35, 63, 79, 115
Enthebung eines Prokurators 274, Richters 180, 198, 200, 208
Entlassungsfürsorge 251
Entlassung, bedingte 4, 36, 37, *157*, 168, 249
Entschädigung für Haft u. Strafe 4, 170
Entwendungen 22, 32, 102, 149, 220, *221*
Ergänzung ds Beweisverfahrens 100, 122, 123, 134, 136, 140
— des Protokolls 56
— der Entscheidung 92, 138
— der Untersuchung 100, 101, 113 bis 115, 124, 135, 144, 145
—swahlen 196, 208
Erhebung der Beschuldigung 62, 98, 146
Erklärung, ehrenwörtliche 227
Ermahnung 215
Ermittlungsorgane 28, 31, 39, 54, 95, 102—104
—verfahren 95
Ersatzrichter 116
—strafe 161
—vornahme 232
—zustellung 59
ersuchter Richter 54
erzieherische Aufgaben 25, 35, 37, 53, 105, 117, 148, 156, 157, 159, 165, 181, 191, 197, 205, 206, 215, 225, 236, 249, 252, 265, 273

Erziehungsanstalten 29, 32, 165
—gruppen 32, 237
Exemtion 38, 59, 178, 234
Exhumierung 80, 107
Exterritorialität 38, 59, 178
Exzesse 102, 235

Familiengesetz 47
Fangfragen 73, 75
Feldgerichte 9, 19
Fernschreiber 57
Festnahme, vorläufige 64
Flüchtige 97, 149
Fluchtverdacht 62, 153, 154, 165, 174, 248
forum delicti commissi 42
Fragerecht 122, 147
Freiheitsentziehung 153, 236, 267
Freispruch 82, 126, 216
Freizügigkeit 178
Frist 57, 92, 131, 132, 229
Funktionäre 42, 200, 244, 268

Gebühren 76, 79, 219
Gefällsstrafgerichte 5, 19
Gefängnisordnung 166, 242, 257
Geisteskrankheit 77, 80, 106, 148, 155, 248
Geisteszustand, s. Untersuchung a. d. G.
Geldstrafe 160, 215, 224, 232
Gelöbnis 44, 78, 194, 208, 259, 271
Gemeindegerichtsbarkeit 4, 5
Generalprokurator 190, 258, *259*, 269
Genossenschaften 224
Gericht (Begriff) 39
—sorganisation 2, 4, 10, 17, 20, 23, 178, *181*
—ssekretäre 27, 177
—ssprache 35, 44, 55, 183
—sverwaltung 191
Gesamtstrafe 83, 145, 169, 173, 255
Geschädigter *50*, 57, 116, 120, 122, 123, 126, 127, 131
geschlossene Abteilung 243, 253
Geschworenengericht 2—4, 10, 17
gesellschaftliche Ankläger s. Ankläger
— Organisationen s. Organisationen
— Verteidiger s. Verteidiger

Gesetzausgaben 6, 9, 12, 13, 29, 30
gesetzlicher Vertreter 47
Gesetzlichkeit, sozialistische 20, 25, 27, 28, 34, 36, 198, 205, 258, 259, 260, 272
Geständnis 21, 28, *35*, 72, 99
Gewerkschaft 25, 36, 110, 159, 202, 205—208, 210, 222, 223
Gnadenerweis 37, 38, 126, 152, *168*, 178
Grenzwache 41, 103
Gutachten des Sachverständigen 77, 121

Haft 46, *62*, 97, 107, 114, 140, 145, 146, 158, 166, 170, 172, 174, 267
—beschwerde 90
—entschädigung 4, 170
—prüfung 63
Handlungen des Strafverfahrens 53
Handschriftenprobe 73, 76
Hauptgerichte 10, 17
Hauptmilitärprokurator 269
Hauptverhandlung 115, 147
Hausdurchsuchung 68
Herausgabe von Sachen 66
Hilfsperson des Strafverfahrens 44
Hinterlegung 59, 60
Höherer Militärprokurator 40, 269
Höheres Militärgericht 39, 181, 187

Immunität 38, 59, 176, 178, 234
Innere Wache 41
Instruktionen 16, 192, 205
internationale Rechtshilfe 175
—s Privat- u. Prozeßrecht 175
Isolierung, verschärfte 29, 238

Jugendfürsorge 72, 94, *146*, 165, 168, 210, 251
—gerichte 4, 17
—liche 146, 210, *251*
—strafverfahren 4, 17, 72, 97, 113, *146*, 165, 168, 210, 251
—verband, Csl. 36, 110, 206, 210
Justizministerium 29, 190, 191, 192, 198, 199, 204
—offizier 53, 271
—verwaltung 191

Kader 185, 187, 191, 192
Kameradengerichte 23
Kinder 39, 46, 47, 75, 76, 148, 209
Kollegialgerichtsbarkeit 35, 179, 182, 213
Kollegium, militärisches 20, 189, 192
— strafrechtliches 20, 189
Kollusionsgefahr 62
Kommentare s. Gesetzausgaben
Kommunismus 181
Kompetenzkonflikte 43
Konfrontation 73, 76
Konsulargerichtsbarkeit 176
Kontrolle der Strafvollstreckung 250, 254, 267
körperliche Untersuchung 79
Korps f. Besserung u. Erziehung 32, 37, *61*, 103, 237, 244, 249, *254*
— f. nationale Sicherheit 41, 59, 62, 66, 69, 72, 98, 103, 108, 255
— militärische 41
Kosten des Verfahrens *93*, 152, 158, 167, 219, 233
— der Verteidigung 46
— der Vollstreckung 255
Kreisgericht 39, 42, *185*
Kreisprokurator 40, 269
Kriegsgefangene 41, 187

Ladung 46, 59, 72, 74, 77, 116, 128, 149, 213
Landesgerichte 10, 17
—prokurator 10, 17
Landwirtschaftliche Einheitsgenossenschaft 36, 110, 158, 212, 259
Lebensgefährte 48, 75, 131, 148
Legalitätsprinzip 19, 34
Lehrbücher 7, 13, 30
Leichenöffnung 77, 80
—schau 77, 80
Lohnabzug 216, 224, 246, 255, 273, 274

Magnetofon 55
materielle Wahrheit 22, 35, 180, 183
Menschenwürde 236, 258
Milieu 146, 252
Militärdistriktsgerichte 22, 32, 39, 181, 187
—distriktsprokurator 269
—gerichtsbarkeit 2—4, 11, 19, 22, 39, 40, *41*, 42, 53, 84, 103, 148, 156, 167, 181, *187*, 191, 192, 196, 220, 255
—kollegium 20, 189, 192, 193
—prokurator 269, 271
Minderjährige 39, 47
Mündlichkeit 35, 180, 183, 207

Nationalausschüsse 19, 23, 59, 96, 146, 159, 162, 163, 179, 182, 191, 194, 197, 205, 207, 212, 219, 222, 225, 230, 250, 251, 254, 260, 269, 272
Nationalrat, Slowakischer 178, 190, 250, 260, 264, 270
Nationalversammlung 180, 194, 198, 203, 250, 259, 260
Nichtigkeitsbeschwerde 2
— z. Wahrung d. Gesetzes 2, 12, 18
Notariatsordnung 16
Notariat, Staatliches 16, 52, 67, 185, 188, 259, 265
Notveräußerung einer Sache 67
nova 141, 217
nulla poena sine lege 178, 183

Obergerichte 4, 10
Oberlandesgerichte 4
Oberstes Gericht 4, 20, 21, 137, 152, 177, 179, *188*, 195
Öffentlichkeit 35, *117*, 128, 129, 135, 144, 147, 180, 183, 190, 207, 214, 219
Offizialprinzip 1, 18, 34
Opportunitätsprinzip 4
Ordnungsstrafe 61, 167, 262
ordre public 176
Organisationen, gesellschaftliche 25, 34—37, 63, 82—85, 96, 105, 110, 112, 113, 115, 117, 156—159, 166, 167, 169, 182, 206, 210, 250, 251, 254, 265, 272
örtliche Volksgerichte 23, 179, 184, *205*

Parasitentum 102, 235
Partei 40
—kongresse 21, 23, 24
Patronat 206 (§ 4)

Personendurchsuchung 68—70
Plenum 182
Plenum des Obersten Gerichts 21, 139, 188, *190*, 266
Post, Beschlagnahme 70
Präsident der Republik 38, 141, 168, 178, 180, 259
Präsidium 182, 186
Präsidium des Obersten Gerichts 21, 139, 152, 188, *189*, 266
Präsumtion der Nichtschuld 21, 25, 34
Privatanklage 1, 18
Privatbeteiligter s. beteiligte Person
Privat- u. Prozeßrecht, internationales 175
Probezeit 156
Produktionsgenossenschaft 158
Prokurator 4, 18, 20, 40, 95, 106, 166, 178, 180, 183, 249, *257*, 269
Protektorat 7
Protest des Prokurators 21, 231, 263
Protokoll 44, *55*, 65, 67, 70, 73, 76, 84, 103, 120, 121, 122, 153, 214, 215, 223
—verlesung s. Verlesung
—führer 44, 56, 57, 84
Psychiatrische Fürsorge 148

Rechtsanwalt 47, 53, 183, 241
—anwärter 271, 275
—beratungsstelle 49
—bewußtsein, sozialistisches 183, 194, 197, 207, 208, 258, 273
—hilfe 37, 54, 171, 174, 206
—hilfe, internationale 175
—kraft 39, 88
Rechtsmittel, außerordentliche 136, 140, 218
—, ordentliche 89, 130, 216
—belehrung 46, 92, 133, 215, 223, 228
Rechtsverkehr mit dem Ausland 171
Rechtsvorschriften 1918—38 5
— 1938—45 8
— 1945—48 11
— 1948—64 13
reformation in peius 93, 135, 136, 138, 139, 145
Retributionsdekret 11, 13
Richter 180, 183, 193, 197, 207
—anwärter 275
—befähigung 193, 204, 208
—wahl 20, 22, 24, 179, *181*, 193, 207
Rückfalltäter 29, 82, 83, 235
Rücknahme der Anklage 110
— von Rechtsmitteln 132, 133
Rüge, öffentliche 215, 224, 273

Sachbeweis 79, 122
Sachverständiger 77, 121
Sbírka zákonů 12, 29
Schadensersatz 37, *50*, 82, 84, 94, 109, 117, 120, 126, 127, 131, 134, 136, 139, 144, 166, 215, 216, 218, 247
Schauprozeß 19, 25, 36, 117, 191, 214, 219
Schiffe 103
Schöffengericht 4
Schriftführer 44, 56, 57, 84
Schutzerziehung 109, 146, 148, *164*, 165, 267
—heilung 48, 109, 129, *164*, 267
—maßnahmen 82, 84, 109, 127, 152
Schwangere 152, 154, 155, 248
Schweigepflicht 38, 74, 95, 197, 271 bis 273
Schwurgericht s. Geschworenengericht
Selbstverwaltung der Verurteilten 237, 241
Senate 35, 179, 182, 213
Sicherstellung für den Geschädigten 51, 97
— von Sachen 162
Sitzungspolizei 119
Slowakei 178, 190, 270
Slowakische Republik 8, 10
Slowakischer Nationalrat s. Nationalrat
Soldaten, aktive 41
Sondergerichte 10
sowjetischer Einfluß 18, 20, 21, 23, 24, 27, 28
sozialistische Gesetzlichkeit s. Gesetzlichkeit
—s Eigentum s. Eigentum
—s Rechtsbewußtsein s. Rechtsbewußtsein

Sprengelgericht 32, 39, 181
—prokurator 32, 40, 269
Staatsanwalt 1, 4, 10
Staatsgericht 4, 10, 20
Stadtgericht 39, 181
—prokurator 40, 269
Standgericht 48, 149
Stempelmarken 94
Stenographie 55
Steuerstrafsachen 5, 19
Strafanzeige 57, 95
Strafaufschub s. Aufschub
Strafkommissionen der Nationalausschüsse 19
Strafprozeßordnung 1873 1
— 87/50 14, 18
— 1/53 14, 21
— 64/56 15, 22
— 141/61 16, 24
Strafregister 168, 275
—verfahren (Begriff) 40
—verfolgung (Begriff) 40
—vollstreckung s. Vollstreckung
—vollzugsgesetz 3, 28, 236
—vollzug 3, 5, 32, 236
Stufenstrafvollzug 29, 237
Subsidiaranklage 1, 3, 4
Sudetenland 7
Suggestivfragen 73, 75
Suspendierung, Prokurator 274
Richter 200
Suspensiveffekt der Rechtsmittel 89, 130, 140, 143, 216, 229, 244

Taschengeld 238, 240, 242, 243, 246
Tätigkeitsverbot 37, 163
Tatort 42
Telegraph 57
Tilgung der Verurteilung 4, 37, *363*
Todesstrafe 10, 29, 135, 139, 143, 150, 151, *152*, 170
Tonband 55
Trennung zusammenhängender Strafsachen s. Abtrennung

Übertretungen 19, 23, 96, 221, 225, 235, 244
Übertretungsgesetz 23
Umerziehung 29, 37, 157, 169, 181, 267
Umwandlung von Strafen 29, 158, 160
Unabhängigkeit der Richter 180, 183, 199, 207
Ungebühr in der Sitzung 61
unmittelbarer Beweis 35, 129
Unmündige 39, 46, 47, 75, 76, 148
Unterbrechung der Strafverfolgung 106, 113, 125, 127, 133
— der Strafvollstreckung 140, 143, 155, 159, 169, 242, 247
Unterschrift 56, 74, 85
Untersuchung 26, 28, 31, 97, 268
— auf den Geisteszustand 46, 77, *80*, 148
—sführer 31, 39, 54, 95, 97, 259, 268, 271
—srichter 2, 18
Unzurechnungsfähigkeit 126
Úřední list 29
Urkundenbeweis 79, 122
Urteil 81, 126, 133, 207

Verbindung von Strafsachen 42, 43, 115, 147, 236
Verdunkelungsgefahr 46, 62
Verfahrensmängel 133
Verfall einer Sache 215
Verfassung 5, 13, 15, 17, 23, *178*
—sdekrete 9, 11
Verfehlungen 22, 23, 104, 208, *210*, 221, 235, 244
Verjährung 16, 38, 126, 145, 210, 223, 244, 274
Verkündung von Entscheidungen 84, 87, 117, 129, 215
Verlesung des Protokolls 76, 120, 121, 129, 130
Vermögensverfall 162
Vernehmung des Beschuldigten 72, 99
Veröffentlichungen 109, 149
verschärfte Isolierung s. Isolierung
Verstorbene 39, 121, 276
Vertagung 120, 123, 126, 129
Verteidiger 28, 35, *47*, 100, 180, 183, 241
Verteidiger, gesellschaftlicher 25, 26, 37, 40, 45, 60, 85, 110, 115—117, 122, 123
Verteidigung, notwendige 48, 119, 146, 173

Vertreter, gesetzlicher 47
Verurteilter 40
Verurteilung, bedingte 4, 36, *156*
Verwaltung der Gerichte 191
—sgefängnis 20
—gerichte 20
—offiziere 27, 177
—strafrecht 3, 19, 23
—strafverfahren 3, 5, 19, 23, 234
—verfahren 225
—vollstreckung 232
Verweisung 104, 113, 114, 124, 147, 213, 216
Verzicht auf Dienstausübung 272
— auf Rechtsmittel 88, 90, 132, 133
Volksgerichte 10, 20, 23, 179, 181
—gerichte, örtliche 23, 24, 179, 184, *205*
—gerichtshof 10
—prokurator 10
—richter 10, 17
Volljährigkeit 46
Vollstreckbarkeit 88, 153
Vollstreckung 32, 36, 82, 140, 143, 144, *151*, 232, *236*, 251
Vorausverhandlung über die Anklage 22, 26, 36, 110, *112*
vorbereitendes Verfahren 28, 31, *95*, 145
Vorerhebungen 18, 28, 31, 97, 102, *168*
Vorfragen 38, 84
Vorführung d. Beschuldigten 46, 72, 262; d. Zeugen 74, 262
vorläufige Festnahme 64
Vormund 47
Vorstrafen 72, 276
Voruntersuchung 18, 28, 31, 95, 97
Vorverfahren 31

Wahlen der Richter s. Richterwahl
Wahrheit, materielle 22, 35, 180, 183
Wehrgesetz 13, 41
Wiederaufnahme des Verfahrens 140, 176
Wiedereinsetzung in den vorigen Stand 58, 88, 89, 217
Wiedergutmachung 215, 216
Wirtschaftsorganisation 37, 255, 256

Zeugen 74, 121
—eid 26, 175
—gebühren 76, 219
Zivilpersonen vor Militärgerichten 41
Zivilprozeß 51, 127, 136, 144, 186, 246
Zurücknahme von Rechtsmitteln 88, 90, 132, 133
Zurückverweisung 92, 93, 113, 124, 134—136, 138, 144, 217
Zusammenhang von Strafsachen 42, 43, 115
Zuständigkeit 31, 40, 112, 124
Zustellung 59, 85, 87, 115, 175, 176, 228
Zwangsarbeitslager 11, 13, 19, 20

FSC
www.fsc.org
MIX
Papier | Fördert gute Waldnutzung
FSC® C083411

Kolibri 360 GmbH
Ferdinand-Jühlke-Straße 7
99095 Erfurt, Deutschland
produktsicherheit@kolibri360.de